완전히
새롭게 바뀐
윈도우 활용법
대공개

윈도우 11 가이드북

Windows 11 Guidebook

권순만 저

윈도우 11 가이드북

Copyright ©2022 by Youngjin.com Inc.
4F, STX-V Tower, 128, Gasan digital 1-ro, Geumcheon-gu, Seoul, Republic of Korea, 08507
All rights reserved. First published by Youngjin.com. in 2022. Printed in Korea

저작권법에 의하여 한국 내에서 보호를 받는 저작물이므로 무단 전재와 무단 복제를 금합니다.
이 책에 언급된 모든 상표는 각 회사의 등록 상표입니다.
또한 인용된 사이트의 저작권은 해당 사이트에 있음을 밝힙니다.

ISBN 978-89-314-6603-4

독자님의 의견을 받습니다
이 책을 구입한 독자님은 영진닷컴의 가장 중요한 비평가이자 조언가입니다. 저희 책의 장점과 문제점이 무엇인지, 어떤 책이 출판되기를 바라는지, 책을 더욱 알차게 꾸밀 수 있는 아이디어가 있으면 이메일, 또는 우편으로 연락주시기 바랍니다. 의견을 주실 때에는 책 제목 및 독자님의 성함과 연락처(전화번호나 이메일)를 꼭 남겨 주시기 바랍니다. 독자님의 의견에 대해 바로 답변을 드리고, 또 독자님의 의견을 다음 책에 충분히 반영하도록 늘 노력하겠습니다.

파본이나 잘못된 도서는 구입처에서 교환 및 환불해 드립니다.

이메일 : support@youngjin.com
주 소 : (우)08507 서울특별시 금천구 가산디지털1로 128 STX-V타워 4층 401호
등 록 : 2007. 4. 27. 제16-4189호

STAFF
저자 권순만 | **총괄** 김태경 | **기획** 성민 | **표지·내지 디자인** 김효정 | **편집** 김효정, 신지연
영업 박준용, 임용수, 김도현 | **마케팅** 이승희, 김근주, 조민영, 김도연, 김민지, 임해나
제작 황장협 | **인쇄** 제이엠 프린팅

머리말

윈도우 10 이후 누구도 예상하지 못했던 윈도우가 새롭게 출시되어 조금은 당황스럽기도 했지만, 빠르게 변화하고 마구 쏟아져 나오는 새로운 IT 환경의 인터넷 서비스, 클라우드 서비스 등을 충족하기 위한 플랫폼이 필요했을 것 같습니다. 또한, 이렇게 변화하는 상황에서 윈도우 11은 여러 환경의 변화 요소나 새로운 보안 위협에 대응하거나 사용자 편의 기능을 위하여 빠르게 업데이트를 제공하게 될 것입니다.

윈도우 11을 처음 만나게 되면 시작 메뉴의 위치 변화가 크게 눈에 띄고, 기본적으로 제공하는 앱들의 변화를 확인할 수 있는데, 사용자 환경의 시각적 변화뿐만 아니라 보안 강화 기능을 통해 사용자 편의성과 보안성을 모두 충족할 수 있기를 기대합니다.

책을 감사히 읽어 주시는 독자분들에게 윈도우 11은 고정된 소프트웨어가 아닌 지속적으로 진화하고 업그레이드되는 소프트웨어이기에 이 책에서 표시된 기능이나 위치, 명칭이 일부 수정될 수 있지만, 이 책을 통해 기본적인 기능을 습득하고 새로운 윈도우 11에 빠르게 적응하여 유용하게 활용할 수 있기를 기대합니다.

마지막으로 책 출간과 함께 평소에 많은 관심과 도움을 주신 모든 분들에게 이 기회를 빌려 그동안 표현하지 못했던, 고마움을 조금이나마 표현할 수 있는 기회가 마련되어 저에게 큰 영광입니다.

이 책이 나오기 전까지 항상 곁에서 응원하고, 테스트 대상이 되었던 아내 황유경, 모델이 되어 준 아들 예찬, 항상 기도해 주시는 어머니, 가족과 동료 여러분에게 먼저 감사 인사를 드립니다.

또한, 지속적으로 Microsoft 기술을 서로 논의하고 기술적인 멘토 역할을 해주신 이준형 MVP, 어쩌면 가족보다 더 동고동락하는 Metanet Tplatform MW 사업부원들과 Metanet Tplatform 대표님 외 임원분들, Microsoft 제품의 최신 정보를 얻을 수 있는 MVP 활동에 도움을 주는 한국 MVP 리더 이소영 매니저, 지속적으로 여러 사람과 소통의 장을 마련해 주신 Microsoft 박상준 매니저 외 한국 및 해외 Microsoft 임직원과 MVP, 웹타임 박문경, 박지연 씨에게 감사드리고, 끝으로 이 책이 출간될 수 있도록 많은 도움을 주신 영진닷컴 관계자분들에게도 다시 한번 고개 숙여 감사 인사를 올립니다.

저자 권순만

이 책의 구성

Lesson
윈도우 11의
다양한 기능을
Lesson으로
구성합니다.

Session
본격적인 학습 코너로써
따라하기 형식으로 구성하여
윈도우 11의 기능을 쉽게
익힐 수 있도록 구성합니다.

따라하기
순서대로 따라하며
윈도우 11의
기능을 쉽게 학습할 수
있습니다.

참고
윈도우 11의
원활한 사용을 위해
참고하면 좋을 내용을
소개합니다.

Tip
학습 과정에서
반드시 알아야 할 사항이나,
유의할 점을 알려줍니다.

SPECIAL

본문의 내용과
구분하여 윈도우 11
단축키와 같은 내용을
알려줍니다.

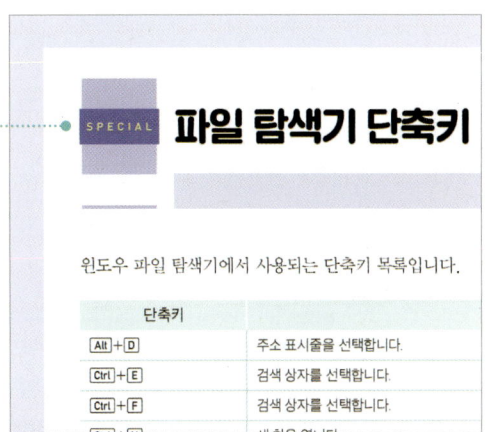

PART

총 9개의 PART로 구성되어 있으며
PART의 시작 전에 배우게 될 내용을 간략하게 살펴봅니다.

이 책의 특징

초보자도 윈도우 11을 제대로 학습할 수 있도록 구성되어 있는 '윈도우 11 가이드북'의 PART별 핵심 내용을 간단하게 소개합니다.

PART 01 윈도우 11 설치하기

윈도우 11은 하드웨어가 사전 요구 사항을 충족해야만 정상적으로 설치할 수 있습니다. PART 01에서는 윈도우 11을 설치하기 전에 체크해야 하는 PC 환경 요구 사항을 알아보고, 윈도우 11 설치 시 새로운 PC 환경에서 처음부터 설치하는 방법, 기존의 윈도우 환경에서 윈도우 11을 설치하는 방법에 대하여 알아봅니다. 천천히 따라하면 누구나 쉽게 내 컴퓨터에 새로운 윈도우 11을 설치할 수 있을 것입니다.

PART 02 윈도우 11 새로운 인터페이스 살펴보기

PART 02에서는 새롭게 변화된 윈도우 11의 기본 화면 구성을 알아보는 시간을 갖습니다. 크게 두 개의 Lesson으로 나눠서 윈도우 11의 변화된 화면 구성을 먼저 살펴본 후 배경, 색, 소리 및 마우스 커서와 같은 개인화된 설정 부분을 알아보고, 시작 메뉴의 변화와 그 변화에 따른 사용 및 설정 부분도 짚어 볼 예정입니다.

PART 03 윈도우 11 기본 프로그램 살펴보기

PART 03에서는 윈도우 11 설치 시 기본적으로 포함된 프로그램에 대해서 알아봅니다. 바탕 화면을 멀티로 사용할 수 있는 새 데스크톱 기능, 간단하게 정보를 가져오고 나타나게 할 수 있는 위젯, 더욱 새롭게 파일 및 폴더를 관리할 수 있는 파일 탐색기의 활용법, 채팅 앱을 통해 친구들과 쉽고 빠르게 채팅하고 화상 미팅을 할 수 있는 방법 등을 소개합니다.

PART 04 윈도우 11 설정 알아보기

윈도우 11을 제대로 써먹기 위해서는 윈도우 11 시스템 설정과 환경을 이해하고 있어야 합니다. PART 04에서는 '시스템, Bluetooth, 장치, 네트워크, 인터넷, 개인 설정, 앱, 계정, 시간, 언어, 게임, 접근성, 개인 정보 및 보안, Windows 업데이트' 등으로 구분되어 있는 윈도우 11 설정 관련 내용을 알아봅니다.

PART 05 　윈도우 11 사용자 관리하기

하나의 PC를 여러 사용자가 사용하는 경우에 사용자 계정을 생성하면 각각 로그인하여 하나의 PC를 따로 사용할 수 있습니다. 필요한 경우 사용자 계정을 생성할 때 관리자 권한이 부여될 수는 있지만, 가능하면 로컬 사용자 계정만 만드는 것이 좋습니다. 또한, 계정을 생성할 때는 반드시 암호를 사용하는 것이 좋습니다. PART 05에서는 이러한 내용을 소개하는 시간을 갖습니다.

PART 06 　Microsoft Edge 알아보기

기존에는 전통적인 Internet Explorer 11과 Microsoft Edge가 공존했지만, 윈도우 11에서는 Internet Explorer 11을 직접 실행할 수 없게 되었으며, Microsoft Edge가 윈도우 11의 기본 인터넷 브라우저가 되었습니다. 새로운 기능이 추가되어 사용자 편의성이 한층 높아진 Microsoft Edge의 사용법을 알아봅니다.

PART 07 　Microsoft 계정과 서비스

Microsoft 계정을 사용하면 Microsoft에서 제공하는 무료 또는, 유료 서비스를 누구나 사용할 수 있습니다. 대표적인 예로, Microsoft 계정을 활용하면 마이크로소프트 클라우드 서비스인 OneDrive를 이용하여 한 장치에 국한되지 않고 여러 장치에서 실시간으로 작업을 할 수 있습니다. PART 07에서는 Microsoft 계정과 다양한 서비스 활용법을 소개합니다.

PART 08 　윈도우 11 보안 기능

바이러스 또는, 멜웨어로 내 PC가 손상되어 사용할 수 없게 되거나, 데이터 손실 등이 발생할 수 있기 때문에, 윈도우 11에서는 다양한 보안 기능을 제공하고 있습니다. 또한, 유지 관리 도구를 이용하면 PC에서 발생하는 문제 해결을 위해 이전의 상태로 복원할 수도 있습니다.

PART 09 　유용한 앱 알아보기

PART 09에서는 윈도우 11을 더욱 편리하게 사용하기 위해 기본적으로 제공하는 앱 외에 별도로 설치하여 사용하는 몇 가지 앱들을 소개합니다.

목차

PART 01 윈도우 11 설치하기

LESSON 01 윈도우 11 설치 준비 사항 확인하기

- session 01 윈도우 11 설치 시스템 최소 요구 사양 · 16
- session 02 윈도우 11 기능별 요구 사항 · 17
- session 03 윈도우 11 기능 중단 및 제거 · 18
- session 04 윈도우 11 업그레이드 가능 경로 · 19
- session 05 윈도우 11 설치 사전 체크 툴 사용하기 · 20

LESSON 02 윈도우 11 설치하기

- session 01 윈도우 10에서 업그레이드 설치하기 · 24
- session 02 윈도우 11 설치 미디어 만들기 · 28
- session 03 윈도우 11 처음부터 설치하기 · 32

PART 02 윈도우 11 새로운 인터페이스 살펴보기

LESSON 01 윈도우 11 새로운 인터페이스 알아보기

- session 01 변화된 인터페이스 살펴보기 · 54
- session 02 디스플레이 야간 모드 설정하기 · 55
- session 03 HDR 비디오 스트리밍 설정하기 · 57
- session 04 디스플레이 배율 및 레이아웃 설정하기 · 58
- session 05 배경 화면 변경하기 · 60
- session 06 테마 생성하여 관리하기 · 62
- session 07 테마 다운로드 하여 설정하기 · 67
- session 08 바탕 화면 아이콘 설정하기 · 69
- session 09 작업 표시줄 메뉴 알아보기 · 71

LESSON 02 윈도우 11 시작 단추

session 01 윈도우 11 시작 화면 살펴보기 · 73
session 02 윈도우 11 시작 앱 고정하기 · 75
session 03 윈도우 11 시작 메뉴의 맞춤 활용하기 · 78

SPECIAL 윈도우 11 단축키
SPECIAL Windows 참가 프로그램 설정하기

PART 03 윈도우 11 기본 프로그램 살펴보기

LESSON 01 검색 기능

session 01 검색 기능 사용하기 · 92
session 02 검색 유해 정보 차단 설정하기 · 94
session 03 클라우드에서의 검색 기록 · 95
session 04 검색 기록 지우기 · 96
session 05 인덱싱 고급 옵션 설정하기 · 98
session 06 인덱싱 재설정하기 · 100

LESSON 02 새 데스크톱

session 01 새 데스크톱 생성하기 · 104
session 02 새 데스크톱 사용하기 · 105

LESSON 03 위젯

session 01 위젯 화면 살펴보기 · 107

session 02 위젯 구성 및 사용하기 · 108
session 03 위젯 뉴스 관심사 및 관리하기 · 110

LESSON 04 채팅 앱

session 01 채팅 앱 사용하기 · 113
session 02 모임 사용하기 · 115

LESSON 05 파일 탐색기

session 01 파일 탐색기 구성 살펴보기 · 119
session 02 파일 탐색기의 검색 사용하기 · 121
session 03 파일 탐색기에서 미리 보기 설정하기 · 123
session 04 자주 사용하는 폴더 즐겨찾기로 관리하기 · 125
session 05 휴지통 설정하기 · 127

LESSON 06 Microsoft Store

session 01 Microsoft Store 오프라인 설정하기 · 129
session 02 Microsoft Store 라이브러리 관리하기 · 131

SPECIAL 파일 탐색기의 단축키

PART 04 윈도우 11 설정 알아보기

LESSON 01 시스템

session 01 메일 알림 최우선 순위 설정하기 · 136
session 02 특정 시간대에 집중 지원 설정하기 · 138

session 03 배터리 절약 모드 설정하기 · 140
session 04 배터리 사용 앱 확인 및 관리하기 · 141
session 05 배터리 상태 진단 보고서 · 142
session 06 저장소 상태 확인하기 · 144
session 07 저장 공간 센스 사용하기 · 146
session 08 저장소 추천 파일 삭제하기 · 147
session 09 드라이브 최적화하기 · 148
session 10 클립보드 검색 기록 활성화 및 동기화 사용하기 · 151
session 11 디스플레이 설정 · 154

LESSON 02 Bluetooth & 장치

session 01 장치 추가하기 · 155
session 02 스마트폰과 연결하기 · 158
session 03 USB 배터리 절약 모드 설정하기 · 164
session 04 프린터 및 스캐너 · 166
session 05 카메라 설정하기 · 167
session 06 마우스 설정하기 · 168
session 07 터치 패드 설정하기 · 169
session 08 터치 설정하기 · 171
session 09 펜 및 Windows Ink 설정하기 · 172
session 10 자동 실행 설정하기 · 173

LESSON 03 네트워크 및 인터넷

session 01 모바일 핫스팟 설정하기 · 174
session 02 비행기 모드 설정하기 · 176
session 03 데이터 사용량 제한하기 · 177
session 04 VPN 설정하기 · 180
session 05 고급 네트워크 설정하기 · 181

LESSON 04 개인 설정

session 01 Microsoft Store를 사용하여 글꼴 추가하기 · 182
session 02 무료 폰트 사이트를 통해 글꼴 추가하기 · 186
session 03 잠금 화면 설정하기 · 187
session 04 터치 키보드 설정하기 · 188
session 05 시작 설정하기 · 189

LESSON 05 앱 설정하기

session 01 기본 앱 설정하기 · 190
session 02 시작 프로그램 설정하기 · 193
session 03 오프라인 지도 설정하기 · 194
session 04 선택적 기능 설치하기 · 195

LESSON 06 시간 및 언어

session 01 윈도우 11 언어 변경하기 · 196
session 02 다른 표준 시간대 추가하기 · 199

LESSON 07 게임 설정하기

session 01 Xbox Game Bar · 201
session 02 게임 고성능 그래픽 설정하기 · 203
session 03 캡처 설정하기 · 204
session 04 게임 모드 설정하기 · 205

SPECIAL 게임 바 단축키

LESSON 08 접근성

session 01 시각 접근성 기능 설정하기 · 207
session 02 청각 접근성 기능 설정하기 · 210
session 03 상호 작용 기능 설정하기 · 211

LESSON 09 개인 정보 및 보안

session 01 내 장치 찾기 · 214
session 02 앱 위치 사용 권한 관리하기 · 217

LESSON 10 Windows 업데이트

session 01 업데이트 일시 중지 · 218
session 02 업데이트 재시작 시간 설정 · 219

PART 05 윈도우 11 사용자 관리하기

LESSON 01 사용자 관리하기

session 01 사용자 계정 유형 알아보기 · 224
session 02 로컬 사용자 계정 추가하기 · 225
session 03 Microsoft 사용자 계정 추가하기 · 229
session 04 사용자 계정을 관리자 계정으로 바꾸기 · 233
session 05 사용자 계정 삭제하기 · 234
session 06 사용자 로그인 사진 변경하기 · 235

LESSON 02 사용자 암호 관리하기

session 01 사용자 계정 암호 설정과 변경하기 · 237
session 02 로그인 PIN 암호 설정하기 · 240
session 03 로그인 사진 암호 설정하기 · 242
session 04 얼굴 인식(Windows Hello) 설정하기 · 246
session 05 동적 잠금 설정하기 · 249
session 06 가족 보호 모드 설정하기 · 252

PART 06 Microsoft Edge 알아보기

LESSON 01 Microsoft Edge 소개

session 01 Microsoft Edge 버전 소개 · 262
session 02 Microsoft Edge의 화면 구성 · 263
session 03 Microsoft Edge의 설정 메뉴 · 264

LESSON 02 Microsoft Edge 기능 알아보기

session 01 프로필 설정하기 · 266
session 02 다른 브라우저 데이터 가져오기 · 270
session 03 사이트 고정 추가하기 · 273
session 04 회사 인트라넷 데이터 검색하기 · 274
session 05 개인 정보 설정 조정하기 · 275
session 06 즐겨찾기 관리하기 · 277
session 07 확장 기능 설정하기 · 278

session 08 웹 사이트 광고 차단 확장 기능 사용하기 · 281
session 09 몰입형 읽기 기능 · 285
session 10 컬렉션 기능 사용하기 · 287
session 11 번역 기능 · 288
session 12 다운로드 위치 설정하기 · 289
session 13 웹 캡처 기능 · 290
session 14 Microsoft Edge 설정 명령어 · 292
session 15 Microsoft Edge 게임하기 · 293
session 16 InPrivate 기능 사용하기 · 294

PART 07 Microsoft 계정과 서비스

LESSON 01 Microsoft 계정과 서비스 사용하기

session 01 Microsoft 계정 암호 없이 사용 설정하기 · 298

LESSON 02 메일 서비스 사용하기

session 01 메일 앱의 메일 설정하기(Microsoft 계정으로 윈도우 로그인 사용자) · 303
session 02 메일 앱의 메일 설정하기(일반 로컬 계정으로 윈도우 로그인 사용자) · 305
session 03 메일 앱에 멀티 메일 계정 설정하기 · 308
session 04 메일 앱 메뉴 알아보기 · 311
session 05 메일 앱 환경 설정하기 · 312
session 06 부재 시 메일 자동으로 회신 설정하기 · 313
session 07 메일 서명 설정하기 · 315

LESSON 03 일정 서비스 사용하기

session 01 일정 앱 화면 구성 알아보기 · 316
session 02 일정 생성하기 · 317
session 03 되풀이되는 일정 생성하기 · 318
session 04 해외 공유일 일정 추가하기 · 319

LESSON 04 연락처 앱 사용하기

session 01 연락처 앱의 화면 구성 알아보기 · 321
session 02 연락처 동기화하기 · 322
session 03 연락처 생성하기 · 323

LESSON 05 Microsoft To-do(오늘 할 일) 앱 사용하기

session 01 Microsoft To-do 앱 화면 구성 알아보기 · 325
session 02 오늘 할 일(To-do) 추가하기 · 326
session 03 오늘 할 일(To-do) 목록 관리하기 · 327

LESSON 06 클라우드 저장소 OneDrive 사용하기

session 01 OneDrive 동기화하기(Microsoft 계정 사용자) · 328
session 02 OneDrive 동기화하기(로컬 계정 사용자) · 330
session 03 OneDrive 파일 공유하기 · 337
session 04 OneDrive 개인 중요 보관소 사용하기 · 340
session 05 OneDrive 연결 해제하기 · 344

LESSON 07 채팅 및 화상 미팅하기

session 01 Teams 채팅하기 · 346
session 02 Teams 화상 통화하기 · 351
session 03 Teams 모임 생성하기 · 360

PART 08 윈도우 11 보안 기능

LESSON 01 시스템 복원 및 복구하기

session 01 PC 복원 시점 만들기 · 364
session 02 PC 복원하기 · 367
session 03 PC 초기화하기 · 373
session 04 시스템 복구 드라이브 만들기 · 377
session 05 문제 해결 도구 고급 기능 사용하기 · 380

LESSON 02 데이터 암호화하기

session 01 하드디스크 암호화하기 · 383
session 02 하드디스크 암호화 해제하기 · 387
session 03 이동식 저장 장치 암호/해제하기 · 389

LESSON 03 최신의 보안 상태 유지하기

session 01 보안 상태 설정하기 · 395
session 02 안티 바이러스 및 멜웨어로부터 보호하기 · 398
session 03 랜섬웨어 방지 설정하기 · 399
session 04 윈도우 방화벽 설정하기 · 403

PART 09 유용한 앱 알아보기

LESSON 01 PowerToys

session 01 절전 모드 해제 · 408
session 02 Color Picker · 409
session 03 FancyZones · 411
session 04 파일 탐색기 추가 기능 · 412
session 05 이미지 사이즈 변경 · 413
session 06 키보드 매니저 · 415
session 07 마우스 포커스 기능 · 416
session 08 PowerRename 기능 · 417
session 09 PowerToys Run 기능 · 418

LESSON 02 화면 줌인 기능 - Zoomit

session 01 Zoom 기능 · 422
session 02 화면에 그리기 · 422
session 03 브레이크 타임 설정하기 · 423

LESSON 03 화면 캡처 기능 - 픽픽

session 01 화면 캡처 기능 사용하기 · 425
session 02 그래픽 도구 · 428

PART

01

윈도우 11 설치하기

윈도우 11을 설치하기 전에 체크해야 하는 PC 환경에 대해 알아보고, 윈도우 11 설치 시 새로운 PC 환경에서 처음부터 설치하는 방법, 기존의 윈도우 환경에서 윈도우 11을 설치하는 방법에 대하여 알아봅니다.

윈도우 11 설치 준비 사항 확인하기

하드웨어가 사전 요구 사항을 충족해야만 윈도우 11을 설치할 수 있습니다. 현재 사용 중인 PC 또는, 새롭게 구매할 PC에 윈도우 11을 설치할 수 있는지를 미리 확인하는 시간을 갖습니다.

session 1 윈도우 11 설치 시스템 최소 요구 사양

마이크로소프트에서 공식적으로 제공하는 윈도우 11 설치 요구 사항에 대하여 확인할 수 있습니다. 다음 표를 참고하여 간단하게 살펴볼 수 있고, 마이크로소프트에서 제공하는 윈도우 11 사전 체크 툴을 사용하여 결과를 확인할 수도 있습니다.

구분	내용
프로세서	2개 이상의 코어가 장착된 64비트 프로세스, SoC(System on a Chip)
메모리	4GB 이상
저장소	64GB 이상의 저장 장치
시스템 펌웨어	UEFI, 보안 부팅 가능
TPM칩	TPM(신뢰할 수 있는 플랫폼 모듈) 버전 2.0 이상
그래픽 카드	DirectX 12 이상(WDDM 2.0 드라이버 포함)과 호환
디스플레이	대각선으로 9인치보다 큰 HD(720p) 디스플레이, 컬러 채널당 8비트
인터넷 연결 및 마이크로소프트 계정	윈도우 11 홈 버전을 사용하려면 인터넷에 연결할 수 있는 마이크로소프트 계정이 필요 윈도우 11 홈 S 모드에서 다른 모드로 디바이스를 전환할 때도 인터넷에 연결이 가능해야 함

Tip

- TPM 버전 2.0 : 윈도우 11에서는 TPM 2.0을 통해 데이터 실행 방지, Bitlocker 드라이브 암호화 및 보안 부팅 등의 디바이스 상태 증명을 지원하게 되고, TPM 2.0에는 UEFI 펌웨어가 필요하기 때문에 기존의 레거시 BIOS 및 낮은 버전의 TPM인 경우는 컴퓨터가 정상적으로 동작하지 않을 수 있습니다.
- 윈도우 11 S모드 : 윈도우 11 S모드는 윈도우 환경을 제공하지만, 일반적인 윈도우 11에 비해 기능이 간소화되었으며 동일한 보안을 갖춘 버전으로 Microsoft Store 앱만 허용하고, Microsoft Edge 기능을 제공하게 됩니다.

session 2 | 윈도우 11 기능별 요구 사항

윈도우 11 설치를 위한 시스템 최소 요구 사항 이외에도 더 높은 수준의 요구 사항이 필요한 기능이 있어, 다음과 같은 사양을 요구합니다.

기능	내용
5G 지원	5G 가용 지역에서 5G 가능 모뎀 필요
자동 HDR	HDR 모니터가 필요합니다.
BitLocker to Go	USB 플래시 드라이브가 필요(윈도우 11 프로 이상의 버전에 사용 가능)
클라이언트 Hyper-V	SLAT(두 번째 수준 주소 변환) 기능이 있는 프로세서가 필요(윈도우 11 프로 이상의 버전에 사용 가능)
코타나(Cortana)	마이크와 스피커가 필요하며, 현재 지원 언어는 미국, 영국, 오스트레일리아, 브라질, 캐나다, 중국, 프랑스, 독일, 인도, 이탈리아, 일본, 멕시코, 스페인에서 사용 가능
DirectStorage	Standard NVM Express Controller 드라이버 및 DirectX 12 Ultimate GPU를 사용하는 게임 저장 및 실행용 NVMe SSD(1TB 이상)이 필요
DirectX 12 Ultimate	지원되는 게임과 그래픽 칩이 필요
현재 상태	디바이스에서 사람까지의 거리 또는, 다른 디바이스와 상호 작용할 수 있도록 감지할 수 있는 센서
Microsoft Teams	비디오 카메라, 마이크 및 스피커 필요
화면 레이어	3열 레이아웃을 설정하기 위한 화면 너비가 1920 유효 픽셀 이상
2단계 인증	PIN 또는, 생체 인식(지문 판독기 또는, 적외선 카메라)을 사용하거나, WI-Fi 또는, Bluetooth 기능이 있는 스마트폰 필요
Windows Hello	생체 인식 인증용 IR(적외선) 촬영 또는, 지문 판독기용으로 구성된 카메라가 필요합니다. 생체 인식 센서가 없는 경우는 PIN이나 휴대용 마이크로소프트 호환 보안키를 통해 Windows Hello를 사용할 수 있습니다.
Windows Projection	WDDM(Windows Display Driver Model) 2.0을 지원하는 디스플레이 어댑터와 Wi-Fi Direct를 지원하는 Wi-Fi 어댑터가 필요

> **Tip**
>
> '3D 뷰어, 윈도우 10용 원노트, 그림판 3D, Skype'는 윈도우 10에서 윈도우 11로 업그레이드 시 제거되지는 않지만 새롭게 설치해야 하고, 새로운 장치에서 윈도우 11을 설치하는 경우는 더 이상 설치되지 않기 때문에 Microsoft Store에서 다운로드하여 사용해야 합니다.

session 3 | 윈도우 11 기능 중단 및 제거

윈도우 10에서 윈도우 11로 업그레이드하거나, 윈도우 11 설치 후 더 이상 사용할 수 없거나, 제거되는 기능이 있습니다. 제거되는 기능을 확인하여 혼란을 최소화하세요.

기능	내용
코타나(Cortana)	첫 번째 부팅 환경에서 포함되거나 작업 표시줄에 고정되지 않아 사용자가 직접 추가해야 합니다.
Internet Explorer	윈도우 11에서는 Edge 브라우저를 사용합니다.
뉴스 및 관심	개선된 버전으로 제공되고, 위젯 기능에서 확인할 수 있습니다.
S 모드	윈도우 11 홈 버전에서만 사용 가능합니다.
캡처 도구	윈도우 10 버전에서 적용되었던 구형 디자인과 기능은 캡처 및 스케치 앱의 디자인과 기능으로 바뀌었습니다.
시작	앱 폴더 및 명명된 그룹이 더 이상 지원되지 않고, 레이아웃 크기 조정이 불가합니다. 윈도우 10에서 업그레이드할 때 고정된 앱과 사이트가 마이그레이션 되지 않습니다. 라이브 타일을 더 이상 사용할 수 없습니다. 대신 새롭게 제공되는 위젯 기능을 사용할 수 있습니다
태블릿 모드	제거됩니다. 새로운 기능으로 대체됩니다.
작업 표시줄	작업 표시줄에는 '피플'이 더 이상 표시되지 않습니다. 업그레이드한 디바이스에서는 이전에 사용자 지정한 항목을 비롯한 일부 아이콘 시스템 트레이에 더 이상 표지 않을 수 있습니다. 작업 표시줄은 화면 맨 아래에만 정렬할 수 있습니다. 더 이상 앱을 통해 작업 표시줄 영역을 사용자 지정할 수 없습니다.
타임 라인	제거됩니다.
터치 키보드	크기가 18인치 이상인 화면에서 더 이상 자판 배열을 고정 및 고정 해제할 수 없습니다.
전자지갑	제거됩니다.
3D 뷰어	업그레이드할 때 제거되지는 않지만, 윈도우 11을 새롭게 설치하는 경우는 더 이상 설치되지 않습니다. 다만 추가적으로 앱 스토어를 통해 다운로드 설치 가능합니다.
윈도우 10용 OneNote	업그레이드할 때 제거되지는 않지만, 윈도우 11을 새롭게 설치하는 경우는 더 이상 설치되지 않습니다. 다만 추가적으로 앱 스토어를 통해 다운로드 설치 가능합니다.
그림판 3D	업그레이드할 때 제거되지는 않지만, 윈도우 11을 새롭게 설치하는 경우는 더 이상 설치되지 않습니다. 다만 추가적으로 앱 스토어를 통해 다운로드 설치 가능합니다.
Skype	업그레이드할 때 제거되지는 않지만, 윈도우 11을 새롭게 설치하는 경우는 더 이상 설치되지 않습니다. 다만 추가적으로 앱 스토어를 통해 다운로드 설치 가능합니다.

session 4   윈도우 11 업그레이드 가능 경로

기존 PC에 윈도우가 설치되어 있는 사용자의 경우에 바로 윈도우 11을 업그레이드 설치하기 위해 확인해야 하는 경로는 윈도우 10 버전 2004 이상을 실행 중이어야만 합니다. 업그레이드는 인터넷을 통해 무료로 제공됩니다.

01 ⊞+R을 누른 후 'winver'을 입력하여 실행합니다.

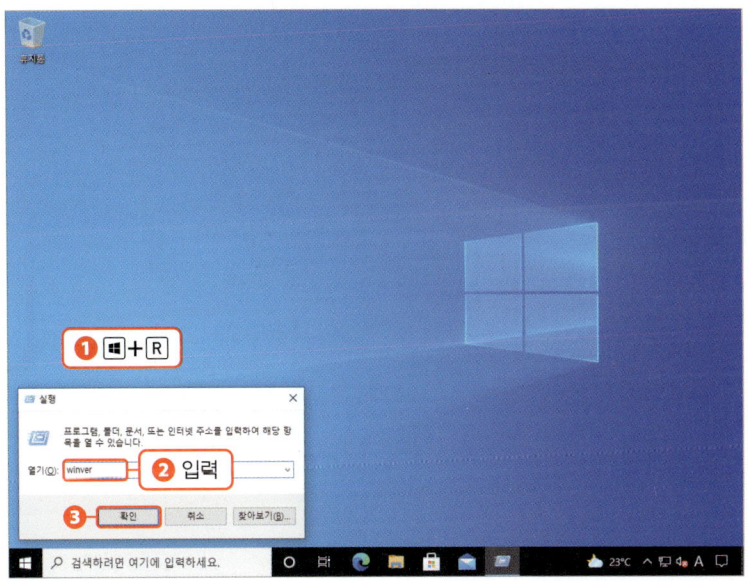

02 현재 사용 중인 윈도우 10의 빌드 버전을 확인할 수 있습니다.

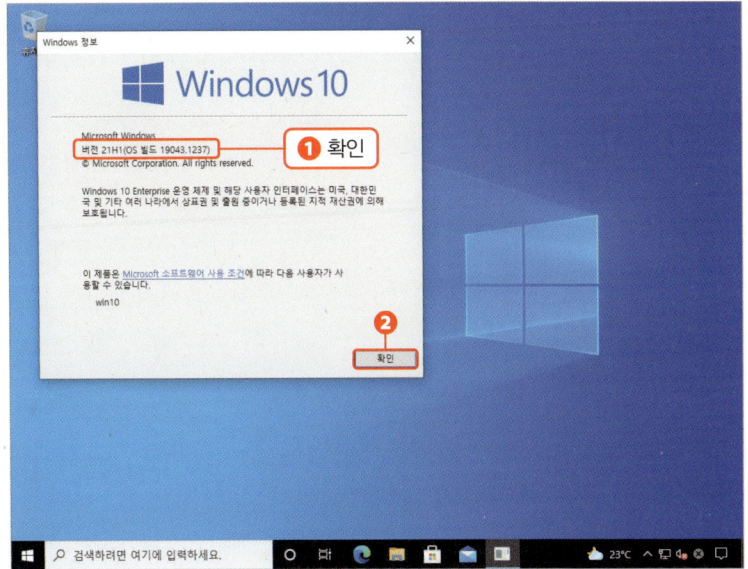

LESSON 01 윈도우 11 설치 준비 사항 확인하기 **19**

session 5 | 윈도우 11 설치 사전 체크 툴 사용하기

윈도우 11을 설치하기 전에 마이크로소프트에서 제공하는 PC 상태 검사 툴을 사용하여 설치 가능 여부와 준비해야 하는 하드웨어 등의 요구 사항을 확인할 수 있습니다.

01 다음 URL을 통해 PC 상태 검사 툴을 다운로드합니다. 다운로드 시 윈도우 환경에 따라 32비트, ARM, 64비트, S 모드 중에 선택적으로 다운로드할 수 있습니다.

https://www.microsoft.com/en-us/software-download/windowsinsiderpreviewpchealth

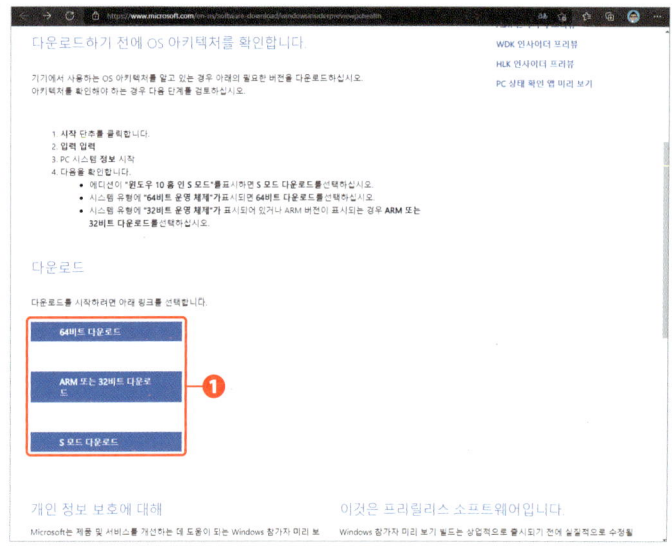

02 다운로드한 파일을 실행하고, 설치가 완료되면 [Windows PC 상태 검사 열기]를 체크한 후 [마침]을 클릭합니다.

▲ 다운로드 파일 설치

03 [PC 상태 한 눈에 보기] 창이 실행되면 [지금 확인]을 클릭합니다.

04 윈도우 11 설치 가능 여부 결과 창이 나타납니다. '이 PC는 Windows 11 요구 사항을 충족합니다.' 라는 메시지가 나타나면 윈도우 11로 새롭게 또는, 업그레이드 설치할 수 있습니다.

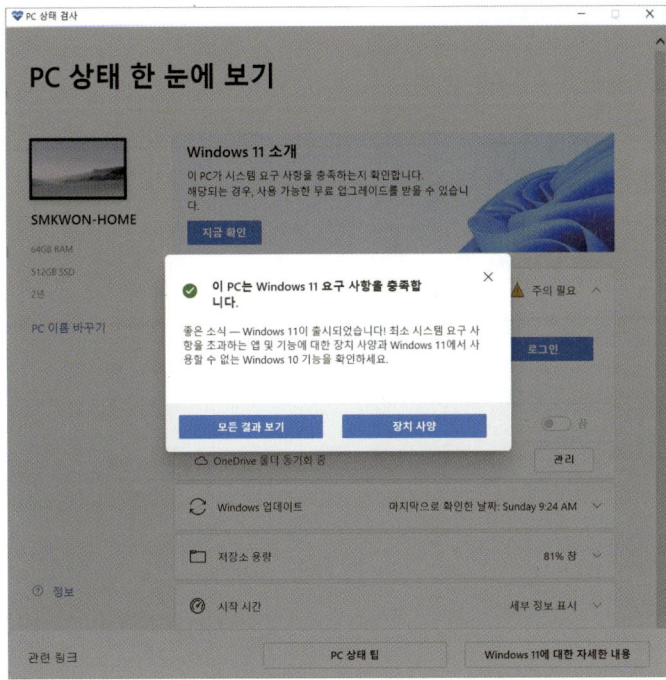

05 검사 결과의 [모든 결과 보기]/[모든 결과 숨기기]를 클릭하여 세부 사항을 확인할 수도 있습니다.

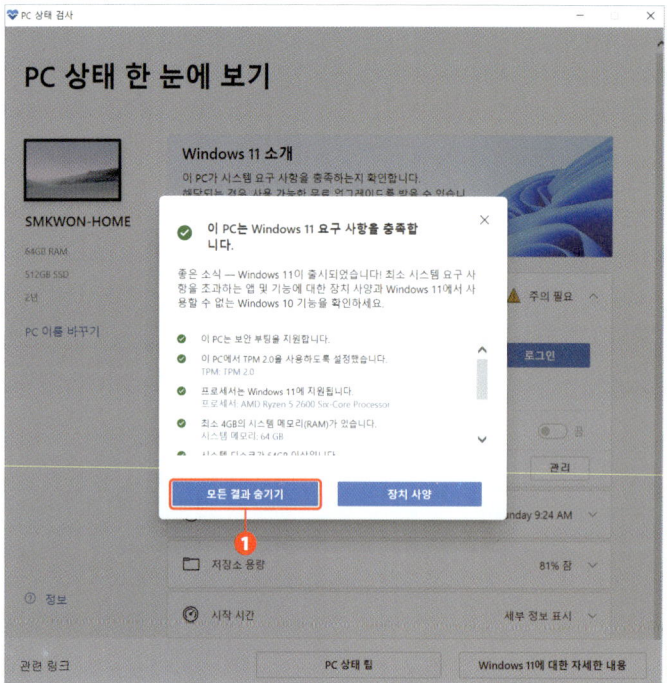

> **참고**
>
> 윈도우 11 설치 조건을 충족하지 못하는 경우에는 다음과 같은 메시지가 나타납니다. 내용을 확인한 후 하드웨어 업그레이드를 고려해야 합니다.

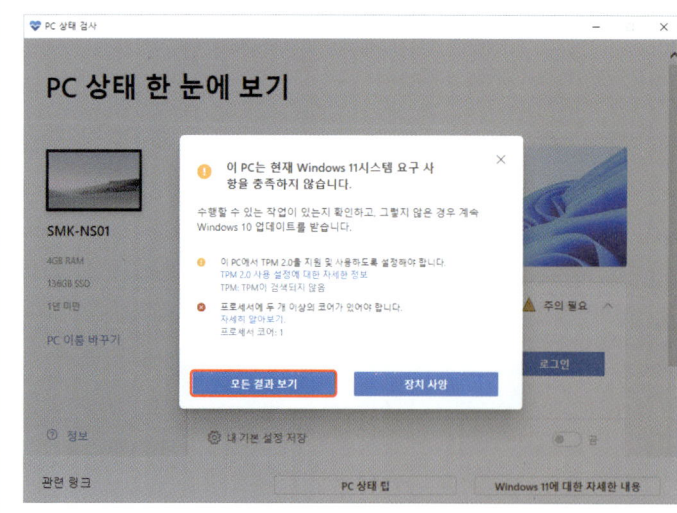

Tip TPM 칩이란?

TPM(Trusted Platform Module)은 '신뢰할 수 있는 플랫폼 모듈'을 말합니다. 이 모듈을 사용하면 PC의 보안을 향상시킬 수 있습니다. 윈도우의 기능적인 면에서 본다면 Bitlocker 드라이브 암호화, 윈도우 Hello 등의 기능 및 서비스에서 암호화 키를 안전하게 만들고 저장하는 역할을 하고, PC에 설치되어 있는 윈도우와 펌웨어의 변조가 되지 않은 여부를 판단할 수 있기 때문에 안전하게 사용할 수 있게 됩니다. TPM은 약 20여 년 전부터 사용하게 되었고, 현재 가장 최신 버전은 2.0입니다. 그렇기 때문에 대부분의 PC에 장착되어 있으며 내 PC의 TPM 존재 여부를 확인하기 위해서는 다음과 같은 방법을 이용합니다.

[시작]에서 '장치 보안'을 입력하여 나타난 결과를 클릭하면, 장치 보안의 [보안 프로세서 정보]를 클릭하여 정보를 확인할 수 있습니다.

만약, 나타나지 않는 경우는 TPM 설정이 꺼져 있을 수 있기 때문에서 ⊞+R 을 누른 후 'tpm.msc'를 실행하면 TPM 설정 상태를 확인할 수 있습니다.

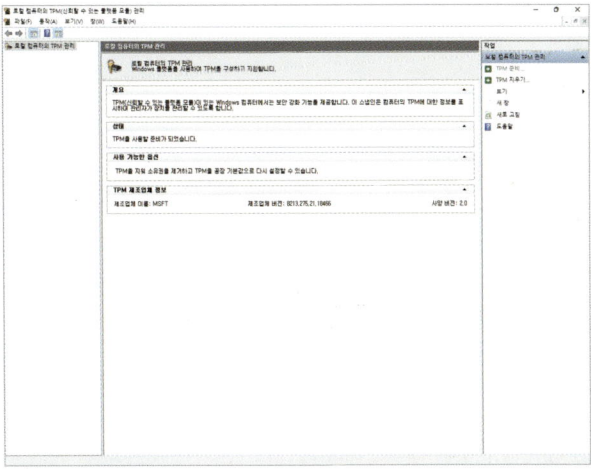

윈도우 11 설치하기

LESSON

중요도
상/중/하

윈도우 11 설치는 크게 두 가지 방법으로 나누어 집니다. 현재 윈도우 10이 설치되어 있는 환경에서 바로 업그레이드하는 방법과 데이터를 백업하거나 또는, 새로운 장치를 구매하여 새롭게 설치하는 방법이 있습니다. 윈도우 11을 설치하는 방법에 대하여 알아봅니다.

 **윈도우 10에서 업그레이드 설치하기**

윈도우 10이 설치되어 있는 환경에서 윈도우 11로 업그레이드하는 방법에 대하여 알아봅니다.

01 윈도우 10에서 [시작] 〉 [설정]을 실행한 후 [업데이트 및 보안]을 클릭합니다.

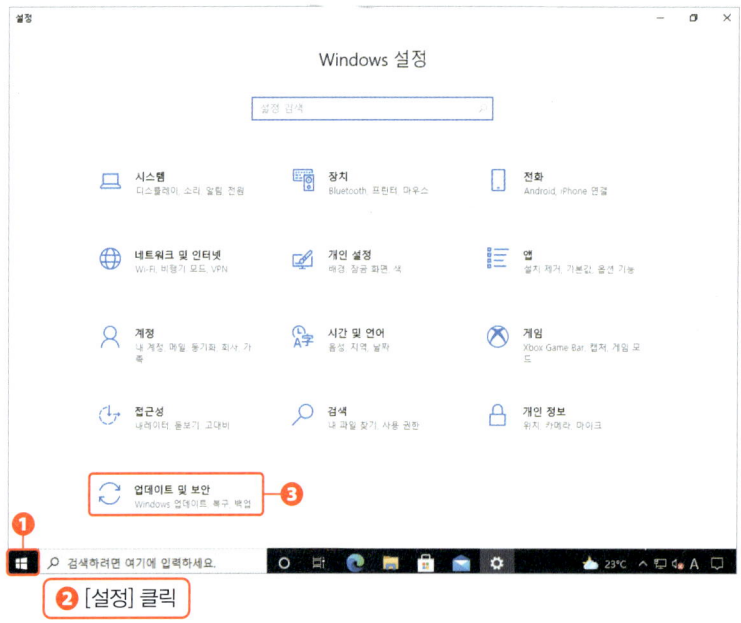

> **Tip**
>
> 윈도우 10이 설치되어 있는 상태에서 윈도우 11로 바로 업그레이드하는 경우는 [파트1] - [레슨1] - [세션4]의 참고하여 현재 실행 중인 PC의 윈도우 버전을 확인할 수 있으며, 윈도우 10 버전 2004 이상으로 실행 중인 상태의 PC에서만 업그레이드가 가능합니다. 추가로 윈도우 11 설치를 위한 임시 저장 공간으로 윈도우 10이 설치되어 있는 저장소의 공간에 10GB 정도의 여유 공간을 더 확보해야 합니다.

02 [업데이트 및 보안] 〉 [Windows 업데이트]에서 [업데이트 확인]을 클릭하면 윈도우 11 설치 파일의 다운로드가 진행됩니다.

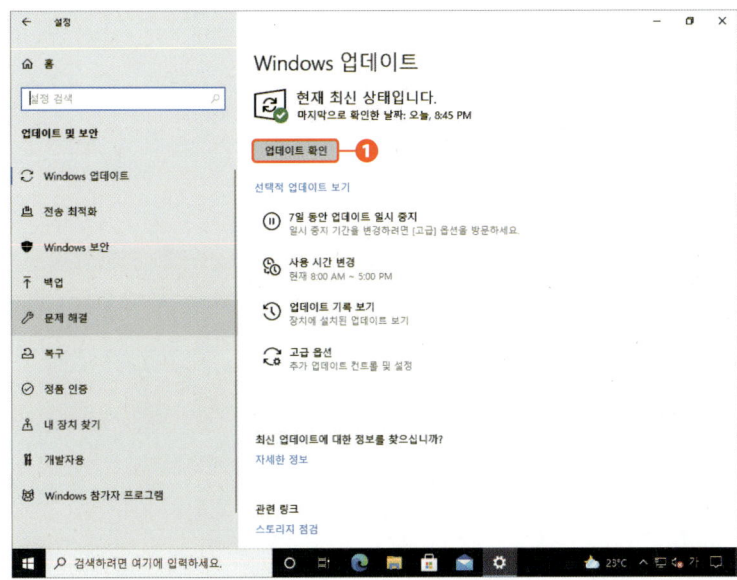

03 다운로드가 완료되면 윈도우 11 설치가 진행됩니다.

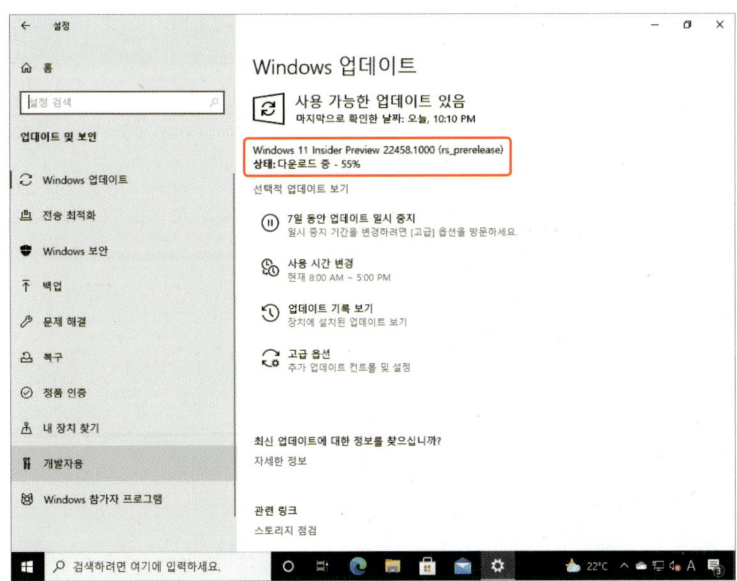

04 설치가 완료되면 [지금 다시 시작]을 클릭하면, PC가 재부팅됩니다.

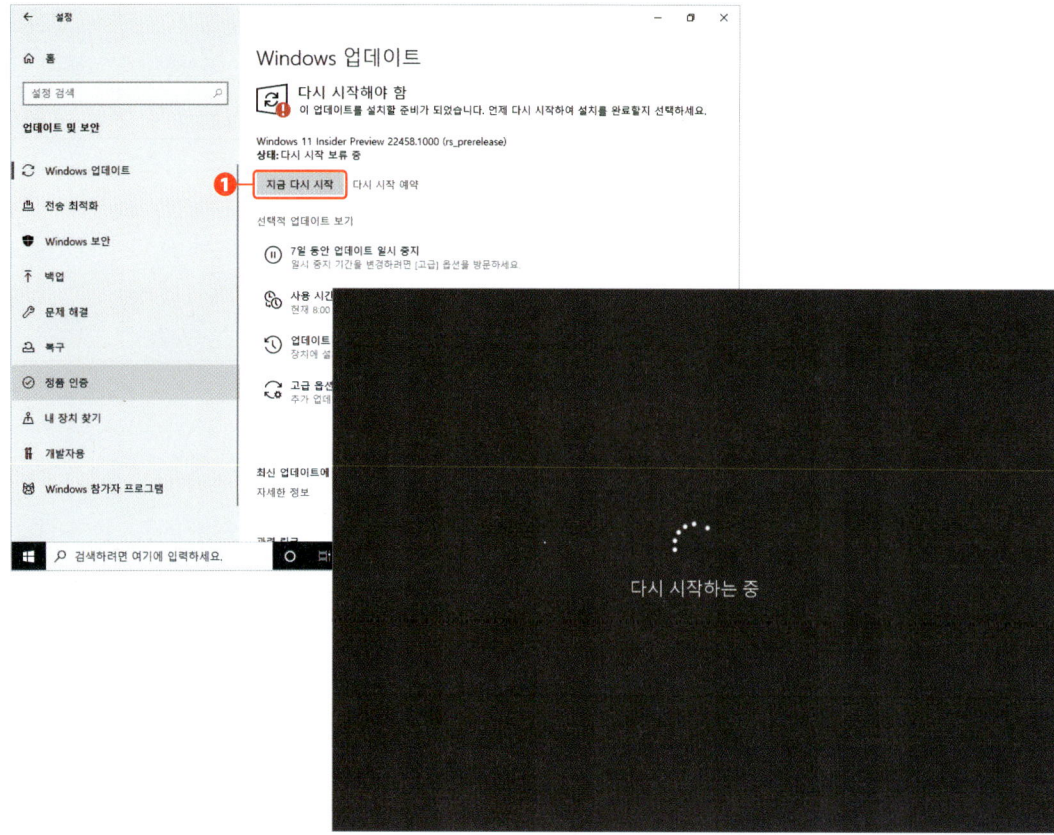

05 업데이트가 진행되면 자동으로 재부팅이 됩니다.

06 윈도우 11 업그레이드가 완료되면 나타나는 로그인 화면에서 로그인합니다.

07 윈도우 11 업그레이드 설치가 완료됩니다.

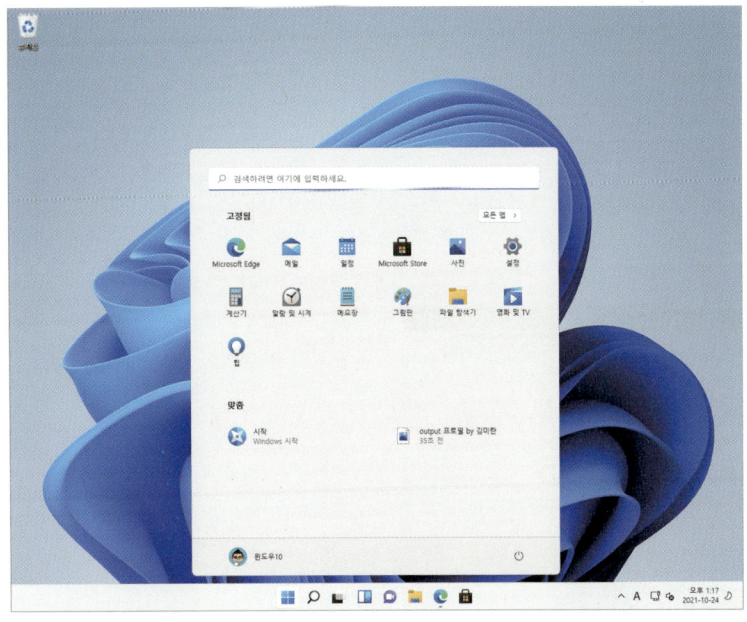

session 2 | 윈도우 11 설치 미디어 만들기

기존 또는, 새로운 PC에서 윈도우 11을 다시 설치하거나 새로 설치하려는 경우 윈도우 11 설치 미디어 만들기를 사용하여 부팅 가능한 USB 또는, DVD로 윈도우 11을 설치할 수 있습니다.

01 다음 사이트에서 윈도우 11 설치 미디어 툴을 다운로드합니다.
다운로드 링크 : https://www.microsoft.com/ko-kr/software-download/windows11

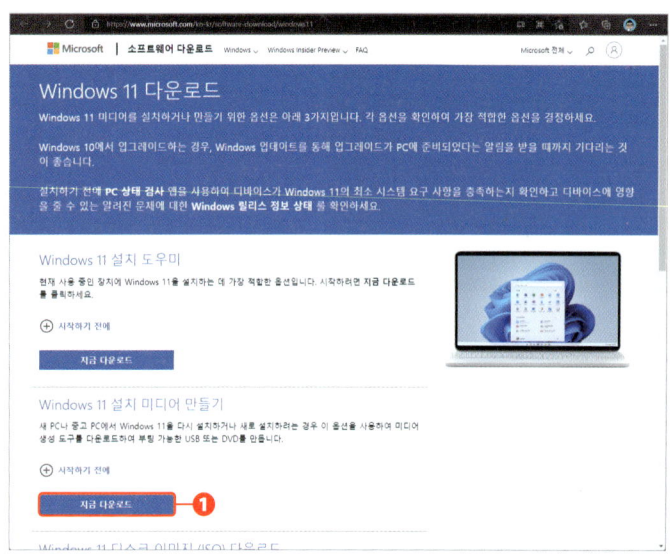

02 다음에는 [Windows 11 디스크 이미지(ISO)]에서 [다운로드]를 클릭하면 사용할 제품 언어를 선택한 후 [확인]을 클릭하여 ISO 파일을 다운로드합니다.

03 다운로드 받은 윈도우 11 설치 미디어 툴 파일을 실행하면 마법사가 실행됩니다. [관련 통지 및 사용 조건] 창에서 [동의]를 클릭합니다.

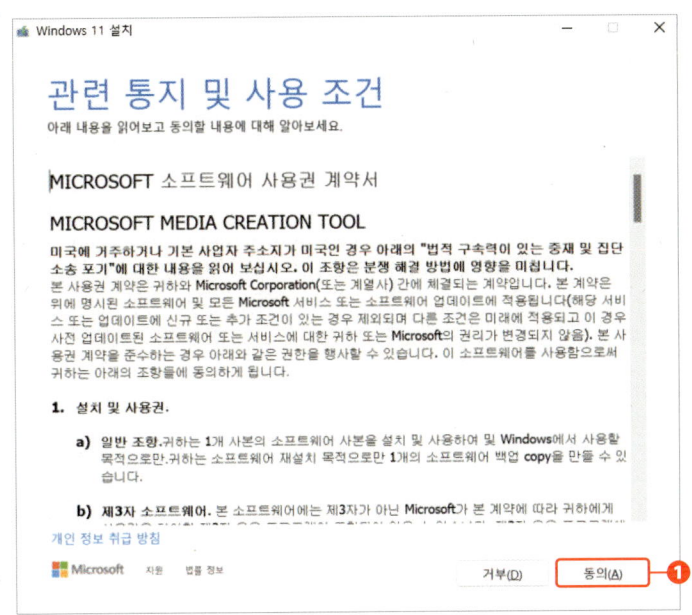

04 [언어 및 버전 선택] 창에서 윈도우 11 설치 미디어를 생성할 언어와 에디션을 선택한 후 [다음]을 클릭합니다.

05 [사용할 미디어 선택] 창에서 [USB 플래시 드라이브] 또는, [ISO 파일]을 선택합니다. 이곳에서는 [USB 플래시 드라이브]를 선택합니다.

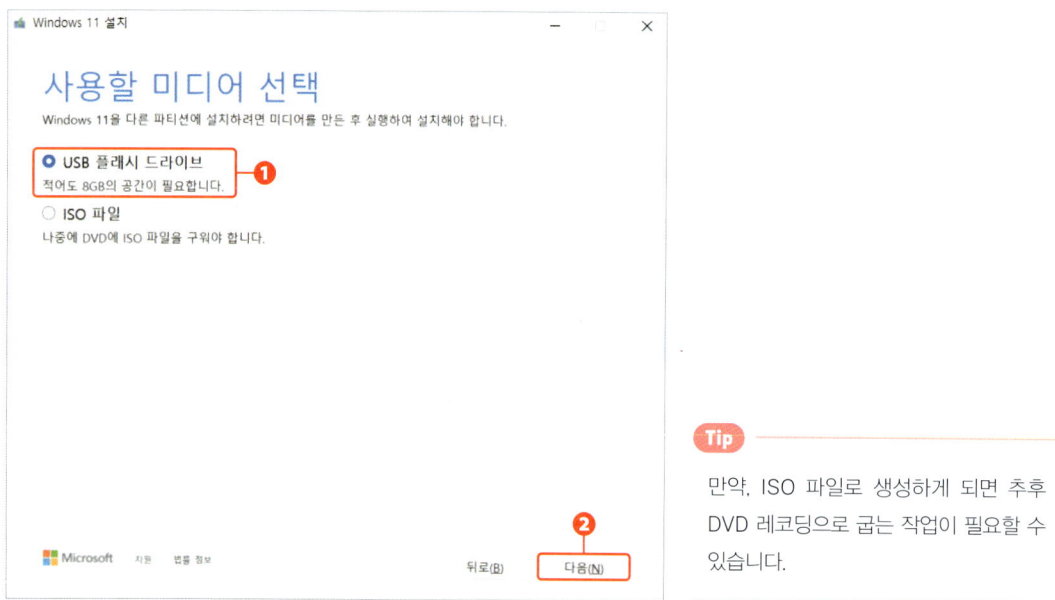

Tip

만약, ISO 파일로 생성하게 되면 추후 DVD 레코딩으로 굽는 작업이 필요할 수 있습니다.

06 윈도우 11 설치 미디어를 생성할 USB 플래시 드라이브를 목록에서 선택한 후 [다음]을 클릭합니다.

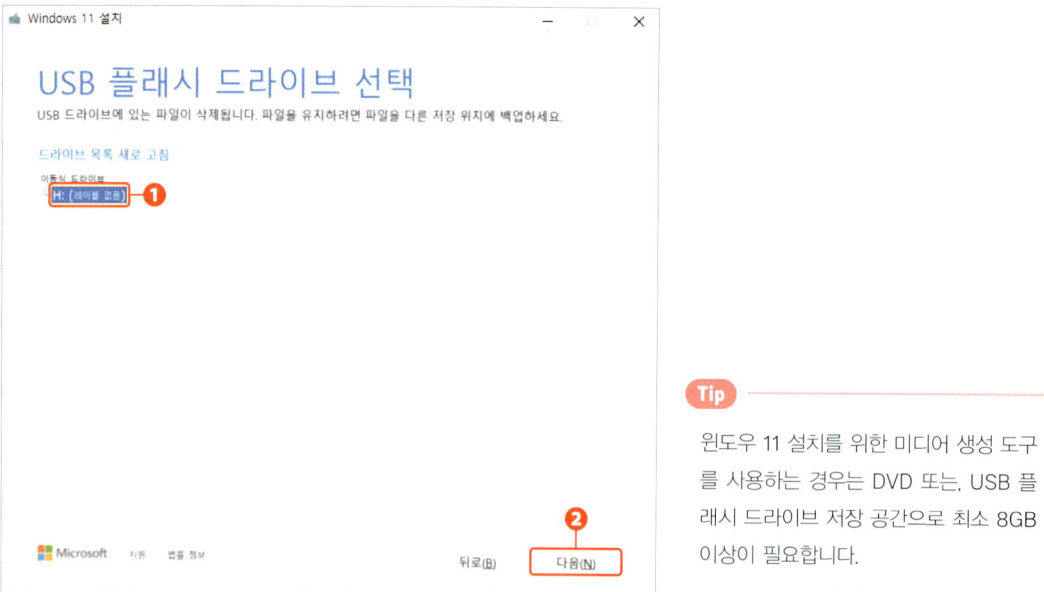

Tip

윈도우 11 설치를 위한 미디어 생성 도구를 사용하는 경우는 DVD 또는, USB 플래시 드라이브 저장 공간으로 최소 8GB 이상이 필요합니다.

07 [Windows 11 다운로드 중] 창에서 다운로드가 진행되면서 미디어 생성이 진행됩니다.

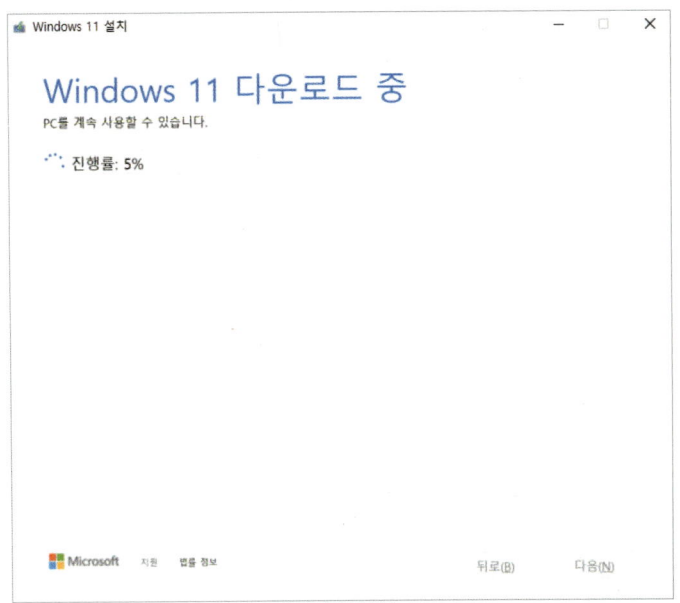

08 다운로드하면서 윈도우 11 설치 미디어가 완료된 메시지를 확인한 후 [마침]을 클릭합니다. USB 부팅을 사용하여 설치 가능한 미디어 생성을 완료하고 USB 부팅을 통해 윈도우 11을 새롭게 설치할 수 있습니다.

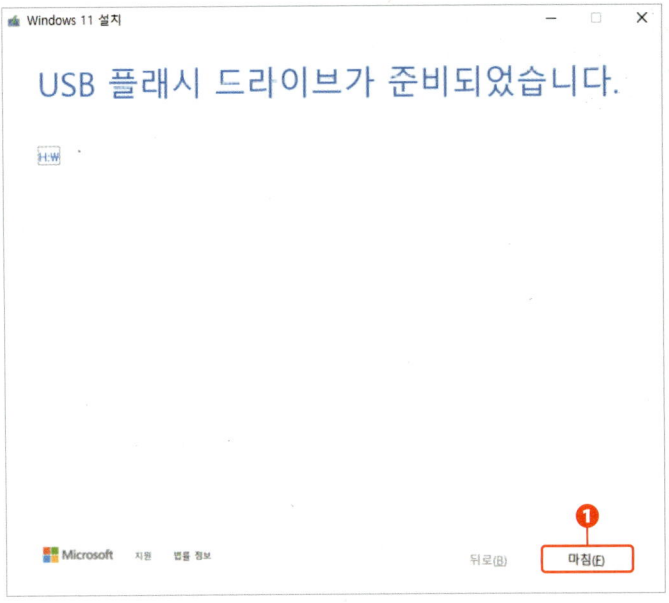

session 3 윈도우 11 처음부터 설치하기

기존 PC에서 윈도우 11을 새롭게 설치하거나 새롭게 구매한 디바이스에서 윈도우 11을 설치할 때 처음부터 설치하는 방법에 대하여 알아봅니다.

OEM 컴퓨터 제조사 및 메인보드 제조사에 따라 부팅 순서를 변경하는 방법은 차이가 있습니다. 아래 표를 참고하고, 아래 표에 없거나 해당하지 않는 경우는 각 제조사 지원 페이지를 확인하여 컴퓨터 부팅 순서를 설정하고 윈도우 11을 설치합니다.

아래 이미지처럼 컴퓨터 전원을 켜면 나타나는 화면에서 부팅 메뉴 관련 단축키를 확인할 수도 있습니다.

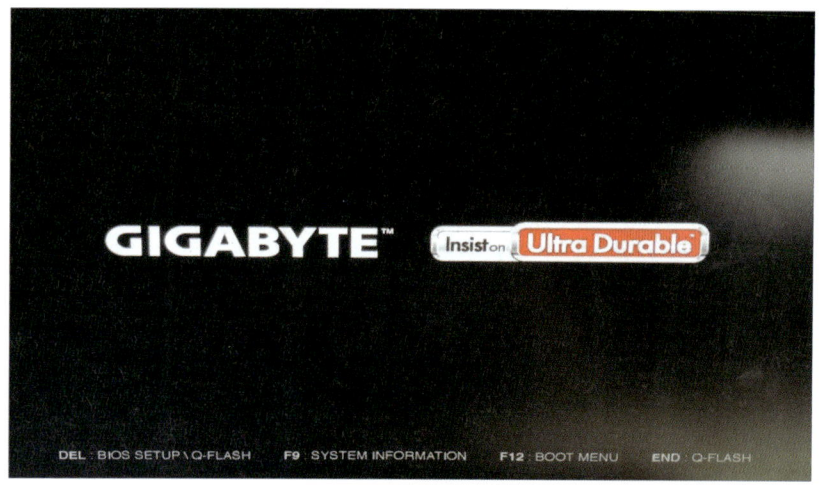

◀ 부팅 메뉴 관련 단축키

제조사	부팅 순서 단축키
삼성전자	Esc 또는, F10(데스크탑), F10(노트북)
LG전자	F12(데스크탑), F10(노트북)
Dell	F12
HP	F9
Lenovo	F12
Sony	F11
TG삼보	F12
ASRock 메인보드	F11
ASUS 메인보드	F8
GIGABYTE 메인보드	F12
MSI 메인보드	F11

01 [Windows 설치] 창에서 [설치할 언어, 시간 및 통화 형식, 키보드 또는 입력 방법, 키보드 종류]를 설정한 후 [다음]을 클릭합니다.

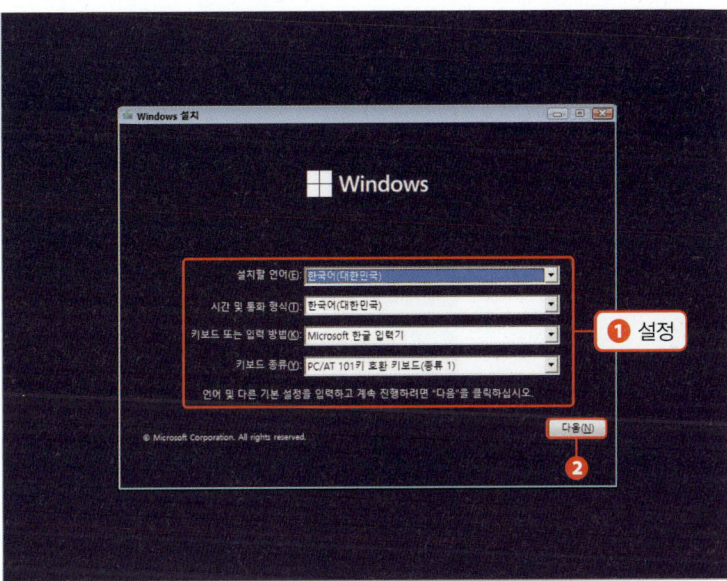

02 [지금 설치]를 클릭합니다.

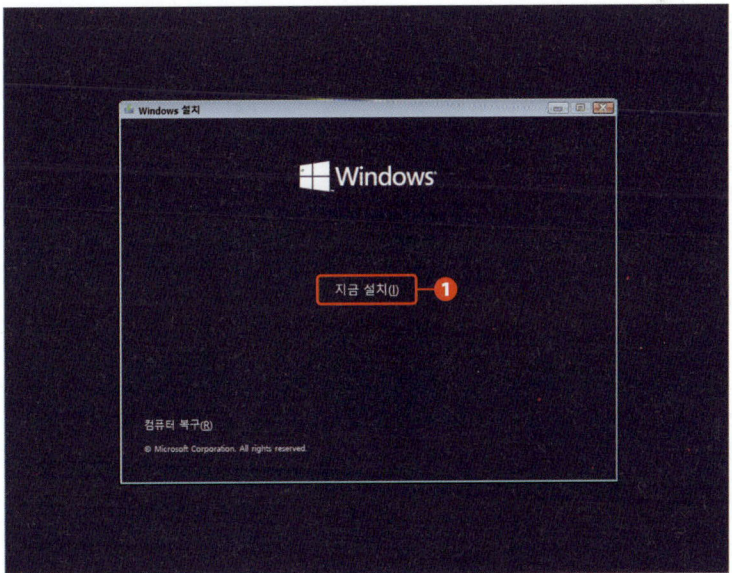

03 [관련 통지 및 사용 조건] 창에서 [Microsoft 소프트웨어 사용 조건에 동의합니다]를 선택한 후 [다음]을 클릭합니다.

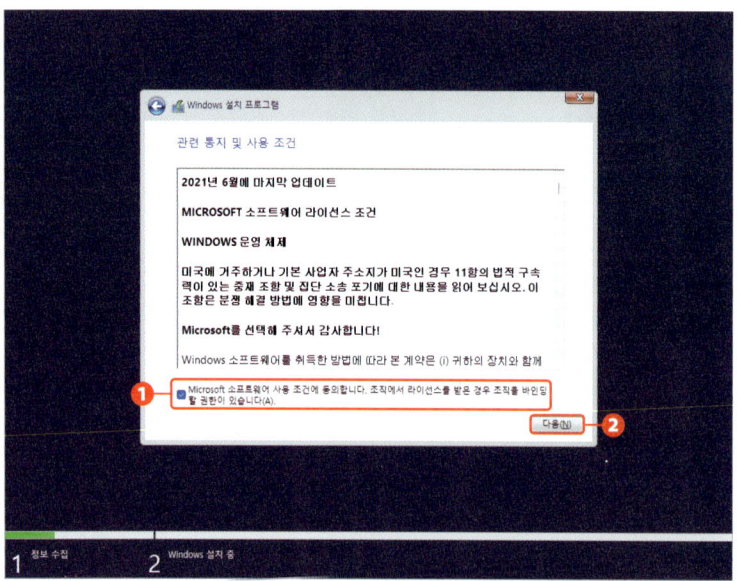

04 [설치 유형을 선택하세요] 창에서 [사용자 지정 : Windows만 설치]를 클릭합니다.

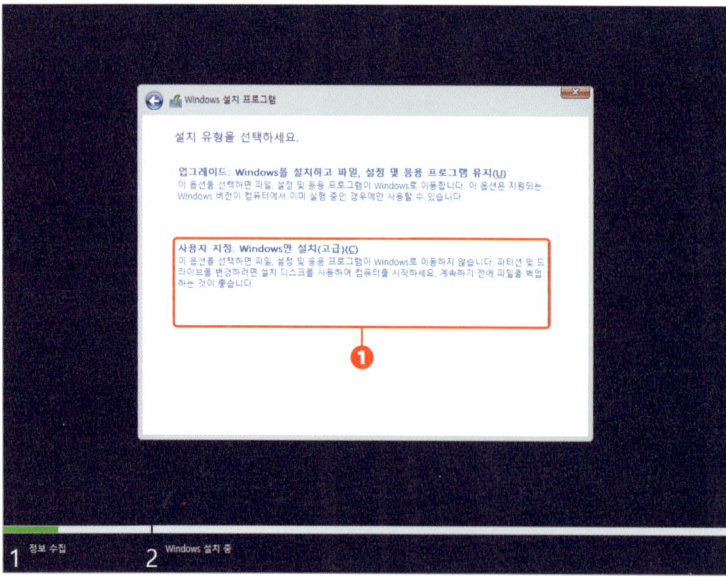

05 [Windows를 설치할 위치를 지정] 창에서 윈도우 11을 설치할 위치를 선택 후 [다음]을 클릭합니다.

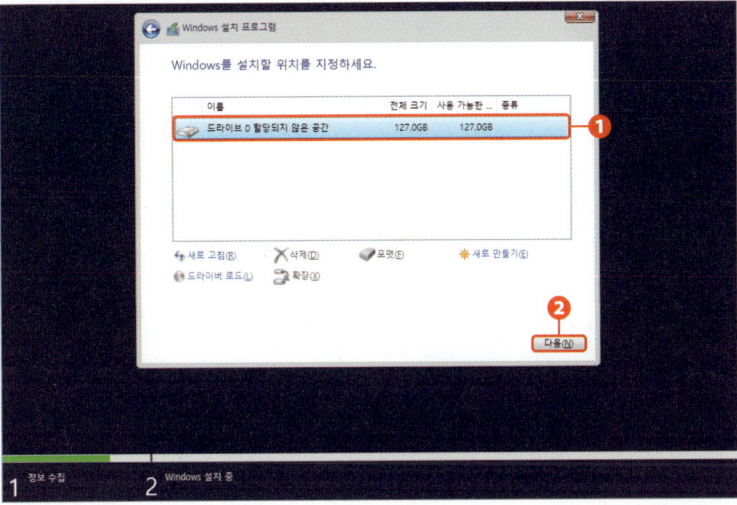

Tip

- 삭제 : 현재 선택한 저장소를 삭제하거나, 하나의 물리적인 저장소가 여러 파티션으로 나뉘어져 있는 경우에 제거하여 하나의 통합된 저장소로 설정할 수 있습니다.
- 포맷 : 선택한 드라이브가 할당되지 않는 공간 상태 또는, [새로 만들기]를 통해 새로운 파티션을 생성하였을 경우에 저장소를 활성화하기 위하며 포맷을 진행합니다.
- 새로 만들기 : 물리적으로 하나의 저장소를 여러 파티션으로 지정하여 생성합니다. 예를 들어, 윈도우가 설치되는 공간과 데이터 공간을 나누어 사용할 수 있습니다.
- 드라이버 로드 : 특정 장치의 경우 윈도우 11을 설치할 때 드라이버가 필요하면 추가하여 윈도우 11을 설치할 수 있습니다.
- 확장 : 저장소 공간의 확장이 필요한 경우 사용합니다.

06 윈도우 11 설치가 진행되고, 재부팅이 진행됩니다.

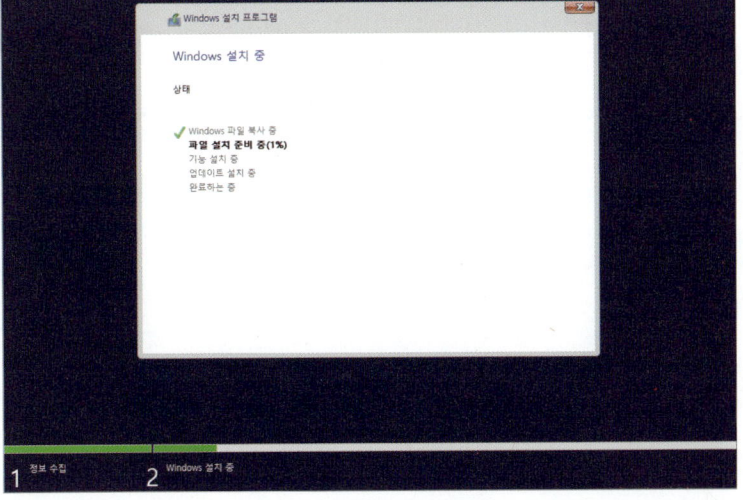

07 윈도우 11 설치를 구성하기 위한 단계 화면이 나타납니다. [국가 설정] 창에서 국가를 선택하고 [예]를 클릭합니다.

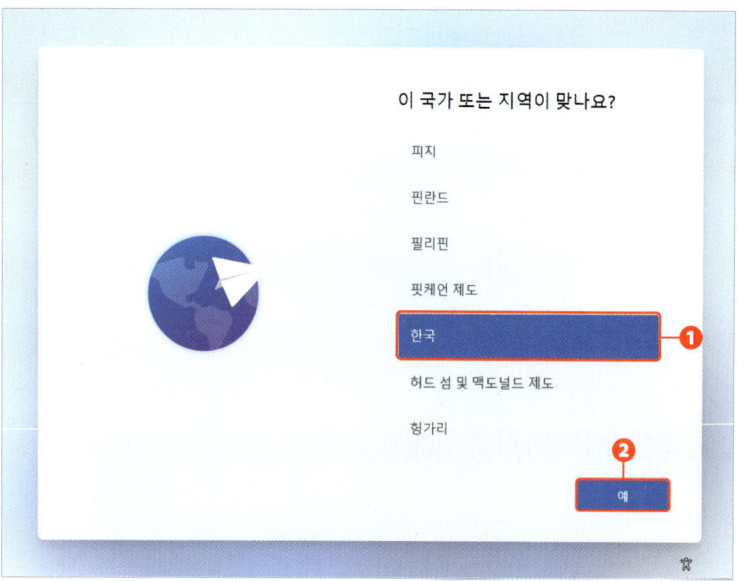

08 [키보드 종료 및 입력 방법] 창에서 입력기를 선택한 후 [예]를 클릭합니다.

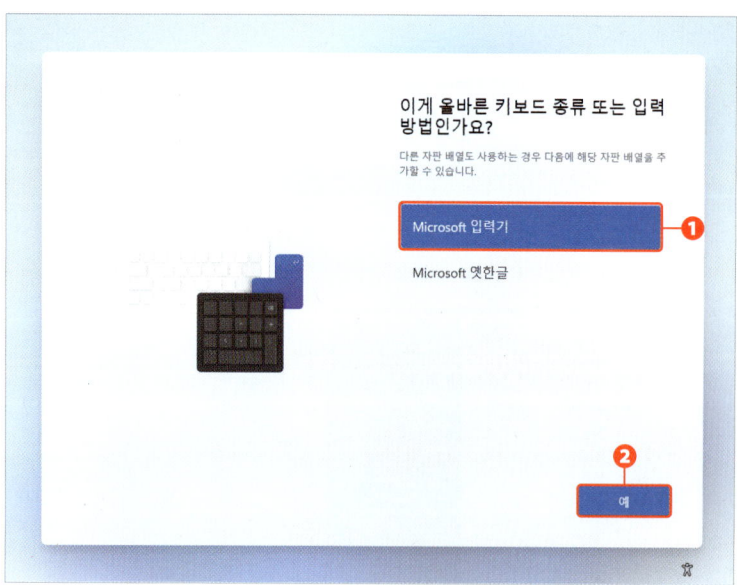

> **Tip**
>
> Microsoft 옛한글 : 훈민정음과 같은 형태의 아래아(ㆍ), 쌍아래아(ㆍㆍ) 같은 형태의 입력이 필요한 경우에 사용하는 키보드 입력기를 말합니다((예) 나ㆍ랏ㆍ말쓰ㆍ미듕ㆍ귁ㆍ에달ㆍ아).

09 [두 번째 키보드 레이아웃 추가] 창에서 레이아웃을 추가하거나 [건너뛰기]를 클릭합니다.

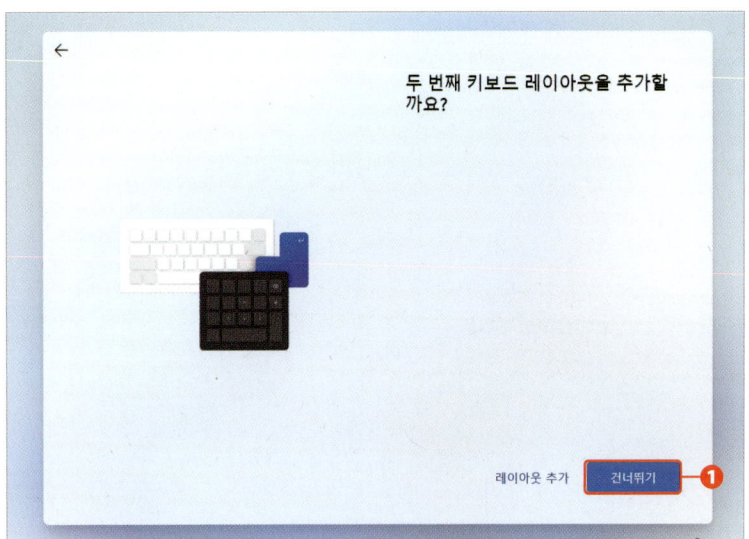

10 [네트워크에 연결] 창에서 연결된 네트워크를 확인한 후 [다음]을 연결합니다. 만약, 네트워크 연결이 어려운 경우는 나중에 설정할 수 있습니다.

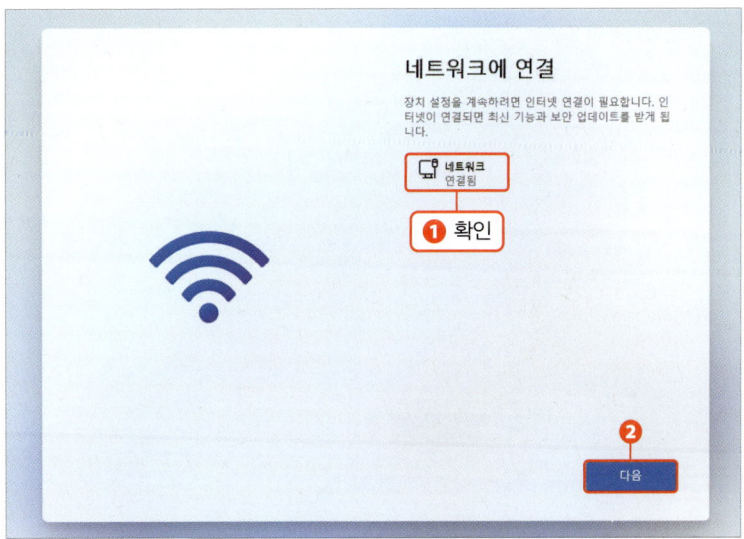

11 윈도우 11 추가 설치 업데이트 여부를 확인합니다.

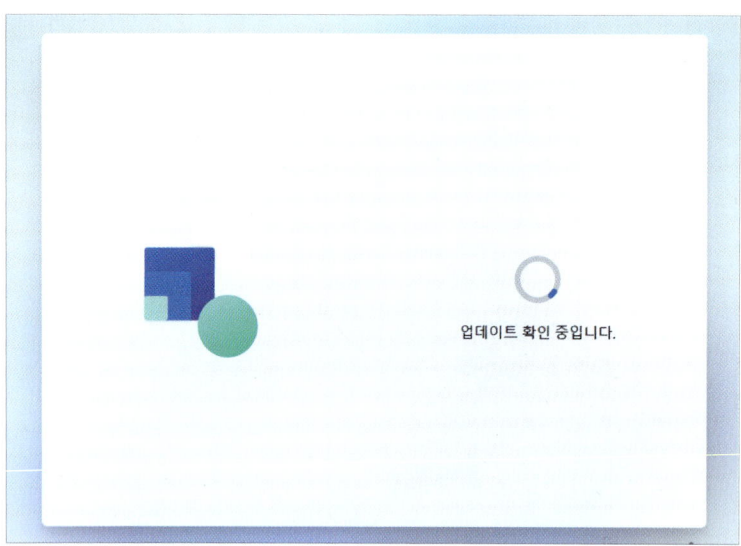

12 [PC 이름 지정하기] 창에서 PC의 이름을 입력한 후 [다음]을 클릭합니다.

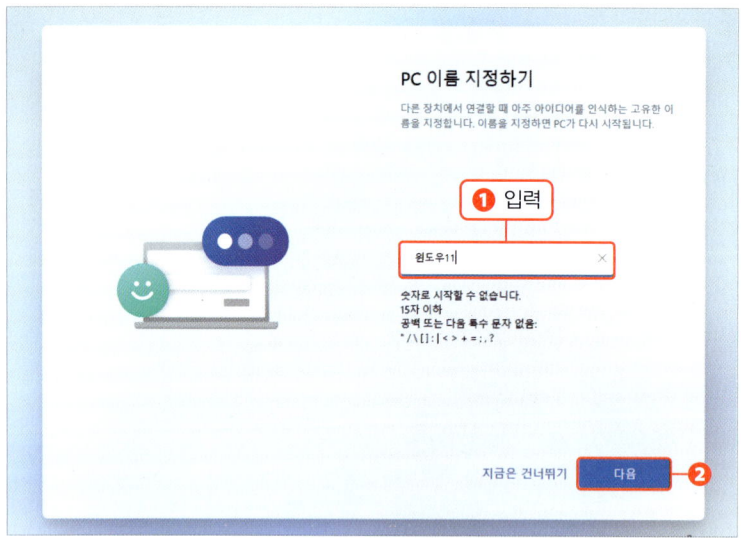

13 디바이스 설정 부분이 나타납니다. '개인용' 또는, '회사 또는 학교용으로 설정'을 선택할 수 있습니다.

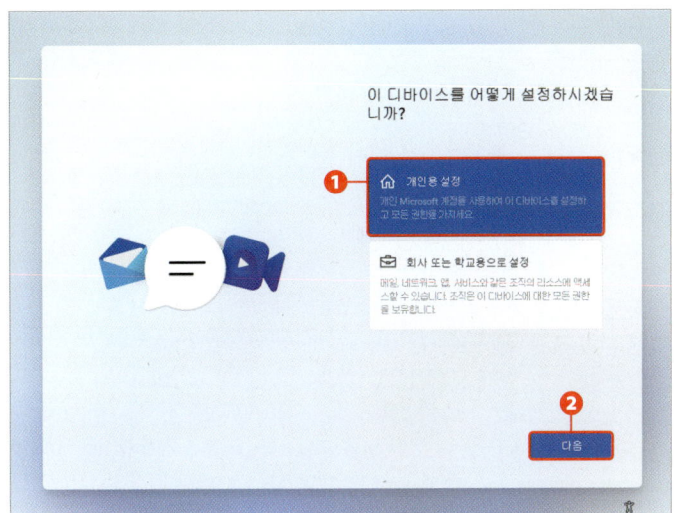

> 📗 **참고**
> 윈도우 11 프로 이상의 버전인 경우에 나타나는 화면이고, 윈도우 11 홈의 경우는 나타나지 않습니다.

14 [Microsoft 계정 추가] 창에서 가지고 있는 Microsoft 계정을 입력한 후 [다음]을 클릭합니다. 만약, Microsoft 계정이 없다면, [계정을 만드세요]를 클릭하고 단계를 따라하여 Microsoft 계정을 생성할 수 있습니다.

참고 : Microsoft 계정 만들기

Microsoft 계정을 새롭게 생성하는 방법을 알아봅니다.

1. [계정을 만드세요]를 클릭합니다.

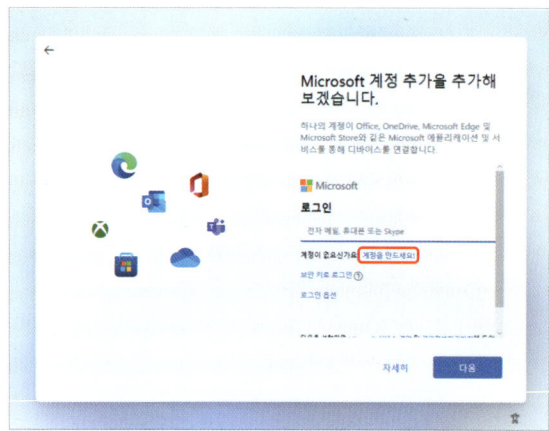

2. [계정 만들기] 창에서 사용할 메일 계정 주소를 입력한 후 [다음]을 클릭합니다. 입력한 계정에 대하여 중복 체크가 이루어지게 되고 사용 가능 여부를 확인할 수 있습니다.

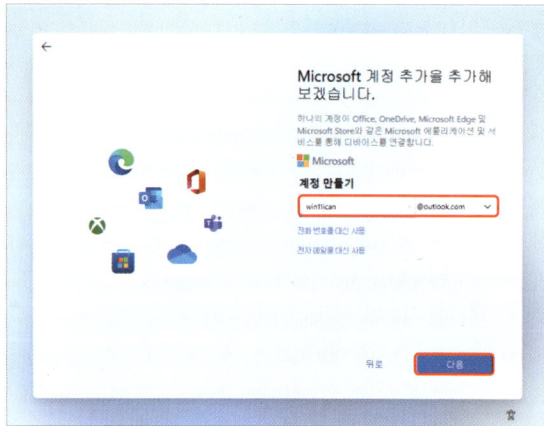

3. 사용할 암호를 입력한 후 [동의하고 계정 만들기]를 클릭합니다.

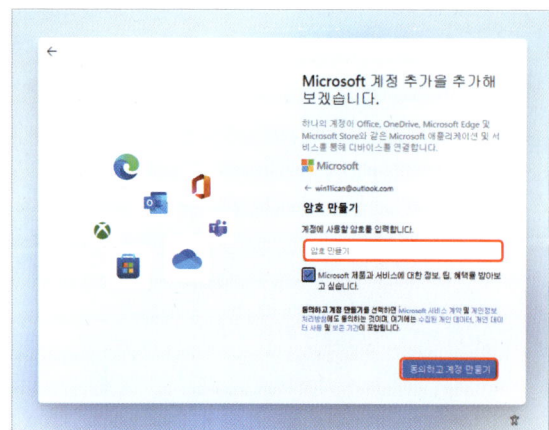

4. Microsoft 계정의 성과 이름을 입력한 후 [다음]을 클릭합니다.

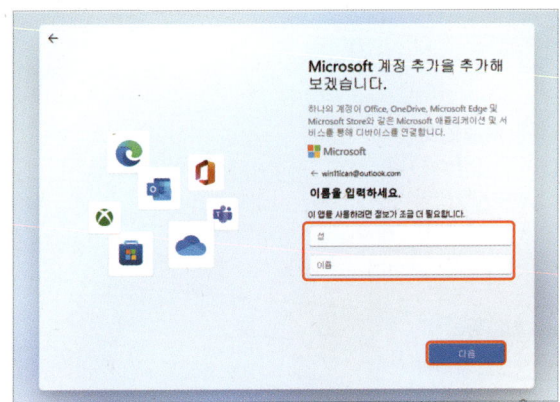

5. 국가, 생년월일을 입력한 후 [다음]을 클릭하면 Microsoft 계정 생성을 완료합니다.

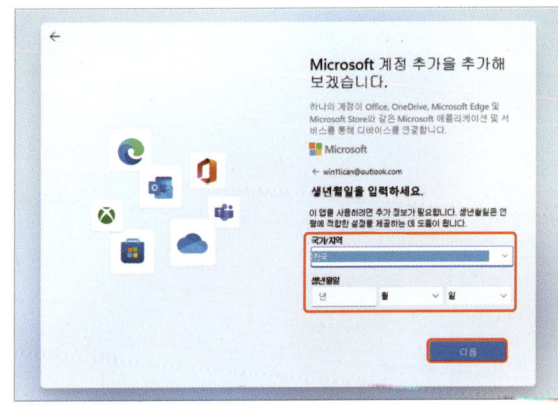

> **Tip**

Microsoft 계정을 생성하면 아래의 Microsoft 제품 및 서비스에 단 한 번의 로그인으로 액세스가 가능하게 됩니다.

구분	내용	구분	내용
Outlook	이메일과 캘린더를 사용	XBOX	PC, XBOX 및 모바일에서도 게임, 커뮤니티 활동
Skype	Skype 서비스를 통해 채팅, 음성 및 비디오를 사용	Microsoft365	Office 앱 또는, 서비스를 사용하여 문서 작업
Microsoft Edge	Microsoft Edge에서 제공되는 기능을 동기화하여 여러 장치에서 사용	OneDrive	파일과 사진을 안전하게 저장하고 모든 디바이스에서 파일과 사진을 액세스할 수 있는 클라우드 저장소
Microsoft Bing	지능형 검색 기능을 통해 검색 결과를 빠르게 검색	Windows	분실 또는, 도난 시 디바이스 찾기 또는, 디바이스 관리
Microsoft Store	앱, 게임 및 도구를 다운로드 받아 사용	MSN	MSN에서 제공하는 정보를 확인

15 Microsoft 계정을 입력한 후 암호를 입력합니다.

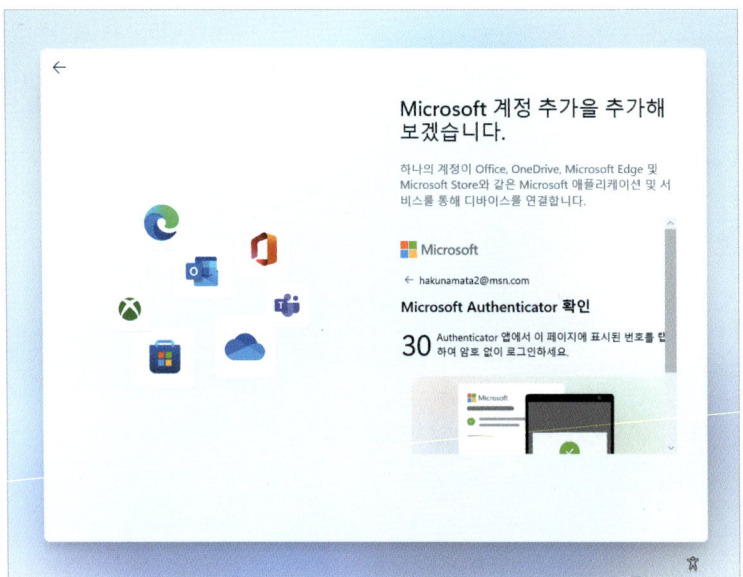

16 Microsoft 계정을 통해 인증 처리가 진행됩니다.

Tip **Microsoft 계정을 사용하면 좋은 점**

Microsoft 계정을 사용하면 사용자가 다른 PC에서 사용하던 파일 및 환경을 동기화하여 동일한 작업 환경에서 PC를 사용할 수 있게 됩니다. 또한 Microsoft 계정을 사용하여 메일 서비스, 클라우드 저장소 OneDrive, Microsoft Store 앱 동기화 및 Microsoft Edge 설정도 동기화하여 사용할 수 있습니다.

17 [PIN 만들기] 창에서 [PIN 만들기]를 클릭합니다.

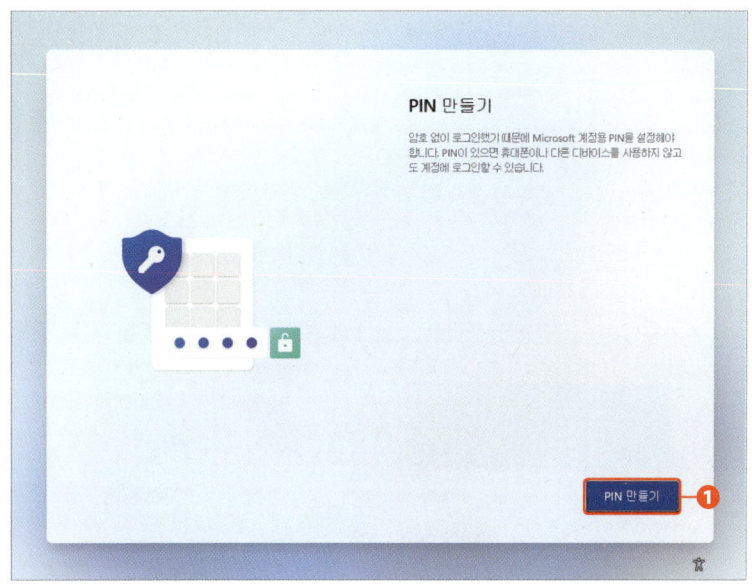

> **참고 : PIN 암호 장점**
>
> 암호는 서버에 전송되므로 전송 중에 가로채거나 서버에서 훔칠 수 있습니다. PIN은 로컬이므로 어디로도 전송되지 않으며 서버에 저장되지도 않습니다. 암호와 Hello PIN 간의 한 가지 중요한 차이점은 PIN이 설정된 특정 장치에 연결되어 있다는 것입니다. 해당 특정 하드웨어가 없으면 누구에게도 해당 PIN은 소용이 없습니다. 암호를 훔친 누군가는 어디서든 사용자의 계정으로 로그인할 수 있지만 PIN을 훔친 경우에는 실제 장치도 훔쳐야 합니다. 해당 특정 장치를 제외한 어디에서도 PIN은 사용할 수 없게 됩니다.

18 [PIN 설정] 창에서 PIN 암호를 입력한 후 [확인]을 클릭합니다.

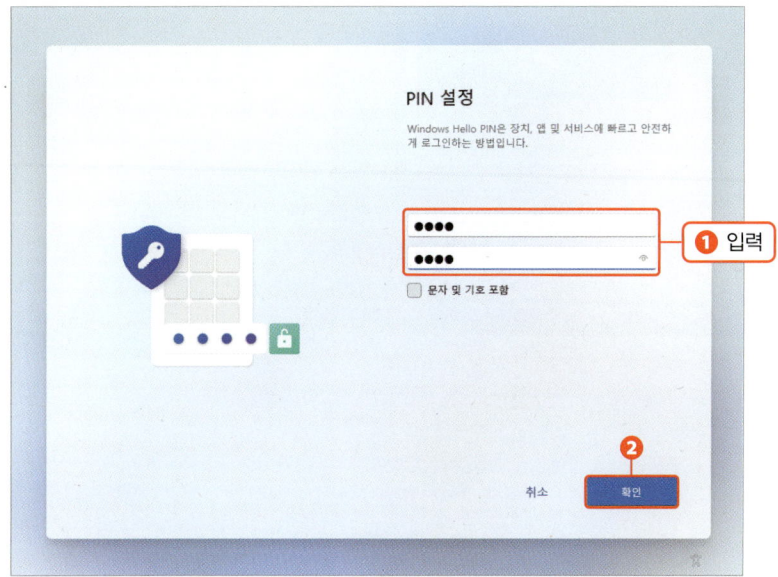

19 기존에 윈도우 11을 설치했었다면, [새 장치로 설정]을 선택한 후 [다음]을 클릭합니다. 참고로 앞선 단계에서 설정한 Microsoft 계정과 연계되어 이전의 설정을 복원할 수 있습니다.

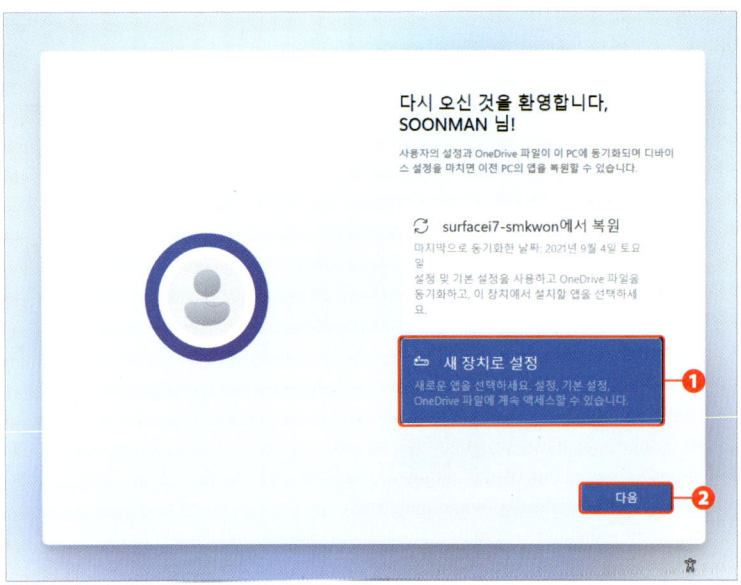

20 Microsoft 및 앱에서 사용자의 위치 허용 여부를 선택한 후 [수락]을 클릭합니다.

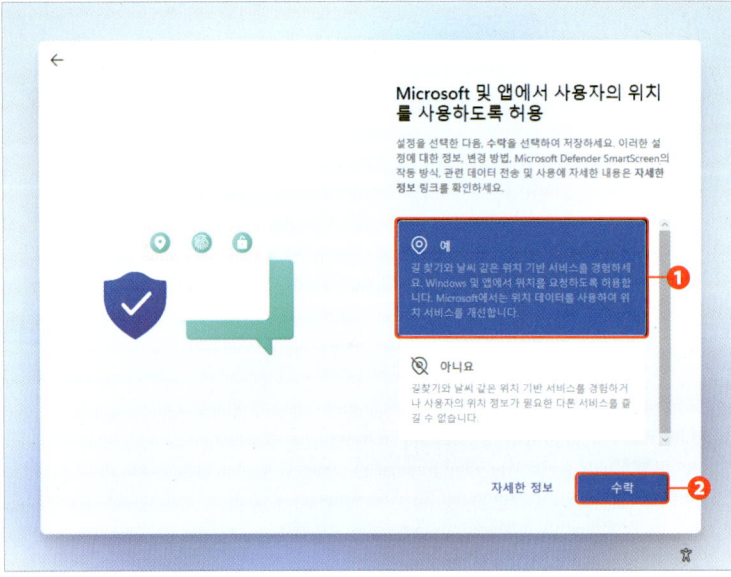

21 내 장치 찾기 허용 여부를 선택한 후 [수락]을 클릭합니다.

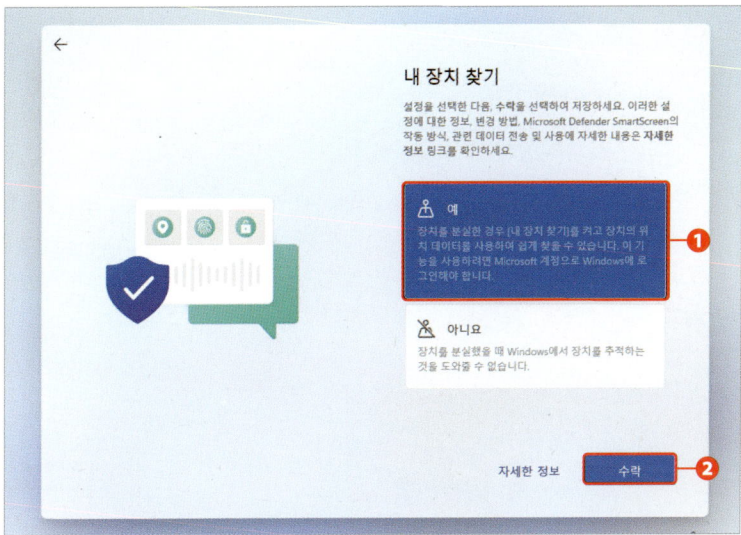

> **참고 : 내 장치 찾기**
>
> 내 장치 찾기는 윈도우 11 장치를 분실하거나 도난당한 경우 쉽게 찾을 수 있도록 돕는 기능입니다. 해당 기능을 사용하려면 Microsoft 계정으로 장치에 로그인하여 사용하면 됩니다. 해당 기능은 장치의 다른 사용자가 앱에 대한 위치 설정을 해제한 경우에도 장치의 위치가 설정된 경우에 적용됩니다. 장치를 찾으려고 하면 장치를 사용하는 사용자에게 알림이 표시됩니다. 이 설정은 PC, 노트북, Surface 또는 Surface 펜 같은 모든 Windows 장치에서 작동합니다. 이 설정을 사용하려면 기능을 켜야 합니다.
> 참고로 Microsoft 계정이 직장 또는, 학교 계정이라면 이 설정을 사용할 수 없지만, 추가적으로 Microsoft 365 서비스를 구독하여 유사한 기능을 사용할 수 있습니다.

22 진단 데이터를 Microsoft에 보내기 허용 여부를 선택한 후 [수락]을 클릭합니다.

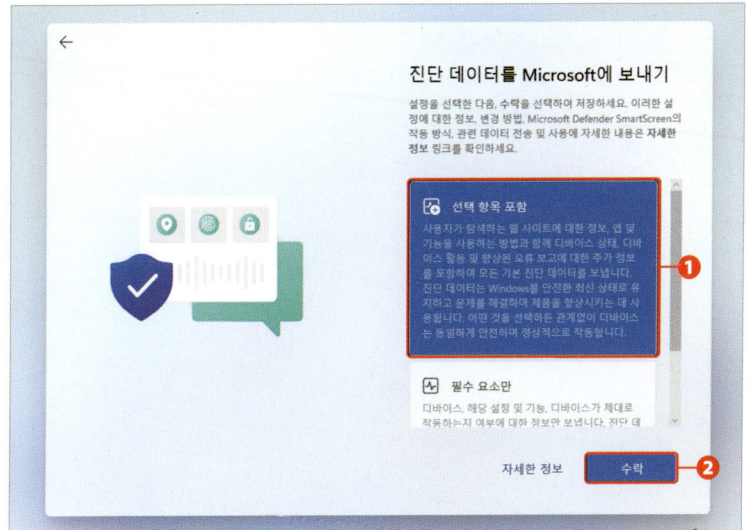

23 수동 입력 및 타이핑 개선 허용 여부를 선택한 후 [수락]을 클릭합니다.

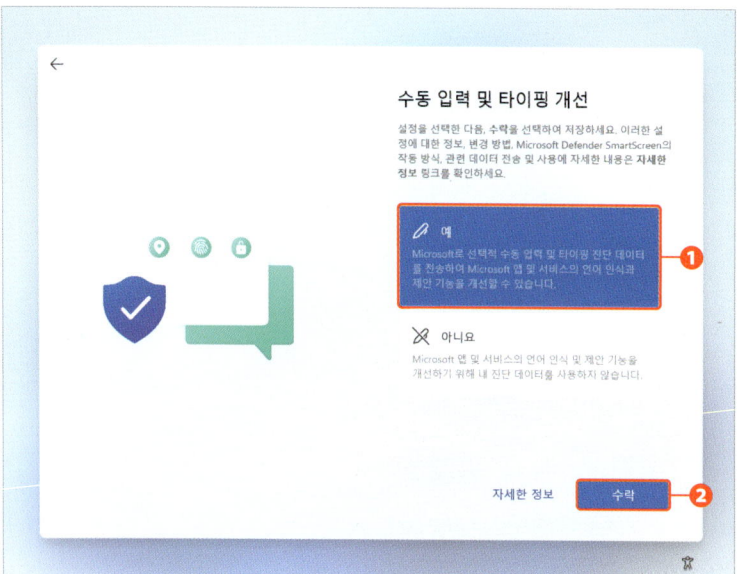

24 진단 데이터를 사용한 맞춤형 환경 사용 허용 여부를 선택한 후 [수락]을 클릭합니다.

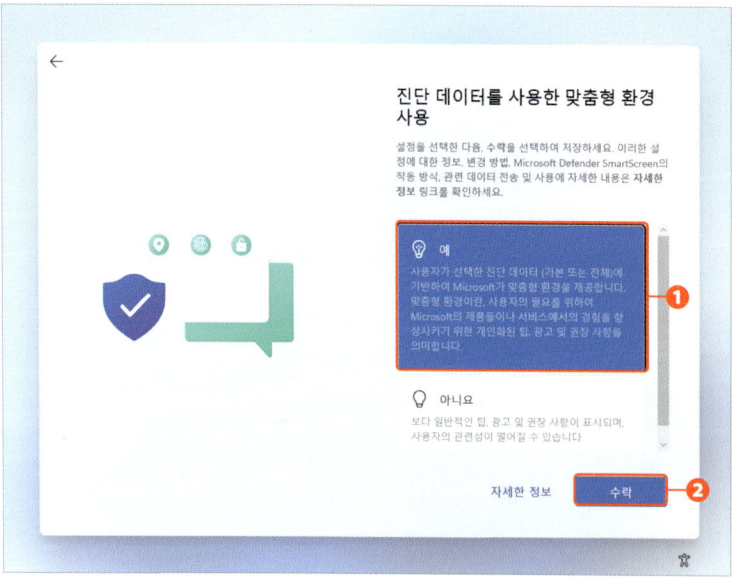

25 앱에서 광고 ID를 사용하도록 허용 여부를 선택한 후 [수락]을 클릭합니다.

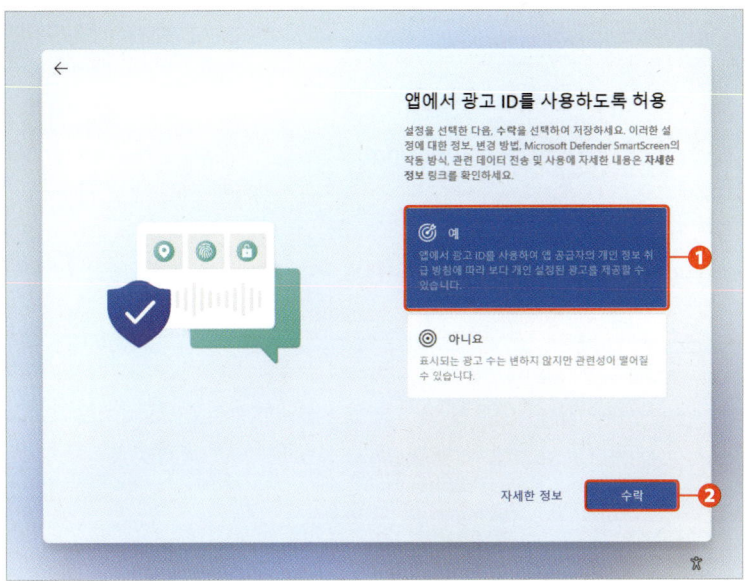

26 Microsoft 환경에서 개인 설정된 광고 및 권장 사항을 받기 위해서는 해당하는 정보를 선택한 후 [적용]을 클릭합니다. 불필요한 경우는 [건너뛰기]를 클릭합니다.

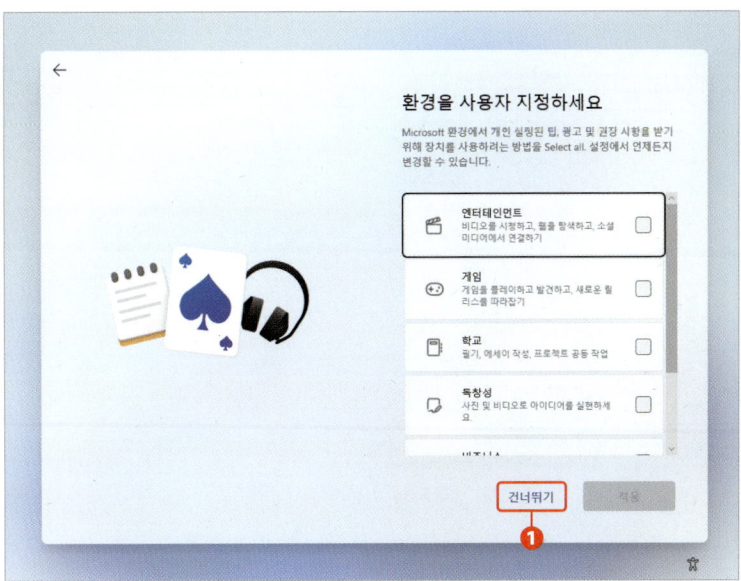

LESSON 02 윈도우 11 설치하기 **47**

27 [OneDrive로 파일 백업] 창에서 [OneDrive로 파일 백업]을 선택한 후 [다음]을 클릭합니다. Microsoft 계정으로 사용할 수 있는 OneDrive 설정이 자동으로 진행됩니다.

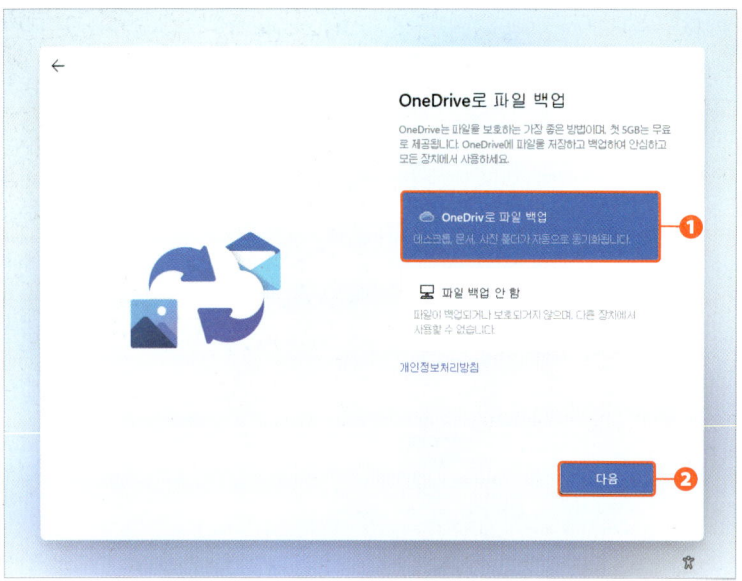

28 앞선 구성 설정을 참고하여 윈도우 11 설치가 진행됩니다. 자동적으로 3단계로 진행됩니다.

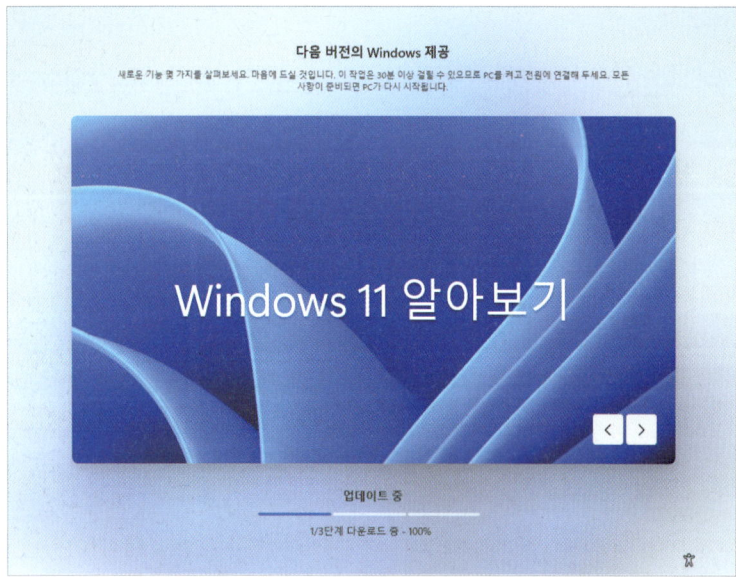

29 윈도우 11 설치가 완료되면 설정한 Microsoft 계정으로 로그인을 진행합니다.

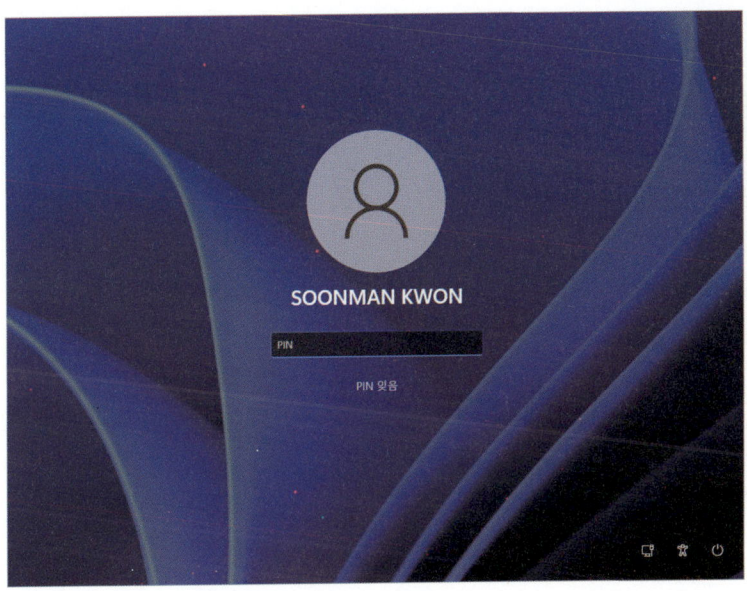

30 최종 추가 작업을 위한 준비가 진행됩니다.

31 프로필을 생성하기 위하여 잠깐의 시간이 필요합니다.

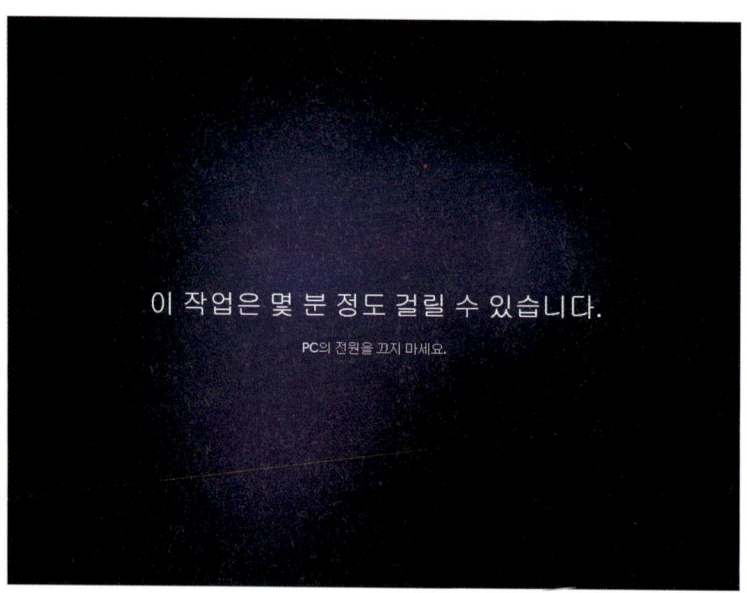

32 윈도우 11에 로그인되면서 설치를 완료합니다.

PART

02

윈도우 11
새로운 인터페이스
살펴보기

새롭게 변화된 윈도우 11의 기본 화면 구성에 있어서 기존의 윈도우와 가장 큰 차이점은 윈도우 11에서는 윈도우 시작 단추가 작업 표시줄 끝에 위치하지 않고, 가운데 정렬로 위치시킬 수 있다는 점입니다. 이곳에서는 크게 두 개의 레슨으로 윈도우 11의 변화된 화면 구성에 대하여 살펴본 후 배경, 색, 소리 및 마우스 커서와 같은 개인화된 설정에 대한 부분을 알아보고, 시작 메뉴의 변화와 그 변화에 따른 사용 및 설정에 관한 부분을 알아봅니다.

윈도우 11 새로운 인터페이스 알아보기

LESSON 01

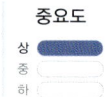

중요도
상
중
하

윈도우 11 새롭게 변화된 시작 메뉴, 바탕 화면 구성과 작업 표시줄 설정에 대하여 알아봅니다.

session 1 변화된 인터페이스 살펴보기

윈도우 11 기본 화면 구성에 대하여 알아봅니다.

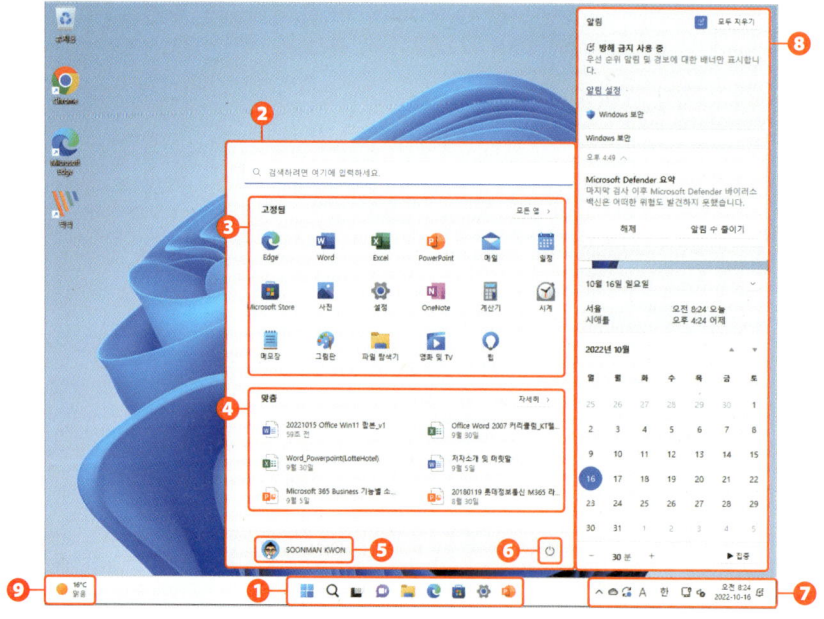

❶ 작업 표시줄 : 빠른 실행 아이콘과 실행 중인 앱을 아이콘 형식으로 관리합니다.
❷ 시작 메뉴 : 설치된 프로그램 및 앱을 확인하고 실행할 수 있으며, 윈도우 11을 절전, 다시 시작, 종료할 수 있습니다.
❸ 고정 앱 : 사용자가 임의로 지정한 고정 앱 목록이 나타납니다.
❹ 맞춤 : 최근에 실행된 앱 또는, 문서를 표시합니다.
❺ 로그인 계정 : 윈도우 11 사용 중인 계정을 표시하고, 다른 사용자로 전환하거나 계정의 잠금을 설정합니다.
❻ 전원 단추 : 시스템을 종료, 다시 시작, 절전 모드로 설정할 수 있습니다.
❼ 트레이 아이콘 : 시스템의 상태나 앱의 알림 표시를 설정할 수 있습니다.
❽ 알림 창 : 윈도우 업데이트, 메일, 일정 및 경고 등의 사항을 표시합니다.
❾ 위젯 : 위젯 기능을 통해 현재 날씨가 기본적으로 작업 표시줄에 나타나게 되며, 뉴스, 일정 및 할 일 등에 여러 관심 정보를 설정하여 한곳에서 확인이 가능합니다.

session 2 | 디스플레이 야간 모드 설정하기

모니터 및 디스플레이 장치는 청색광을 내기 때문에 쉽게 피로도가 발생하고, 야간 작업 시에 눈의 피로도를 낮추기 위해 청색광을 제거하여 표현되도록 설정할 수 있습니다. 야간 모드 설정은 DisplayLink 또는, 기본 디스플레이 설정이 되어 있는 경우에는 사용할 수 없습니다.

01 바탕 화면에서 마우스 오른쪽 단추를 클릭하면 나타나는 메뉴에서 [디스플레이 설정]을 선택합니다.

02 [시스템] 〉 [디스플레이] 화면에서 [밝기 & 색] 〉 [야간 모드]를 클릭합니다.

03 [야간 모드 예약]을 '켬'으로 설정합니다. [야간 모드 예약]에서는 추가적으로 야간 모드가 활성화되는 시간 설정도 가능합니다.

> **참고 : 야간 모드**
>
> 디스플레이 장치는 청색광(낮에 보게 되는 빛)을 내기 때문에 밤에 잠드는 데 방해가 될 수 있습니다. 잠자는 데 도움이 되도록 야간 모드를 켜면 밤에는 디스플레이에서 눈에 편한 따뜻한 색이 표시됩니다. 장치가 특정 드라이버(DisplayLink 또는 기본 디스플레이)를 사용하는 경우에는 야간 모드를 사용할 수 없습니다.

Tip

야간 모드를 설정하였을 때 다음과 같이 디스플레이 장치에서 보여주는 차이를 확인할 수 있습니다.

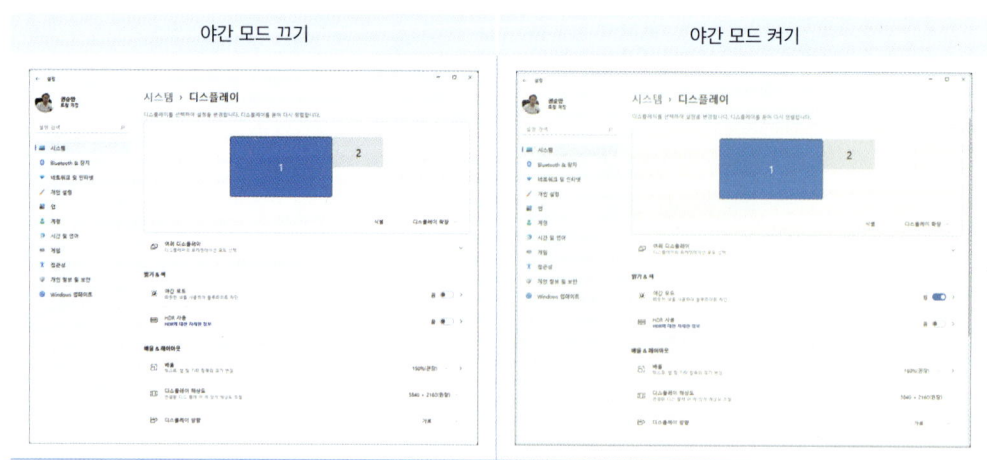

session 3 | HDR 비디오 스트리밍 설정하기

HDR 비디오용으로 최적화된 디스플레이가 있고, Windows HD Color 설정에서 HDR 비디오 스트리밍이 켜져 있을 때 윈도우 11에서는 스트리밍 HDR(High Dynamic Range) 비디오를 재생할 수 있습니다.

01 [시스템] 〉 [디스플레이] 화면에서 [밝기 & 색] 〉 [HDR 사용]을 클릭합니다.

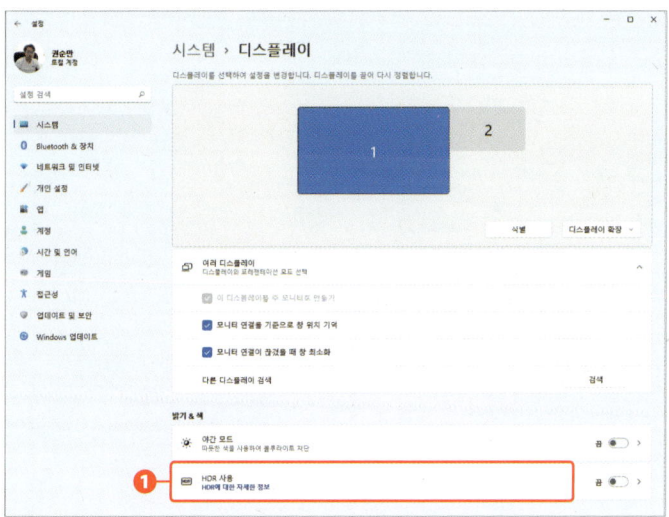

02 설정된 디스플레이의 HDR 설정 가능 여부를 확인할 수 있고, [HDR 사용]을 '켬'으로 설정합니다. 지정된 디스플레이는 스트리밍 HDR 비디오를 재생하고, 추가적인 HDR 설정이 가능하게 됩니다.

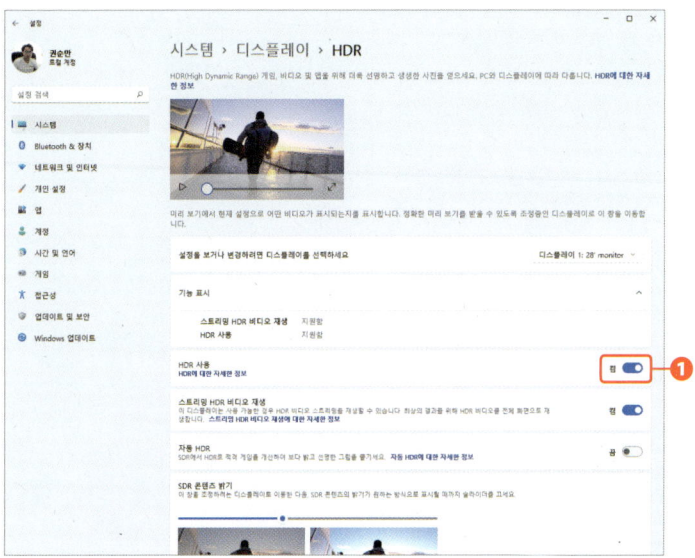

LESSON 01 윈도우 11 새로운 인터페이스 알아보기 **57**

session 4 디스플레이 배율 및 레이아웃 설정하기

디스플레이에 나타나는 글자 크기 및 앱의 배율, 디스플레이가 제공하는 해상도 설정 및 디스플레이 방향 설정이 가능합니다.

01 [시스템] 〉 [디스플레이] 화면에서 [배율 & 레이아웃] 〉 [배율]을 클릭하면 지정할 수 있는 배율이 목록이 나타나고, 권장 배율도 추천합니다.

02 [시스템] 〉 [디스플레이] 화면에서 [배율 & 레이아웃] 〉 [디스플레이 해상도]를 클릭하면 지정할 수 있는 해상도 목록이 나타나고, 권장 해상도도 추천합니다.

03 [시스템] > [디스플레이] 화면에서 [배율 & 레이아웃] > [디스플레이 방향]을 클릭하면 지정할 수 있는 '가로, 세로, 가로(대칭 이동), 세로(대칭 이동)' 중 선택하여 설정이 가능합니다.

Tip 디스플레이 새로 고침

디스플레이의 새로 고침 속도는 화면에서 이미지가 새로 변경되는 초당 횟수를 의미합니다. 예를 들어, 60Hz 디스플레이는 초당 60번 화면을 업데이트한다는 의미입니다.

동영상 재생, 편집 또는, 게임 등과 같이 부드러운 화면이 필요하다면, 새로 고침 수치가 높은 디스플레이와 지원하는 그래픽 카드 사용을 권장합니다.

배터리를 사용하는 노트북 환경에서는 새로 고침이 높다면 전원을 더 많이 사용하기 때문에 전원이 연결되지 않은 상태에서는 새로 고침 수치를 낮추어 베터리 효율을 높일 수도 있습니다. [시스템] > [디스플레이] 화면에서 [고급 디스플레이] 화면에서 새로 고침 빈도 선택에서 설정합니다.

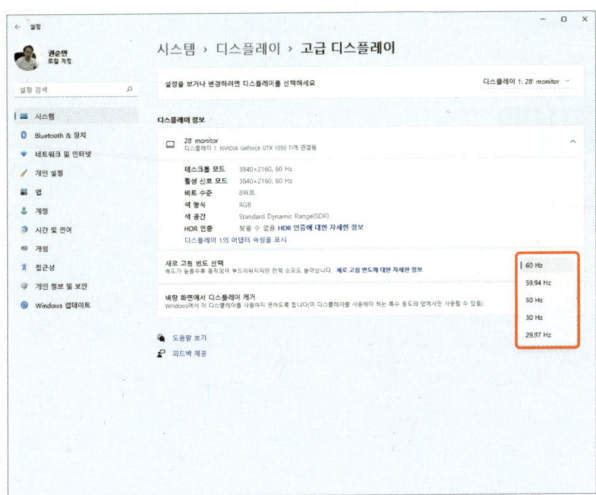

session 5 배경 화면 변경하기

윈도우 11에서 기본적으로 제공하는 배경 화면 외에 사용자가 지정한 이미지로 배경 화면을 변경할 수 있습니다. 이미지의 크기에 따라 맞춤 설정을 통해 배경 화면 이미지의 크기나 배치를 설정할 수 있게 됩니다.

01 바탕 화면에서 마우스 오른쪽 단추를 클릭하여 나타나는 메뉴에서 [개인 설정]을 선택합니다.

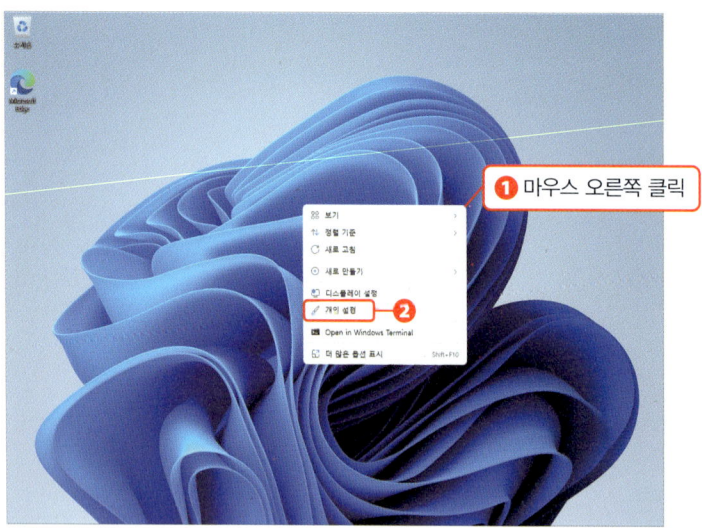

02 [개인 설정] 화면에서 [배경]을 클릭합니다

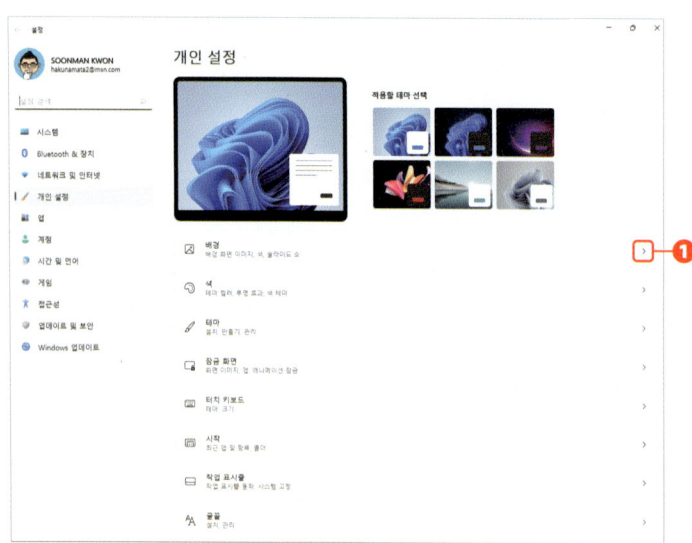

03 [배경 개인 설정] 〉 [최근 이미지]를 클릭하여 변경하거나, [사진 찾아보기]를 클릭하여 원하는 개인 배경 이미지로 설정할 수 있습니다.

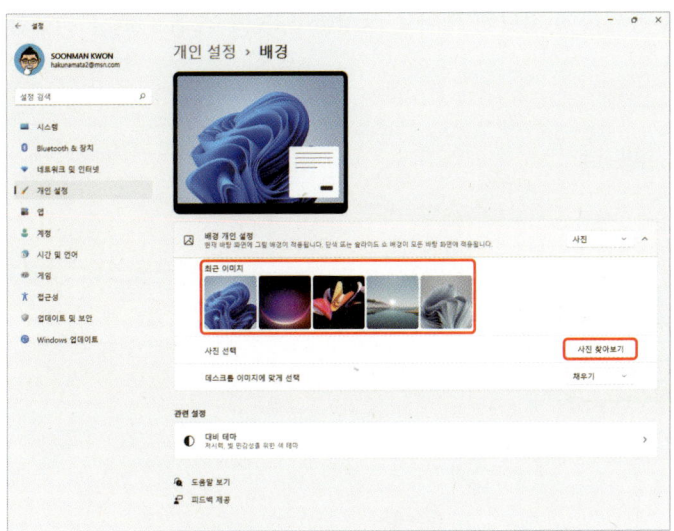

> **참고 : 데스크톱 이미지에 맞게 선택 옵션**
>
> - 채우기 : 배경 화면을 해상도에 맞게 모두 채움 형태로 적용합니다.
> - 맞춤 : 설정한 이미지를 해상도에 맞춥니다.
> - 확대 : 해상도에 비해 작은 이미지를 크게 합니다.
> - 바둑판식 배열 : 해상도에 비해 작은 이미지를 반복하여 바둑판식으로 배열합니다.
> - 가운데 : 이미지를 가운데에 배치합니다.
> - 스팬 · 파노라마 이미지를 사용하는 경우 스팬 옵션을 사용합니다.

session 6 | 테마 생성하여 관리하기

배경 화면, 색, 소리 및 마우스 커서를 통합하여 하나의 테마로 생성하고, 윈도우 11 환경을 적용합니다.

01 [개인 설정] 화면에서 [테마]를 클릭합니다.

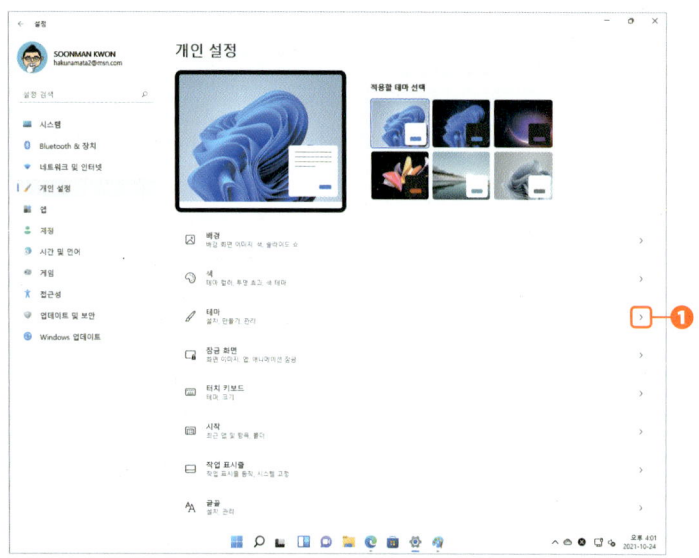

02 [테마] 화면에서 [배경]을 클릭합니다.

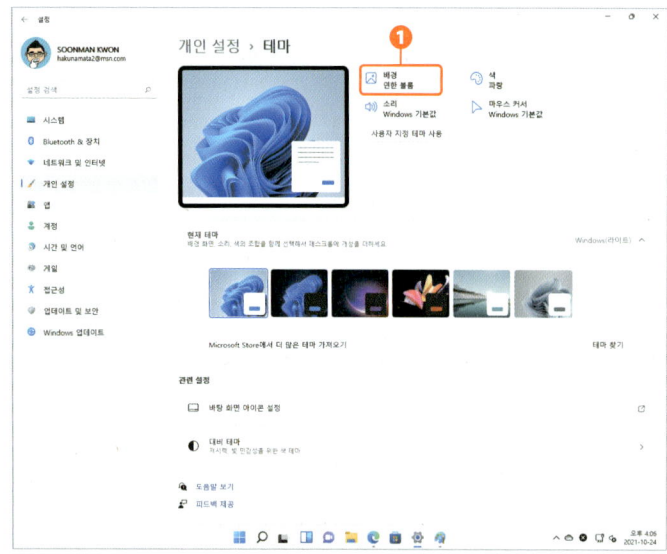

03 [배경] 화면에서 [사진 찾아보기]를 클릭하여 이미지를 추가하고, [데스크톱 이미지에 맞게 선택]을 '채우기'로 설정합니다.

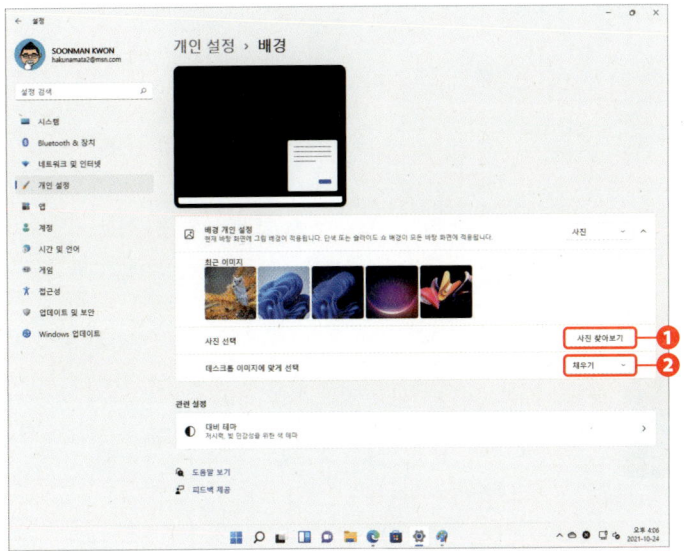

04 이번에는 왼쪽 [개인 설정] 화면에서 [테마] > [색]을 클릭합니다.

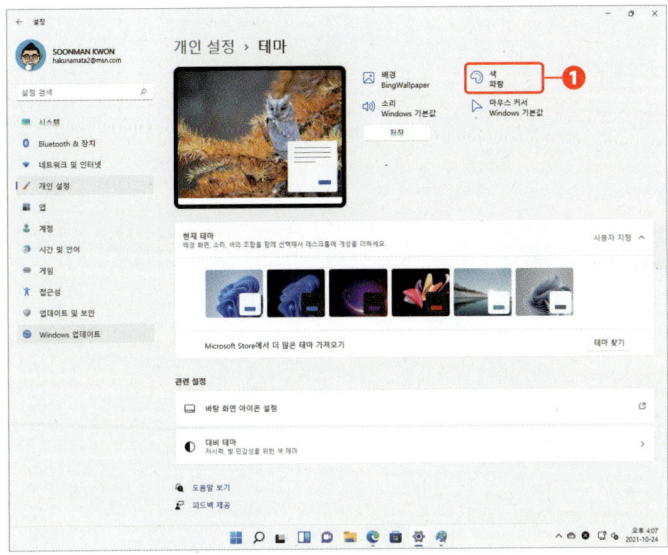

05 [색] 화면의 [테마 컬러]에서 테마에 적용할 색상을 적용합니다.

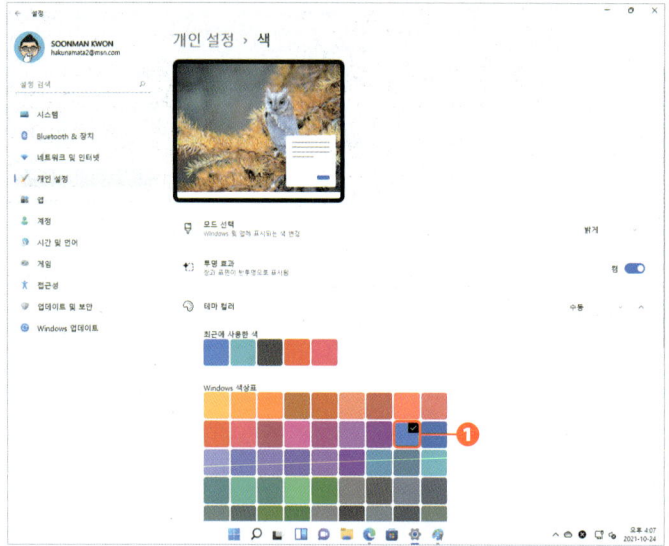

06 이번에는 앞선 [개인 설정] 화면에서 [소리]를 클릭합니다.

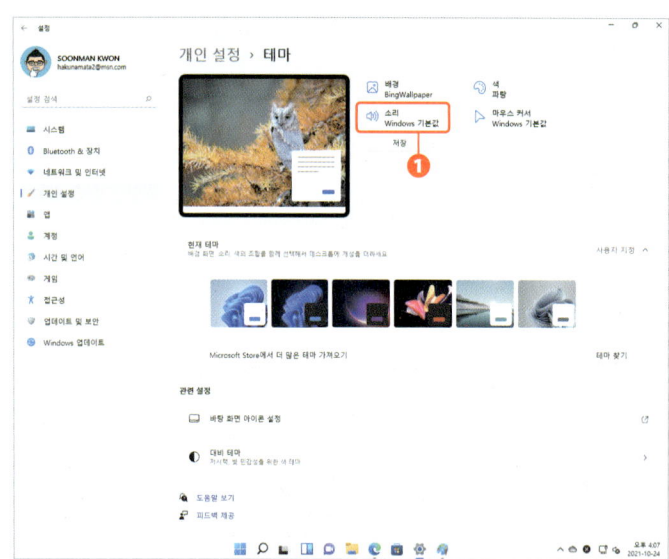

07 [소리] 창이 나타나면 [프로그램 이벤트]에 나열된 속성(윈도우 시작/종료, 기본 경고음, 배터리 부족 경고, 새 메일 알림 등)을 선택하여 윈도우 11의 소리를 적용합니다.

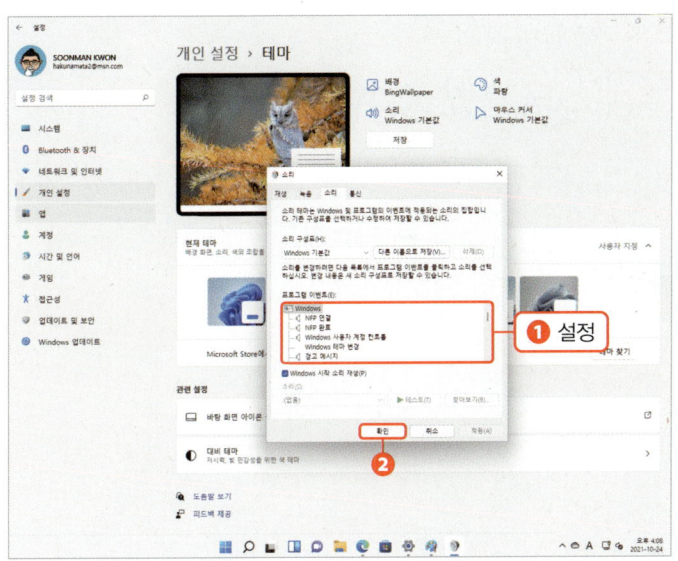

08 마지막으로 [개인 설정] 화면의 [테마] 〉 [마우스 커서]를 클릭한 후 마우스 포인트를 설정하여 테마 설정을 완료합니다.

09 [테마] 화면에서 [저장]을 클릭하여 테마 이름을 지정한 후 [저장]을 클릭하여 사용자 지정의 테마를 추가 생성합니다.

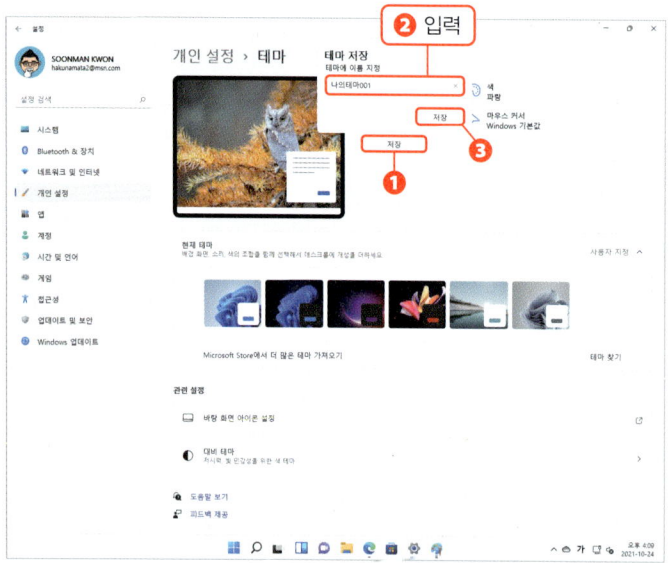

10 현재 테마로 설정되고, 추가적으로 테마 목록에도 추가된 것을 확인할 수 있습니다. 테마를 선택하여 빠르게 윈도우 11 사용자 환경의 테마 변경이 가능하게 됩니다.

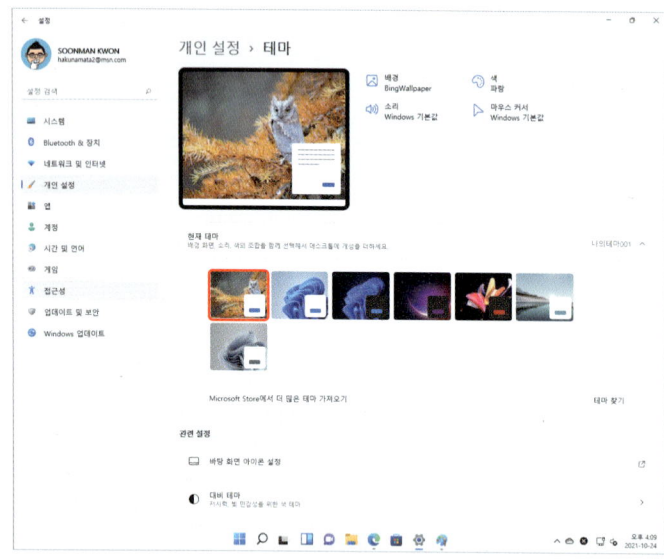

session 7 **테마 다운로드하여 설정하기**

윈도우 11에서는 기본적으로 제공하는 테마 및 Microsoft Store에서 제공하는 테마를 가져와서 윈도우 바탕 화면, 색, 소리 및 마우스 커서의 설정을 한 번에 변경할 수 있는 테마를 적용할 수 있습니다.

01 [개인 설정] 화면에서 [현재 테마] 〉 [Microsoft Store에서 더 많은 테마 가져오기]의 [테마 찾기]를 클릭합니다.

02 Microsoft Store가 실행되면서 테마들이 나열됩니다. 추가할 테마를 선택합니다.

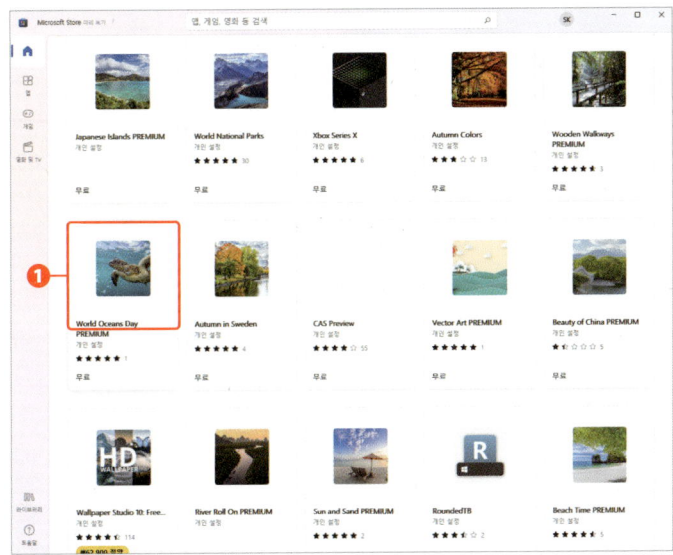

> **Tip**
>
> 만약, Microsoft 계정으로 로그인되어 있지 않다면, Microsoft 계정을 사용하여 로그인 후 Microsoft Store를 사용합니다. Microsoft 계정이 없는 상태라면, [PART 1] > [Lesson 02]의 [Microsoft 계정 만들기]를 참고합니다.

03 선택한 테마 내용을 확인한 후 [무료]를 클릭하여 설치를 진행합니다. 테마 설치가 완료되면 [열기]를 클릭합니다.

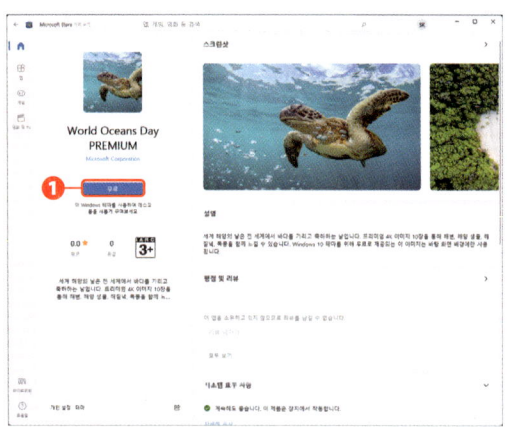 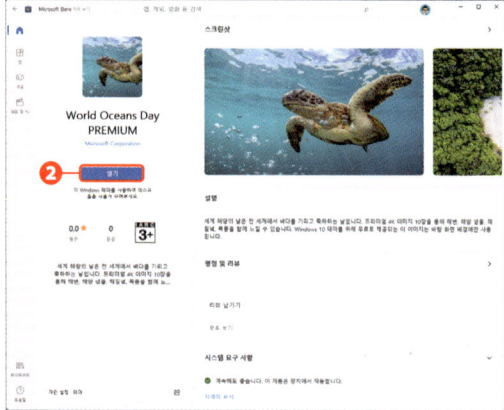

04 Microsoft Store에서 다운로드 받은 테마가 추가된 것을 확인할 수 있고, 선택하여 테마를 적용합니다.

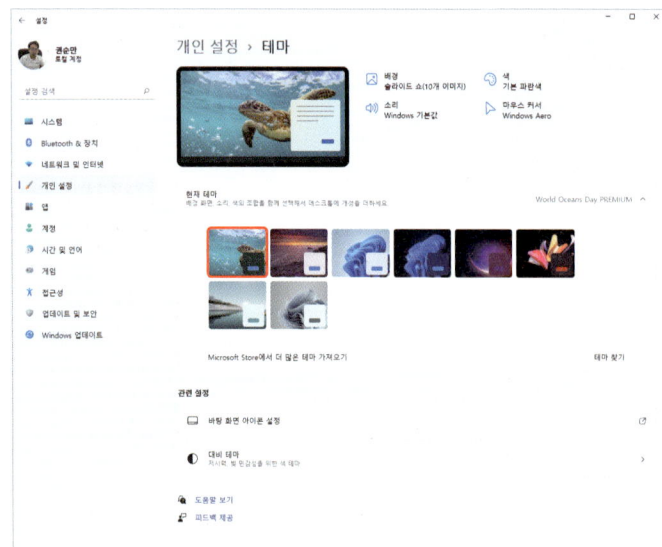

session 8 | 바탕 화면 아이콘 설정하기

바탕 화면에 기본적으로 제공하는 아이콘을 설정하는 방법에 대하여 알아봅니다.

01 [개인 설정] 화면에서 [현재 테마] > [관련 설정]의 [바탕 화면 아이콘 설정]을 클릭합니다.

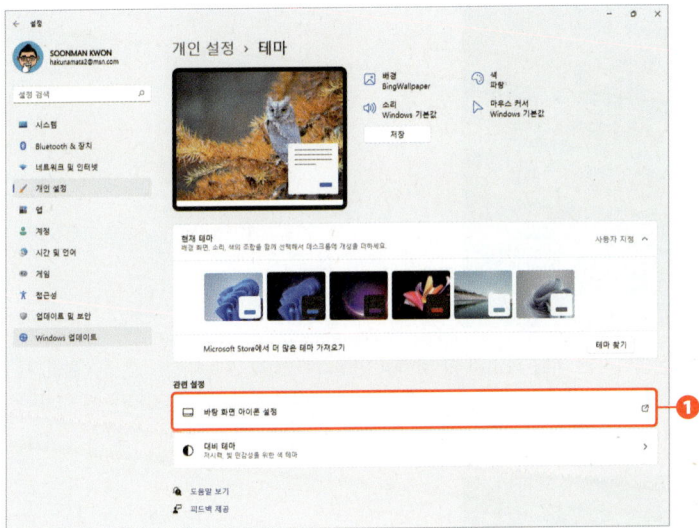

02 [바탕 화면 아이콘 설정] 창이 나타나면 바탕 화면에 표시하려는 아이콘을 선택하고 [적용]과 [확인]을 클릭합니다.

Tip 바탕 화면의 아이콘 보기, 정렬 및 제거하기

파일 탐색기에서 보기 메뉴를 통해 설정할 수 있는 방법처럼 윈도우 11 바탕 화면에서도 아이콘 보기를 '큰 아이콘, 보통 아이콘, 작은 아이콘 및 아이콘 정렬 옵션'을 선택하여 빠르게 정렬할 수 있습니다.

아이콘을 이름, 형식, 날짜 또는 크기 순으로 정렬하려면 바탕 화면의 빈 영역을 마우스 오른쪽 단추로 클릭한 후 [정렬 기준]을 선택하여 정렬할 수 있습니다. 정렬 기준은 '이름, 크기, 항목 유형, 수정한 날짜' 기준으로 선택하면 아이콘이 원하는 대로 정렬됩니다.

일부 아이콘은 컴퓨터의 프로그램에 대한 바로가기 아이콘입니다. 일반적으로 바로가기 아이콘의 왼쪽 아래 모서리에 화살표가 있고, 바탕 화면에 바로 가기가 필요하지 않으면 아이콘을 클릭한 다음 휴지통으로 끌어 제거하거나 아이콘을 마우스 오른쪽 단추로 클릭한 다음 [삭제]를 선택하여 바탕 화면에서 삭제할 수도 있습니다. 바탕 화면에 나열되어 있는 아이콘 중에 윈도우 11에서 기본적으로 제공하는 바로 가기 아이콘인 '내 네트워크 위치, 휴지통' 등의 일부 아이콘은 삭제할 수 없고 앞선 방법으로 설정해야 합니다.

session 9 작업 표시줄 메뉴 알아보기

작업 표시줄 항목의 위치, 항목 나타내기 및 트레이 아이콘을 설정하는 방법에 대하여 알아봅니다.

01 작업 표시줄에서 마우스 오른쪽 단추를 클릭한 후 [작업 표시줄 설정]을 선택합니다.

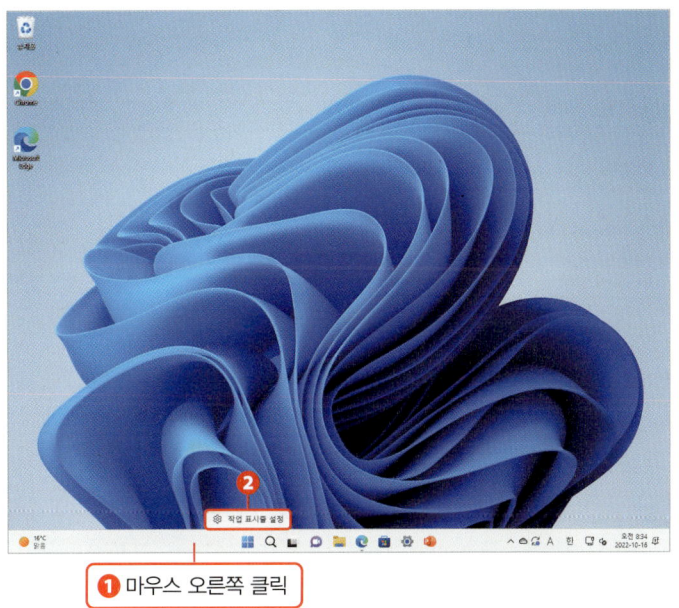

02 [작업 표시줄] 화면의 [작업 표시줄 항목]에서 '검색, 작업 보기, Widget, 채팅' 메뉴를 표시할지 설정합니다.

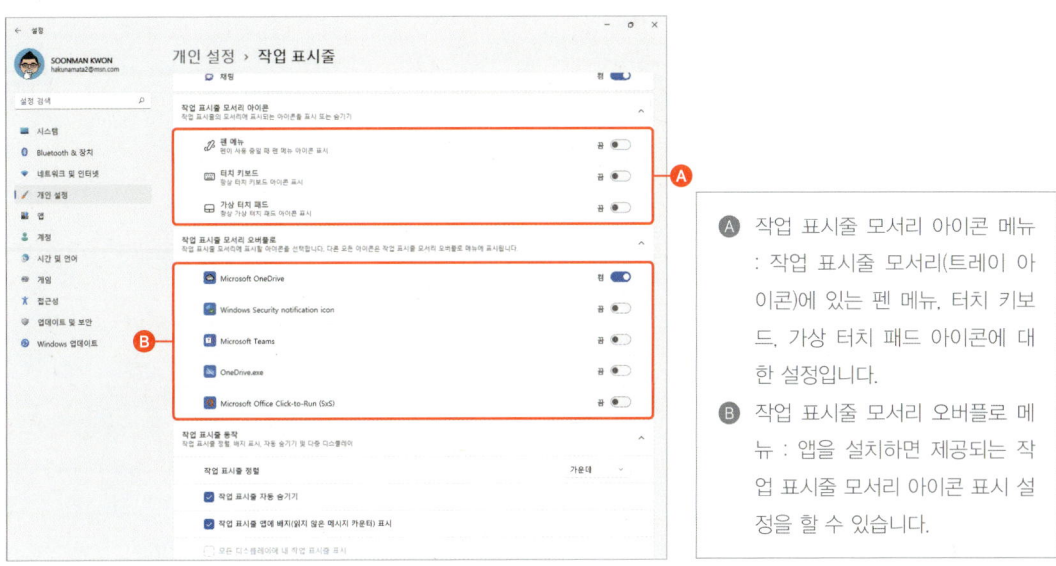

Ⓐ 작업 표시줄 모서리 아이콘 메뉴 : 작업 표시줄 모서리(트레이 아이콘)에 있는 펜 메뉴, 터치 키보드, 가상 터치 패드 아이콘에 대한 설정입니다.

Ⓑ 작업 표시줄 모서리 오버플로 메뉴 : 앱을 설치하면 제공되는 작업 표시줄 모서리 아이콘 표시 설정을 할 수 있습니다.

03 [작업 표시줄 동작]은 '작업 표시줄 정렬, 작업 표시줄 배치, 표시, 숨기기 및 다중 디스플레이'에서 설정할 수 있는 옵션을 통해 작업 표시줄 설정이 가능합니다.

> Ⓐ 작업 표시줄 자동 숨기기 : 작업 표시줄을 화면에서 숨깁니다. 마우스 포인터를 이동하거나 [시작] 단추를 클릭하면 작업 표시줄이 나타납니다.
> Ⓑ 작업 표시줄 앱에 배지(읽지 않은 메시지 카운터) 표시 : 메일 같은 앱의 경우 읽지 않은 메시지를 숫자로 표시합니다.
> Ⓒ 모든 디스플레이에 내 작업 표시줄 표시 : 디스플레이 장치 2대 이상 사용 시에 확장된 디스플레이 장치에도 작업 표시줄의 표시 여부를 설정합니다.
> Ⓓ 작업 표시줄의 맨 모서리를 선택하여 바탕 화면 표시 : 작업 표시줄 모서리 부분을 클릭하면 바탕 화면이 나타나게 됩니다.

윈도우 11 시작 단추

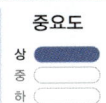

윈도우 10에서 제공하던 라이브 타일 기반의 윈도우 시작 메뉴가 변경되었습니다. 변화된 윈도우 11 시작 단추 메뉴에 대한 구성과 나만의 윈도우 11 시작 메뉴를 구성하는 방법에 대하여 알아봅니다.

session 1 윈도우 11 시작 화면 살펴보기

윈도우 11 시작 메뉴에는 검색 바, 고정된 앱, 맞춤, 사용자 전환 및 시스템 종료 단추로 화면이 구성되어 있습니다.

- 검색 바 : 명령어, 앱 및 문서를 검색합니다. 검색 바를 클릭하면 검색 앱으로 전환됩니다.

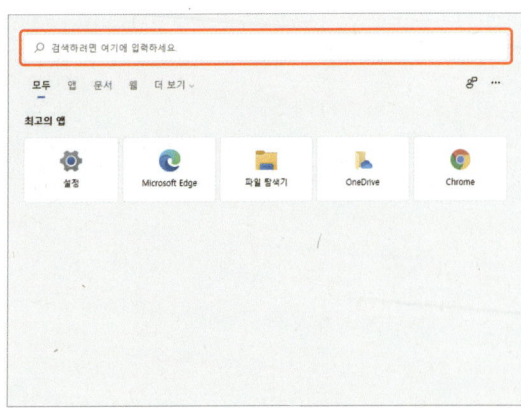

- **고정됨** : 윈도우 11에서 제공하거나 설치된 앱을 지정하여 시작 메뉴에 고정시킬 수 있습니다. [모든 앱]을 클릭하여 실행할 수 있는 모든 앱 목록을 확인할 수도 있습니다.

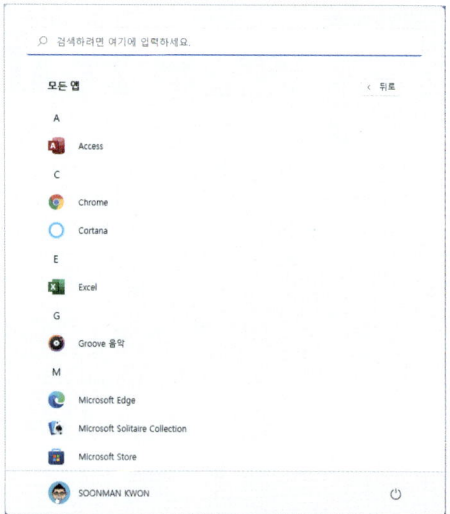

- **맞춤** : 최근에 실행했던 앱 또는, 문서가 나타납니다. [자세히]를 클릭하여 더 많은 최근 문서 작업 목록을 확인할 수 있습니다

- **사용자 계정**
- 계정 설정 변경 : 사용자 계정 설정 메뉴로 이동합니다.
- 잠금 : 윈도우 화면을 잠금 설정됩니다.
- 로그아웃 : 로그인된 사용자 계정을 윈도우에서 로그아웃 합니다.
- 다른 사용자 계정 : 다른 사용자로 로그인하여 전환합니다.

● 전원 단추

- 로그인 옵션 : 로그인 화면에 대한 세부 설정이 가능하게 됩니다.
- 절전 : PC를 절전 모드로 설정합니다.
- 업데이트 및 종료 : 윈도우 업데이트를 진행한 후 윈도우 11 시스템을 종료합니다.
- 시스템 종료 : 윈도우 11 시스템을 종료합니다.
- 업데이트 및 다시 시작 : 윈도우 업데이트를 진행한 후 윈도우 11 시스템을 다시 시작합니다.
- 다시 시작: 윈도우 11 시스템을 다시 시작합니다.

session 2 윈도우 11 시작 앱 고정하기

윈도우 11 시작 메뉴에 자주 사용하는 앱의 고정 및 위치를 지정하여 빠르게 앱을 실행할 수 있습니다. 또한, 앱을 작업 표시줄에 고정하여 작업 표시줄에서 앱을 바로 실행할 수 있도록 설정할 수도 있습니다.

01 [시작] 단추를 클릭하고, 시작 메뉴 창의 [고정됨] 〉 [모든 앱]을 클릭합니다.

02 윈도우 11에서 기본 제공하거나 추가 설치한 앱 목록이 나타납니다. 고정 위치로 지정할 앱에서 마우스 오른쪽 단추를 클릭하면 나타나는 메뉴에서 [시작 화면에 고정]을 선택합니다.

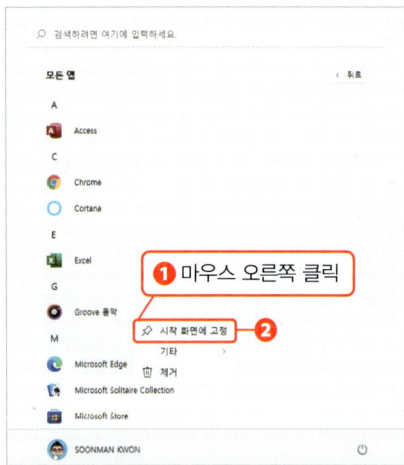

03 [고정됨]에 실행 아이콘이 추가된 것을 확인할 수 있습니다. 만약, 제거가 필요한 경우는 마우스 오른쪽 단추를 클릭하여 [시작 화면에서 제거]를 선택하면 됩니다.

04 추가적으로 시작 화면의 [고정됨] 화면이 아닌 작업 표시줄에 앱을 추가하는 방법은 마우스 포인터를 앱에 위치하고 마우스 오른쪽 단추를 클릭하여 나타난 메뉴에서 [작업 표시줄에 고정]을 선택합니다.

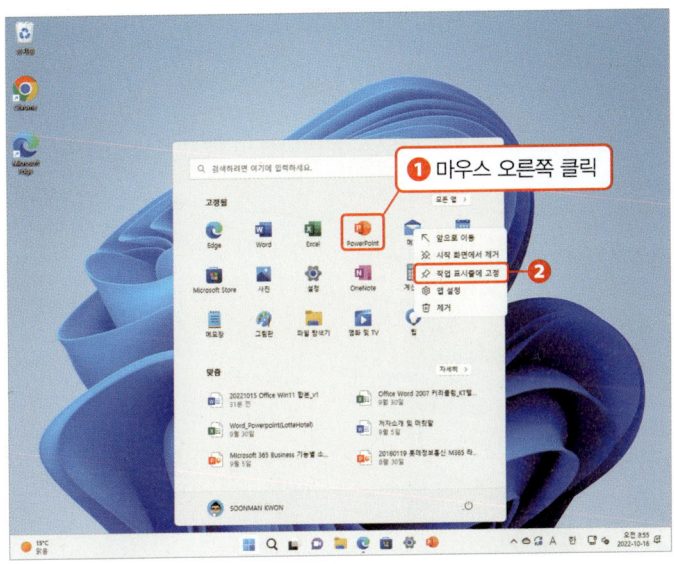

05 작업 표시줄에 추가된 앱을 바로 실행할 수 있고, 작업 표시줄에 추가된 아이콘을 마우스 오른쪽 단추로 클릭하면 나오는 메뉴에서 제거할 수도 있습니다.

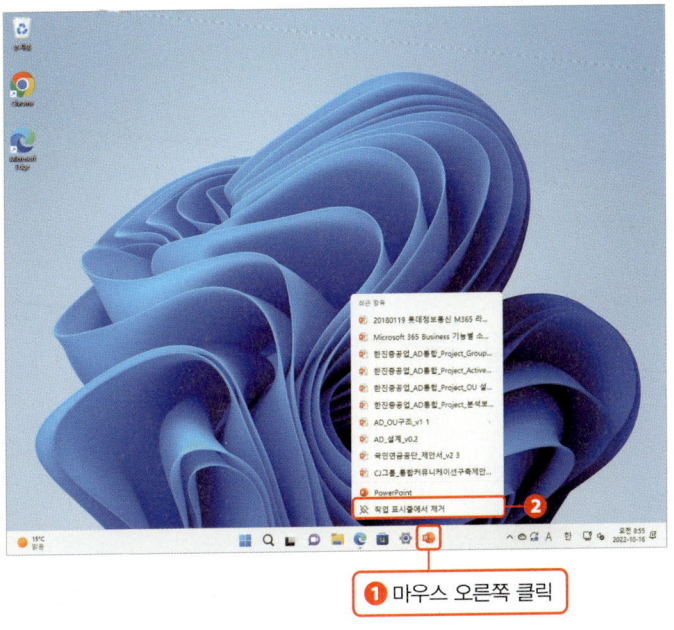

session 3 | 윈도우 11 시작 메뉴의 맞춤 활용하기

윈도우 11 시작 메뉴의 맞춤 기능을 사용하면 최근에 열어본 파일 목록이 나열되고, 나열된 문서를 클릭하여 바로 실행하거나 파일의 위치를 확인할 수 있습니다.

01 [시작] 단추를 클릭하고, 시작 메뉴 창의 [맞춤] 화면으로 마우스 포인터를 이동하면 파일의 위치를 확인할 수 있습니다.

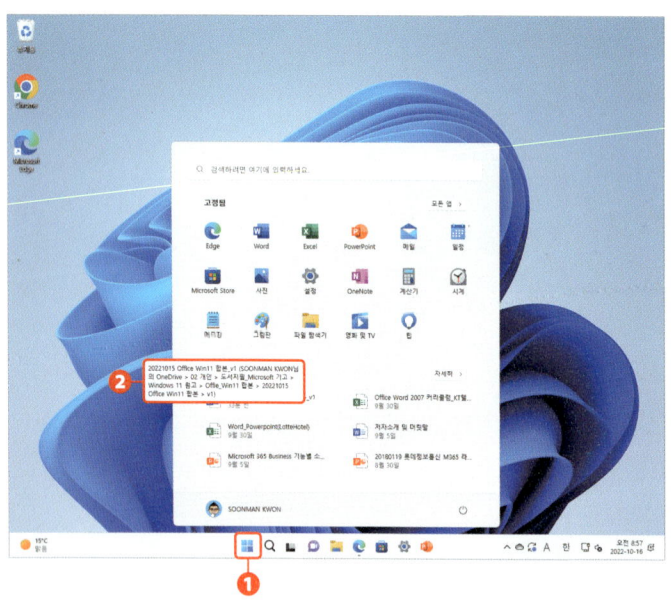

02 마우스 포인터를 위치한 파일에서 마우스 오른쪽 단추를 클릭하고 [파일 위치 열기]를 선택합니다.

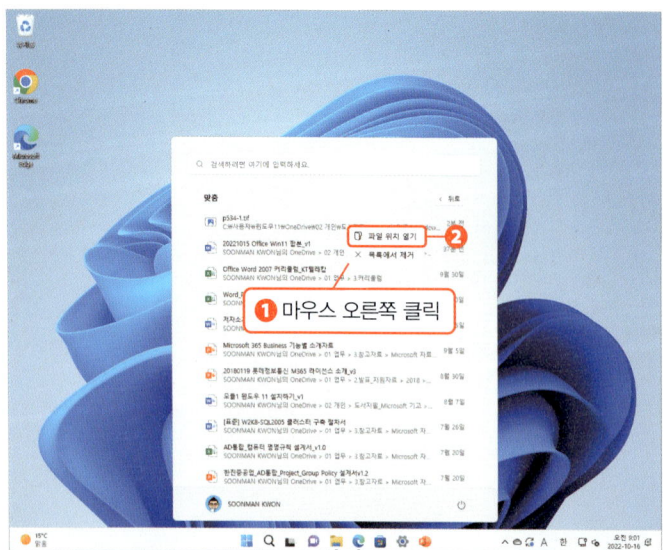

03 메뉴에서 [파일 위치 열기] 선택하면 파일 탐색기 위치가 열립니다.

04 참고로 [맞춤]에 나열되는 파일 또는, 폴더 목록에서 마우스 오른쪽 단추를 클릭했을 때 나타나는 메뉴가 다음과 같이 나타날 수 있는데, 이런 경우는 컴퓨터 로컬에 파일이 있는 것이 아닌 Onedrive 클라우드에 존재하고 있는 파일의 경우가 그러합니다. 이때 다음과 같이 [웹 브라우저 열기]를 클릭하면 웹 브라우저를 통해서 파일 확인이 가능합니다.

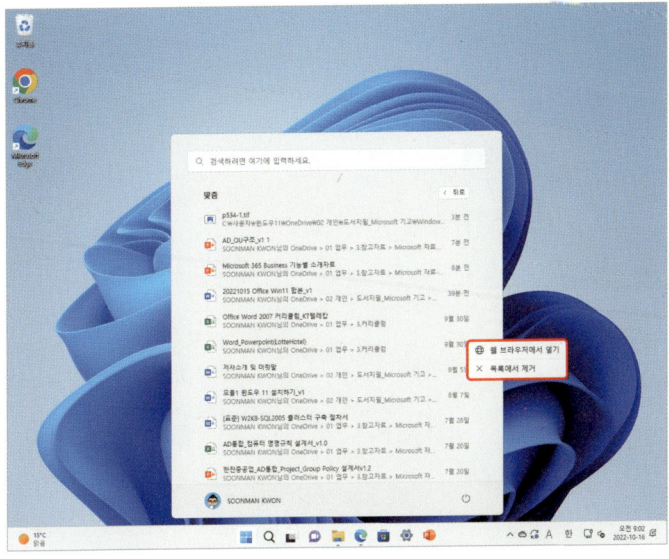

> **Tip**

다음과 같이 설정하면 [맞춤]에 최근에 실행한 앱 또는, 파일이 나타나지 않게 할 수 있습니다.

❶ [설정] 〉 [개인 설정] 〉 [시작]으로 이동하면 나타나는 화면에서 [최근에 추가된 앱 표시, 가장 많이 사용하는 앱 표시, 시작, 점프 목록 및 파일 탐색기에서 최근에 연 항목 표시] 설정을 '끔'으로 설정합니다.

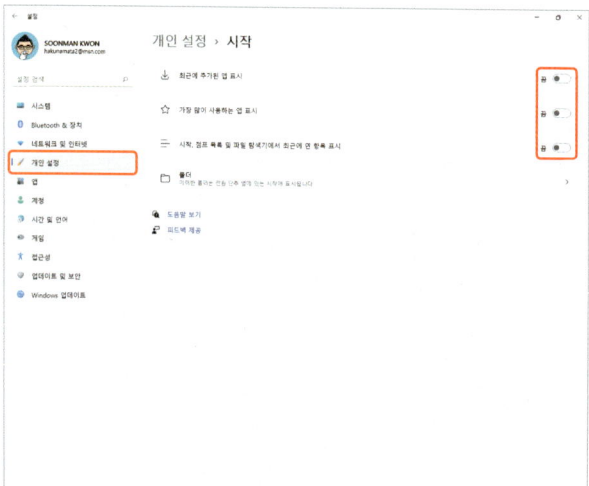

❷ 시작 화면의 [맞춤] 화면에서 사라진 것을 확인할 수 있습니다.

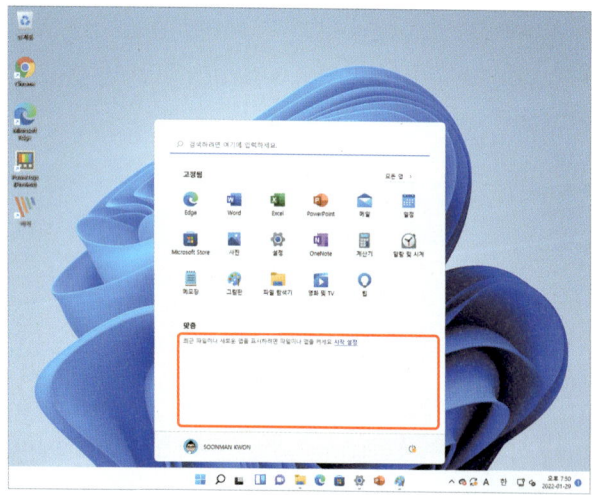

윈도우 11 단축키

단축키	수행 작업
⊞	시작 메뉴를 열거나 닫습니다.
⊞+A	알림 센터를 엽니다.
⊞+B	알림 영역에 포커스를 설정합니다.
⊞+D	바탕 화면을 표시하거나 숨깁니다.
⊞+E	파일 탐색기를 엽니다.
⊞+F	피드백 허브를 열고 스크린샷을 생성합니다.
⊞+G	게임이 열려 있을 때 게임 바를 엽니다.
⊞+H	받아쓰기를 시작합니다.
⊞+I	설정을 엽니다.
⊞+K	연결 바로 가기를 엽니다.
⊞+L	PC를 잠그거나 계정을 전환합니다.
⊞+M	모든 창을 최소화합니다.
⊞+P	프레젠테이션 표시 모드를 선택합니다.
⊞+Ctrl+Q	빠른 지원을 엽니다.
⊞+R	[실행] 창을 엽니다.
⊞+S	검색을 엽니다.
⊞+Shift+S	화면 부분의 스크린샷을 생성합니다.
⊞+T	작업 표시줄의 앱을 순환합니다.
⊞+U	접근성 센터를 엽니다.
⊞+V	클립보드를 엽니다.
⊞+X	빠른 링크 메뉴를 엽니다.
⊞+.+;	이모지 패널을 엽니다.
⊞+,	바탕 화면을 임시로 미리 봅니다.
⊞+Pause	[시스템] 속성 창을 표시합니다.
⊞+Ctrl+F	PC를 검색합니다(네트워크에 연결되어 있을 경우).
⊞+Shift+M	바탕 화면에서 최소화된 창을 복원합니다.
⊞+숫자 키	바탕 화면을 열고 번호로 표시된 위치에서 작업 표시줄에 고정된 앱을 시작합니다. 앱을 이미 실행 중인 경우에는 해당 앱으로 전환합니다.

단축키	설명
⊞ + Shift + 숫자 키	바탕 화면을 열고, 번호로 표시된 위치에서 작업 표시줄에 고정된 앱의 새 인스턴스를 시작합니다.
⊞ + Ctrl + 숫자 키	바탕 화면을 열고, 번호로 표시된 위치에서 작업 표시줄에 고정된 앱의 마지막 활성 창으로 전환합니다.
⊞ + Alt + 숫자 키	바탕 화면을 열고, 번호로 표시된 위치에서 작업 표시줄에 고정된 앱의 점프 목록을 엽니다.
⊞ + Ctrl + Shift + 숫자 키	바탕 화면을 열고, 관리자로서 작업 표시줄에서 해당 위치에 있는 앱의 새 인스턴스를 엽니다.
⊞ + Tab	작업 보기를 엽니다.
Tab + ↑	창을 최대화합니다.
Tab + ↓	화면에서 현재 앱을 제거하거나, 바탕 화면 창을 최소화합니다.
Tab + ←	앱이나 바탕 화면 창을 화면의 왼쪽으로 최대화합니다.
Tab + →	앱이나 바탕 화면 창을 화면의 오른쪽으로 최대화합니다.
⊞ + Home	활성 바탕 화면 창을 제외한 모든 창을 최소화합니다(두 번째 스트로크에서 모든 창 복원).
⊞ + Shift + ↑	바탕 화면 창을 화면 위쪽 및 아래쪽으로 벌립니다.
⊞ + Shift + ↓	너비를 유지하면서 활성 바탕 화면 창을 세로로 복원/최소화합니다.
⊞ + Shift + ←, →	모니터 간에 바탕 화면의 앱이나 창을 이동합니다.
⊞ + Space Bar	입력 언어 및 자판 배열을 전환합니다.
⊞ + Ctrl + Space Bar	이전에 선택한 입력으로 변경합니다.
⊞ + Ctrl + Enter	내레이터를 켭니다.
⊞ + +	돋보기를 엽니다.

> **Tip**
>
> 윈도우 11에서 새로운 기능인 스냅 레이아웃을 설정할 수 있는 단축키는 ⊞ + Z 를 클릭하면 됩니다. 그럼 다음과 같이 윈도우 창에서 스냅 레이아웃으로 정렬할 수 있게 됩니다.

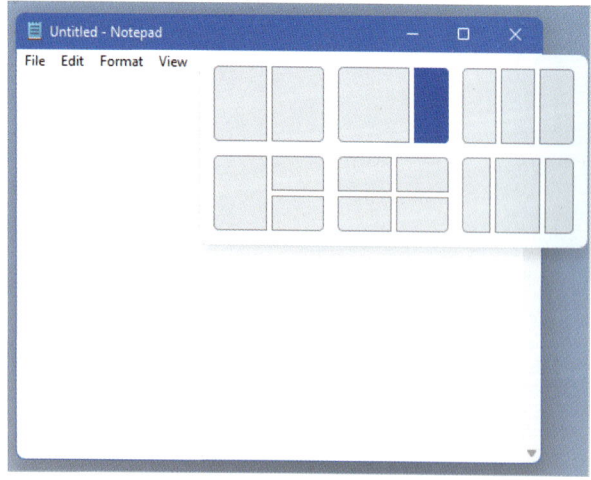

Windows 참가 프로그램 설정하기

윈도우 11의 미리 보기 빌드를 사용해 보고 새로운 기능과 업데이트에 대한 피드백을 제공할 수 있습니다. 이 프로그램 참여를 통해 윈도우 11 빌드가 제공되는 즉시 다운로드 할 수 있게 됩니다. 또한 커뮤니티의 IT 전문가 및 비즈니스 사용자에게 더 원활하게 지원하는 기능과 특징을 포함시켰기 때문에 참가자는 윈도우 11 참가자 빌드가 배포된 후 빠른 피드백을 제공할 수 있습니다.

01 ⊞+I를 누른 후 [설정] 화면에서 [Windows 업데이트] 〉 [Windows 참가 프로그램]을 클릭합니다.

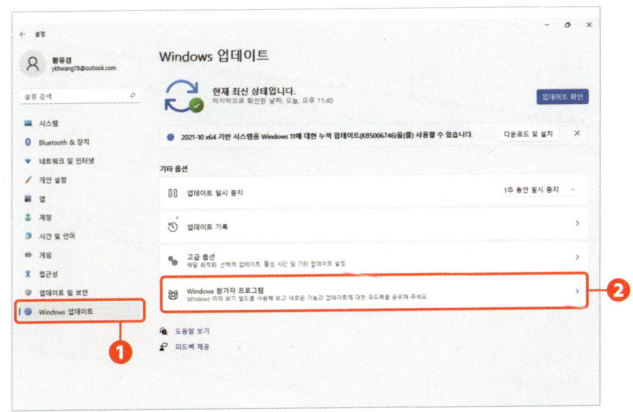

02 [Windows 참가자 프로그램] 화면에서 [시작하기]를 클릭합니다.

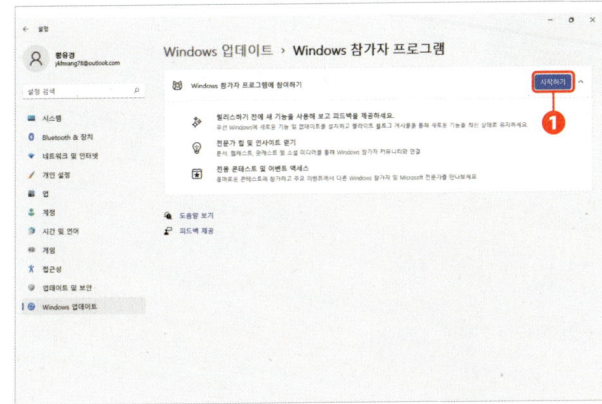

SPECIAL   Windows 참가 프로그램 설정하기   **83**

03 [프로그램에 참가할 계정 연결] 창에서 [계정 연결]을 클릭합니다. 여기서 사용되는 계정은 Microsoft 계정입니다.

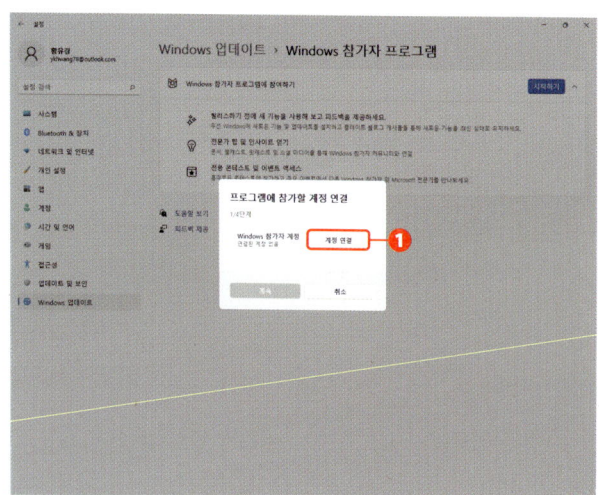

04 현재 로그인되어 있거나 [회사 또는 학교 계정] 또는, [Microsoft 계정]을 선택합니다.

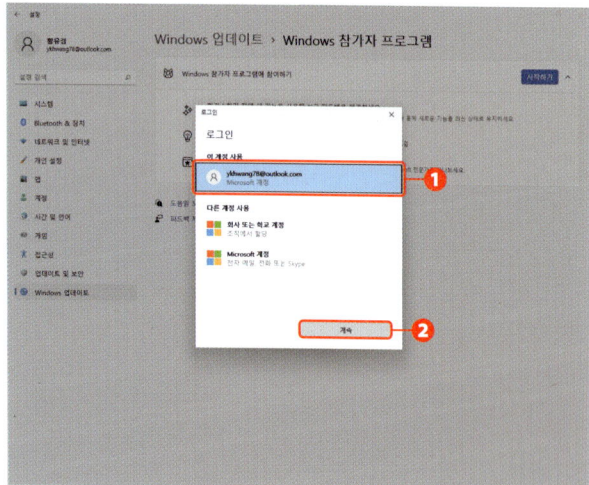

05 선택한 계정의 암호를 입력한 후 [로그인]을 클릭합니다.

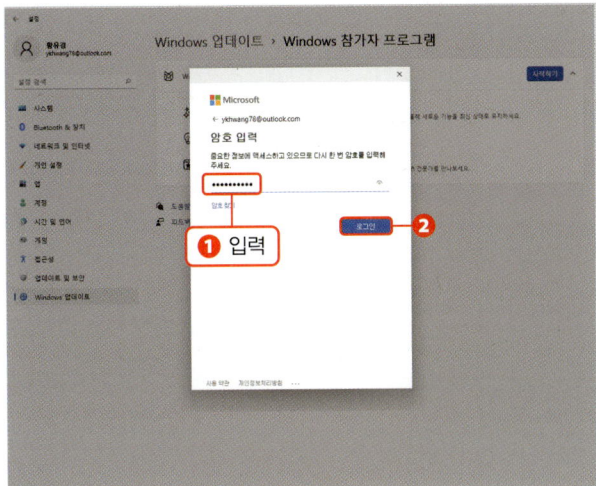

06 [계정에 대한 계정 검토] 창에서 [계속]을 클릭합니다.

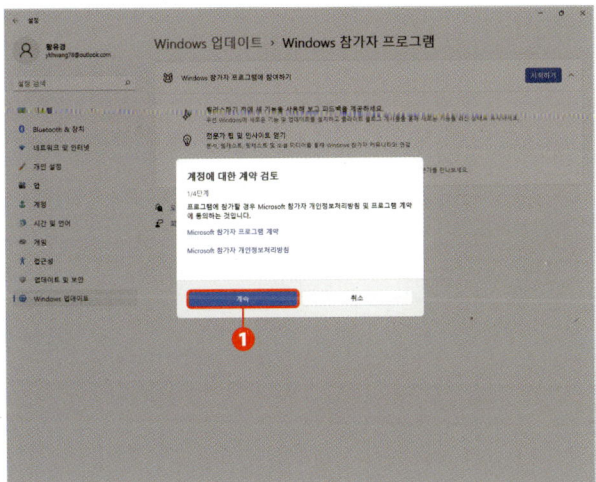

07 [참가자 채널 선택] 창에서 [Windows 참가자 프로그램]의 채널을 선택한 후 [계속]을 클릭합니다.

- Ⓐ Dev 채널 : 가장 최신의 윈도우 11 빌드 버전을 사용할 수 있지만, 안정성이 낮습니다.
- Ⓑ 베타 채널 : 얼리어답터에 적합한 윈도우 11 빌드 버전으로 Dev 채널 보다는 안정성이 높습니다.
- Ⓒ 릴리스 미리 보기 채널 : 윈도우 11 출시 전에 수정 사항 및 특정 주요 기능을 미리 적용하여 사용하는 경우에 적합한 채널 옵션입니다.

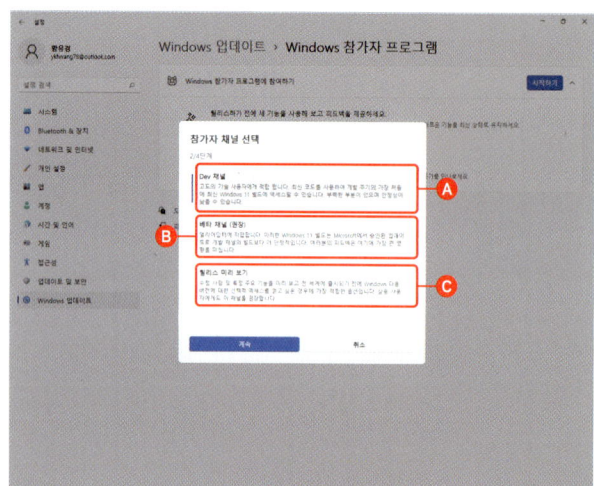

08 [참가자 채널 선택] 창에서 관련 내용을 확인한 후 [계속]을 클릭합니다.

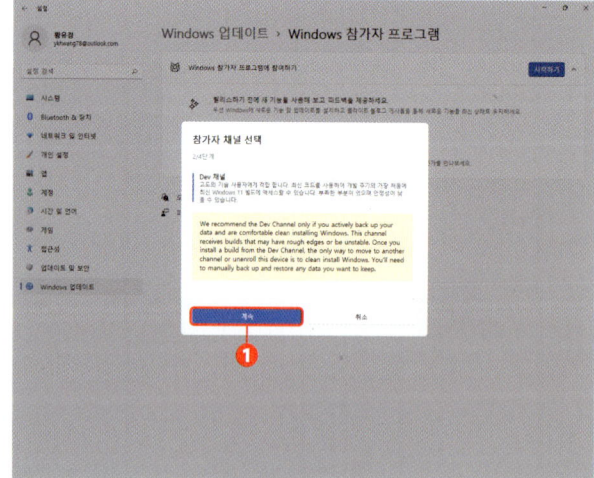

09 [장치에 대한 계약 검토] 창에서 내용을 확인한 후 [계속]을 클릭합니다.

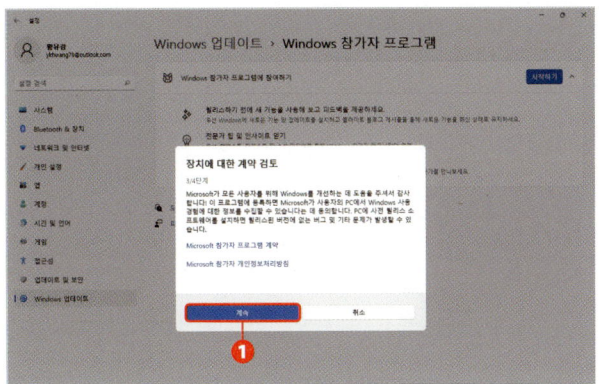

10 Windows 참가자 프로그램 채널 선택이 완료되면 [다시 시작]을 클릭하여 재부팅합니다.

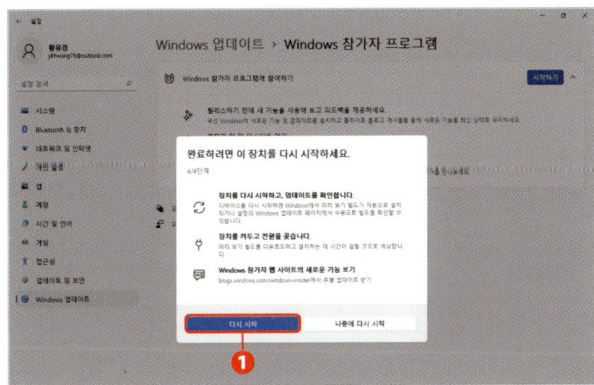

11 ⊞+Ⅰ를 누른 후 [설정] 화면에서 [Windows 업데이트] > [Windows 참가자 프로그램]을 클릭하면 Windows 참가자 프로그램 설정 상태를 확인할 수 있습니다.

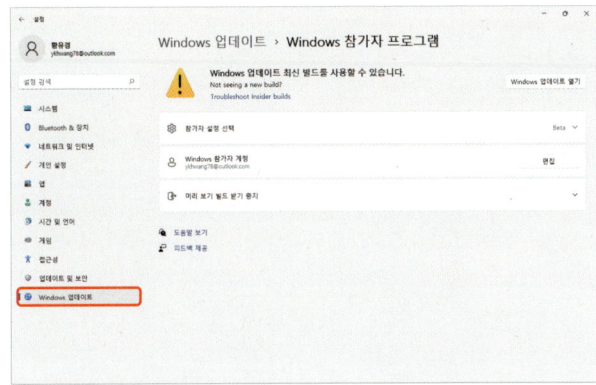

12 만약 Windows 참가자 프로그램 설정을 해제하고 싶다면, [Windows 참가자 프로그램] 화면에서 [미리 보기 빌드 받기 중지]를 '켬' 상태로 설정합니다.

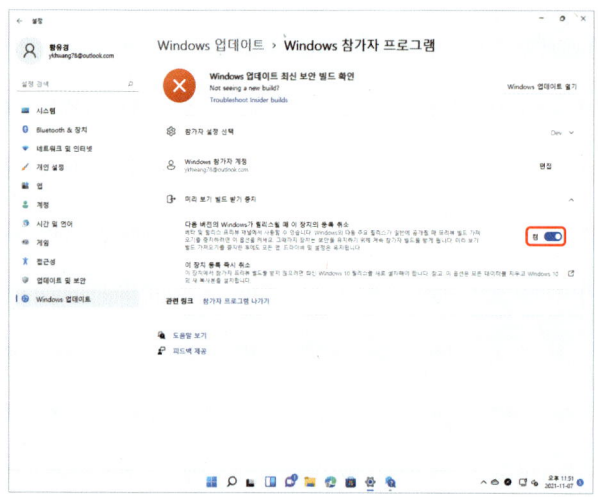

13 미리 보기 빌드 받기 중지 설정을 완료 후 [다시 시작]을 클릭하여 Windows 참가자 프로그램 참여를 해제할 수 있습니다.

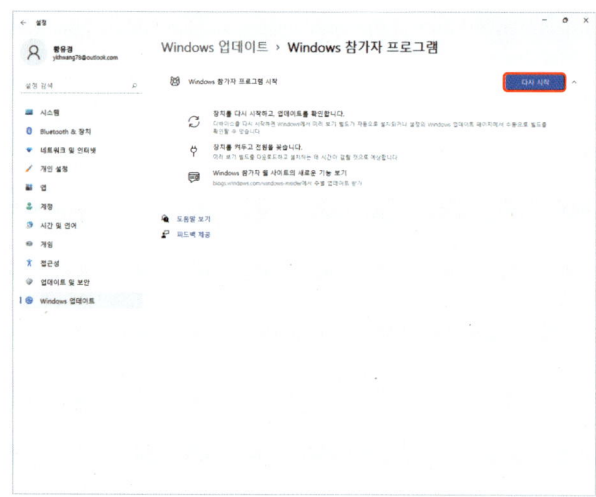

memo

PART

03

윈도우 11
기본 프로그램
살펴보기

윈도우 11을 설치하면 기본적으로 제공하는 윈도우 11 기본 프로그램에 대해서 알아봅니다. 윈도우 11에서 기본적으로 제공하는 앱으로는 시작 메뉴에 위치하여 사용할 수 있는 앱, 바탕 화면을 멀티로 사용할 수 있는 새 데스크톱 기능, 위젯을 통해 간단하게 정보를 나타나게 할 수 있고, 파일 및 폴더를 관리할 수 있는 파일 탐색기가 사용자 인터페이스 변화와 다양한 기능을 제공하고 있으며, 채팅 앱을 통해 친구들과 쉽고 빠르게 메시지 전달과 화상 미팅이 가능합니다.

검색 기능

중요도: 중

PC, 온라인 저장소 및 웹에서 얻은 결과를 찾을 수 있습니다. 검색 결과 맨 위에 있는 탭을 선택하여 결과를 특정 형식으로 필터링할 수 있습니다.

session 1 | 검색 기능 사용하기

검색 앱을 통해 키워드를 입력하면, 앱, 문서, 웹 등의 검색 결과를 확인할 수 있으며, 추가적인 옵션을 선택하여 동영상, 사람, 사진, 설정, 음악, 이메일 및 폴더 형태로 구분하여 결과를 확인할 수 있습니다.

01 작업 표시줄의 [검색] 아이콘을 클릭합니다.

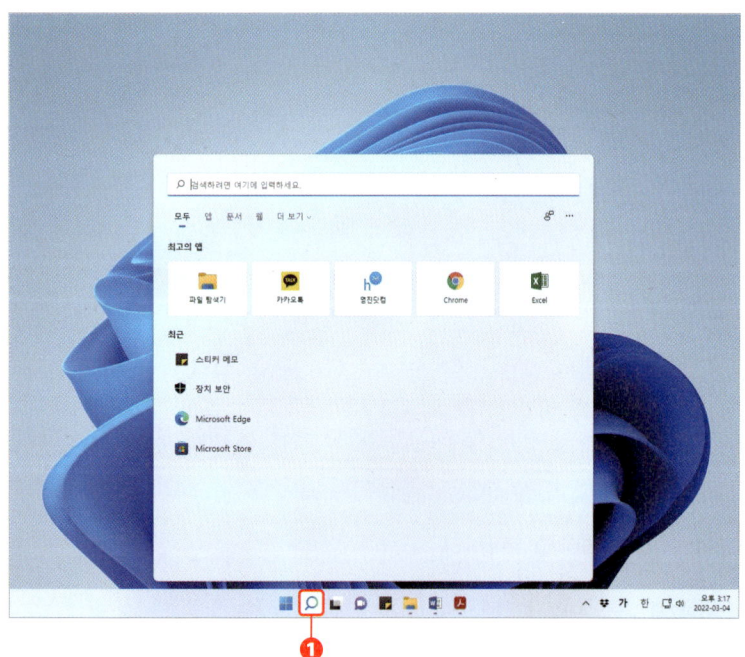

02 검색란에 '언어' 입력하면 앱, 문서, 웹 등의 결과가 모두 나타납니다.

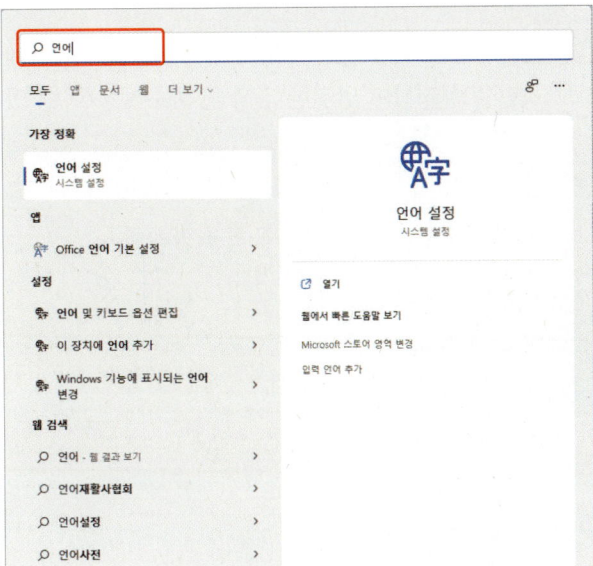

03 특정 카테고리를 지정하여 검색하고자 할 때는 키워드 앞에 '앱: , 문서:' 형태로 입력한 후 키워드 검색을 입력하면 해당 영역에 해당되는 검색 결과가 나타납니다.

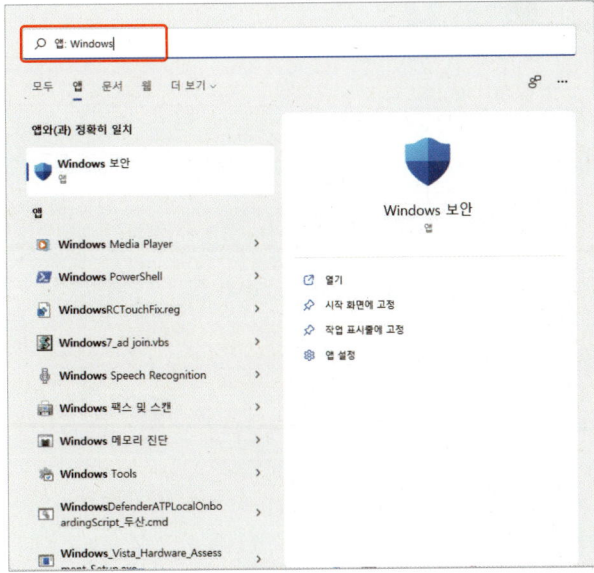

session 2 검색 유해 정보 차단 설정하기

검색 기능을 통해 나타나는 검색 결과에서 유해 정보 차단, 클라우드 콘텐츠 검색 및 검색 기록에 대한 관리가 가능합니다. 검색 결과에 유해 정보 차단을 설정하여 안전한 검색 환경을 제공할 수 있습니다.

01 작업 표시줄의 [검색] 아이콘을 클릭하고, [검색] 화면에서 […] 〉 [검색 설정]을 클릭합니다.

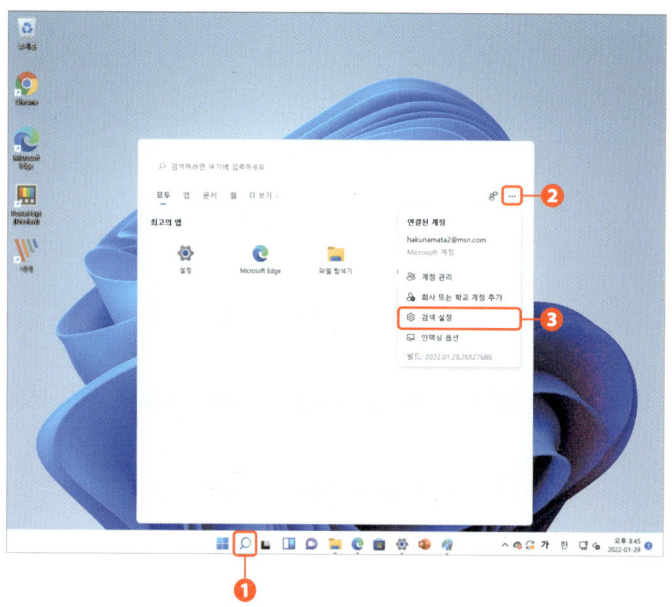

02 [사용 권한 검색] 화면의 [유해 정보 차단] 〉 [엄격 – 내 웹 결과에서 성인용 텍스트, 이미지 및 동영상을 필터링]을 체크합니다.

03 검색 결과가 나타나서 웹으로 연계되면 추가 인증을 요청합니다.

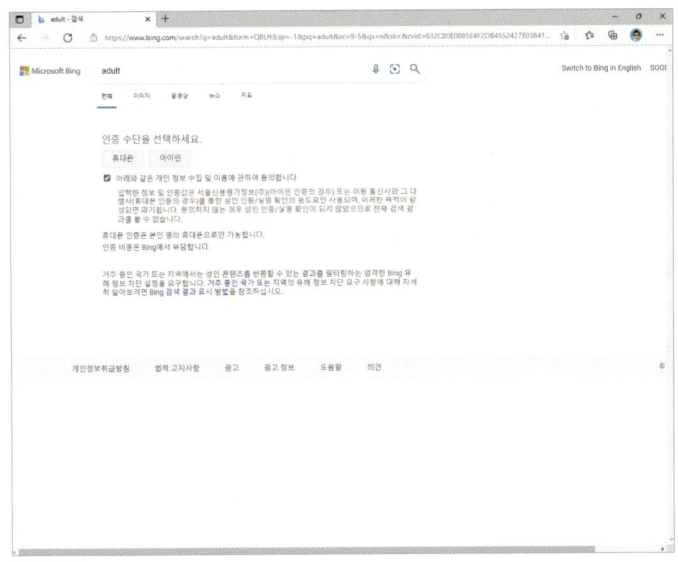

session 3 클라우드에서의 검색 기록

윈도우 검색은 Microsoft 계정과 함께 웹 검색 기록을 저장하고 사용할 수 있으므로 보다 관련성이 높은 웹 검색 결과 및 제언 결과를 얻을 수 있습니다.

01 Microsoft 계정을 사용하여 윈도우 11에 로그인 상태에서 작업 표시줄의 [검색] 아이콘을 클릭하고, [검색] 화면에서 [⋯] 〉 [검색 설정]을 클릭합니다.

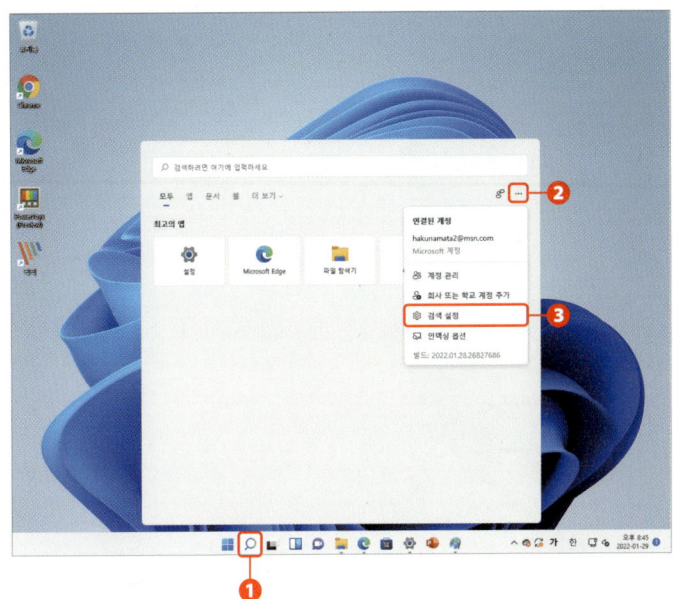

02 [사용 권한 검색] 화면의 [클라우드 콘텐츠 검색] 〉 [Microsoft 계정]을 '켬'으로 설정합니다.

session 4 검색 기록 지우기

윈도우 검색은 검색 기록을 사용자의 장치에 저장하여 더 빠르게 찾을 수 있도록 합니다. 이전에 특정 키워드를 검색한 경우가 있다면 기존에 키워드를 검색 결과가 우선순위로 표시됩니다. 이전의 검색 기록을 지우고 싶다면 다음 작업을 진행합니다.

01 작업 표시줄의 [검색] 아이콘을 클릭하고, [검색] 화면에서 [⋯] 〉 [검색 설정]을 클릭합니다.

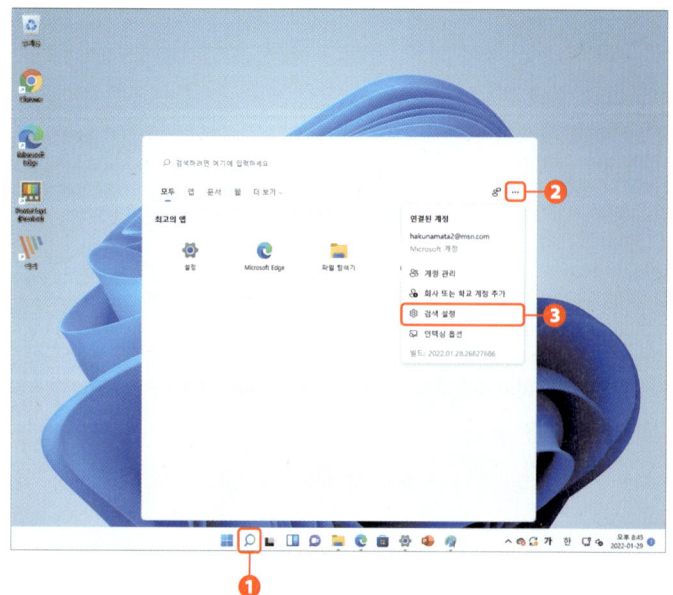

02 [사용 권한 검색] 화면의 [검색 기록] 〉 [내 장치 검색 기록 지우기]를 클릭합니다.

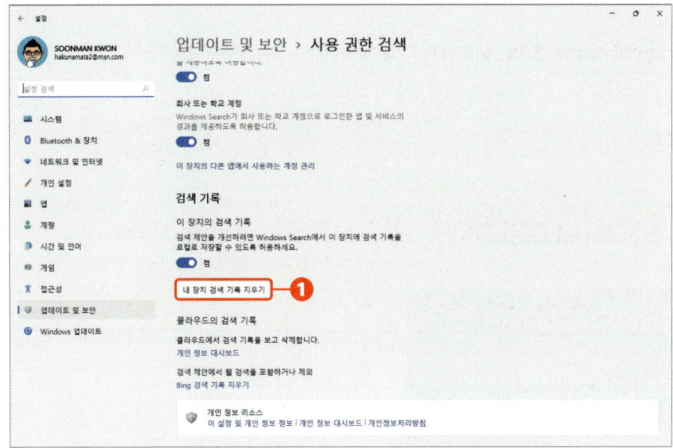

03 내 장치 검색 기록을 지운 이후에도 기록을 원하지 않는 다면 [이 장치의 검색 기록]을 '끔'으로 설정하면 됩니다.

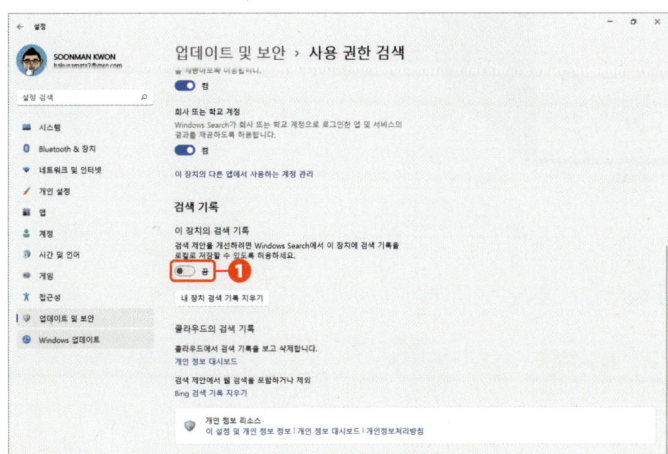

> **Tip**
>
> 내 파일 찾기에서 [클래식]과 [고급] 형태로 검색 옵션을 사용할 수 있는데, [클래식]은 자신의 프로필에 있는 문서, 그림, 음악 폴더와 데스크톱만 검색하지만, [고급]으로 설정하면 전체 PC의 파일을 검색하게 됩니다. 다만, 초기에 인덱싱으로 인하여 배터리 사용 시간 및 CPU 사용량에 영향을 줄 수 있습니다.

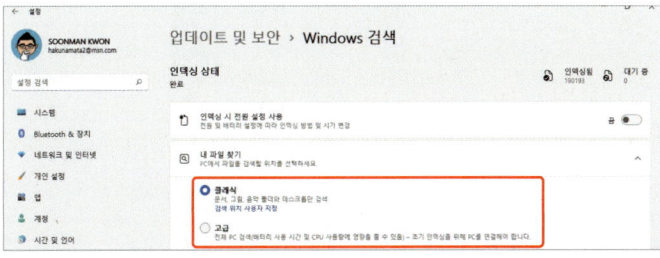

session 5 **인덱싱 고급 옵션 설정하기**

인덱싱 옵션을 사용하면 원하는 결과를 더욱 빠르게 찾을 수 있습니다. 하지만, 인덱싱 검색을 사용하는 경우는 전원이나 배터리 상태에 따라 인덱싱 방법 및 시기 등을 변경할 수 있으며, 인덱싱에 포함되는 폴더도 설정이 가능하게 됩니다.

01 작업 표시줄에서 [검색] 아이콘을 클릭하고, [검색] 화면에서 […] 〉 [인덱싱 옵션]을 클릭합니다.

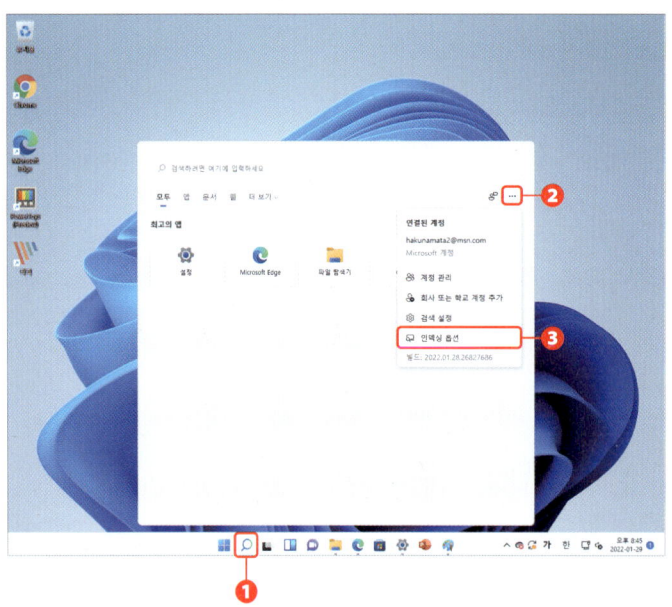

02 [Windows 검색] 화면에서 인덱싱 상태를 확인할 수 있습니다.

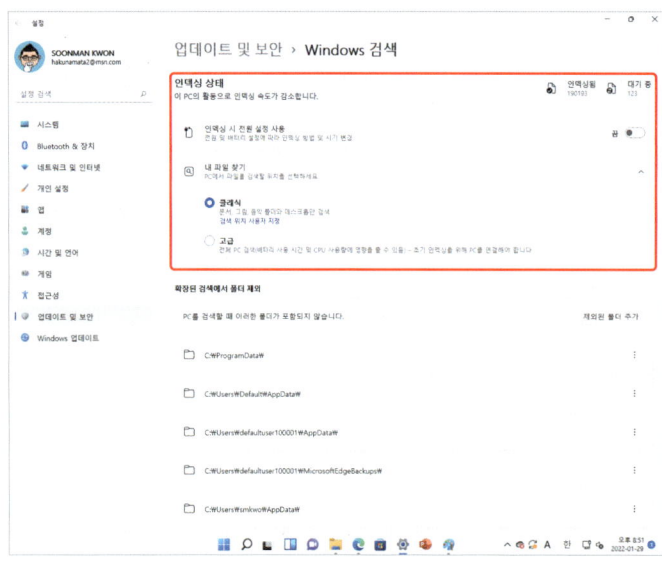

03 [내 파일 찾기] > [고급]으로 설정합니다.

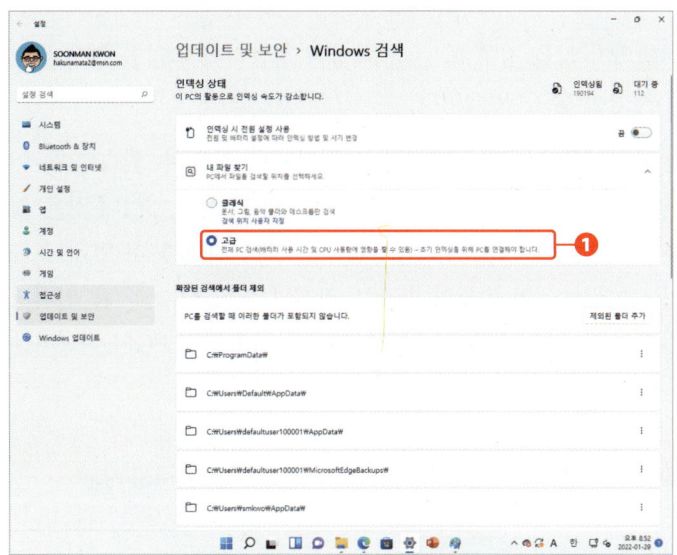

> **Tip 어떤 정보들이 인덱싱이 되나요?**
>
> 기본적으로 파일 이름과 전체 파일 경로를 포함하여 파일의 모든 속성이 인덱싱됩니다. 텍스트가 포함된 파일의 경우, 콘텐츠가 인덱싱되기 때문에 파일 내의 단어를 검색할 수도 있습니다. 또한, 설치된 앱은 인덱스에 자체 정보를 추가하여 검색 속도를 높일 수 있습니다. 예를 들면, Outlook, OneNote에서 사용되는 콘텐츠도 함께 인덱싱 설정을 할 수 있습니다.

04 추가적으로 인덱싱이 불필요한 폴더는 [확장된 검색에서 폴더 제외] > [제외된 폴더 추가]를 클릭하고 폴더를 선택하여 설정합니다.

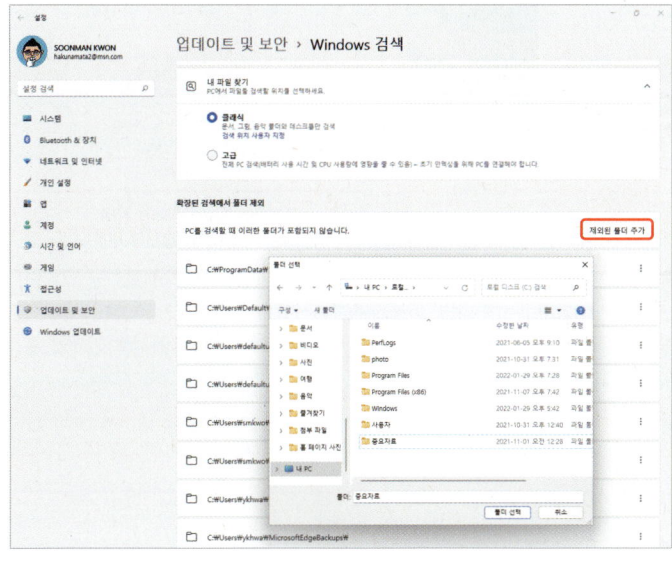

session 6 인덱싱 재설정하기

검색 결과 문제가 있거나 검색이 잘 실행되지 않을 경우 또는, 인덱싱이 정상적이지 않을 경우에 인덱싱을 재정의하거나 위치를 지정하여 재설정 할 수 있습니다.

PC의 콘텐츠를 인덱싱하면 파일과 기타 항목을 검색할 때 더 빠르게 결과를 얻을 수 있습니다. 인덱싱은 PC에서 파일, 이메일 메시지 및 기타 콘텐츠를 찾아서 단어와 그 안의 메타 데이터 같은 정보를 분류하는 과정입니다. 인덱싱 후 PC를 검색하면 용어 인덱스를 찾아서 결과를 더 빨리 찾을 수 있습니다. 절전 상태이거나 PC 사용 중에는 색인 속도가 다소 느려질 수 있습니다. 처음 인덱싱을 실행할 때는 완료까지 몇 시간이 걸릴 수도 있습니다. 이후에 인덱싱을 사용하면 PC의 백그라운드에서 인덱싱이 실행되면서 업데이트된 데이터만 다시 인덱싱됩니다.

01 작업 표시줄의 [검색] 아이콘을 클릭하고, [검색] 화면에서 [⋯] 〉 [인덱싱 옵션]을 클릭합니다.

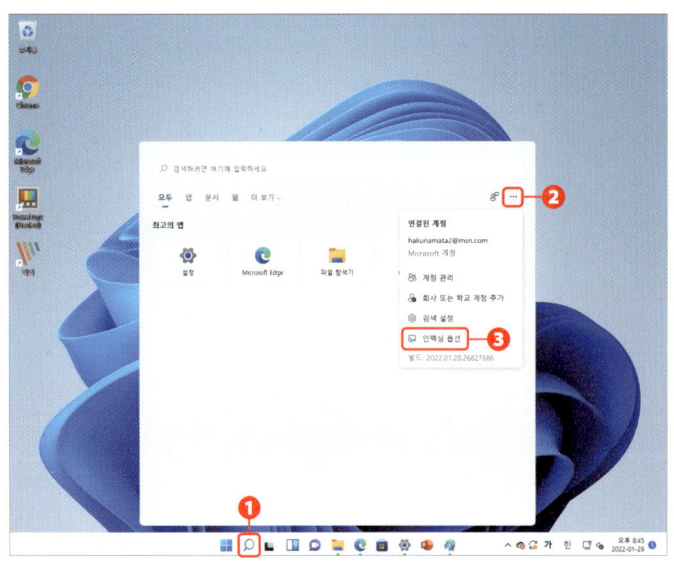

> **Tip** 인덱스는 얼마나 많은 공간이 사용되나요?

일반적으로 인덱스의 크기는 인덱싱된 파일 크기의 10% 미만 정도 됩니다. 예를 들어, 텍스트 파일이 100MB이면 이들 파일에 대한 인덱스는 10MB 미만이 될 수 있습니다. 하지만, 크기가 매우 작은 파일(4KB 미만)이 다수 존재하거나 컴퓨터 코드를 인덱스 중인 경우에는 더 많은 비율을 차지할 수 있습니다. 두 경우 모두, 파일 크기에 비례하여 인덱스 크기가 크게 증가하기 때문에 작은 파일이 다수 존재하고 PC에 공간을 저장해야 하는 경우에는 인덱싱 옵션 제어 페이지로 이동한 후 수정을 클릭하여 인덱싱에서 이러한 파일의 위치를 제거하는 것을 권장합니다.

02 [Windows 검색] 화면의 [관련 설정] > [고급 인덱싱 옵션]을 클릭합니다.

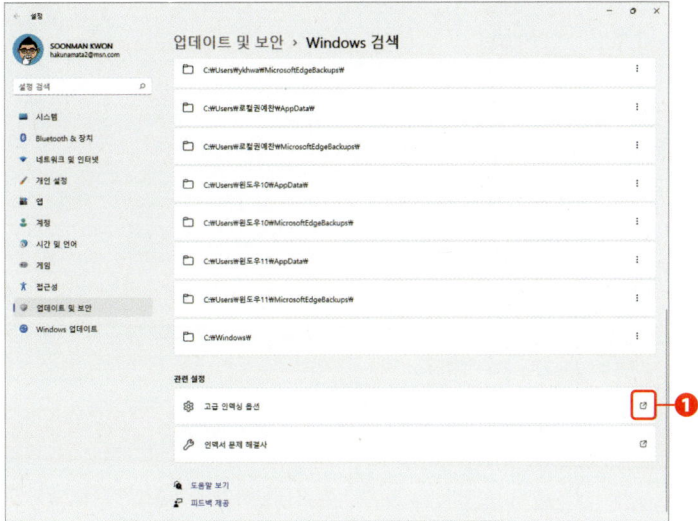

03 [색인 옵션] 창이 나타나면 [고급]을 클릭합니다.

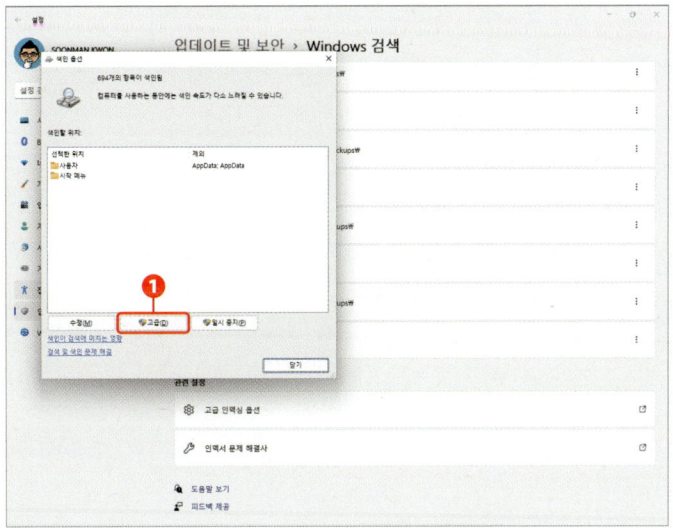

04 [고급 옵션] 창에서 [문제 해결] 〉 [다시 색인]을 클릭합니다.

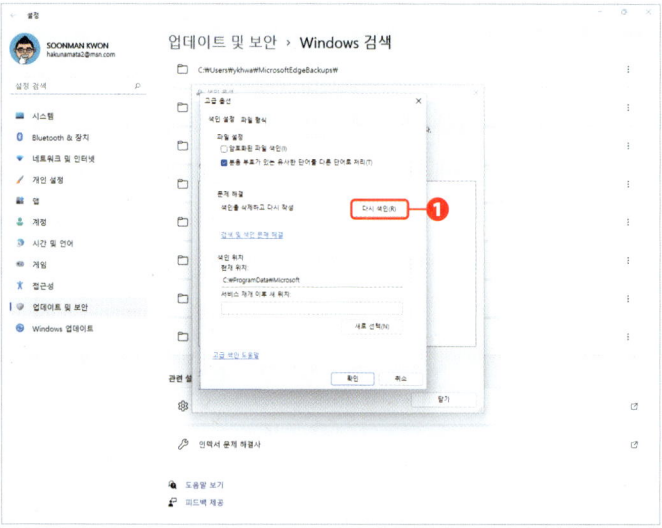

05 [색인 다시 작업] 메시지 창에서 [확인]을 클릭합니다.

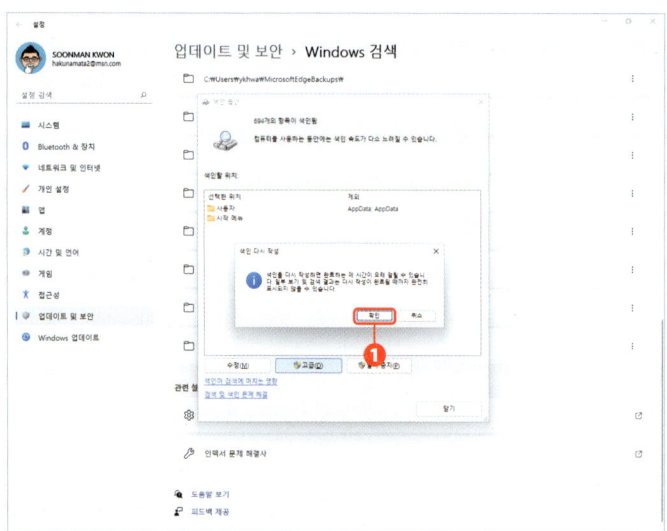

> **Tip** 어떤 언어가 인덱싱 가능한가요?

윈도우에 설치된 모든 언어 팩에는 해당 언어에서 콘텐츠를 인덱싱하기 위한 정보가 포함됩니다. 윈도우에 설치되지 않은 언어로 된 파일이나 기타 콘텐츠가 있는 경우에는 인덱스 생성을 시도하지만 정상적으로 생성되지 않을 수도 있습니다. 그렇기 때문에 [설정] 〉 [시간 & 언어] 〉 [언어 & 지역]에서 언어를 추가하여 인덱싱 언어 영역을 확장합니다.

06 추가로 [색인 위치] > [새로 선택]을 클릭합니다.

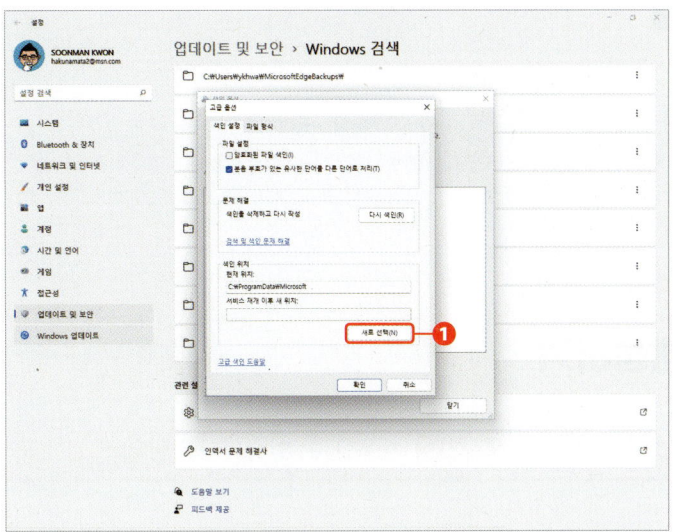

07 폴더 위치를 수정한 후 [확인]을 클릭하여 설정을 완료하면 인덱스 서비스가 재실행되면서 지정한 위치에 인덱싱된 파일이 생성됩니다. 이렇게 위치를 지정하고 인덱스 파일이 생성이 진행되기 전까지는 검색 결과가 누락되거나 늦어질 수 있습니다.

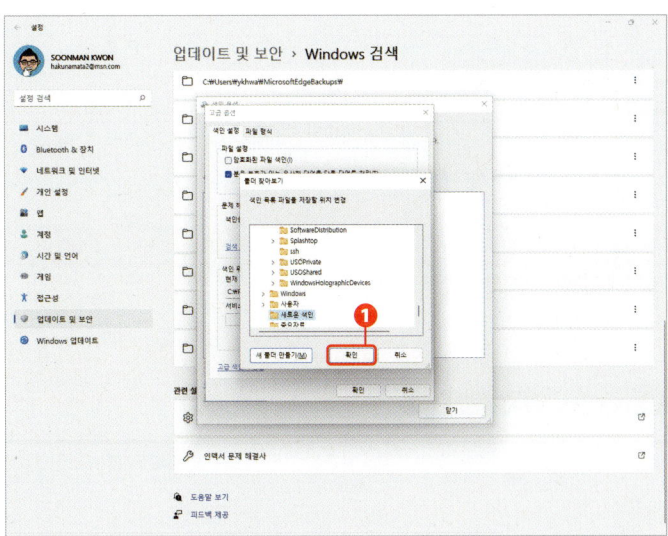

새 데스크톱

새 데스크톱을 사용하면 여러 데스크톱 화면을 생성해서 화면별로 구분하여 작업을 할 수 있습니다. 기존의 작업하던 앱을 별도의 새로운 데스크톱으로 보내어 작업할 수도 있습니다.

session 1 새 데스크톱 생성하기

새 데스크톱을 이용하면 간단히 새 데스크톱 화면을 생성하여 사용할 수 있습니다.

01 작업 표시줄에서 [새 데스크톱] 아이콘을 클릭하면 나타나는 화면에 현재 실행되고 있는 앱들이 보여집니다.

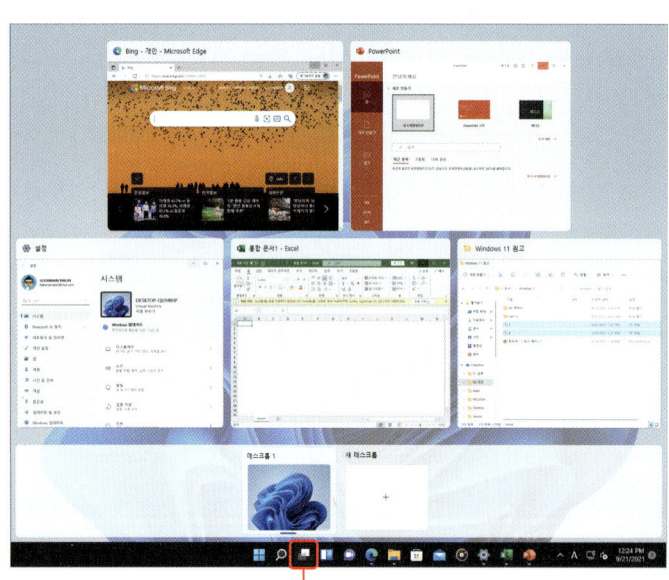

02 하단의 [+ 새 데스크톱]을 클릭하면, 추가로 새로운 데스크톱 화면이 생성됩니다.

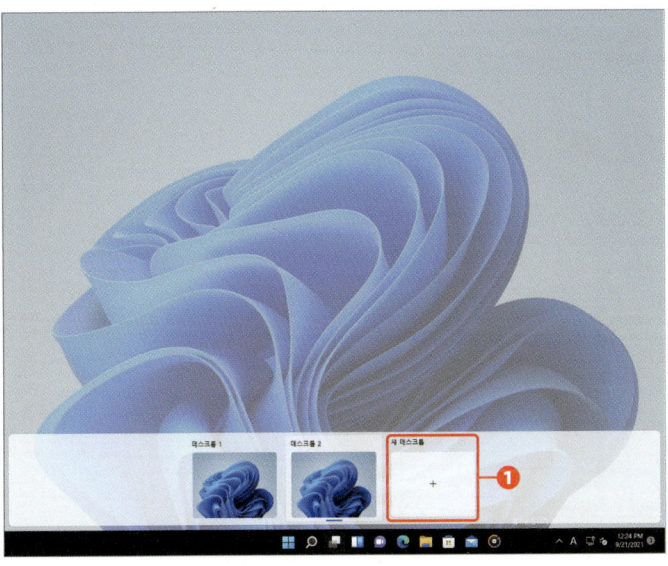

session 2 | 새 데스크톱 사용하기

데스크톱 화면별로 앱을 실행하거나, 앱 종료 또는, 다시 실행할 필요 없이 앱을 이동하여 사용할 수 있습니다.

01 작업 표시줄에서 [새 데스크톱] 아이콘을 클릭하면 현재 실행되고 있는 앱과 생성되어 있는 데스크톱이 나열됩니다.

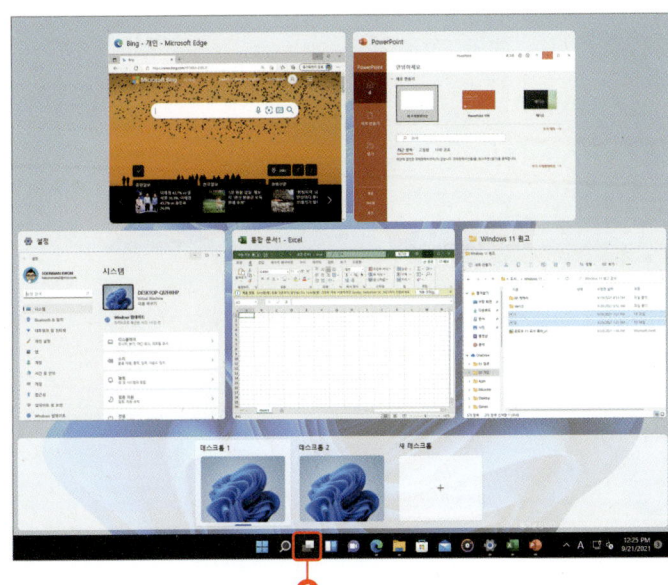

02 활성화되어 있는 윈도우 창에서 마우스 오른쪽 단추를 클릭하고, 나타난 메뉴에서 [이동 위치] 〉 [데스크톱]을 선택합니다.

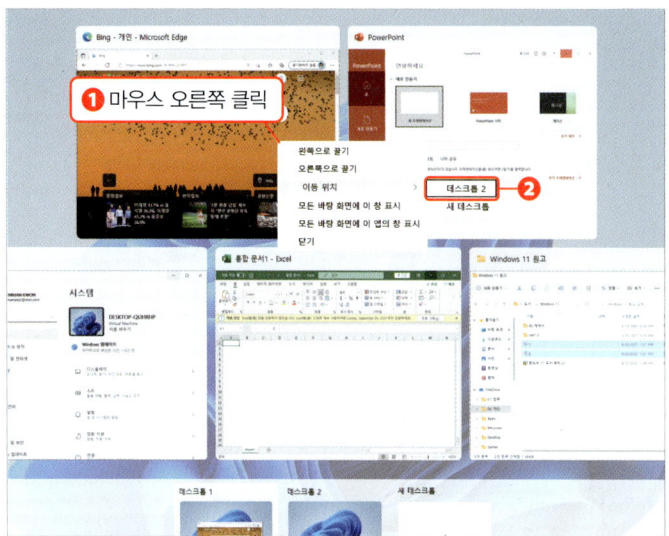

03 선택한 윈도우 창이 지정한 데스크톱 위치로 이동됩니다.

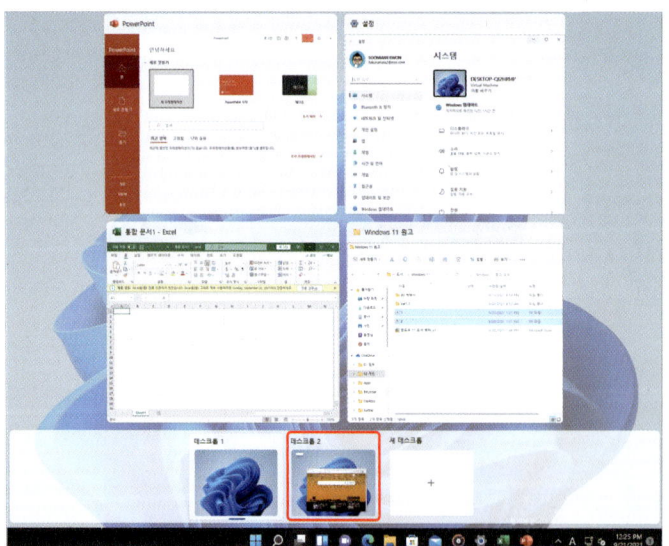

> **Tip**
> 데스크톱을 전환하는 단축키는 ⊞+Ctrl+←/→로 화면 전환이 가능합니다.

위젯

중요도
상
중
하

윈도우 11에는 간단하게 정보를 표현해주는 위젯 기능이 추가되었습니다. 이전 윈도우 비스타, 윈도우 7에 있었던 기능이 더욱 업그레이드된 것입니다. 위젯을 통해 뉴스, 날씨와 같은 정보를 빠르고 쉽게 파악할 수 있으며, 백그라운드로 계속 실행되고 있기에 최신 정보를 빠르게 확인할 수 있습니다.

session 1 위젯 화면 살펴보기

위젯 구성 요소를 확인하고 각 기능에 대하여 알아봅니다.

❶ 시간 : 현재 시간이 나타납니다.
❷ 계정 : 연결된 Microsoft 계정이 나타납니다.
❸ 웹 검색 바 : 설정된 웹 검색 엔진(Bing)을 통해 입력한 키워드 검색이 됩니다.
❹ 위젯 : 날씨, 증권, 뉴스, 일정 및 사진 등의 간단한 프로그램의 모음입니다.
❺ 뉴스 피드 : 뉴스 및 관심사를 추가한 정보를 나타냅니다.

| session 2 | **위젯 구성 및 사용하기**

위젯을 추가하거나 추가된 위젯 구성 및 관리하는 방법에 대하여 알아봅니다.

01 작업 표시줄의 [위젯] 아이콘을 클릭하고, 설정된 위젯 아래 [위젯 추가]를 클릭합니다.

02 위젯에 추가할 수 있는 [+]를 클릭합니다.

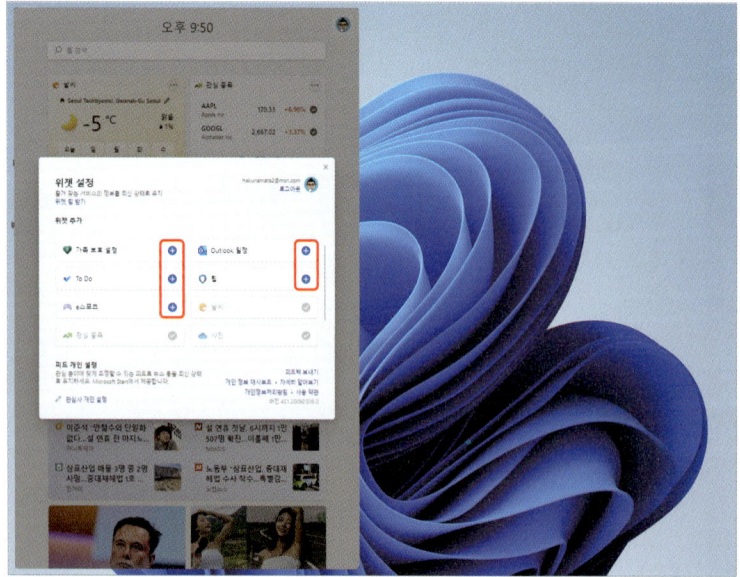

03 위젯 목록에 선택한 위젯이 추가되어 구성됩니다. 추가된 위젯을 마우스로 드래그하여 원하는 위치, 순서를 조정할 수 있습니다.

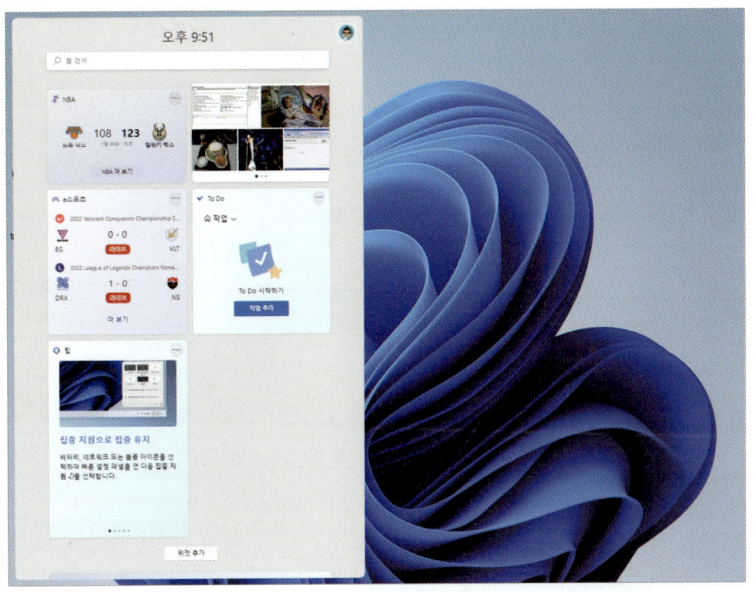

04 위젯의 [⋯]을 클릭하면 나타나는 메뉴를 통해 위젯을 제거하거나, 크기를 조정할 수 있습니다.

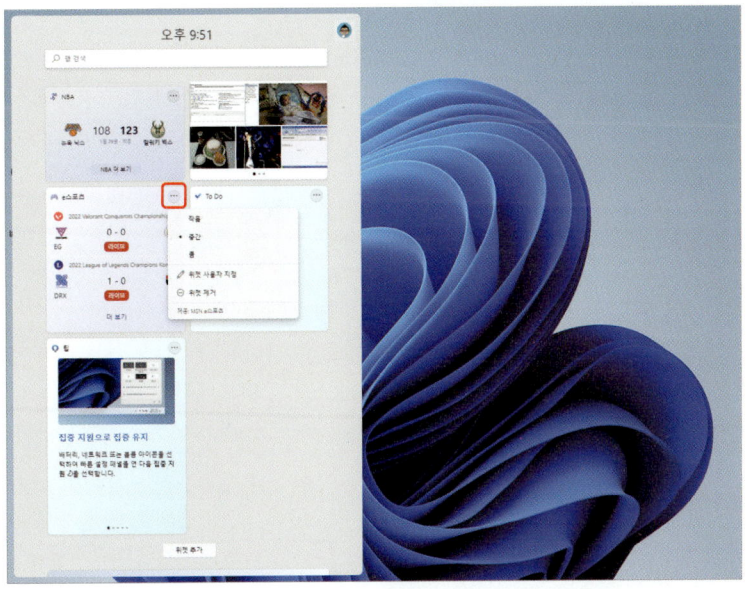

session 3 | 위젯 뉴스 관심사 및 관리하기

위젯으로 구독 뉴스의 기사 내용이나 관심사 관리를 하고, 저장하여 나중에 뉴스 기사를 빠르고 간편하게 찾아 확인할 수 있습니다.

01 작업 표시줄의 [위젯] 아이콘을 실행하고, 설정된 위젯 아래 [위젯 추가]를 클릭합니다.

02 [위젯 설정] 화면에서 [관심사 개인 설정]을 클릭합니다.

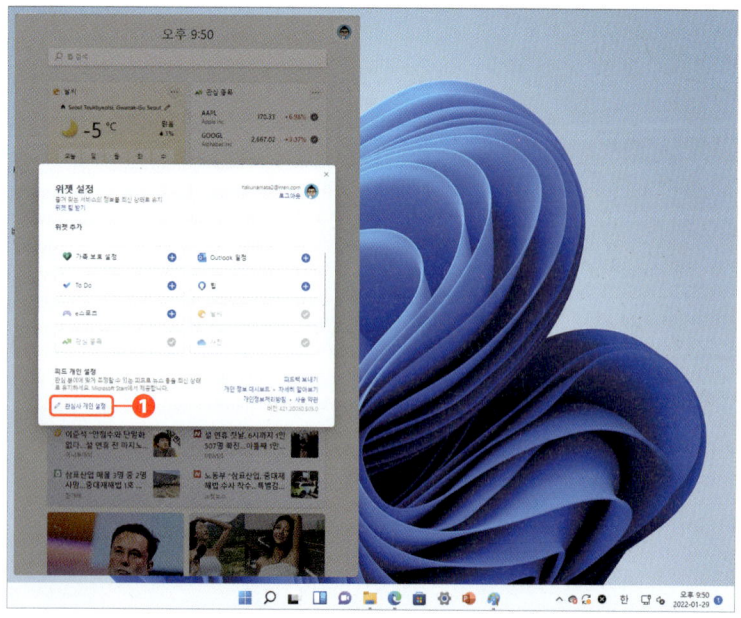

03 Microsoft Start 웹 사이트가 열리면서 뉴스를 추가할 수 있는 카테고리가 나타나고 [+]를 클릭하여 관심사를 추가할 수 있습니다.

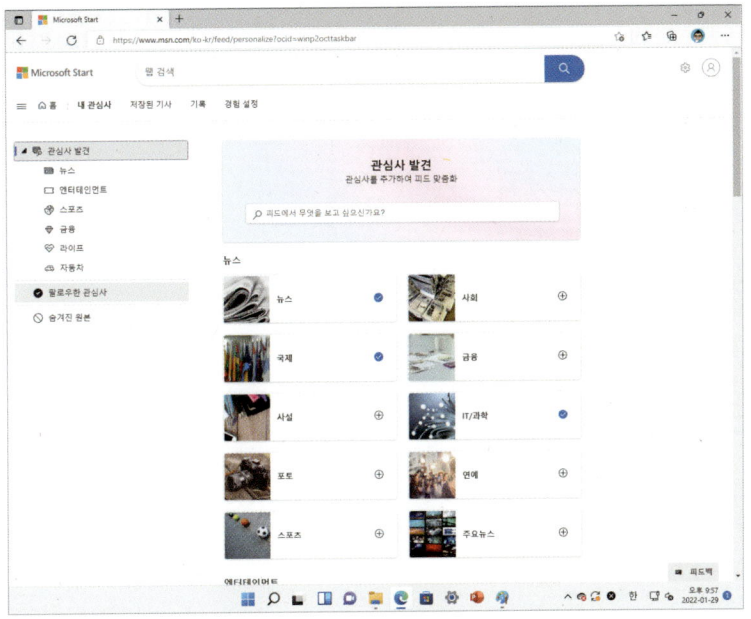

04 위젯 뉴스 기사에서 [⋯]을 클릭하면 나타나는 메뉴에서 [나중에 읽을 수 있게 저장]을 선택합니다.

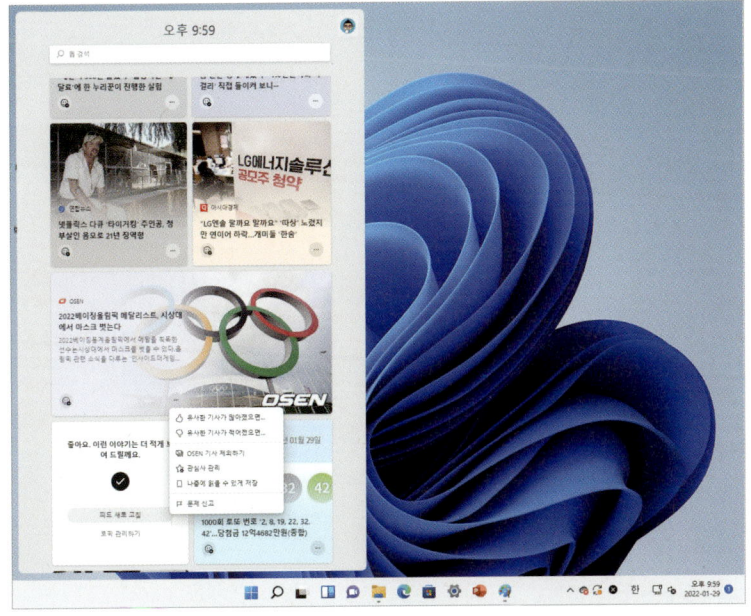

05 나중에 읽을 수 있게 저장한 기사는 Microsoft Start 웹 사이트의 [저장된 기사]를 클릭하여 스크랩된 뉴스 기사를 빠르고 쉽게 다시 확인할 수 있습니다.

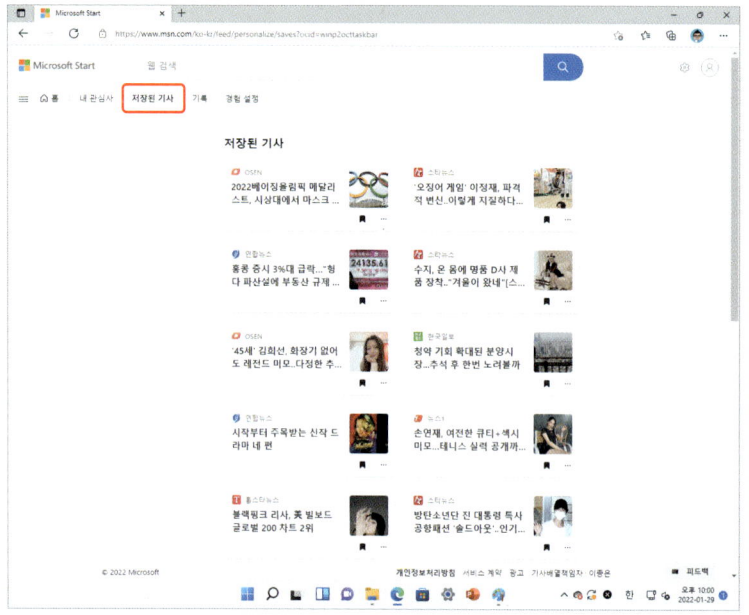

> **Tip**
>
> 위젯을 표시하거나 숨기는 경우는 다음 설정에서 확인할 수 있습니다. [설정] 〉 [개인 설정] 〉 [작업 표시줄에서 작업 표시줄 항목]의 [Widget]을 '켬/끔'으로 설정합니다.

채팅 앱

중요도
상
중
하

윈도우 11에서 새롭게 기본으로 제공하는 채팅 앱은 마이크로소프트 Teams 서비스를 사용할 수 있는 앱으로 친구와 채팅 메시지 및 화상 미팅을 진행할 수 있습니다.

session 1 | 채팅 앱 사용하기

채팅 앱을 구성하고 앱 기능에 대해서 알아봅니다.

01 작업 표시줄의 [채팅] 아이콘을 실행하면, 나타나는 화면에서 [시작하기]를 클릭합니다.

Tip

윈도우 11에서 기본적으로 제공하는 개인 채팅인 Teams와 직장 또는, 학교에서 사용하는 Teams는 기능적인 부분에서 차이가 있습니다. Teams 라이선스를 보유하고 더 많은 기능을 사용하기 위해서는 https://www.microsoft.com/ko-kr/microsoft-teams/download-app에서 다운로드하여 설치해야 합니다.

구분	윈도우 11 기본 제공 채팅 Teams 앱	설치형 Teams 앱
작업 표시줄 아이콘	T	T
앱 목록	작업, 채팅, 일정	작업, 일정, 도움말, 채팅, 통화, 저장, 팀, Files

02 현재 로그인된 Microsoft 계정으로 자동 로그인됩니다. 만약, 다른 계정을 통해 채팅 앱을 사용하는 경우는 [다른 계정 사용]을 클릭하고 다시 로그인하여 사용할 수 있습니다.

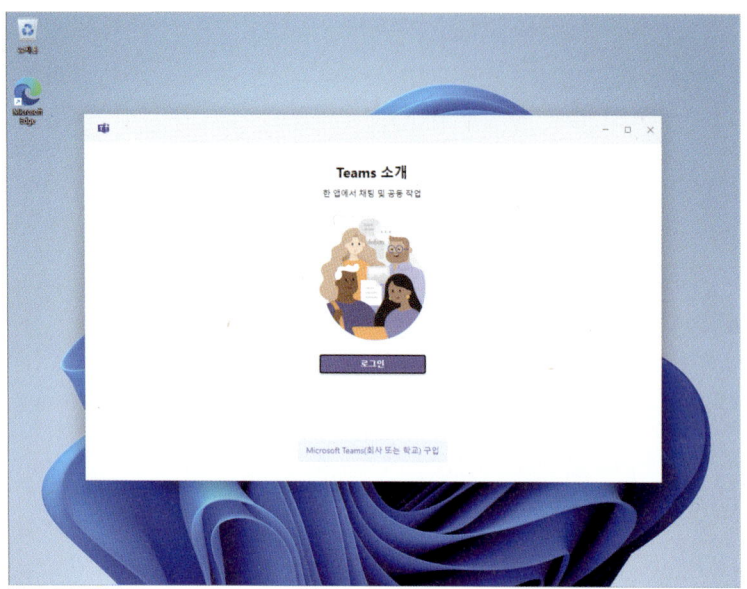

03 정상적으로 로그인이 완료되면 Microsoft 계정에 있는 연락처와 동기화된 사용자 목록이 나타나게 됩니다.

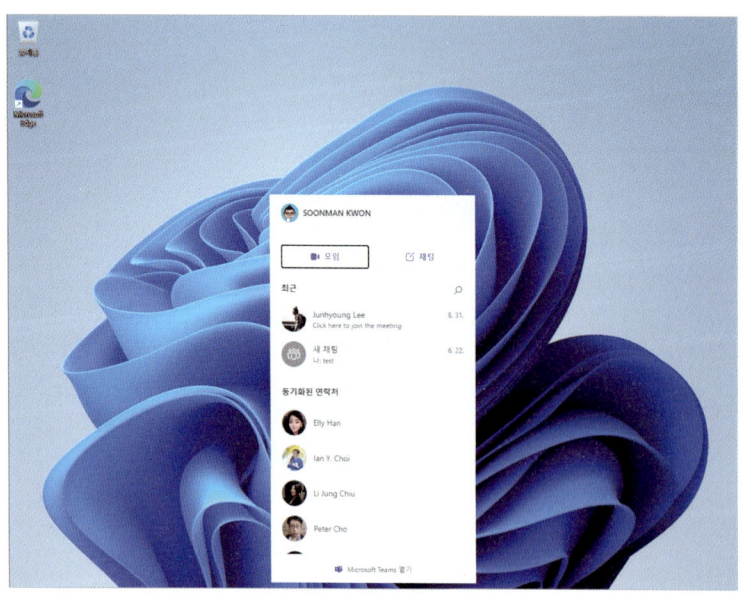

04 채팅 메시지를 보내기 위해 나열된 연락처 중 하나를 클릭하면 채팅 창이 생성되고 채팅을 나눌 수 있습니다.

session 2 | 모임 사용하기

채팅 앱을 이용하면 온라인 미팅을 할 수 있습니다. 채팅 앱의 모임 기능에 대하여 알아봅니다.

01 [채팅] 화면에서 [모임]을 클릭합니다.

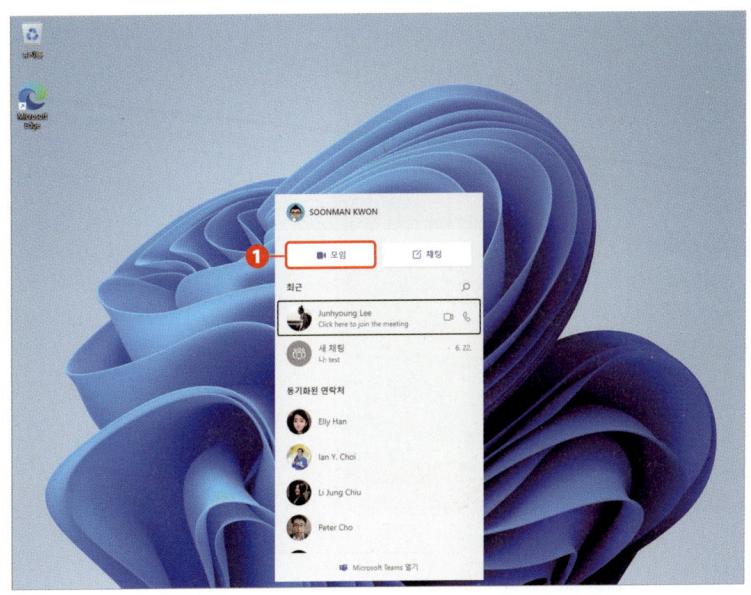

02 비디오와 오디오를 설정한 후 [지금 참가]를 클릭합니다.

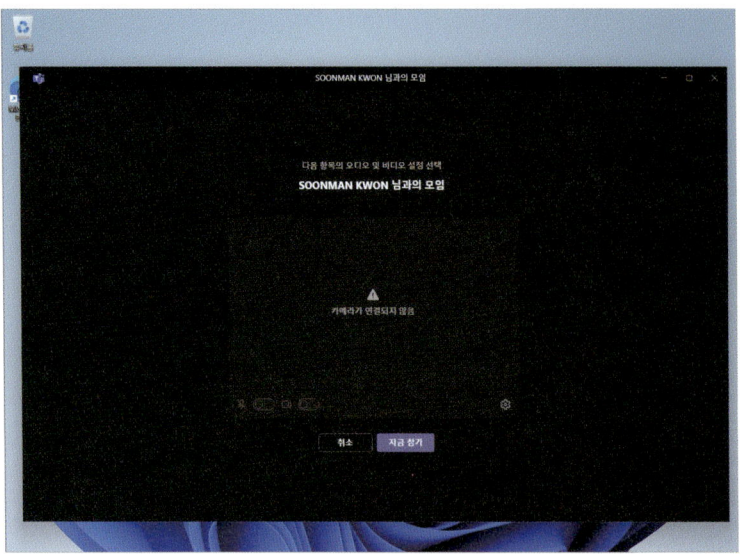

> **Tip**
>
> 모임에 참석하기 전에 [설정] 아이콘을 클릭하여 마이크, 스피커 및 웹캠 장치를 설정할 수 있습니다. 만약 웹캠이 정상적으로 연결되어 있는 상태에서 '카메라가 연결되지 않음' 메시지가 나타나는 경우는 채팅 앱을 실행하기 전 다른 프로그램에서 이미 실행 중일 수 있기에 그 프로그램을 종료 후 모임을 다시 실행하여 해결할 수 있습니다.

03 모임이 생성되면 '모임 링크, Outlook 일정, Google 캘린더, 메일' 등을 통해서 초대할 사용자에게 링크를 보낼 수 있습니다.

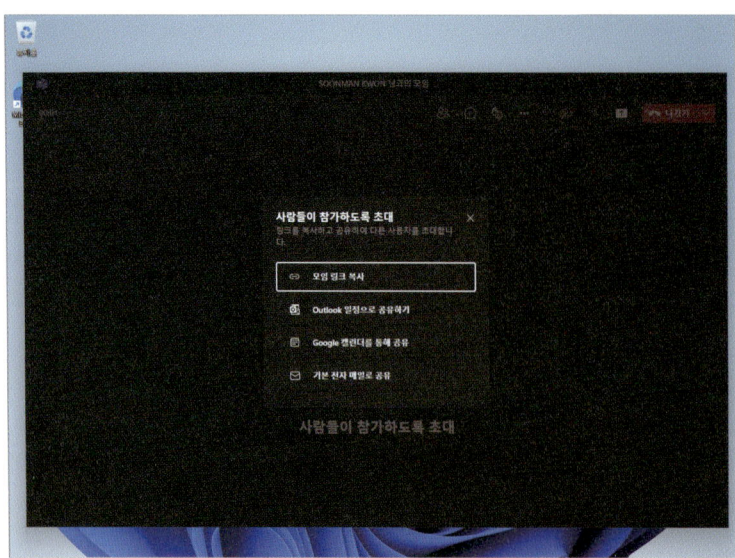

04 초대된 모임 공간에서 음성 또는, 화상 미팅이 가능하게 됩니다.

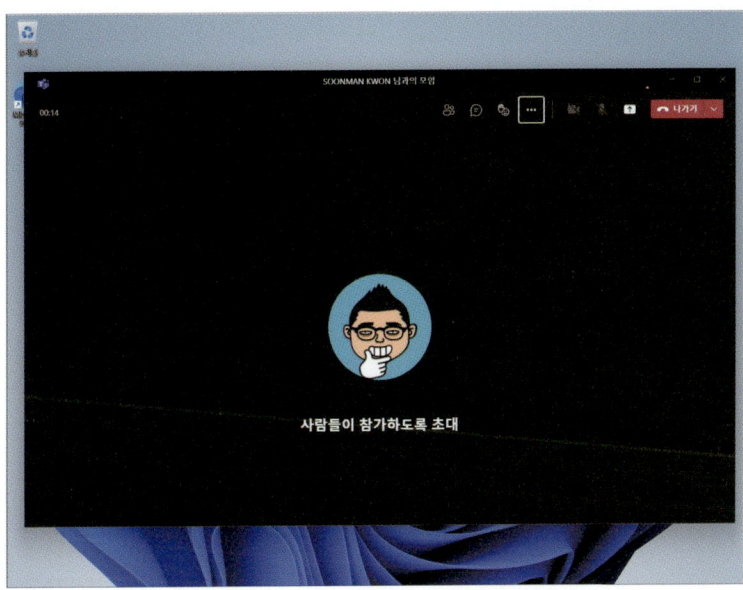

05 채팅 모임 창의 메뉴를 살펴보면, 음성/화상 모임에서 참가자를 확인할 수 있습니다.

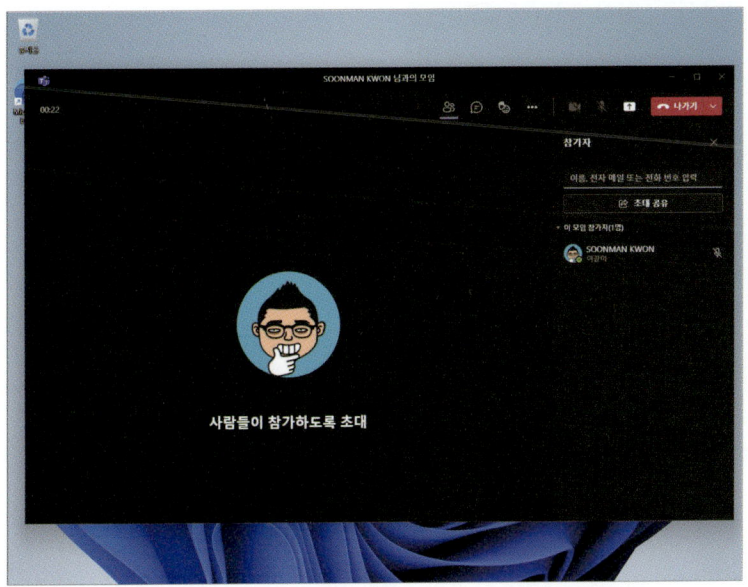

> **Tip**
>
> 참가자 메뉴의 모임 중에서 메일 앱의 연락처, 메일 주소 및 전화번호를 직접 입력한 후 [초대 공유]를 클릭하면 현재 모임 방에 추가 사용자를 초청하여 바로 모임을 가질 수 있습니다.

06 채팅 메시지 창을 제공하여 채팅 메시지도 함께 사용할 수 있습니다.

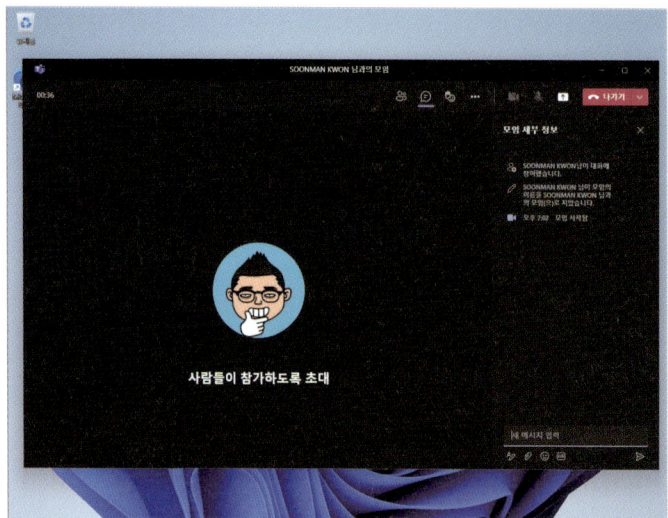

07 모임 또는, 채팅 메시지 등에 대한 반응을 표시할 수 있습니다.

파일 탐색기

중요도

파일 탐색기는 파일의 생성, 수정, 이동 및 복사 등 빈번히 이루어지는 작업을 편리하게 도와주는 기능을 제공합니다. 윈도우 11에서는 파일 탐색기의 사용자 인터페이스가 새롭게 변경되었는데 핵심적으로 일반 사용자들이 많이 사용하는 기능을 배치하고, 세부적인 기능을 숨겨 놓아 단순한 화면 구성이 되어 있습니다. 파일 탐색기를 활용하는 방법에 대하여 알아봅니다.

session 1 파일 탐색기 구성 살펴보기

파일 탐색기의 메뉴 구성과 각 기능에 대해서 알아봅니다.

① **탭 기능** : 윈도우 11(22H2) 버전에서는 파일 탐색기 상단에 탭 형태로 파일 탐색기 위치를 추가할 수 있습니다.

② **새로 만들기** : 새 폴더, 문서, 텍스트, 이미지 등의 파일을 생성할 수 있습니다.

③ **잘라내기** : 파일 및 폴더를 현 위치 또는, 다른 위치로 이동하기 위한 명령을 실행합니다.

④ **복사** : 파일 및 폴더를 현 위치 또는, 다른 위치로 복사하는 명령을 실행합니다.

⑤ **붙여넣기** : 복사 또는, 잘라내기한 파일 및 폴더를 선택한 위치로 붙여넣기 합니다.

⑥ **이름 바꾸기** : 선택한 파일 및 폴더의 이름을 변경합니다.

⑦ **공유** : 홈 그룹 또는, 특정 사용자 권한으로 폴더를 공유하거나 공유를 중지할 수 있습니다.

⑧ **삭제** : 선택한 파일 및 폴더를 휴지통 또는 완전히 삭제합니다.

⑨ **정렬** : 이름, 날짜, 유형 등을 통해 오름/내림차순으로 파일 및 폴더를 정렬합니다.

⑩ **보기** : 파일 또는 폴더를 아이콘 형태, 목록, 자세히, 타일 등의 형태로 보여주기 설정이 가능합니다.

⑪ **뒤로, 앞으로 단추** : 이전에 열어 보았던 폴더의 위치나 라이브러리로 바로 이동하거나 [뒤로], [앞으로]를 실행하여 이전의 위치로 이동할 수 있습니다.

⑫ **최근 위치** : 파일 실행 또는, 탐색했던 최근 위치로 이동할 수 있습니다.

⑬ **주소 표시줄** : 현재 파일 탐색 경로를 나타냅니다.

⑭ 탐색 창 : 폴더를 트리 구조의 형태로 나타내어 폴더에서 폴더로 빠른 이동할 수 있습니다.

- Ⓐ 탐색 창 : 폴더를 트리 구조의 형태로 나타내어 폴더에서 폴더로 빠른 이동할 수 있습니다.
- Ⓑ 세부 정보 창 : 파일 및 폴더의 세부적인 속성 정보를 확인할 수 있는 창을 나타나게 합니다.
- Ⓒ 미리 보기 창 : 파일과 관련된 앱을 실행하지 않고 파일 탐색기에서 직접 확인할 수 있는 미리 보기 창을 나타나게 합니다.
- Ⓓ 항목 확인란 : 파일 및 폴더 앞에 선택할 수 있는 항목 확인 옵션을 추가/제거할 수 있습니다.
- Ⓔ 파일 확장명 : 파일의 확장자를 나타내거나 숨길 수 있습니다.
- Ⓕ 숨긴 항목 : 숨긴 항목을 나타내거나 숨길 수 있습니다.

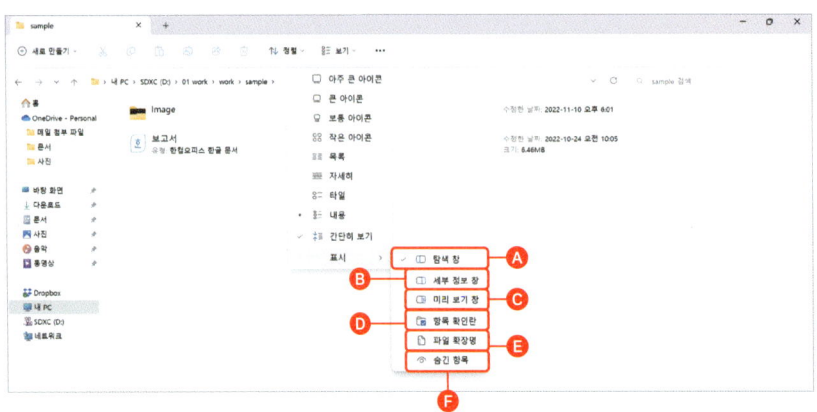

⑮ 검색 창 : 입력된 키워드를 통하여 빠르게 검색 결과를 확인할 수 있습니다.

⑯ 자세히 보기 : 파일 선택 시에 나타나는 메뉴로 파일에 추가 작업이 가능한 메뉴가 확장됩니다.

- Ⓐ 실행 취소 : 파일 탐색기에서 실행한 작업 취소합니다.
- Ⓑ 즐겨찾기에 고정 : 즐겨찾기에 폴더를 고정합니다.
- Ⓒ 모두 선택 : 현 위치의 파일 및 폴더를 모두 선택합니다.
- Ⓓ 선택 안 함 : 현 위치의 파일 및 폴더 선택을 취소합니다.
- Ⓔ 선택 영역 반전 : 선택한 파일과 폴더를 선택하지 않은 파일과 폴더로 한 번에 반대로 선택할 수 있습니다.
- Ⓕ 속성 : 파일 및 폴더의 속성을 확인할 수 있습니다.
- Ⓖ 옵션 : 세부적인 폴더 옵션을 설정할 수 있습니다.

session 2 파일 탐색기의 검색 사용하기

파일 탐색기에서 검색 결과 옵션을 사용하여 검색하는 방법에 대하여 알아봅니다. 검색 결과를 통해 존재하는 파일 위치로 바로 이동할 수 있습니다.

01 파일 탐색기 검색 창에 검색 키워드를 입력하면 빠르게 먼저 검색되는 파일이 나열됩니다.

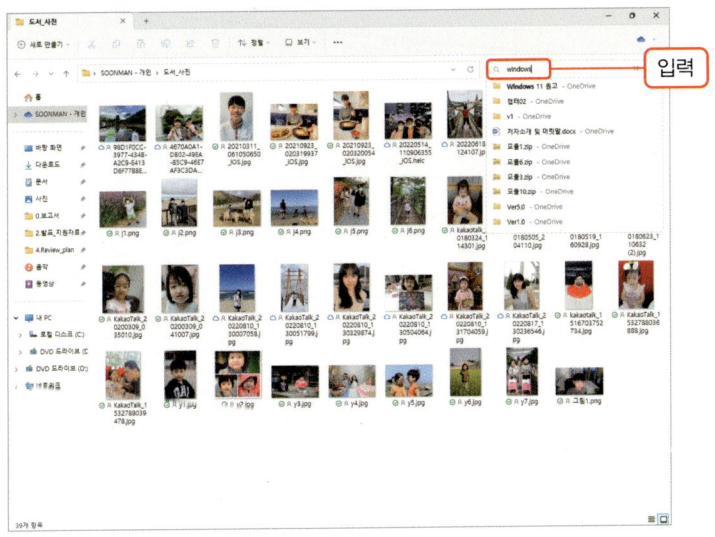

02 키워드를 입력한 후 Enter 를 누르면 검색 결과와 함께 키워드에 대하여 노란색으로 표시된 결과로 나타납니다.

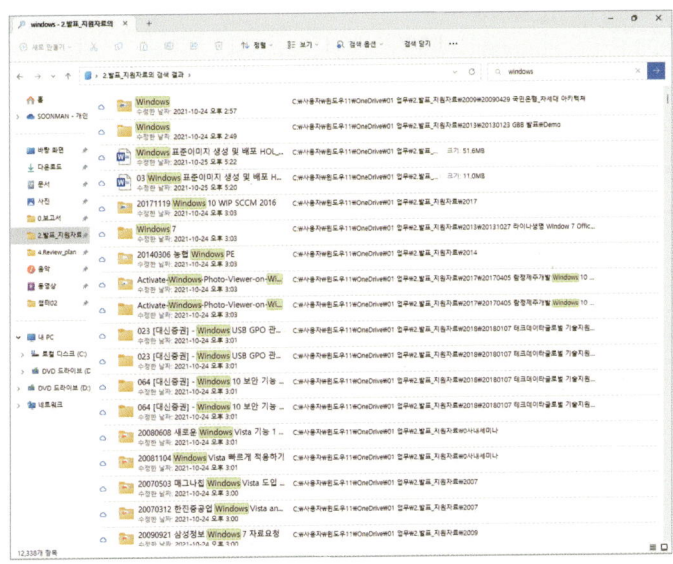

LESSON 05 파일 탐색기 121

03 검색 결과에서 세부적으로 필터링하기 위해서는 [검색 옵션]을 클릭하여 '위치, 수정한 날짜, 종류, 크기' 등을 기준으로 추가 필터링하여 많은 결과에서 정확하게 일치하는 결과를 확인할 수 있습니다.

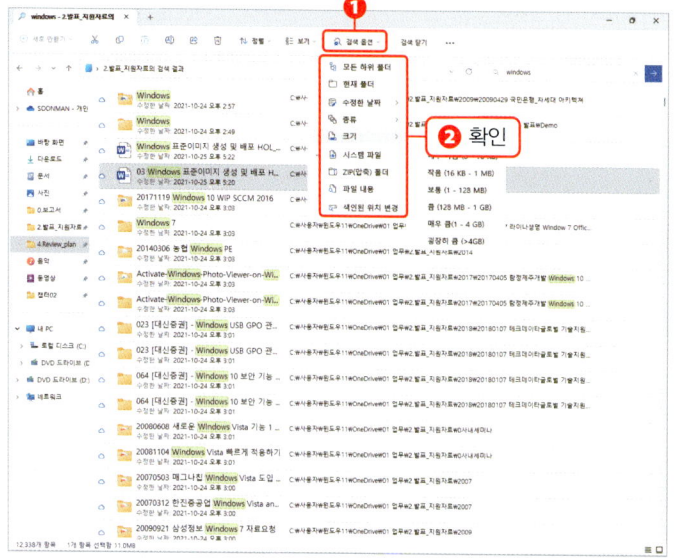

04 찾으려는 파일 또는, 폴더의 위치로 이동하려는 경우는 선택 후 마우스 오른쪽 단추를 클릭하여 나타나는 메뉴에서 [파일 위치 열기]를 선택합니다.

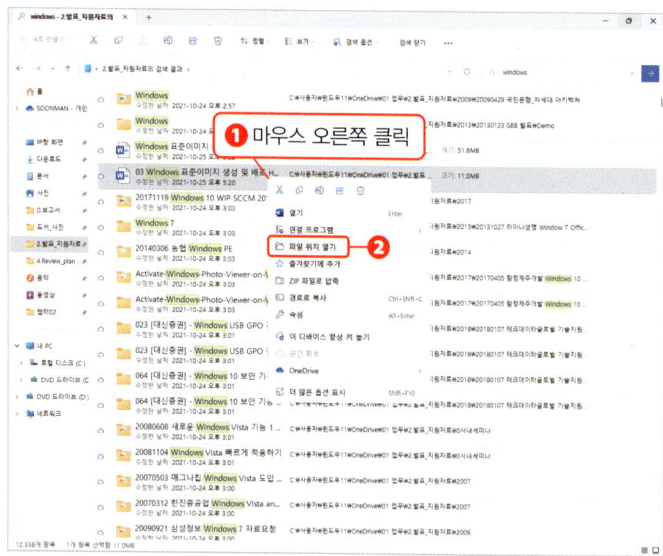

05 검색한 결과 파일 또는, 폴더 위치로 이동됩니다.

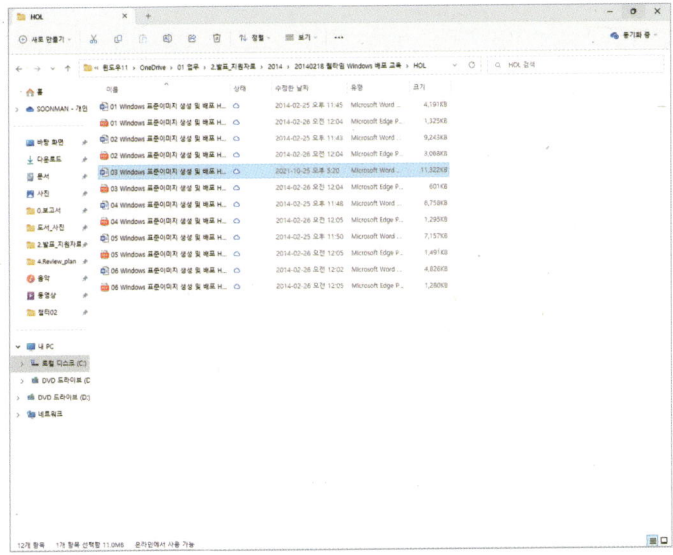

session 3 　파일 탐색기에서 미리 보기 설정하기

파일 탐색기를 사용하여 이미지, Office 파일 및 지원되는 파일의 경우는 실행하지 않고도 파일 탐색기에서 빠르게 파일의 내용을 확인할 수 있습니다.

01 파일 탐색기에서 [보기] > [표시] > [미리 보기 창]을 클릭합니다.

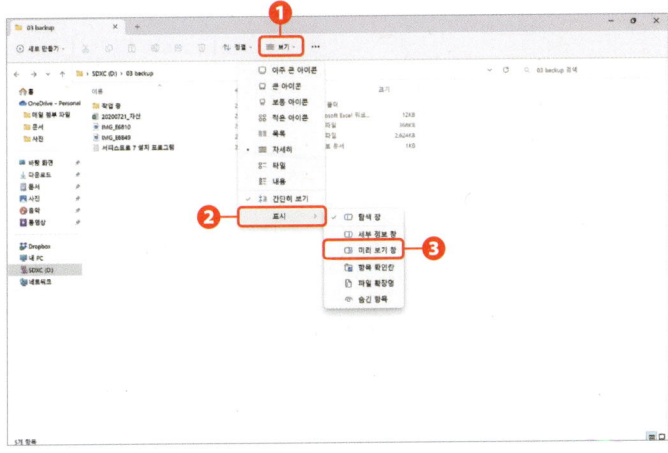

02 파일 탐색기에 미리 볼 수 있는 창이 나타납니다.

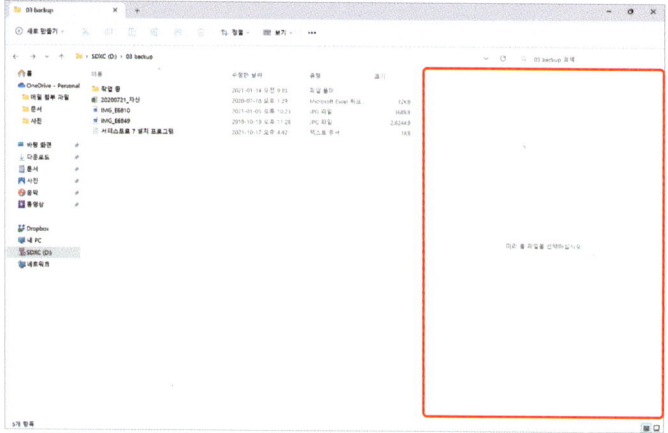

03 파일을 선택하면 해당하는 프로그램 실행 없이 파일 탐색기 미리 보기 창에서 내용을 확인할 수 있습니다.

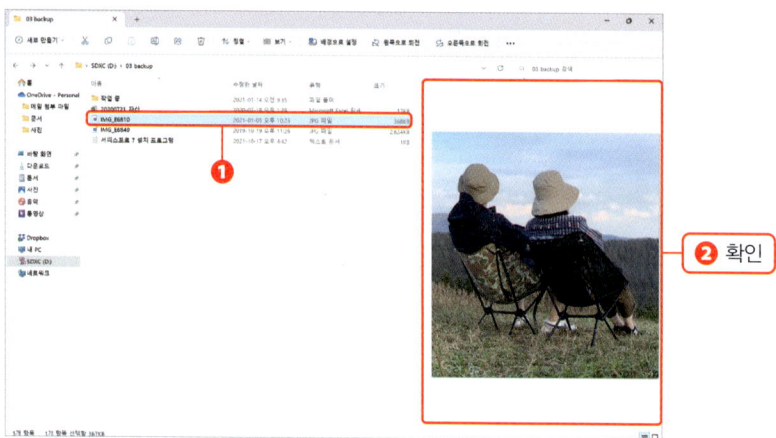

| session 4 | **자주 사용하는 폴더 즐겨찾기로 관리하기**

특정 위치에서 자주 작업을 하는 경우에 그 위치를 단계별로 찾는 것 보다는 파일 탐색기의 즐겨찾기를 사용하여 바로 이동할 수 있습니다.

01 파일 탐색기에서 폴더를 선택한 후 마우스 오른쪽 단추를 클릭하면 나타나는 메뉴에서 [즐겨찾기에 고정]을 선택합니다.

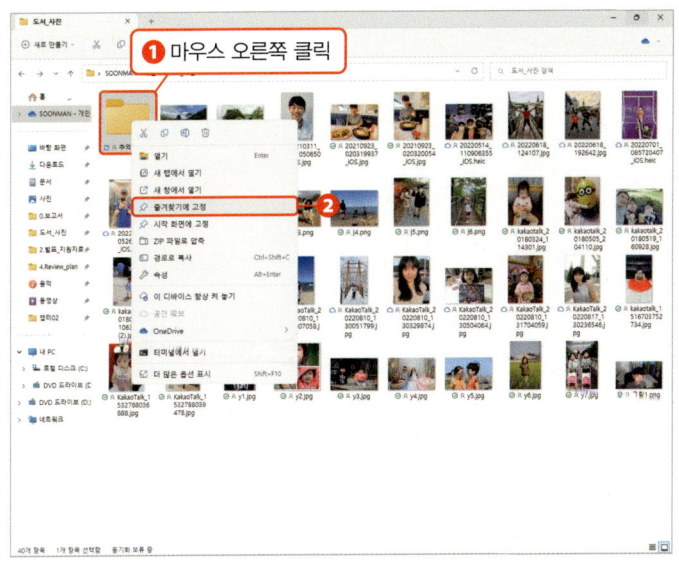

02 파일 탐색기의 [즐겨찾기]에 지정한 폴더가 추가되고, 더블클릭하면 바로 그 위치로 이동할 수 있습니다.

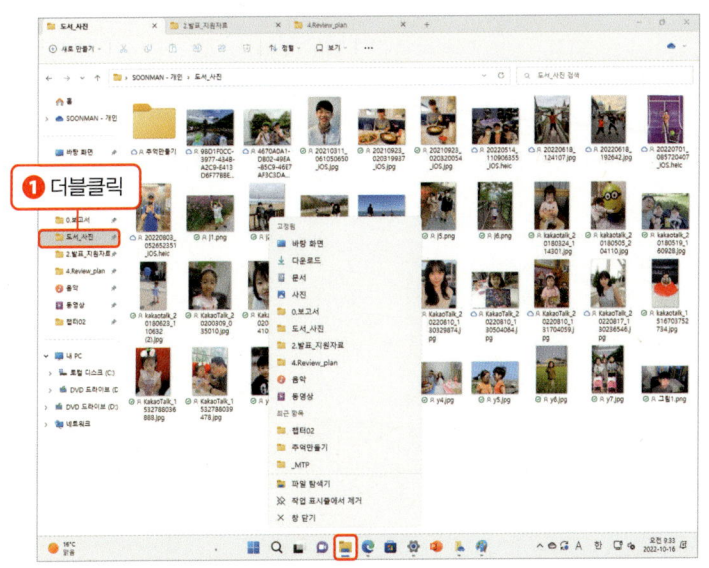

> **Tip**
> 즐겨찾기에 고정된 폴더는 작업 표시줄의 파일 탐색기 아이콘에서 마우스 오른쪽 단추를 클릭하면 동일하게 나타나게 됩니다.

LESSON 05 파일 탐색기 **125**

Tip 여러 파일 선택하여 복사하기

파일 탐색기에서 여러 파일을 복사하는 경우 파일이 정렬되어 있는 순서대로 복사하거나, 파일을 각각 선택하여 한 번에 복사 또는, 이동 작업을 할 수 있습니다. 이와 같은 작업할 때는 Ctrl / Shift 를 활용하여 선택하면 빠르게 복사 또는, 이동할 파일을 선택할 수 있습니다.

- Ctrl : 파일 탐색기에서 복사 또는, 이동하려는 파일/폴더가 순서대로 정렬이 안 되어 있는 경우에는 Ctrl 을 누른 상태에서 해당 파일/폴더를 선택하여 파일을 선택한 후 해당하는 파일을 복사 또는, 이동할 수 있습니다.

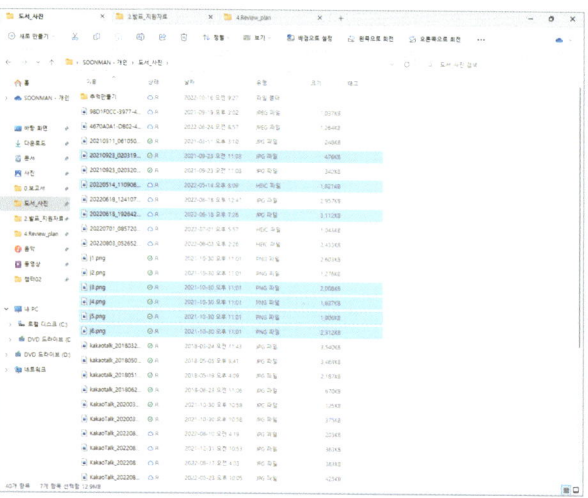

- Shift : 파일 탐색기에서 복사 또는, 이동하려는 파일/폴더가 순차적으로 정렬되어 있는 경우는 하나의 파일/폴더를 클릭하여 선택한 상태에서 Shift 를 누른 상태로 파일/폴더를 선택하면 처음 선택한 파일/폴더에서 마지막으로 선택한 파일/폴더까지 모두 선택되어 복사 또는, 이동 작업이 가능합니다.

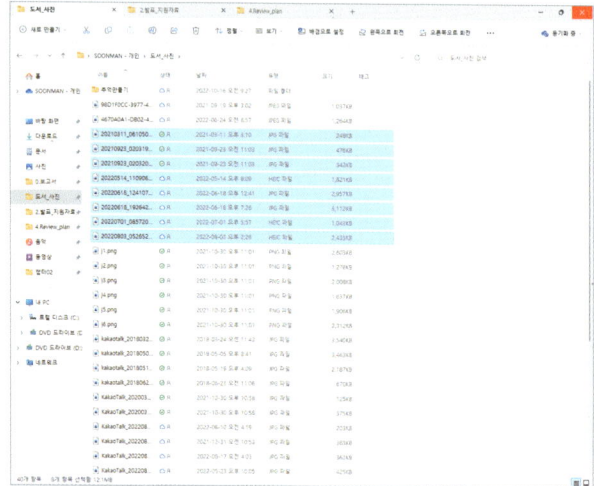

session 5 | 휴지통 설정하기

파일이나 폴더를 삭제하는 경우 휴지통에 저장되는데, 삭제 전에 경고 메시지 창을 나타나게 하고, 휴지통의 용량 설정에 대하여 알아봅니다.

01 [휴지통] 아이콘을 마우스 오른쪽 단추를 클릭하면 나타나는 메뉴에서 [속성]을 선택합니다.

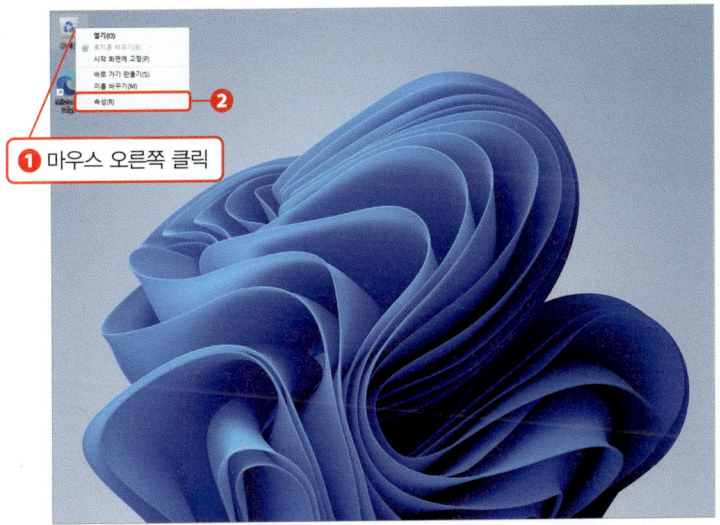

02 [휴지통 속성] 창에서 [사용자 지정 크기] > [최대 크기]를 설정하고, [삭제 확인 대화 상자 표시]를 체크한 후 [확인]을 클릭합니다.

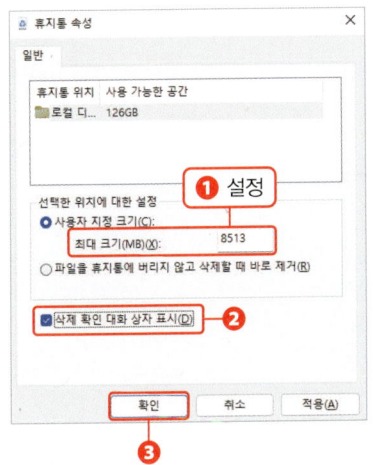

LESSON 05 파일 탐색기

03 파일 또는, 폴더를 파일 탐색기에서 삭제 시 휴지통으로 바로 삭제되는 것이 아닌 삭제 여부를 묻는 메시지 창이 나타나는 것을 확인할 수 있습니다.

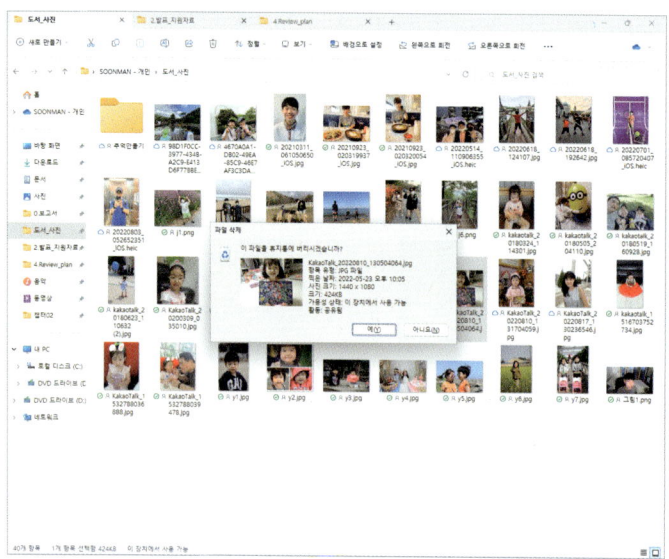

> **Tip** 휴지통을 거치지 않고 바로 파일 삭제하기

파일을 삭제하는 경우 휴지통에 유지하지 않고, 완전히 삭제하는 방법은 파일을 선택한 후 `Shift`+`Delete`를 누르면 됩니다.

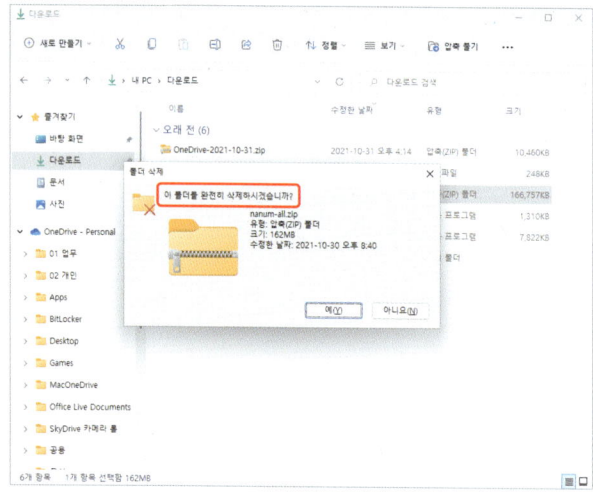

Microsoft Store

중요도 상/중/하

Microsoft Store에서는 최신 게임, 동영상/TV 프로그램, 앱 등 윈도우 장치를 위한 모든 콘텐츠를 제공하고 사용자는 무료 또는, 유료 앱을 구매하여 사용할 수 있습니다. 구매한 앱은 Microsoft 계정과 동기화되어 PC를 교체하거나 다른 PC를 사용하는 경우에도 계속 사용할 수 있습니다.

 **Microsoft Store 오프라인 설정하기**

Microsoft Store 설정을 통해 앱 업데이트, 구매 시 로그인 설정, 오프라인 상태에서 사용 가능하도록 앱 설정, 비디오 재생 등의 설정이 가능합니다.

01 Microsoft Store 앱을 실행합니다.

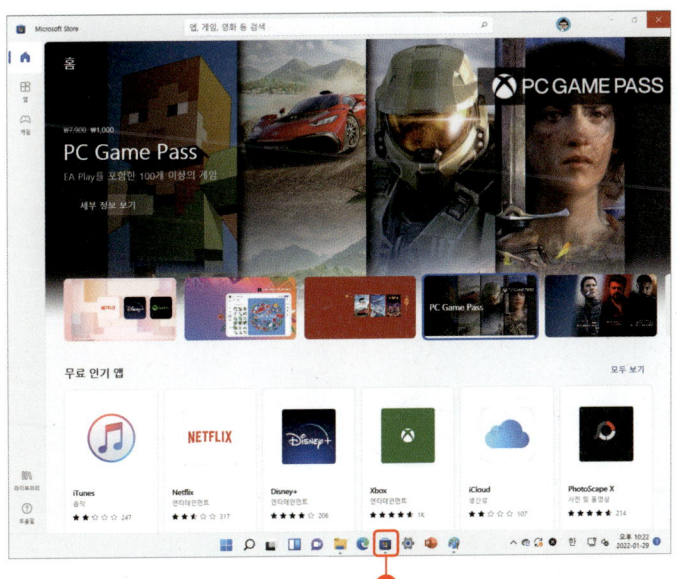

LESSON 06 Microsoft Store 129

02 Microsoft Store에서 로그인된 [계정] 〉 [앱 설정]을 클릭합니다.

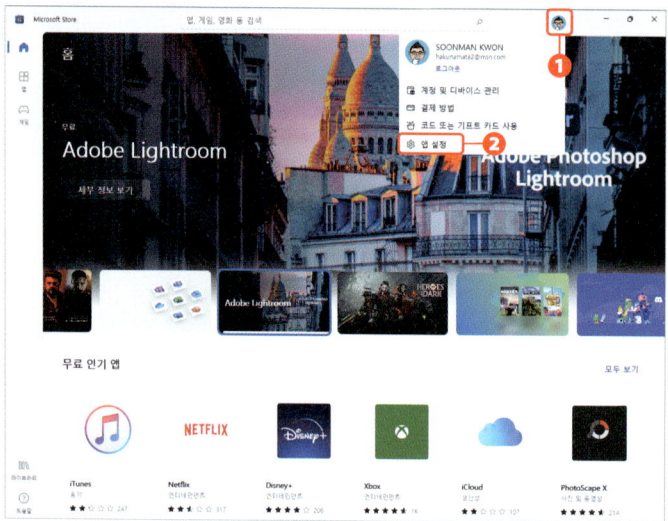

03 [앱 설정] 화면에서 [오프라인 사용 권한]을 '켬'으로 설정하면 나타나는 추가 작업 메시지 창에서 내용을 확인한 후 [닫기]를 클릭하여 완료합니다.

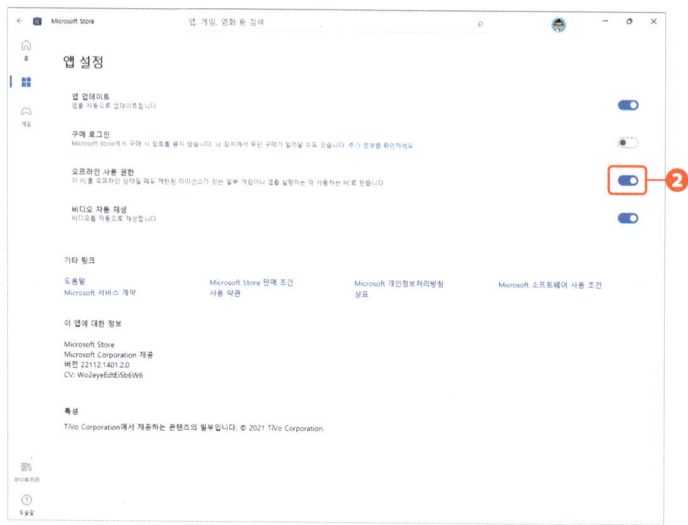

> **Tip**
>
> 이외에도 Microsoft Store는 다음과 같이 추가 설정을 할 수 있습니다.
> - 업데이트 : Microsoft Store에서 다운로드 받아 설치된 앱을 자동 업데이트하여 최신 상태로 유지합니다.
> - 구매 로그인 : Microsoft Store에서 앱 또는, 게임 등을 구매하는 경우에 설정해 놓은 계정과 결재 방법으로 암호를 묻지 않고 구매가 진행됩니다. 그러므로 사용자가 실수 등으로 무단 구매 결재가 될 수 있기 때문에 이 설정은 '끔' 상태를 권장합니다.
> - 비디오 자동 재생 : 앱 또는, 게임을 선택하면 해당되는 소개 영상이 자동으로 재생됩니다.

session 2 | Microsoft Store 라이브러리 관리하기

Microsoft Store에서 다운로드 받은 앱을 관리하는 곳이 라이브러리입니다. 라이브러리를 통해 앱을 관리하는 방법에 대하여 알아봅니다.

01 Microsoft Store를 실행하고, [라이브러리] 메뉴를 클릭합니다.

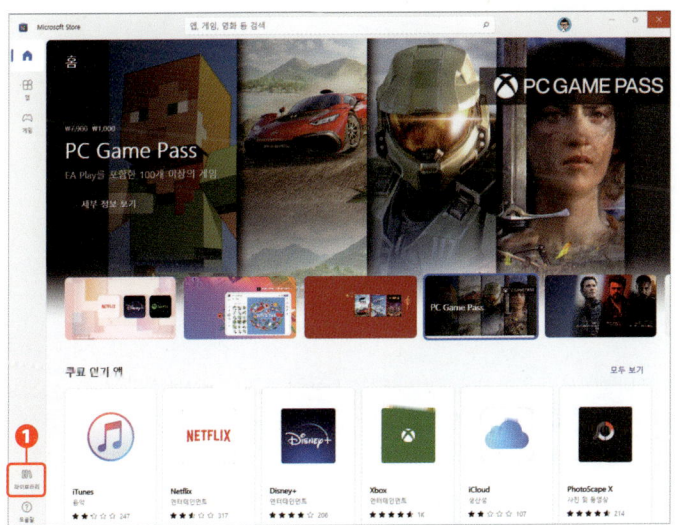

02 Microsoft Store의 [라이브러리] 화면에서 현재 설치되었거나 다운로드된 앱 목록을 확인할 수 있습니다. [업데이트 및 다운로드]에 나열된 앱 중에서 업데이트가 필요한 앱의 [업데이트]를 클릭하면, 업데이트가 진행됩니다.

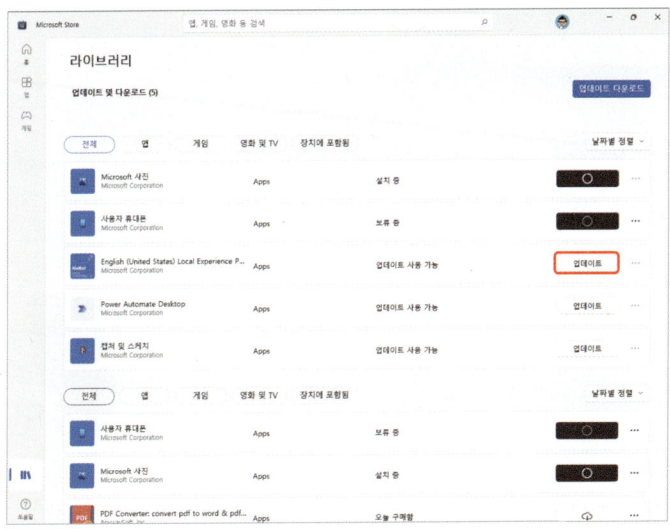

LESSON 06 Microsoft Store **131**

03 업데이트가 완료되면 업데이트 목록에서 사라지고, 실행할 수 있게 됩니다.

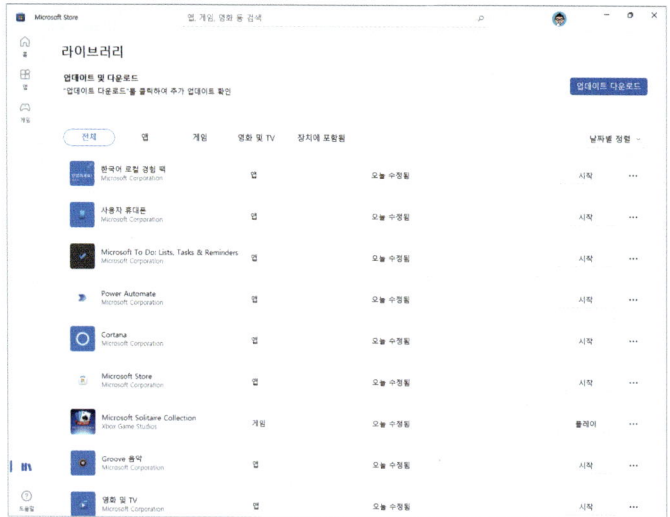

> **Tip** 윈도우 11에서 안드로이드 앱을 사용하려면…

윈도우 11에서도 아마존 앱 스토어를 설치하여 모바일에서 동일한 안드로이드 앱을 사용할 수 있고, 아마존 앱 스토어에서 모바일 앱 다운로드 시 아마존 계정이 필요합니다(참고 : 2022.3 기준으로는 미국에서만 아마존 앱 스토어가 사용 가능합니다).

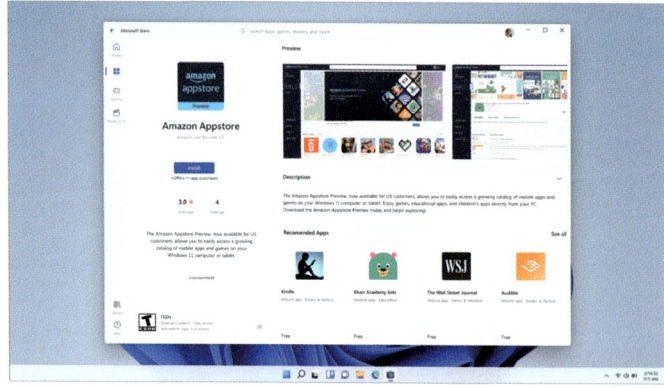

윈도우 11에서 아마존 앱 스토어를 사용하기 위한 장치 요구 사항은 다음과 같습니다.

메모리	8GB최소, 16GB 권장
저장 장치	SSD
프로세서	Intel Core i3 8세대(최소)
	AMD Ryzen 3000(최소)
	Qualcomm Snapdragon 8c(최소)
프로세서 아키텍처	X64 또는, ARM64
가상머신 플랫폼	윈도우 가상 머신 플랫폼이 설정 필요
	메인 보드 UEFI 또는, BIOS에서 설정 확인

파일 탐색기의 단축키

윈도우 11 파일 탐색기에서 사용되는 단축키 목록입니다.

단축키	수행 작업
Alt + D	주소 표시줄을 선택합니다.
Ctrl + E	검색 창을 선택합니다.
Ctrl + F	검색 창을 선택합니다.
Ctrl + N	새 창을 엽니다.
Ctrl + W	활성 창을 닫습니다.
Ctrl + 마우스 스크롤 휠	파일 및 폴더 아이콘의 크기와 모양을 변경합니다.
Ctrl + Shift + E	선택한 폴더 위에 있는 모든 폴더를 표시합니다.
Ctrl + Shift + N	새 폴더를 만듭니다.
Num Lock + *	선택한 폴더 아래에 있는 모든 하위 폴더를 표시합니다.
Num Lock + +	선택한 폴더의 내용을 표시합니다.
Num Lock + -	선택한 폴더를 축소합니다.
Alt + P	미리 보기 창을 표시합니다.
Alt + Enter	선택한 항목에 대한 [속성] 창을 엽니다.
Alt + →	다음 폴더를 봅니다.
Alt + ↑	폴더가 있었던 상위 폴더를 봅니다.
Alt + ←	이전 폴더를 봅니다.
Back Space	이전 폴더를 봅니다.
←	현재 선택한 폴더를 표시하거나(축소된 경우) 첫 번째 하위 폴더를 선택합니다.
→	현재 선택한 폴더를 축소하거나(확장된 경우) 폴더가 있었던 폴더를 선택합니다.
End	활성 창의 맨 아래를 표시합니다.
Home	활성 창의 맨 위를 표시합니다.
F11	활성 창을 최대화하거나 최소화합니다.

PART

04

윈도우 11 설정 알아보기

윈도우 11 시스템 설정을 통해 윈도우 11을 잘 사용하기 위한 환경을 구성할 수 있습니다. 시스템, Bluetooth 및 장치, 네트워크 및 인터넷, 개인 설정, 앱, 계정, 시간 및 언어, 게임, 접근성, 개인 정보 및 보안, Windows 업데이트로 구분되어 있는 윈도우 11 설정 방법을 알아보겠습니다.

시스템

시스템 설정을 통해 윈도우 11 기본 환경에 대한 디스플레이, 소리, 알림, 집중 지원, 전원 관리, 저장소 공간 등의 관리 설정이 가능합니다.

session 1 메일 알림 최우선 순위 설정하기

일정의 시작, 메일 전송, 설정 변경 등이 발생 시 사용자에게 알림을 보낼 수 있습니다. 이런 알림이 너무 많아 불편하는 경우는 알림을 끄거나 제한할 수도 있습니다.

01 ■+I를 누른 후 [시스템] 화면에서 [알림]을 클릭합니다.

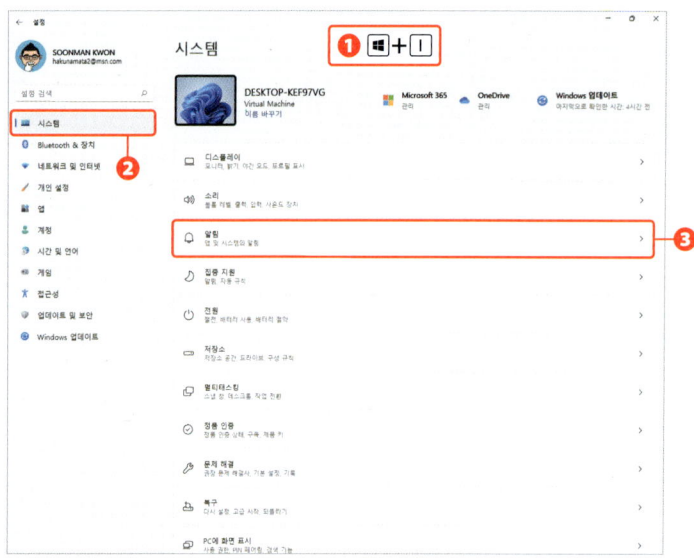

02 [알림] 화면의 [앱 및 기타 보낸 사람이 전송한 알림] 〉 [메일]을 클릭합니다.

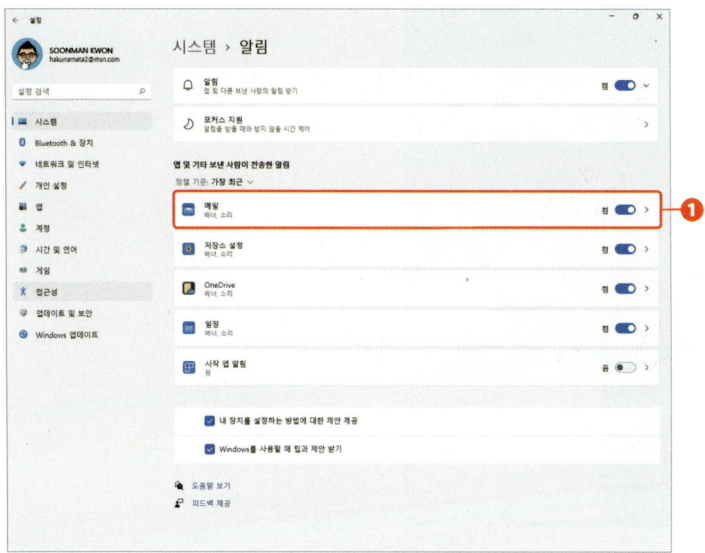

03 새로운 메일이 도착하면 알리는 메일 알림 동작에 대하여 다음과 같이 세부 설정이 가능합니다.

알림 센터 알림 우선 순위

Ⓐ 위쪽 : 즐겨 사용하는 앱의 알림을 최고 우선 순위로 설정하여 알림 센터 상단에서 항상 새 알림을 확인할 수 있습니다.

Ⓑ 높음 : 최고 우선 순위 정도 수준이 아니지만 일반 알림 설정보다는 위에서 알림을 확인할 수 있습니다.

Ⓒ 보통 : 일반적인 알림 설정 옵션으로 높음 알림보다는 하위에서 알림을 확인할 수 있습니다.

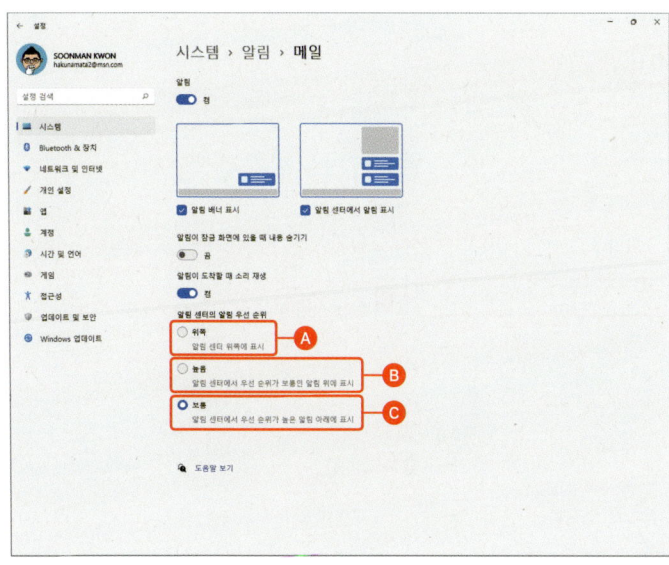

04 새로운 메일이 도착하면 다음과 같이 화면 왼쪽에 토스트 창이 발생하여 인지할 수 있게 됩니다.

session 2 | 특정 시간대에 집중 지원 설정하기

프리젠테이션이나 게임 시에 알림에 대한 부분을 제한하여 집중력을 유지할 수 있도록 설정할 수 있습니다. 집중 지원을 설정하는 방법입니다.

01 ⊞+Ⅰ를 누른 후 [시스템] 화면에서 [집중 지원]을 클릭합니다.

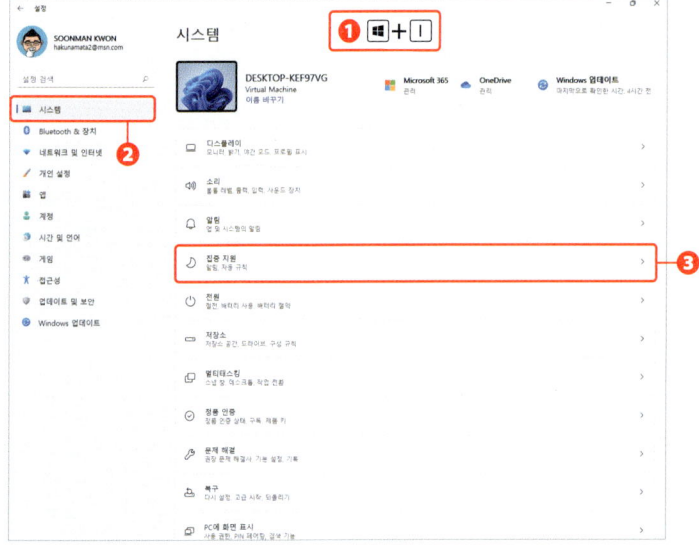

02 [자동 규칙] > [해당 시간 동안]을 클릭합니다.

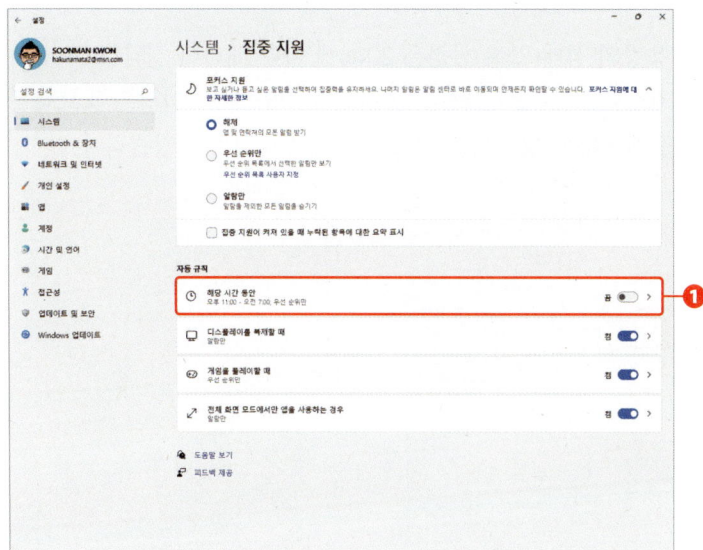

03 [해당 시간 동안] 화면에서 '켬'으로 설정한 후 [시작 시간, 종료 시간, 반복, 집중 레벨]을 설정합니다.

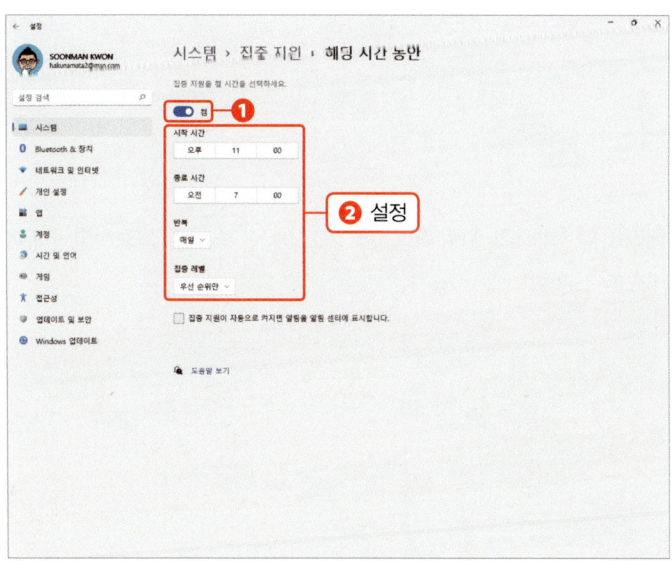

> **Tip**
>
> 집중 지원 상태로 설정되면 다음과 같이 작업 표시줄의 🌙 아이콘이 생성되는 것을 확인할 수 있습니다. 집중 지원 상태의 설정을 변경하고자 하다면 🌙 아이콘을 클릭하여 빠르게 설정할 수 있습니다.

session 3 배터리 절약 모드 설정하기

배터리 절약 모드를 설정하면 배터리 용량의 상태(기본 설정은 20%)에 따라 배터리 절약 모드가 자동적으로 활성화되어 배터리 소모를 최소화할 수 있게 됩니다. 배터리 절약 모드 설정은 노트북을 사용하는 경우에 가능하며, 데스크톱을 사용하는 경우에는 설정 페이지가 나타나지 않습니다.

01 ■+Ⅰ를 누른 후 [시스템] 화면에서 [전원 & 배터리 전원]을 클릭합니다.

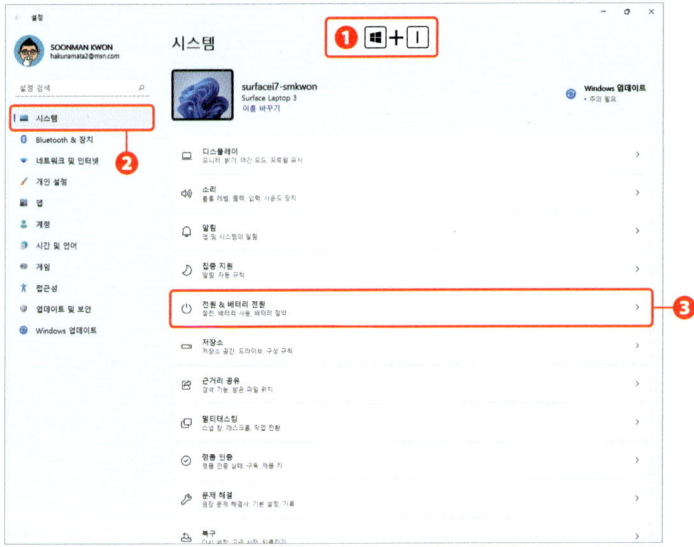

02 [전원 & 배터리 전원] 화면에서 [배터리] 〉 [배터리 절약 모드]를 '20%에서 켜기'로 설정하고, [배터리 절약 모드에서 화면 밝기 줄이기]도 '켬'으로 설정합니다.

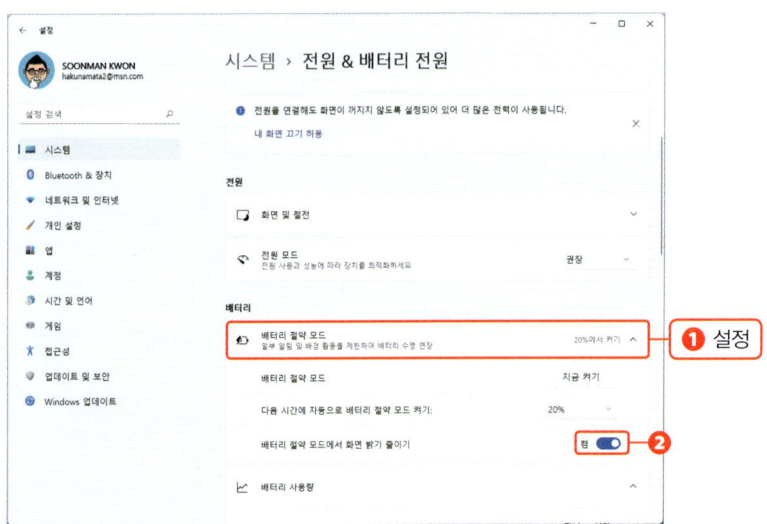

session 4 | 배터리 사용 앱 확인 및 관리하기

윈도우 11에는 배터리를 소모하는 애플리케이션을 보여주는 기능을 제공합니다. 여기서 배터리를 과도하게 사용하는 앱을 확인할 수 있고, 관리도 가능합니다. 배터리 절약 모드 설정은 노트북을 사용하는 경우에 가능하며, 데스크톱을 사용하는 경우에는 설정 페이지가 나타나지 않습니다.

01 ⊞+I를 누른 후 [시스템] 화면에서 [전원 & 배터리 전원]을 클릭합니다.

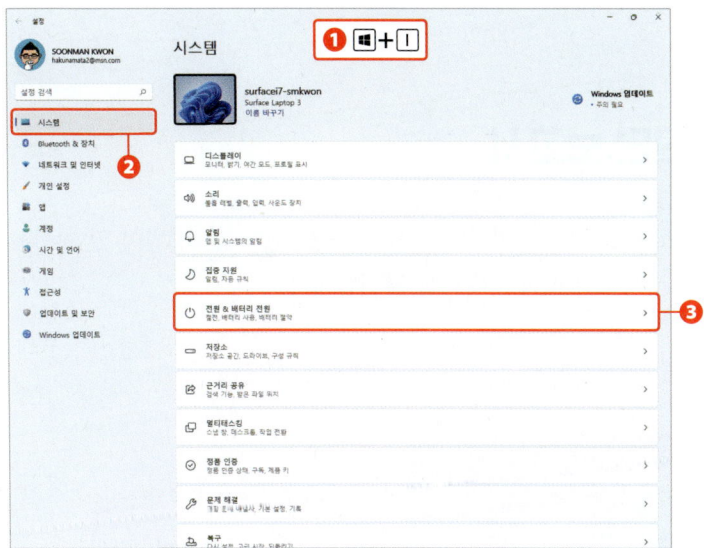

02 [전원 & 배터리 전원] 화면에서 [배터리] 〉 [배터리 사용량]을 클릭하면, 배터리 사용한 앱별로 나열됩니다. 나열된 앱을 보고 종료시키거나, 대체할 수 있는 앱이 있다면 대체하여 사용합니다.

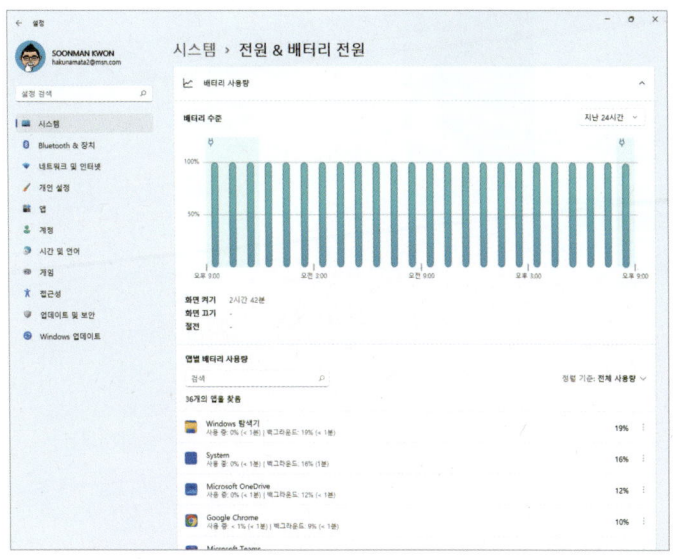

> **참고 : 배터리 절약을 위한 팁**
> - 배터리 절약 모드 사용 : 배터리가 특정 수준 미만으로 떨어질 때마다 배터리 절약 모드가 자동으로 설정되도록 합니다.
> - 디스플레이 설정 변경 : 디스플레이의 밝기를 줄입니다. 어두운 테마 배경 사용을 권장합니다.
> - 전원 설정 방법 : PC가 절전 모드일 때는 Wi-Fi 네트워크에서 연결을 끊습니다.
> - 동기화 설정을 변경합니다. : 메일을 덜 자주 동기화하도록 다운로드 주기를 설정합니다. 원하지 않은 메일, 일정, 연락처를 동기화하지 않도록 합니다.
> - 비행기 모드 설정 : 인터넷, Bluetooth 또는, 기타 무선 통신이 필요 없을 때 설정하여 절약합니다.
> - 전원 절약 앱 사용 : 테스트 결과 Windows 10에서 Microsoft Edge를 사용하여 검색하는 경우 Chrome, Firefox 또는 Opera를 사용하여 검색하는 경우보다 충전당 배터리가 36~53% 더 오래 지속했습니다.

session 5 | 배터리 상태 진단 보고서

노트북의 배터리 상태를 확인하기 위하여 배터리 수명이나 효율성 등을 진단하는 방법이 있습니다. 배터리 상태 진단 보고서를 생성하고 분석하여 배터리 상태를 확인합니다.

01 명령 프롬프트를 관리자 권한으로 실행합니다.

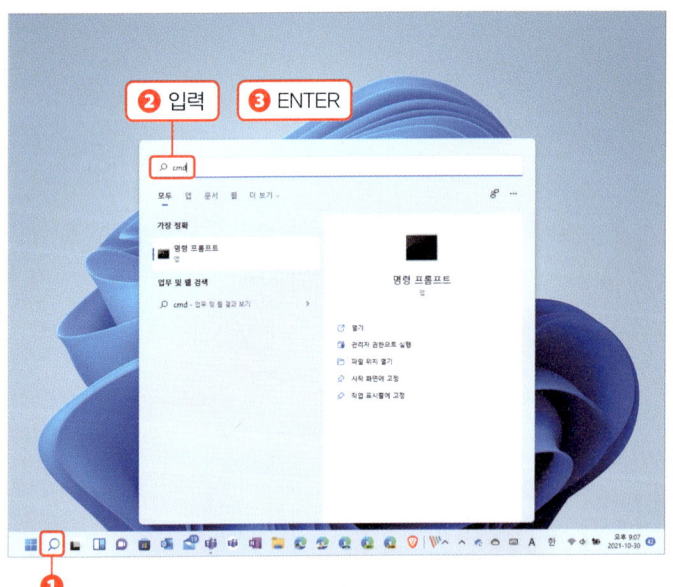

02 다음 명령어를 실행합니다. 'Powercfg.exe -energy'를 실행하면 분석 작업이 진행됩니다.

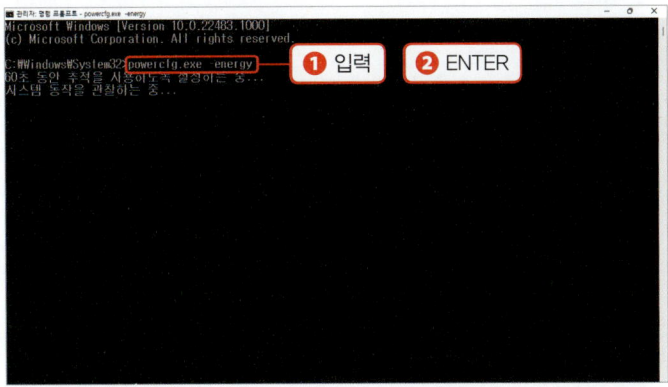

03 진단이 완료되면 간단한 에너지 효율성 이슈에 대한 메시지를 확인할 수 있습니다.

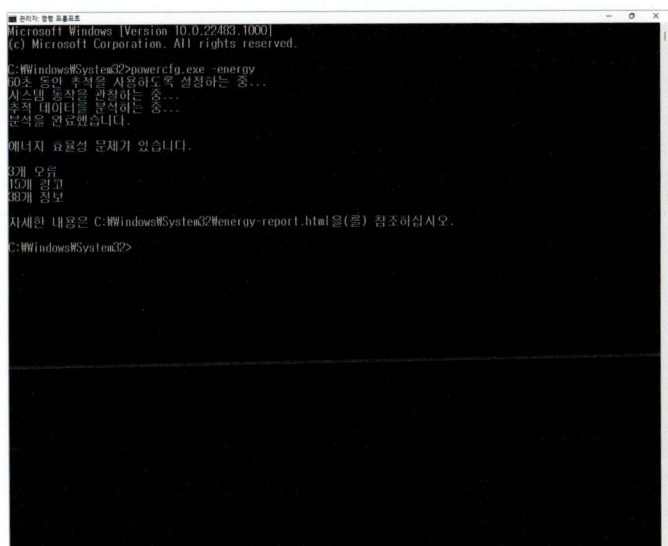

> **Tip** 노트북에서 사용하는 배터리 수명을 연장하는 방법
>
> - 노트북 사용 시 배터리를 완전히 방전할 때까지 사용하지 마세요.
> - 필요 없는 프로세스를 종료시켜서 배터리 소모를 최소화합니다.
> - 사용하지 않는 장치는 임시적으로 사용 안 함 상태로 설정합니다.
> - 배터리 충전을 100%로 하지 말고, 40~80% 수준으로 유지합니다.
> - 특정 제조사에서 제공하는 앱을 사용하여 최대 충원 용량을 조정할 수 있는지 확인하여 설정합니다.
> - 정품 충전기를 사용하여 충전합니다.

04 진단 결과의 보고서 파일 위치로 이동하여 보고서를 실행하면, 배터리 진단 보고서에서 세부적인 오류, 경고 및 정보 형태의 보고서를 확인할 수 있습니다.

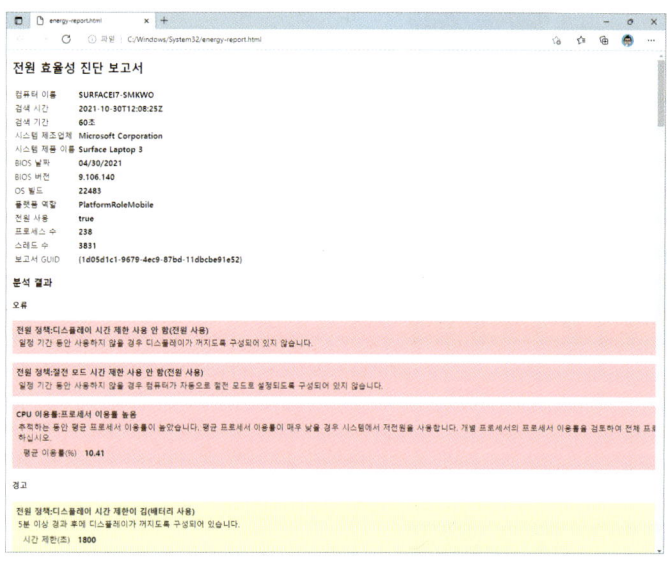

session 6 | 저장소 상태 확인하기

저장소 관리를 통해 현재 저장소가 사용되고 있는 환경을 한눈에 파악할 수 있습니다.

01 ■+Ⅰ를 누른 후 [시스템] 화면에서 [저장소]를 클릭합니다.

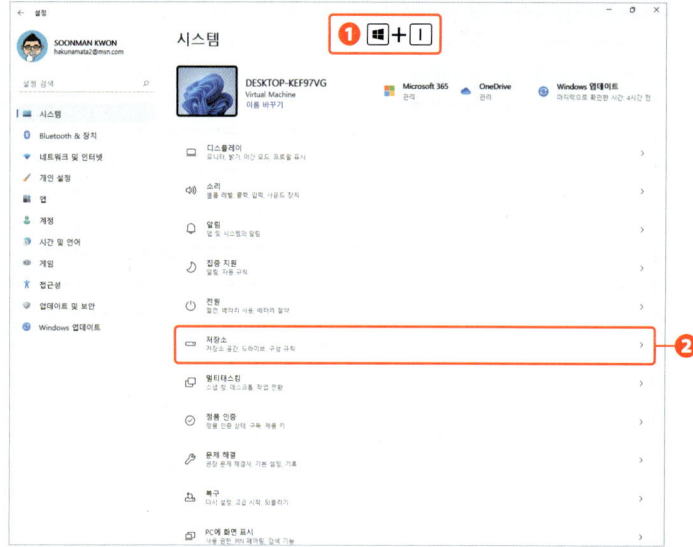

02 [저장소] 화면에서 현재 사용되는 앱, 기능, 문서, 임시 파일이 사용하고 있는 저장소의 용량을 확인할 수 있습니다. [더 많은 범주 표시]를 클릭합니다.

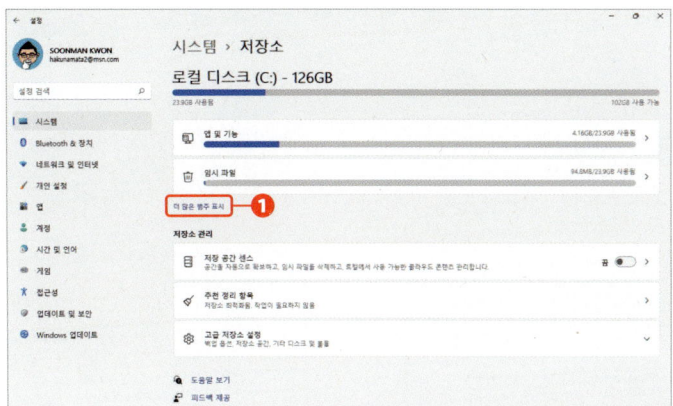

03 더 확장된 구분으로 저장소를 사용하고 있는 부분을 세부적으로 확인할 수 있습니다.

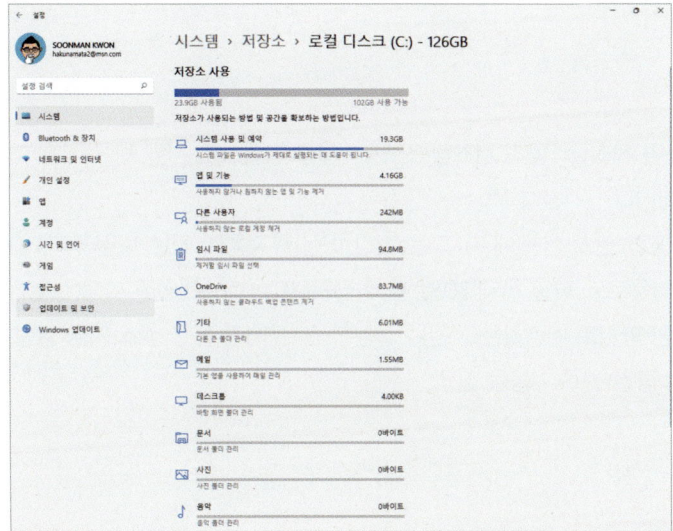

> **Tip**
>
> 확장되어 분류된 항목을 선택하면 세부적인 앱 목록을 확인할 수 있게 되며, 나열된 앱 중에서 불필요한 앱을 선택하여 바로 제거할 수 있게 됩니다.

| session 7 | **저장 공간 센스 사용하기**

설정한 저장소 관리 정책을 통해 저장소 공간을 자동으로 확보하고, 임시 파일, 클라우드 등의 파일을 관리합니다.

01 ⊞+Ⅰ를 누른 후 [시스템] 화면에서 [저장소] 〉 [저장 공간 센스]를 클릭합니다.

02 [저장 공간 센스] 화면의 [임시 파일 정리] 〉 [임시 시스템 및 앱 파일을 자동으로…]를 체크하고, [자동 사용자 콘텐츠 정리]를 '켬'으로 설정합니다.
추가적으로 [정리 일정 구성]에서 '저장 공간 센스 실행(매주), 다음 기간 이상 휴지통에 있는 파일 삭제(30일)', '다음 기간 이상 열어보지 않은 내 다운로드 파일 삭제(30일)'을 설정합니다. [OneDrive] 설정은 일정 기간 열지 않을 경우는 자동적으로 온라인 파일로 변경하는 기간을 설정합니다. [저장 공간 센스 지금 실행]을 클릭하여 정의한 기간 전에 바로 저장 공간 센스 기능을 실행할 수도 있습니다.

session 8 | 저장소 추천 파일 삭제하기

분석된 결과를 통해 임시 파일, 파일 용량이 크지만 사용하지 않은 파일, 클라우드에 동기화된 파일, 사용하지 않는 앱 등의 파일을 삭제 대상 목록으로 나타나고 사용자가 선택적으로 삭제 가능합니다.

01 ⊞+I를 누른 후 [시스템] 화면에서 [저장소] 〉 [추천 정리 항목]를 클릭합니다.

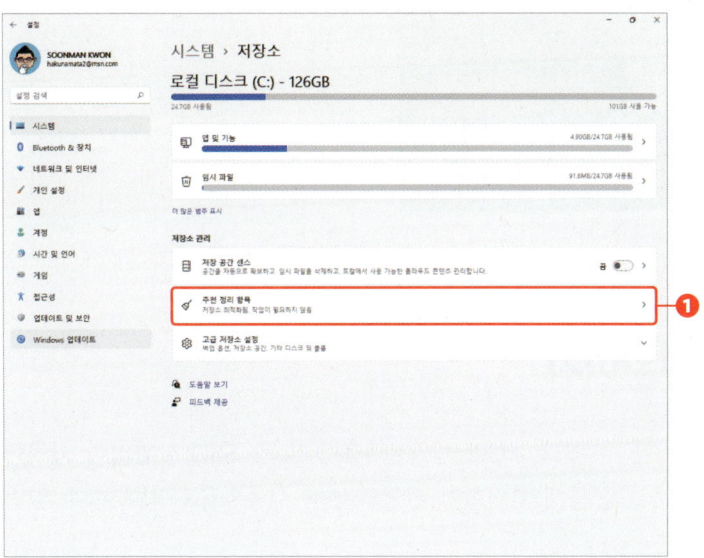

02 [추천 정리 항목] 화면에서 [임시 파일, 크거나 사용되지 않은 파일, 클라우드에 동기화된 파일, 사용하지 않은 앱]의 세부 정보를 확인하고, 정리가 필요한 파일을 선택한 후 [정리]를 클릭합니다.

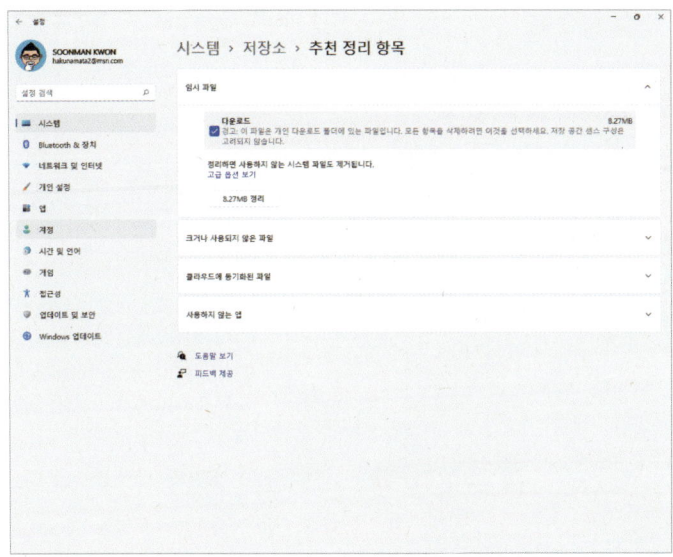

03 선택한 파일을 정리할 것인지를 확인하는 윈도우 창을 확인한 후 [계속]을 클릭하여 정리를 진행합니다.

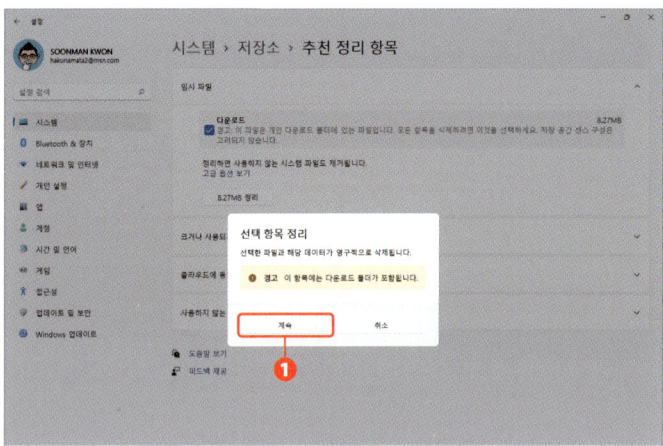

session 9 | 드라이브 최적화하기

이전의 디스크 조각 모음 기능이라고 할 수 있고, PC에 탑재된 HDD 또는, SSD 상관없이 최적화해주는 기능입니다. 기본적으로 스케줄링을 통해 최적화가 진행되지만, 수동으로도 진행할 수 있습니다.

01 ⊞+Ⅰ를 누른 후 [시스템] 화면에서 [저장소] 〉 [고급 저장소 설정]의 [드라이브 최적화]를 클릭합니다.

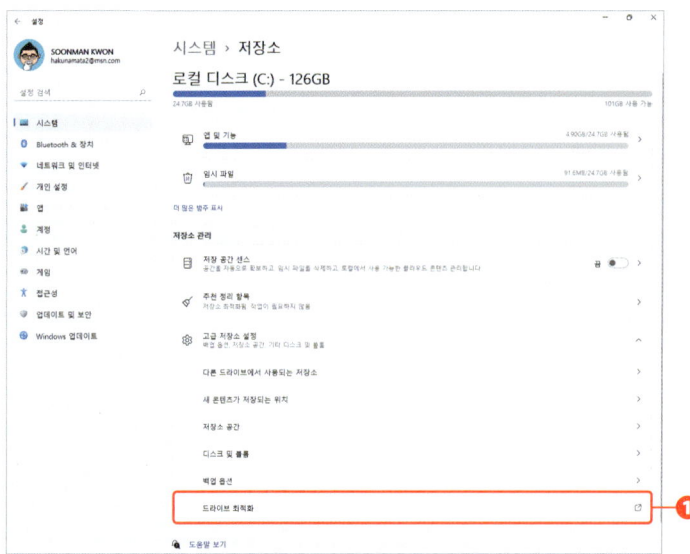

02 장착되어 있는 저장소 드라이브가 나열되고 최적화하기 위한 드라이브를 선택한 후 [최적화]를 클릭합니다.

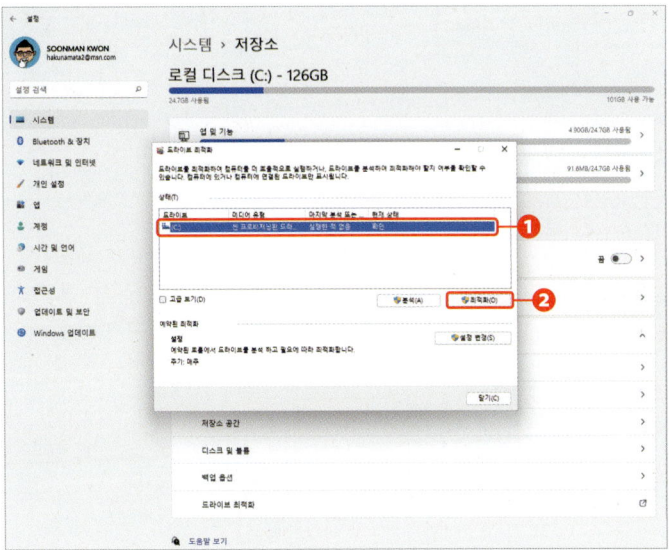

03 드라이브 최적화가 진행됩니다. 이번에는 최적화 작업을 예약하기 위해 [설정 변경]을 클릭합니다.

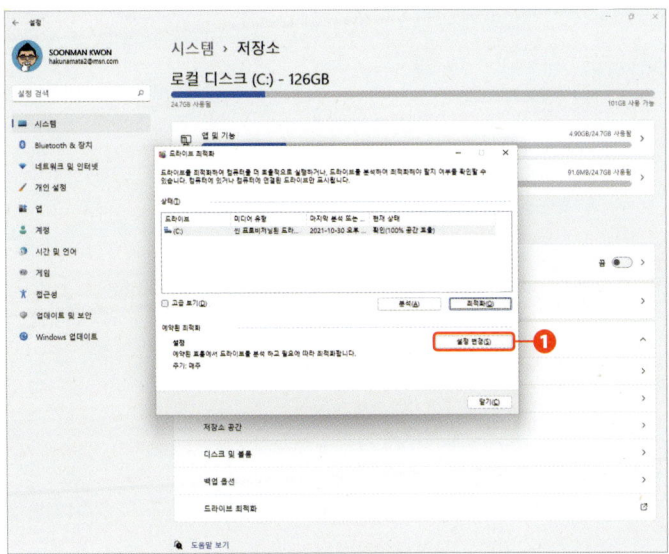

LESSON 01 시스템 **149**

04 [최적화 일정] 창에서 [예약 실행]을 선택하고 예약 일정을 설정한 후 [확인]을 클릭합니다.

05 드라이브 최적화 일정을 확인한 후 [닫기]를 클릭하여 완료합니다.

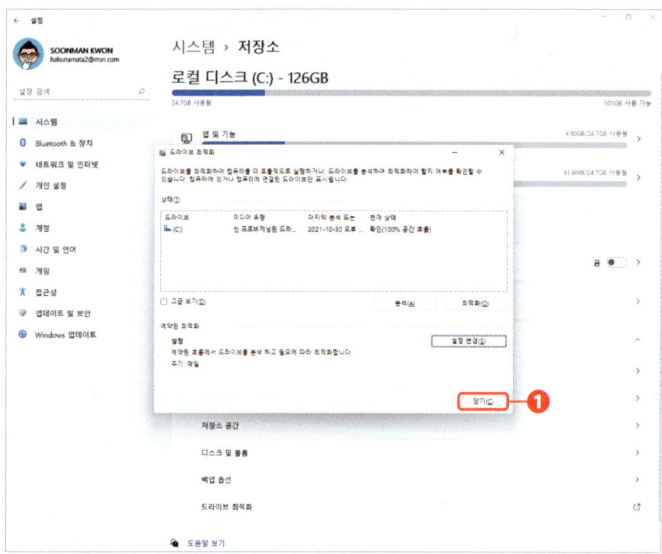

session 10 클립보드 검색 기록 활성화 및 동기화 사용하기

PC에서 복사하는 내용은 자동으로 클립보드에 복사되고 그것을 붙여넣기 할 수 있는데, 클립보드 검색 기록 및 장치 간의 동기화를 사용할 수 있도록 설정할 수 있습니다.

01 ⊞+Ⅰ를 누른 후 [시스템] 화면에서 [클립보드]를 클릭합니다.

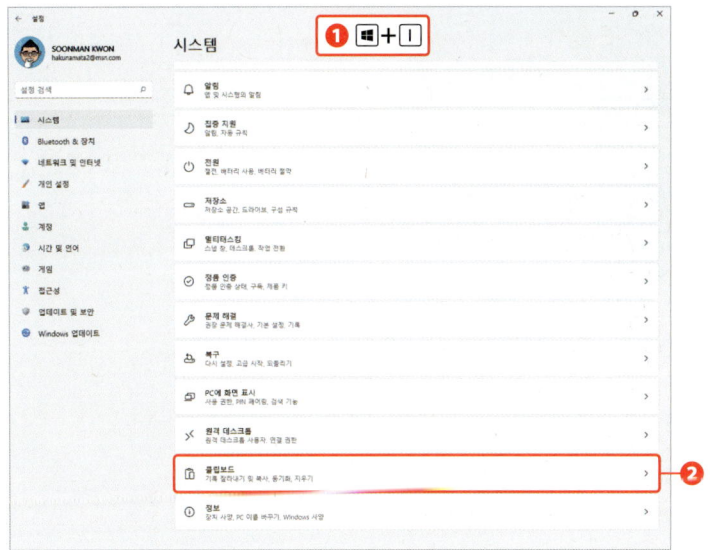

02 [클립보드] 화면에서 [클립보드 검색 기록]을 '켬'으로 설정합니다.

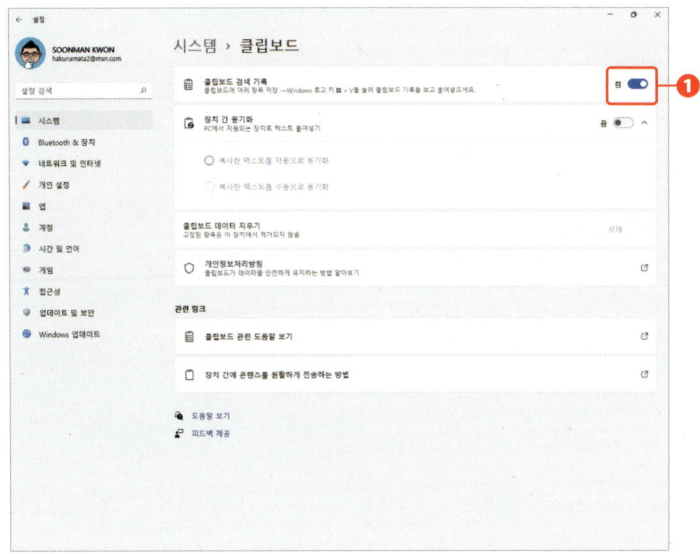

03 다음과 같이 내용의 복사 또는, 캡처 등의 동작이 클립보드에 기록됩니다.

04 [장치 간 동기화]를 '켬'으로 설정하고, [복사한 텍스트를 자동으로 동기화]를 선택합니다.

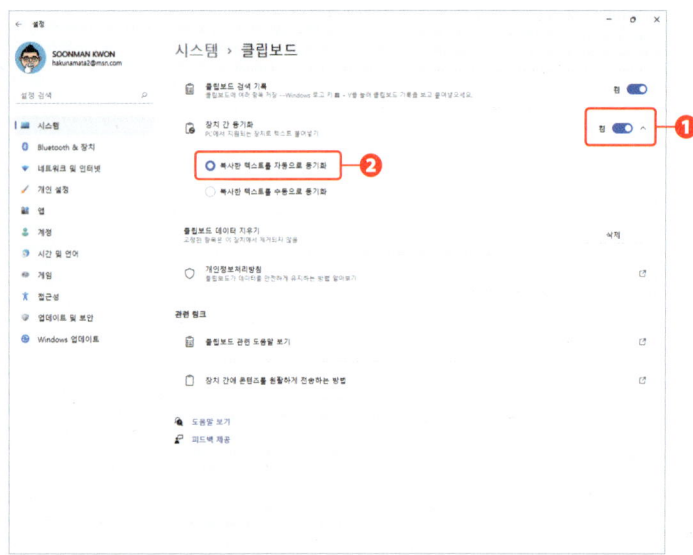

> **Tip**
>
> ⊞+Ⅴ를 눌러서 클립보드 검색 기록을 활성화할 수 있습니다.

> **Tip** 클립보드 항목 제한
>
> 클립보드 항목당 크기 제한이 최대 4BM 형태까지 지원하기에 정상적으로 동작하지 않을 수 있습니다. 또한, 클립보드 항목의 기록이 사라지는 현상은 최대 25개의 항목으로 제한되기 때문에 가장 처음에서 생성된 기록부터 순차적으로 제거됩니다. 만약 특정 클립보드 항목을 유지하려면 클립보드 내용을 선택하고 고정시킵니다.

session 11 | 디스플레이 설정

윈도우 11에서 디스플레이에 대한 모든 설정은 한곳에서 가능합니다. 다중으로 연결되어 있는 디스플레이의 위치 식별 및 변경이 가능하고, 밝기, 색, 배율 및 레이아웃을 설정할 수 있습니다.

❶ 디스플레이 정렬 : 여러 디스플레이가 연결되어 있는 경우에 디스플레이 끌기를 통해 배치가 가능합니다.
❷ 여러 디스플레이 : 디스플레이의 프레젠테이션 모드를 선택할 수 있고, 무선 디스플레이 연결 설정도 가능합니다.
❸ 밝기 & 색 : 디스플레이 밝기, 야간 모드, 색 프로필, HDR 설정이 가능합니다.
❹ 배율&레이아웃 : 텍스트, 앱 및 기타 항목의 크기 배율을 설정하고, 디스플레이 해상도와 가로 또는, 세로 설정이 가능합니다.

Bluetooth & 장치

중요도 상/중/하

Bluetooth & 장치 설정에서는 윈도우 11 환경에서 사용되는 PC 외에 연계되는 외부 장치를 추가하거나 제거 등의 관리를 할 수 있습니다.

session 1 장치 추가하기

장치 추가 기능을 사용하여 PC에 새로운 디바이스를 추가할 수 있습니다. 추가할 수 있는 장치는 Bluetooth, 무선 디스플레이, XBOX 같은 기타 장치를 연결할 수 있습니다.

01 ⊞+Ⅰ를 누른 후 [Bluetooth & 장치] 화면에서 [장치 추가]를 클릭합니다.

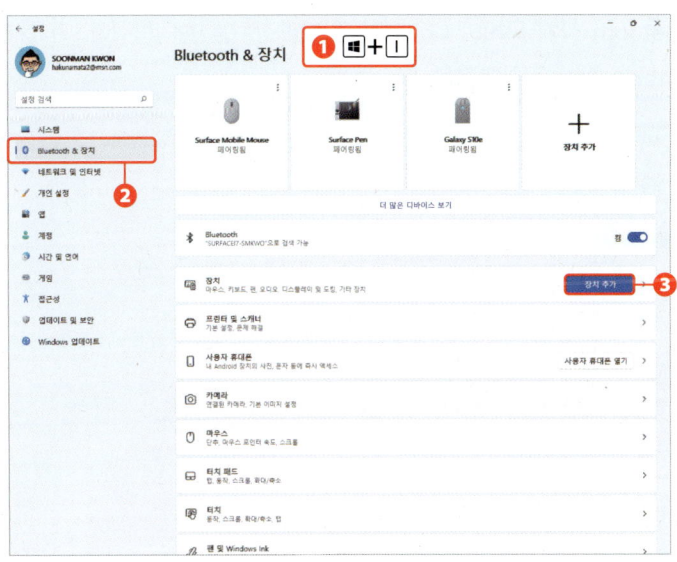

Tip

작업 표시줄의 🔵 아이콘을 선택하여 Bluetooth 장치 [설정 열기]를 실행하면 빠르게 설정 화면을 불러올 수 있습니다.

02 [디바이스 추가] 창에서 연결하려는 장치에 맞게 선택합니다. 여기서는 [Bluetooth]를 클릭합니다.

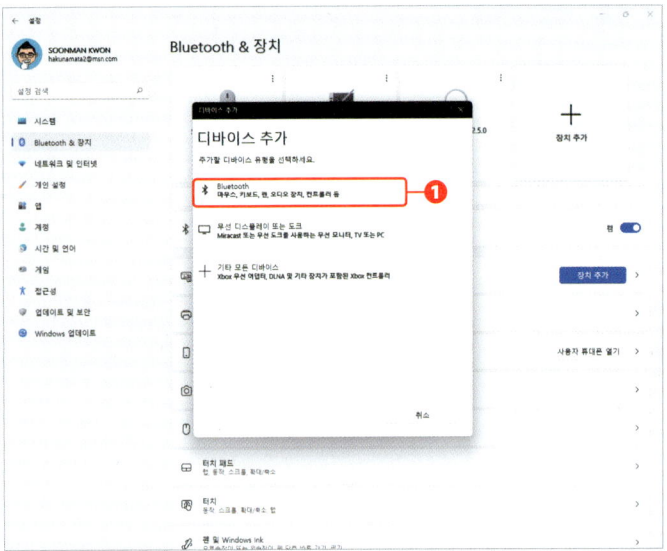

03 디바이스 검색이 진행되면서 Bluetooth 장치 목록이 나열되면 연결할 장치를 선택합니다. 여기서는 나열된 여러 Bluetooth 장치 중 Bluetooth 헤드폰을 연결합니다.

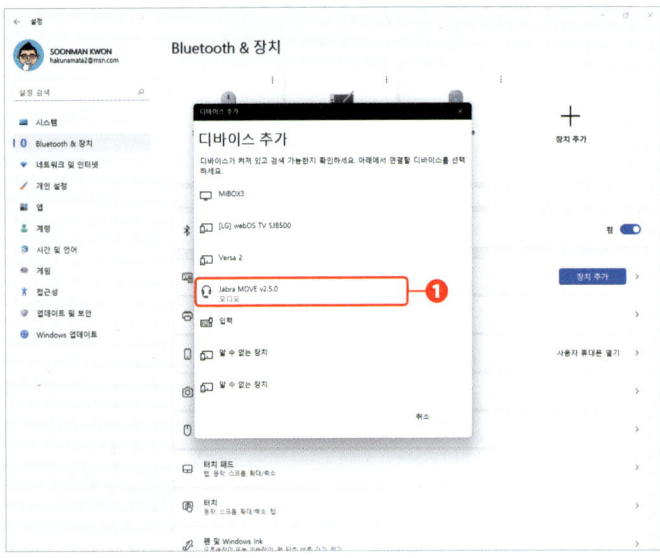

04 '디바이스를 사용할 준비가 되었습니다.'라는 메시지와 '연결됨'을 확인하고 [완료]를 클릭하여 작업을 완료합니다.

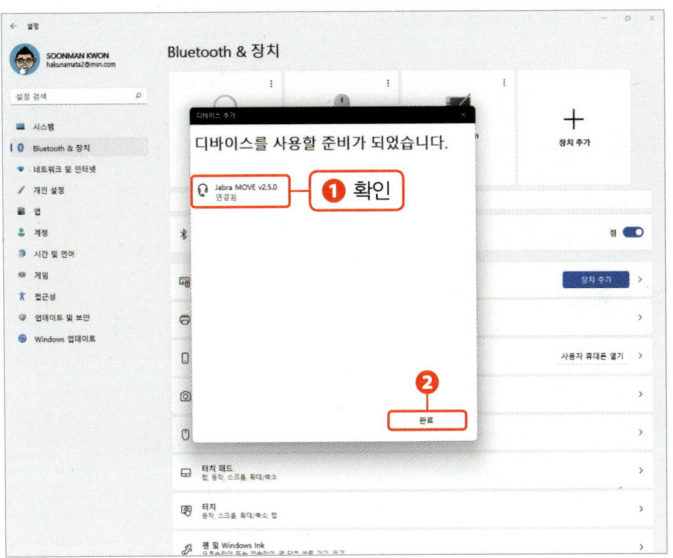

05 [Bluetooth & 장치] 목록에 추가한 장치가 나열되며, 장치의 상태도 확인이 가능합니다.

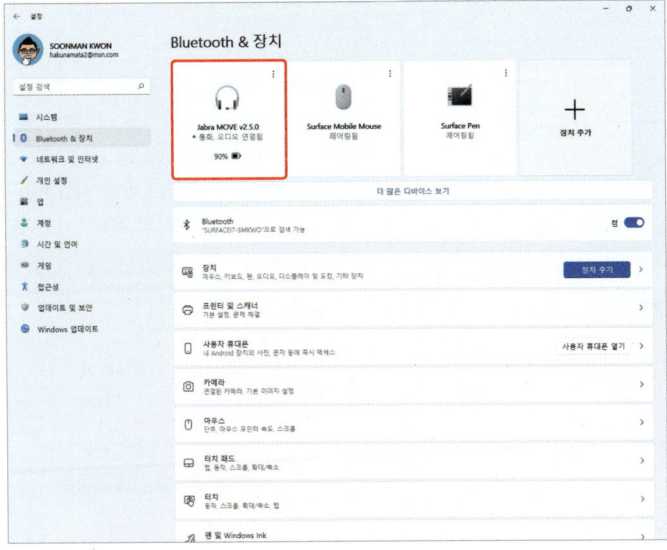

session 2 | 스마트폰과 연결하기

Android 장치를 연동하게 되면 PC에서 스마트폰 화면이 미러링되어 스마트폰의 사진, 문자 등을 확인할 수 있습니다.

01 ⊞+I를 누른 후 [Bluetooth & 장치] 화면에서 [사용자 휴대폰 열기]를 클릭합니다.

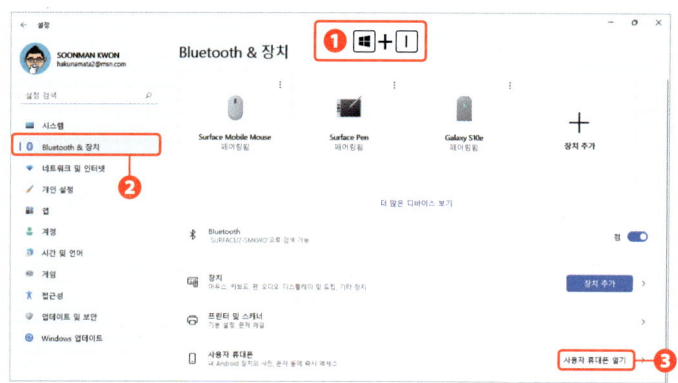

02 PC의 [Android 휴대폰 사용 연결 마법사] 화면에서 [시작]을 클릭합니다.

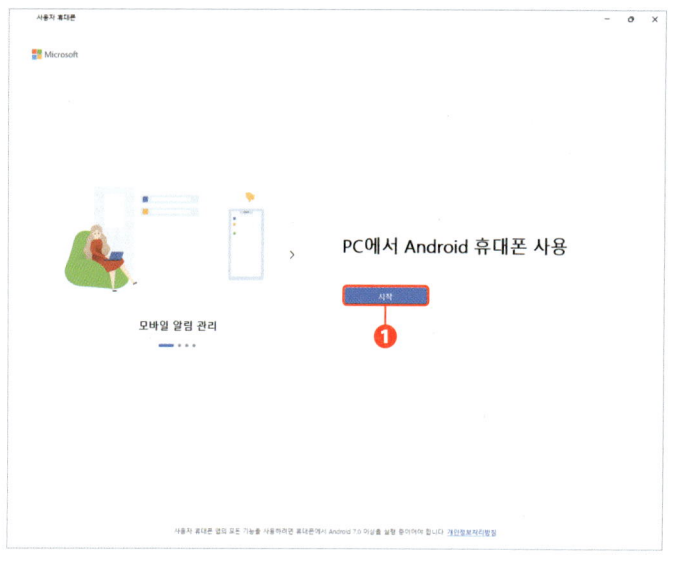

> **Tip**
>
> Android 계열(예, 갤럭시)의 스마트폰에서만 활용이 가능합니다. 단, 일부 제조사 및 Android 버전에 따라 스마트폰 연결이 제한될 수 있고, iOS를 사용하는 아이폰은 활용이 불가능합니다.
>
>

03 [사용자 휴대폰 도우미]를 선택하고 [수동 연결]을 클릭합니다.

04 [PIN으로 장치 연결] 화면에서 [PIN코드 만들기]를 클릭하여 PIN 코드를 생성합니다.

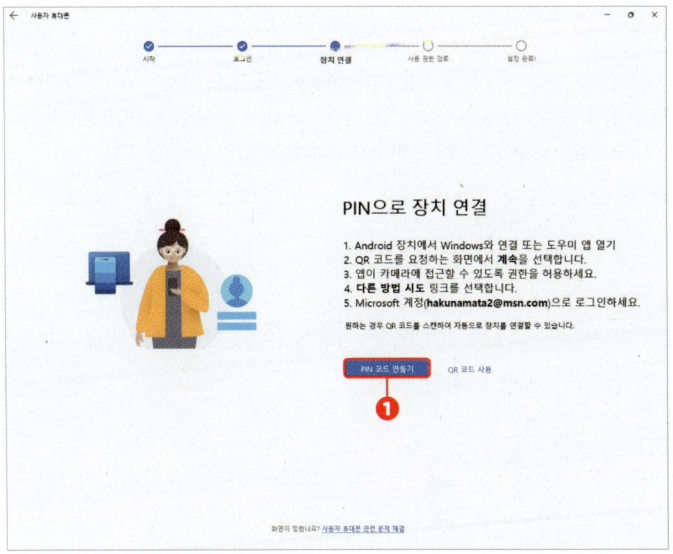

05 연결하려는 안드로이드 스마트폰의 설정 화면에서 [Windows와 연결]을 터치합니다.

06 [Windows와 연결] 화면에서 [컴퓨터 추가]를 터치합니다.

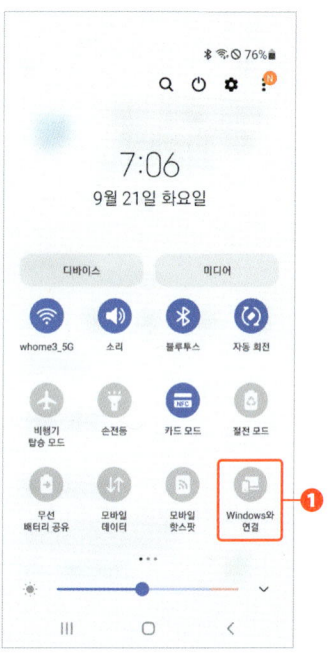
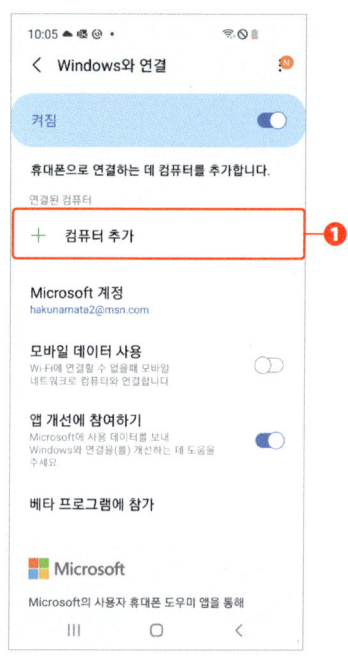

> **Tip**
>
> 윈도우 11에서 스마트폰을 연결할 때는 제조사 장비별로 차이가 있을 수 있습니다. 대부분 Android 장치의 경우는 사용자 휴대폰 도우미 앱을 사용하고, 삼성전자 스마트폰의 경우는 사전에 설치되어 있는 [Windows와 연결]을 사용합니다. 또한, 이 앱을 사용하려면 Android 7.0 이상 사용과 함께 컴퓨터와 동일한 Wi-Fi에 연결되어 있어야 합니다.

07 나타난 메시지와 같이 Microsoft 계정으로 로그인 완료 후 [계속]을 터치합니다.

08 PC에서 생성한 [PIN 코드] 9자리를 입력한 후 터치합니다.

160　PART 04　윈도우 11 설정 알아보기

09 PC와의 연결 작업이 진행됩니다.

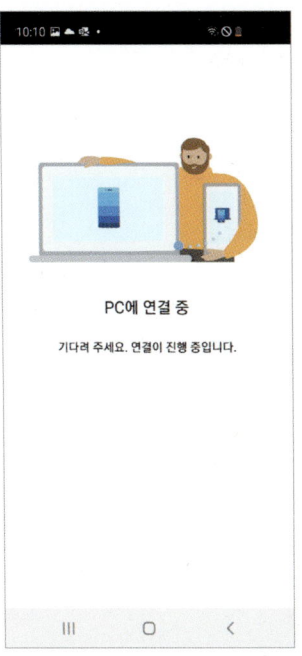

10 PC와 연결 완료 메시지를 확인 후 [완료]를 터치합니다.

11 [Windows와 연결] 화면에서 연결한 PC 이름과 함께 연결된 상태를 확인할 수 있습니다.

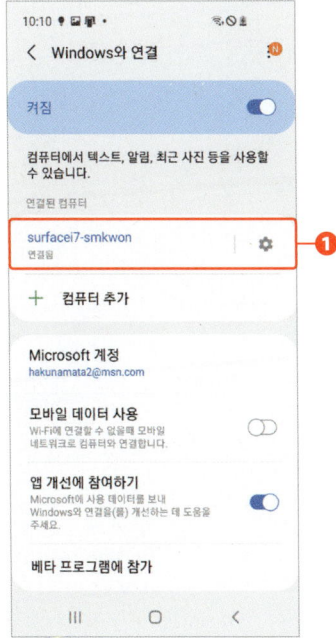

12 PC에서도 연동이 완료된 메시지를 확인하고 [계속]을 클릭합니다.

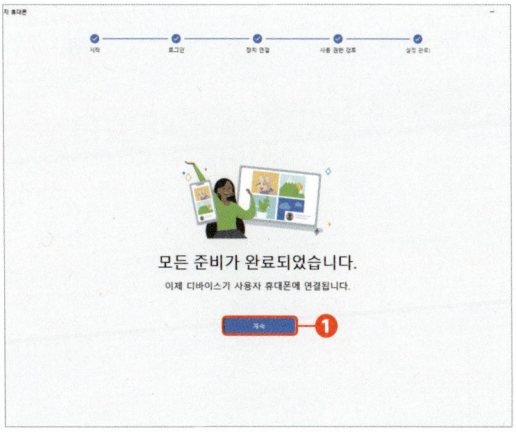

13 사용자 휴대폰 앱 환영 메시지를 확인한 후 [시작]을 클릭하고, [작업을 선택하여 탐색 시작] 화면에서 [건너뛰기]를 클릭합니다.

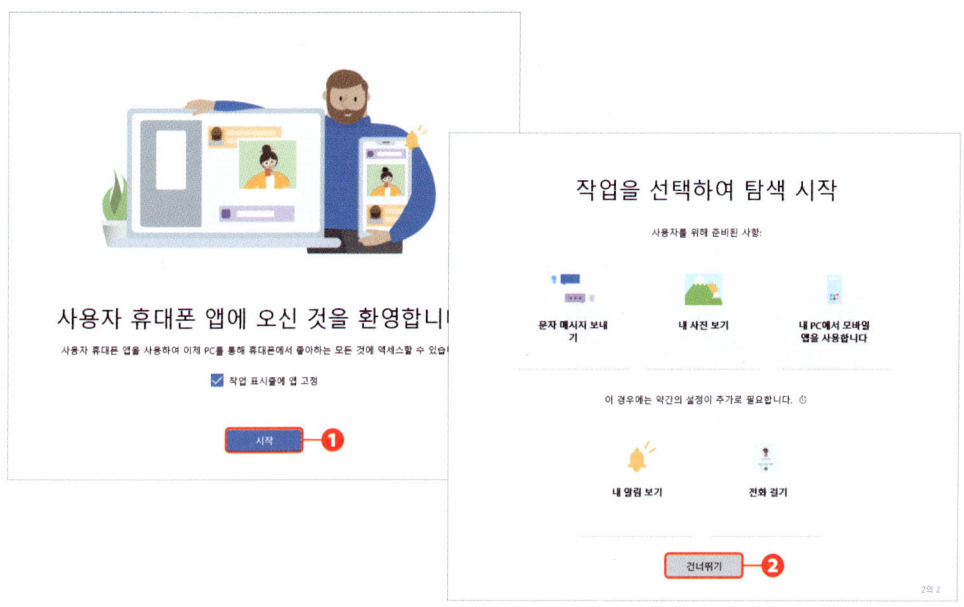

14 PC와 연결된 안드로이드 스마트폰이 연결된 장치 목록에 나타납니다.

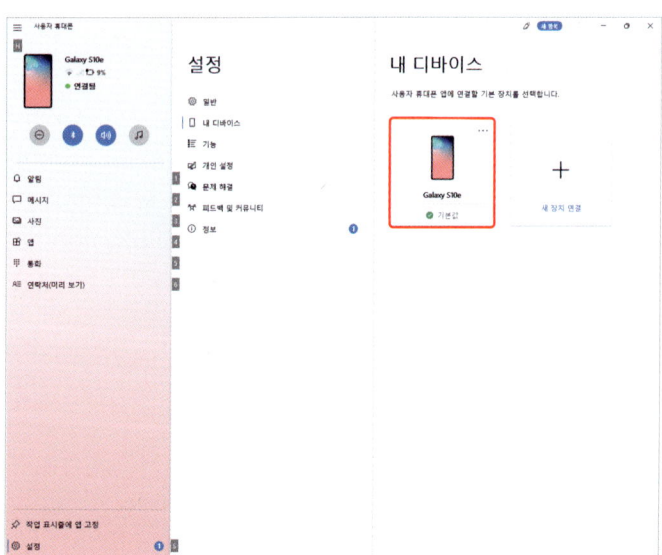

15 연결된 스마트폰의 '알림, 메시지, 사진, 앱, 통화, 연락처'에 접근하여 사용할 수 있습니다.

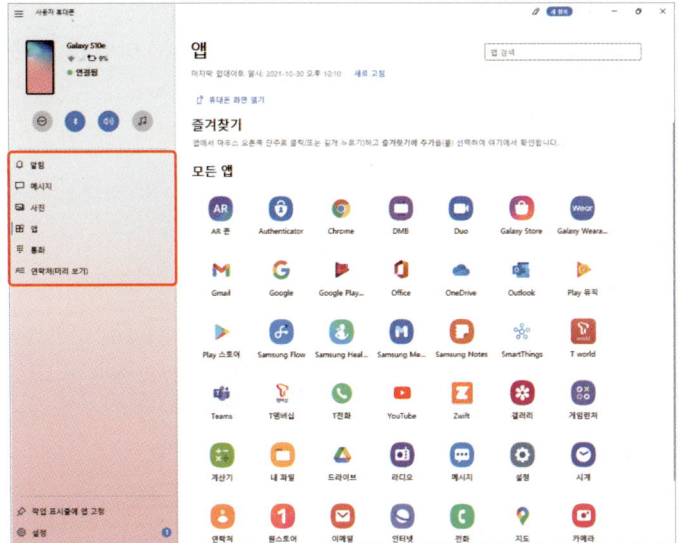

16 스마트폰이 미러링되어 PC 화면에 나타나고 원격으로 사용이 가능합니다.

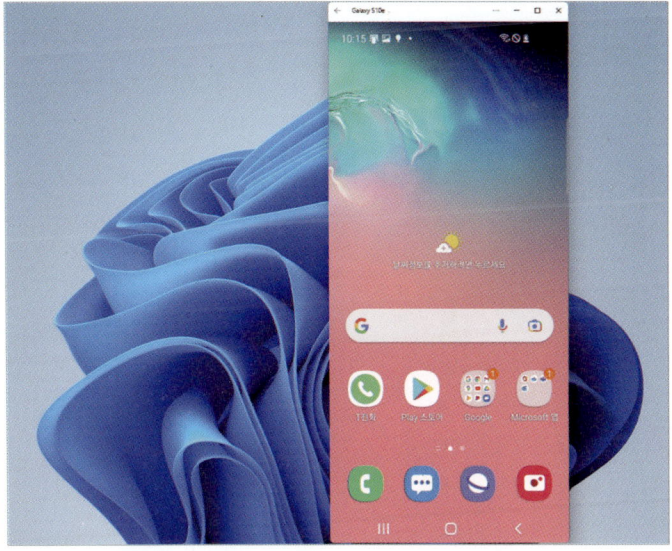

session 3 | USB 배터리 절약 모드 설정하기

배터리 절약을 위해 화면이 꺼지면 자동적으로 USB 장치를 사용하지 않도록 설정하는 방법에 대하여 알아봅니다.

01 ■+Ⅰ를 누른 후 [Bluetooth & 장치] 화면에서 [USB]를 클릭합니다.

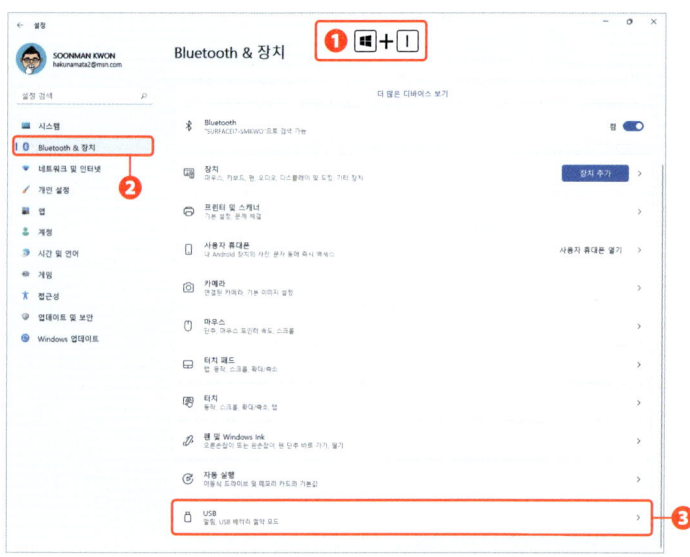

02 [USB] 화면에서 [USB 배터리 절약 모드]를 '켬'으로 설정했을 때 화면이 꺼지게 되면 자동으로 USB 장치가 중지됩니다. 만약, USB를 사용하여 충전하는 경우에는 동작하지 않을 수 있기 때문에 참고하세요.

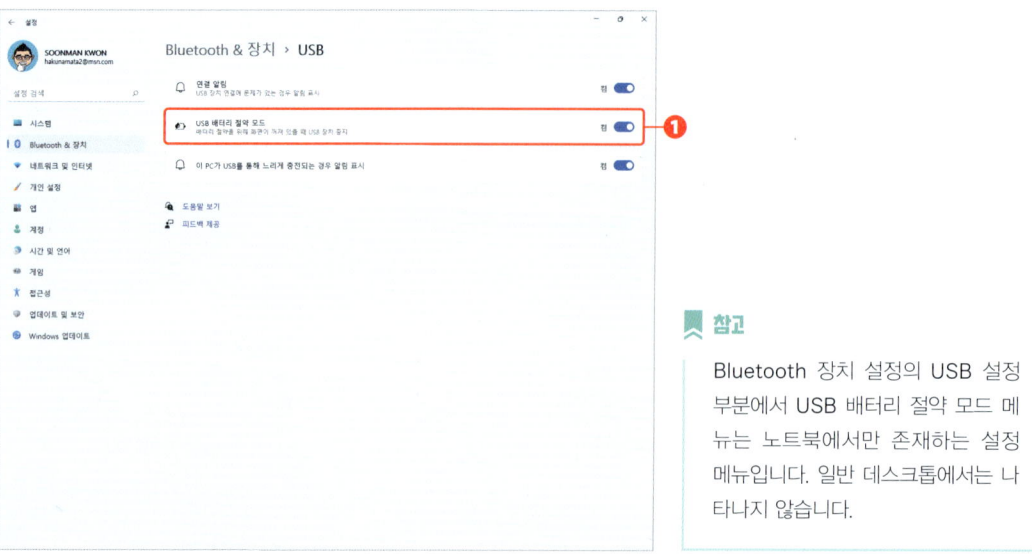

> **참고**
> Bluetooth 장치 설정의 USB 설정 부분에서 USB 배터리 절약 모드 메뉴는 노트북에서만 존재하는 설정 메뉴입니다. 일반 데스크톱에서는 나타나지 않습니다.

> **Tip** 컴퓨터 전원에 연결하면 충전 속도가 느리거나 충전이 안 되는 현상

배터리 충전 시 컴퓨터에 연결되면 작업 표시줄에서 배터리 아이콘에 느리게 충전 또는, 대기 중의 상태로 표시되는 경우가 있는데 이때는 장치와 함께 제공된 충전기를 사용하지 않았을 때 이런 상황이 발생할 수 있습니다. 또한, 충전 속도를 높이려면 장치와 함께 제공하는 충전기와 케이블을 사용하거나 호환성 검증된 제품을 사용해야 합니다.

- 충전기가 사용자의 컴퓨터와 호환성 제품이 아닌 마이크로 USB와 USB-C 충전기 같은 일부 USB 충전기를 사용하는 경우
- 충전 케이블이 충전기나 컴퓨터에 대한 전력 요구 사항을 충족하지 못한 경우
- (예)컴퓨터가 12V 및 3A 충전 요구 사항인 경우에 5V, 0.5A 충전기를 사용하는 경우

USB-C 타입의 충전 케이블 여러 종류와 기능의 차이점을 볼 수 있습니다.

- USB-C 타입 고속 충전 케이블 : 대부분의 스마트폰 및 태블릿 PC 충전을 위한 케이블로 약 25W 수준의 출력을 제공합니다.
- 65W 이상의 PD 충전 케이블 : 최대 100W 까지 입출력 가능한 충전 케이블이고, 노트북까지 충전이 가능합니다.
- 썬더볼트3 케이블 : 일반적으로 커넥터 부분에 번개 표시 로고가 존재하며, 100W PD 충전 케이블 뿐아니라 디스플레이 연결과 고속 데이터 전송까지 가능합니다.

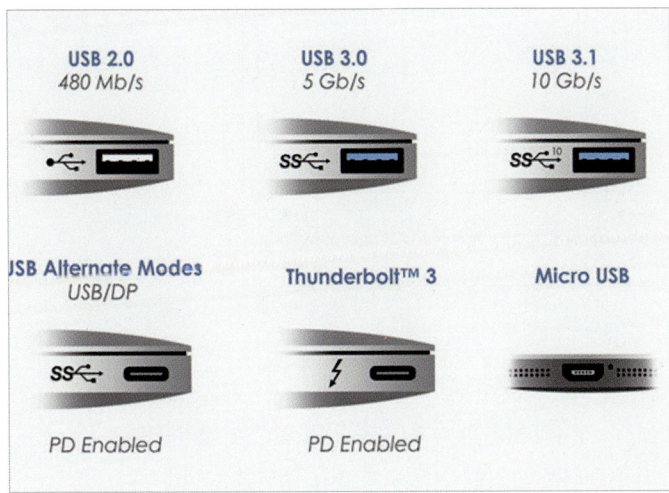

session 4 | 프린터 및 스캐너

PC에 연결되어 있는 프린터 및 스캐너를 관리할 수 있습니다. 새로운 프린터 및 스캐너를 추가하거나 프린터의 기본 설정을 통해 여러 프로그램에서도 공통적으로 관리하여 사용할 수 있습니다.

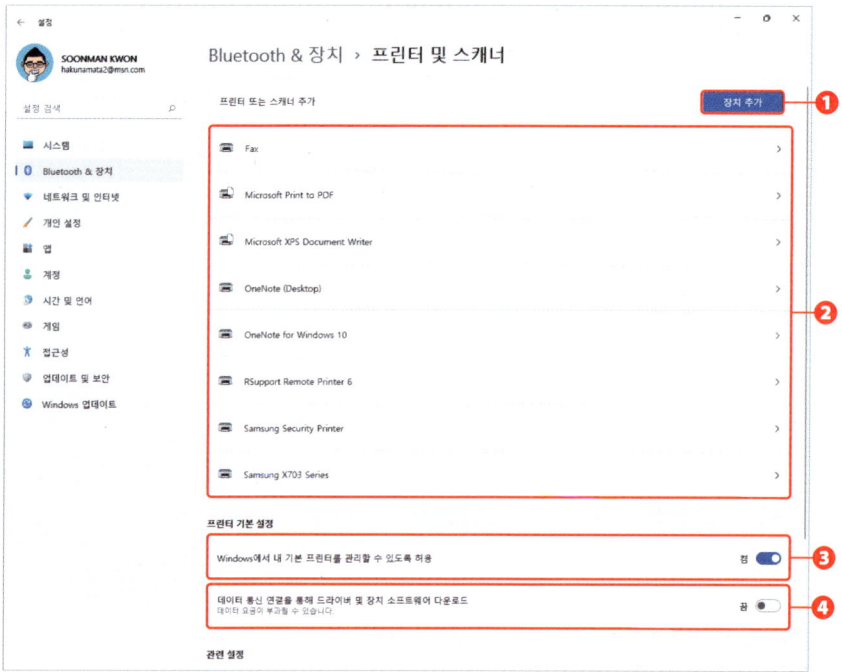

① 장치 추가 : 프린터 또는, 스캐너 추가 마법사를 실행합니다.
② 장치 목록 : 연결되어 있는 프린터 또는, 스캐너의 목록과 각 장치별 관리 설정을 할 수 있습니다.
③ 프린터 기본 설정 : 윈도우에서 내 기본 프린터를 관리할 수 있도록 허용 여부를 설정합니다.
④ 드라이버 업데이트 : 데이터 통신을 사용하는 경우에 드라이버 및 장치 관련 소프트웨어 다운로드 허용 여부를 설정합니다.

session 5 | 카메라 설정하기

PC에 연결되어 있는 카메라의 앱에서 접근 허용 여부를 설정할 수 있습니다.

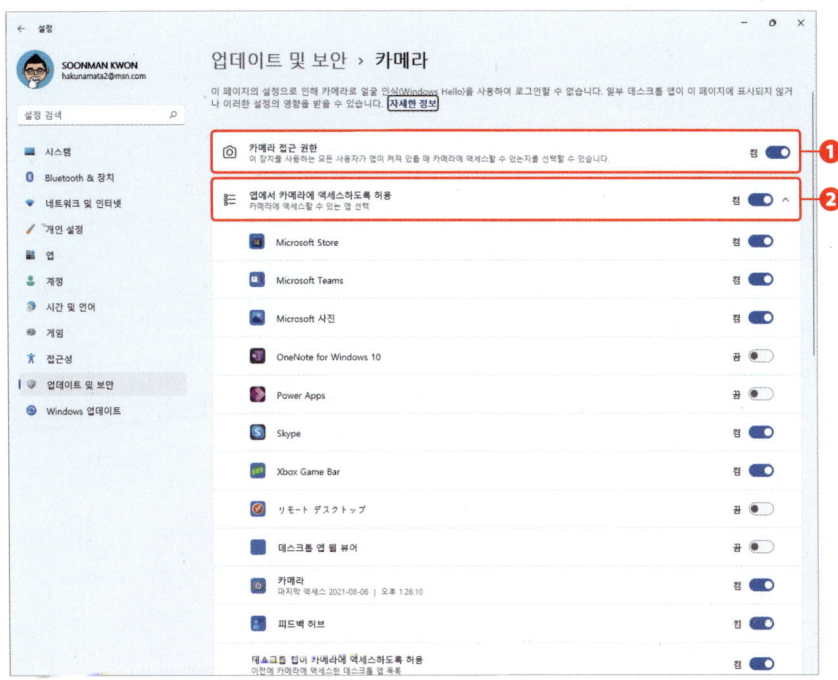

① 카메라 접근 권한 : 카메라를 사용하는 모든 사용자가 앱이 켜져 있을 때 카메라의 액세스 허용 여부를 설정합니다.

② 앱에서 카메라에 액세스하도록 허용 : 카메라에 액세스할 수 있는 앱을 선택하여 설정합니다.

> **Tip** 카메라 밝기 및 대비를 사용하여 카메라 화면 조정하는 방법
>
> [설정] > [Bluetooth & 장치] > [카메라] > [연결된 카메라]를 선택하면 나타나는 기본 이미지 설정 부분에서 밝기와 대비를 조정하여 카메라 화면을 조정할 수 있습니다.

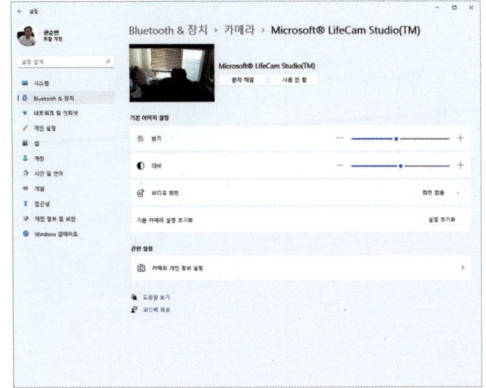 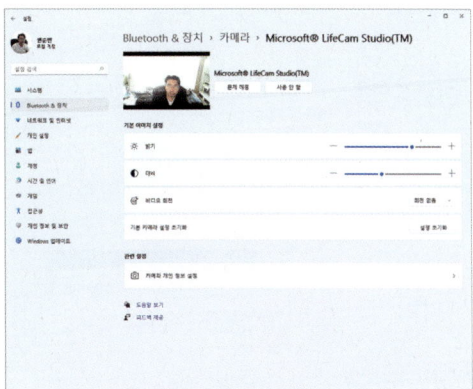

session 6 마우스 설정하기

PC에 연결되어 있는 마우스의 단추, 포인터 움직이는 속도 및 스크롤 기능에 대한 세부 설정이 가능합니다.

❶ 기본 마우스 단추 : 마우스 오른쪽/왼쪽 단추를 설정합니다.
❷ 마우스 포인터 속도 : 마우스를 이동할 때 마우스 포인트의 속도를 설정합니다.
❸ 스크롤 : 마우스 휠 기능이 있을 때 마우스 휠이 스크롤되는 범위를 지정하거나, 비활성 창 위에 커서를 위치할 때 스크롤 여부를 설정합니다.

Tip 마우스 세부 설정

마우스의 단추, 클릭 속도, 포인터 모양, 포인터 이동 속도 및 휠을 설정할 수 있는 세부 옵션을 활용하여 개인에게 최적화된 마우스 설정이 가능합니다.

[설정] > [Bluetooth & 장치] > [마우스] > [추가 마우스 설정]을 선택하면 나타나는 [마우스 속성] 창에서 각 탭별로 설정합니다.

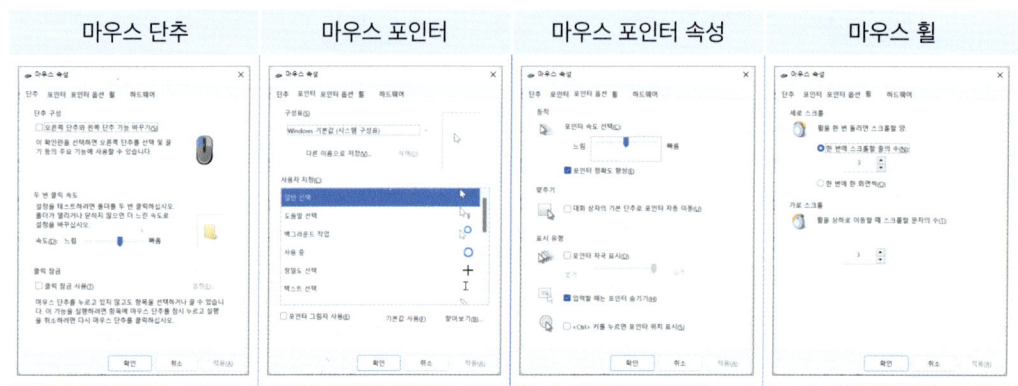

session 7 터치 패드 설정하기

대표적으로 노트북에는 마우스처럼 사용할 수 있는 2개의 단추로 구성된 터치 패드가 있습니다. 터치 패드에서 제스처를 사용하여 항목을 위아래로 스크롤, 확대 및 선택하는 등의 작업을 수행할 수 있습니다. 또한 터치 패드를 실수로 터치했을 때 응답하지 않도록 설정을 조정할 수도 있습니다.

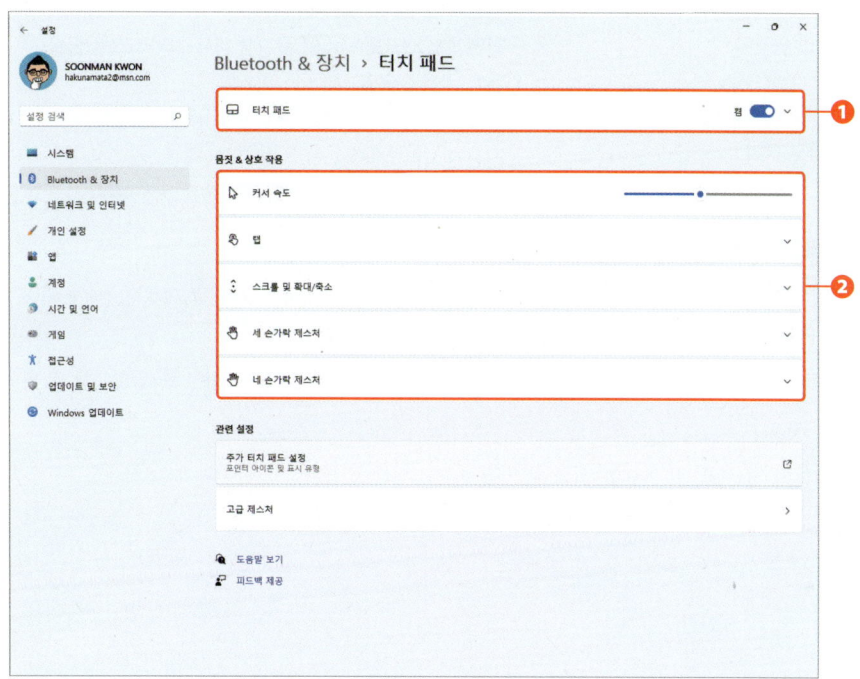

❶ 터치 패드 : 터치 패드 기능 동작 여부를 설정합니다.
❷ 몸짓 & 상호 작용 : 터치 패드를 사용하는 경우 커서 속도, 탭, 스크롤 및 확대/축소 등의 설정이 가능합니다.

동작 방법	내용
터치 패드의 왼쪽 터치하기	• 눌러서 클릭 • 항목을 선택 • 마우스의 왼쪽 단추 클릭과 동일
터치 패드의 오른쪽 터치하기	• 윈도우 앱의 앱 명령어 또는, 데스크톱 앱의 상황에 맞는 메뉴를 나타냅니다. • 마우스의 오른쪽 단추 클릭과 동일
터치 패드에서 아무 곳이나 한 손가락 탭	• 항목을 선택 • 마우스의 왼쪽 단추 클릭과 동일
터치 패드에서 아무 곳이나 두 손가락 탭	• 윈도우 앱의 앱 명령어 또는, 데스트톱 앱의 상황에 맞는 메뉴를 나타냅니다. • 마우스의 오른쪽 단추 클릭과 동일

터치 패드에서 손가락 끌기	• 커서를 이동
터치 패드에서 세 손가락 살짝 위로 밀기	• 가상 데스크톱 표시
왼쪽 터치 패드 단추를 누른 상태로 손가락을 임의 방향으로 밀기	• 항목을 이동하거나 텍스트 선택 후 왼쪽 단추를 누른 상태로 마우스를 이동하는 것과 동일
탭한 후 바로 길게 누른 다음 끌기	• 항목을 이동하거나 텍스트 선택 후 왼쪽 단추를 누른 상태로 마우스를 이동하는 것과 동일
두 손가락을 가로나 세로로 밀기	• 화면 또는 문서를 스크롤 • 화면에서 스크롤 단추를 끌거나 마우스의 스크롤 휠을 사용하는 것도 동일
엄지와 검지를 모으거나 벌리기	• 확대 또는 축소 • 터치 스크린의 제스처와 동일

> **Tip** 세 손가락과 네 손가락 제스처 설정

터치 제스처를 켜기 위해 [터치] 〉 [설정] 〉 [Bluetooth & 장치] 〉 [터치 패드] 설정 화면에서 [세 손가락 제스처], [네 손가락 제스처]를 선택하고 설정할 수 있습니다.

세 손가락 제스처와 네 손가락 제스처 설정은 앱 전환 및 바탕 화면 표시, 바탕 화면 전환 및 바탕 화면 표시, 오디오 및 볼륨 변경이 가능합니다.

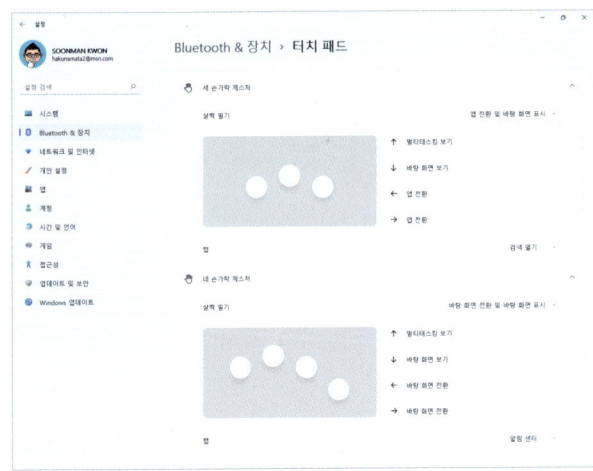

session 8 터치 설정하기

컴퓨터에 터치 기능이 있는 장치가 연결된 경우에는 터치 패드 설정과 동일한 형태의 명령을 실행할 수 있습니다.

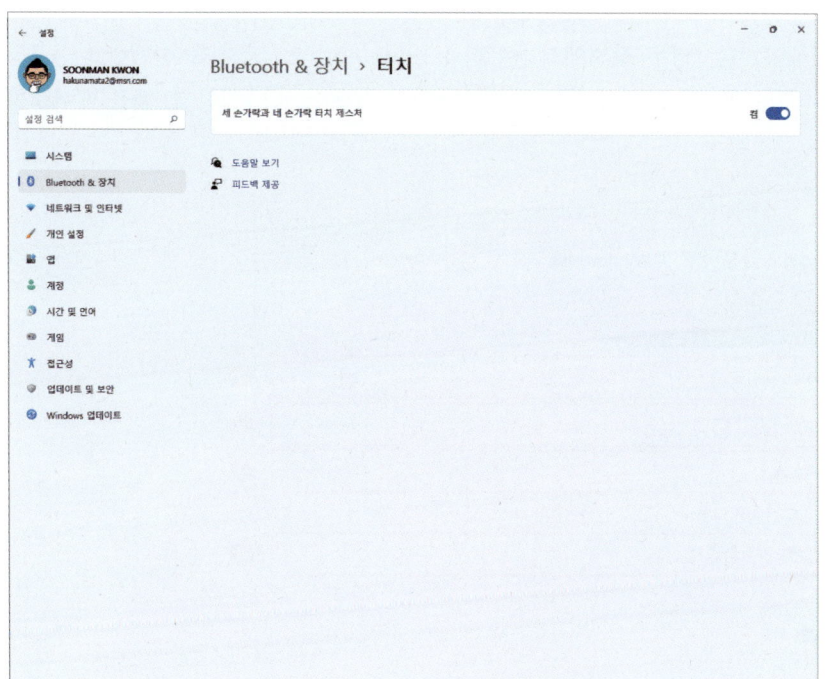

제스처	동작
화면을 탭합니다.	항목을 선택합니다.
화면에 두손가락을 놓고 가로 또는, 세로로 슬라이드	스크롤
화면에 두 손가락을 모으거나 벌리기	화면 확대 또는, 축소
항목 누르기	마우스 오른쪽 단추로 클릭 시와 같은 기능
화면에서 세 손가락을 밀기	열려 있는 모든 창 표시
화면에서 세 손가락을 아래로 밀기	바탕 화면 표시
화면에서 왼쪽 또는, 오른쪽으로 세 손가락 밀기	마지막 열려 있는 앱으로 전환
화면이 오른쪽 가장자리에서 한 손가락 밀기	알림 센터 열기
화면 왼쪽 가장 자리에서 한 속 가락으로 밀기	위젯 보기
화면에서 왼쪽 또는, 오른쪽으로 네 손가락으로 밀기	데스크톱 전환

session 9 펜 및 Windows Ink 설정하기

태블릿 펜 지원이 가능한 장치인 경우는 펜이 수행하는 작업과 PC에서 작동하는 방식을 사용자가 지정할 수 있습니다. 펜을 사용할 손을 선택할 수도 있고, 펜의 바로 가기 버튼을 클릭하거나, 두 번 클릭하거나, 길게 누를 때 PC에서 수행하는 작업도 선택할 수 있습니다.

펜을 PC와 먼저 페어링해야 하는 경우 장치에서 [설정] 〉 [Bluetooth & 장치]를 선택한 다음 [장치 추가]를 선택합니다. 펜이 페어링 모드에 있는지 확인한 다음 목록에서 선택한 후 펜을 페어링합니다.

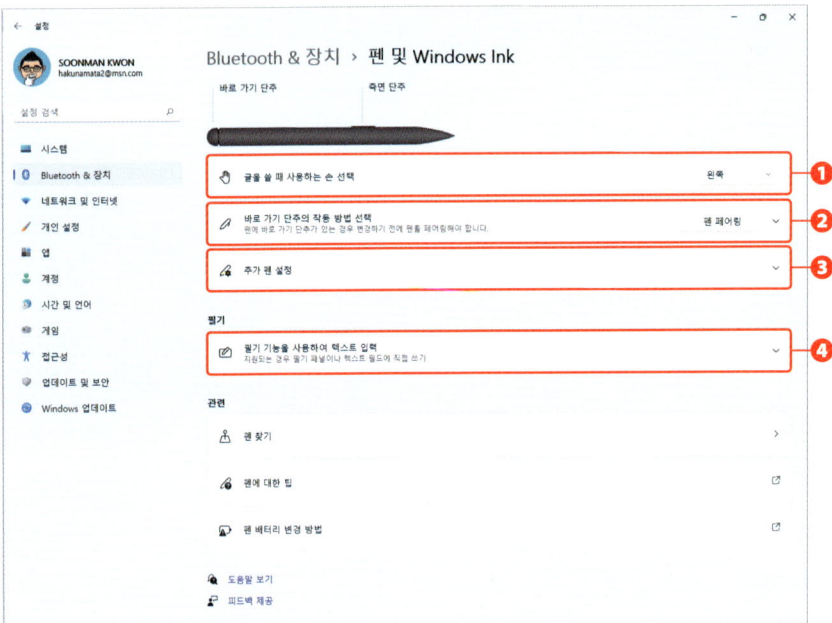

① 글을 쓸 때 사용하는 손 선택 : 펜을 사용하는 오른쪽/왼쪽 손을 설정합니다.
② 바로 가기 단추의 작동 방법 선택 : 펜에 바로 가기 단추가 있는 경우에 실행하는 동작을 설정합니다.
③ 추가 펜 설정 : 시각 효과 표시, 커서 표시 등 펜의 추가 기능을 설정합니다.
④ 필기 : 필기 기능을 사용하여 텍스트를 직접 입력할 수 있습니다.

session 10 | 자동 실행 설정하기

자동 실행을 설정하면 이동식 드라이브, 메모리 카드 등의 모든 미디어 및 장치가 PC에 연결되면 자동으로 실행되는 동작을 설정할 수 있습니다. 예를 들어, 이동식 드라이브를 연결하는 경우에 바로 파일 탐색기를 열어 파일을 나타나게 할 수 있습니다.

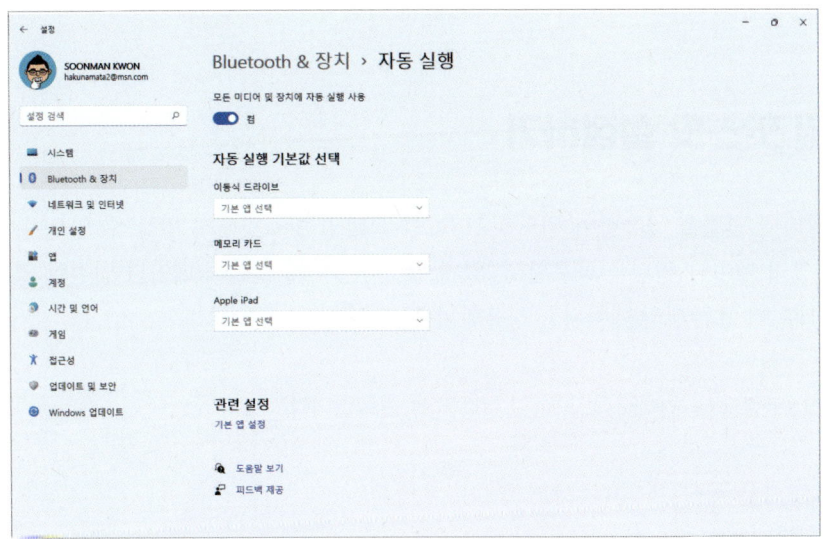

Tip 윈도우 시작 프로그램 제어하기

윈도우 11 부팅 후 로그인 시 자동으로 실행되는 프로그램을 제어할 수 있기 때문에 불필요하게 실행되는 프로그램을 제어하여 빠르게 컴퓨터를 사용할 수 있습니다.

Ctrl + Shift + Esc 를 실행하면 나타나는 [작업 관리자] 창의 [시작 프로그램] 탭으로 이동하여 나열되는 시작 프로그램 목록 중에서 윈도우 시작 시 실행을 금지하려는 앱을 선택한 후 [사용 안 함]으로 설정할 수 있습니다. 반대로 [사용 함]으로 설정할 수도 있습니다.

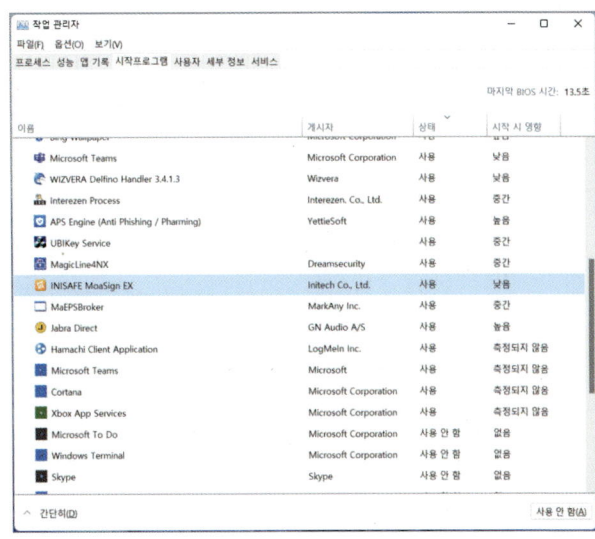

네트워크 및 인터넷

네트워크 및 인터넷에 대한 옵션 및 설정 방법을 알아봅니다.

session 1 　모바일 핫스팟 설정하기

Wi-Fi로 다른 장치와 인터넷 연결을 공유하여 윈도우 11 PC를 모바일 핫스팟으로 만들 수 있으며, Wi-Fi, 이더넷 또는, 셀룰러 데이터 연결을 공유할 수 있게 됩니다. PC에 셀룰러 데이터 연결이 있는 경우, 이를 공유하면 데이터 요금제의 데이터를 사용합니다.

01 ⊞+Ⅰ를 누른 후 [네트워크 및 인터넷] 〉 [모바일 핫스팟]을 클릭합니다.

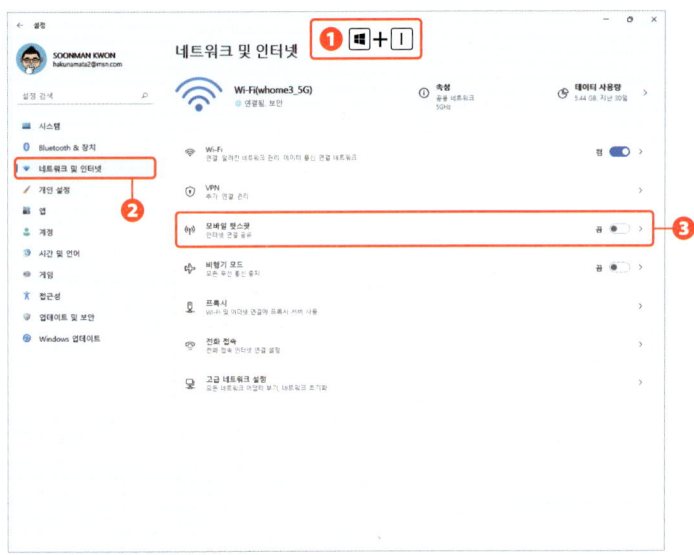

> **Tip**
>
> 모바일 핫스팟 설정 시 현재 연결되어 있는 Wi-Fi 대역폭에 따라서 연결 가능한 디바이스에 표시되지 않을 수 있습니다. 예를 들어, 윈도우 11 PC가 5Ghz 네트워크 대역으로 연결을 공유하고 있는 경우에는 2.4Ghz 대역을 통해서만 연결할 수 있는 디바이스의 Wi-Fi 목록에서는 나타나지 않습니다.

02 [모바일 핫스팟] 화면에서 '켬'으로 설정하고 [속성] > [편집]을 클릭하여 '이름, 암호'를 설정합니다.

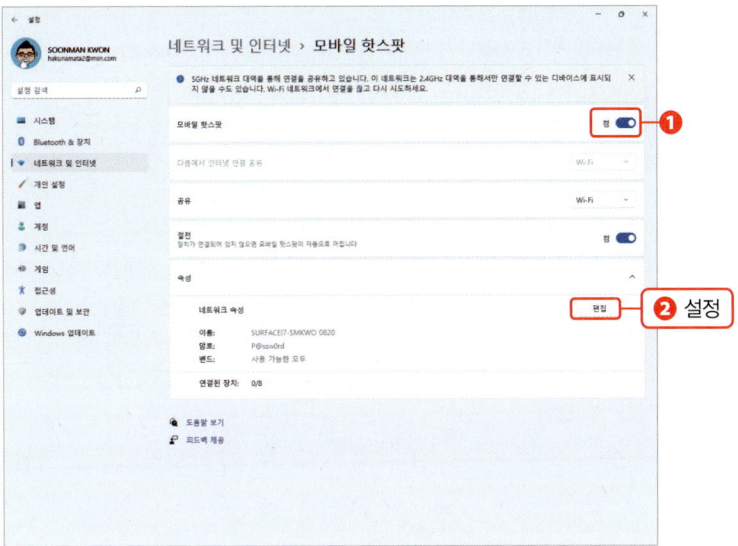

03 모바일 장치의 Wi-Fi 설정에서 공유한 모바일 핫스팟을 선택하고 암호를 입력하여 연결하면 다음과 같이 연결된 장치가 추가된 것을 확인할 수 있습니다. 최대 8대까지 연결하여 사용이 가능합니다.

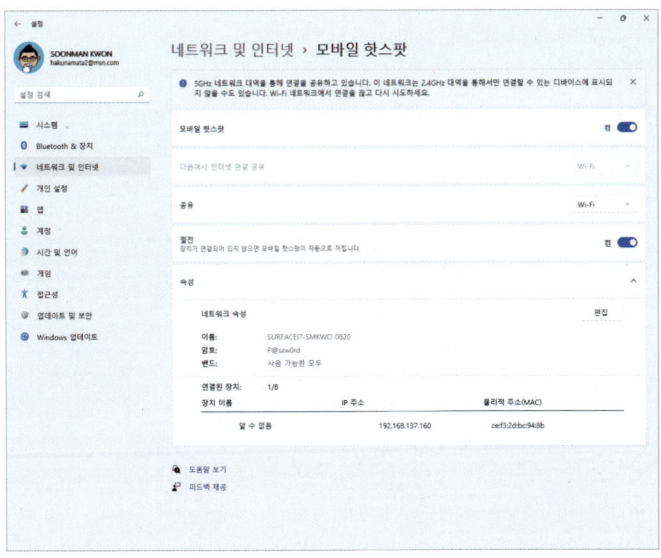

session 2 | 비행기 모드 설정하기

비행기 모드는 모든 무선 연결을 끄므로 비행기 통신에 간섭을 일으킬 수 있는 휴대전화의 신호 송신을 방지합니다. 비행기 모드 사용 시 셀룰러 데이터망(4G, 5G), Wi-Fi, Bluetooth 등의 기능에 대한 제어 설정 방법을 알아봅니다.

01 ■+I를 누른 후 [네트워크 및 인터넷] 〉 [비행기 모드]를 클릭합니다.

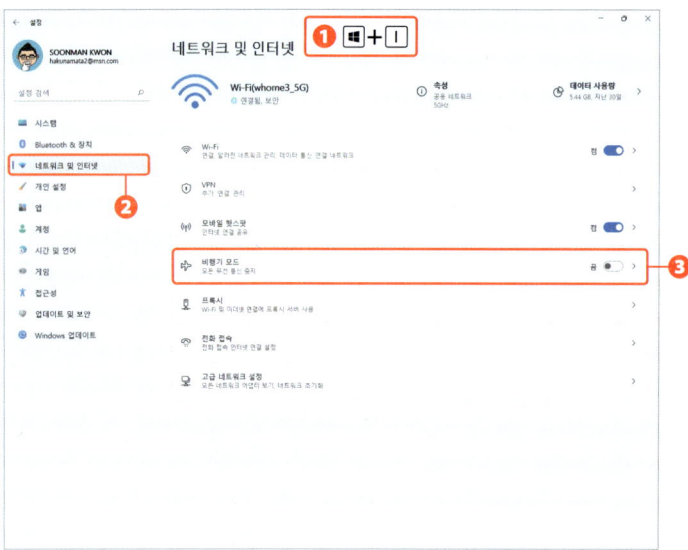

02 [비행기 모드] 화면에서 [무선 장치]인 [Wi-Fi], [Bluetooth]의 설정이 가능합니다.

03 작업 표시줄의 네트워크 트레이 아이콘을 클릭하면 나타나는 설정 메뉴에서 [비행기 모드]를 클릭하면 설정한 대로 Wi-Fi와 Bluetooth가 동작합니다.

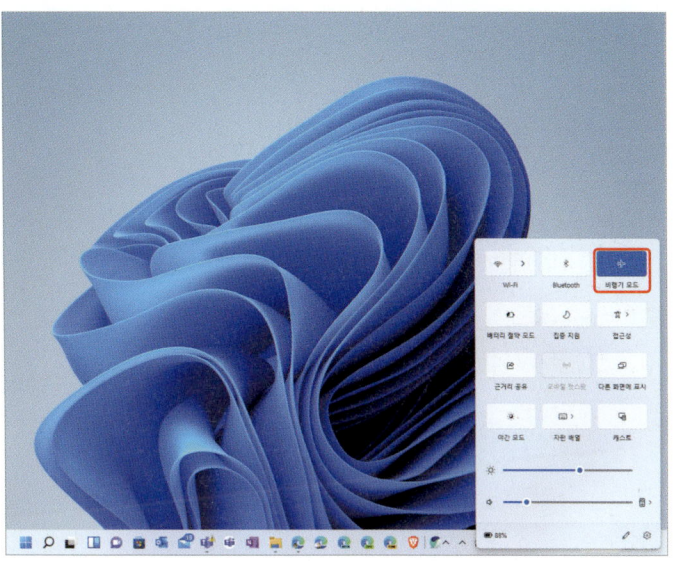

session 3 | 데이터 사용량 제한하기

노트북으로 셀룰러 데이터망(4G, 5G)을 사용하는 경우에 데이터 사용량을 제한하여, 과금이 발생되지 않도록 설정할 수 있습니다.

01 ⊞+Ⅰ를 누른 후 [네트워크 및 인터넷] 〉 [고급 네트워크 설정]을 클릭합니다.

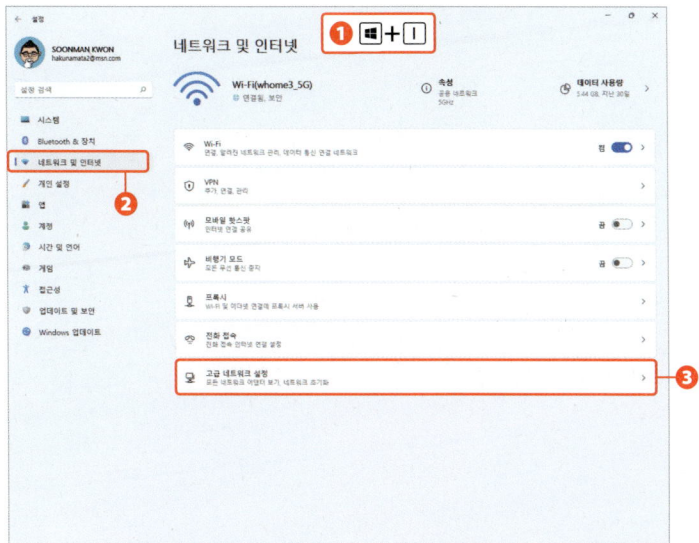

02 [고급 네트워크 설정] 화면에서 [기타 설정] > [데이터 사용량]을 클릭합니다.

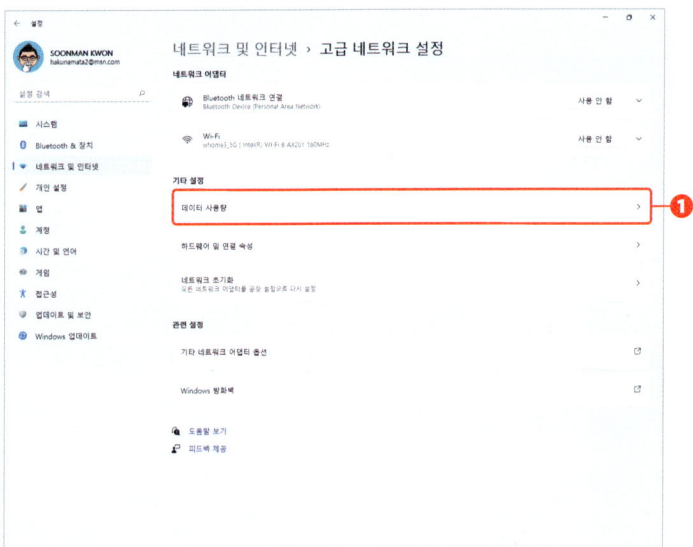

03 [데이터 사용량] 화면에서 현재 사용된 사용량을 확인할 수 있고, 앱별로도 사용한 데이터량을 확인할 수 있습니다. [한도 입력]을 클릭합니다.

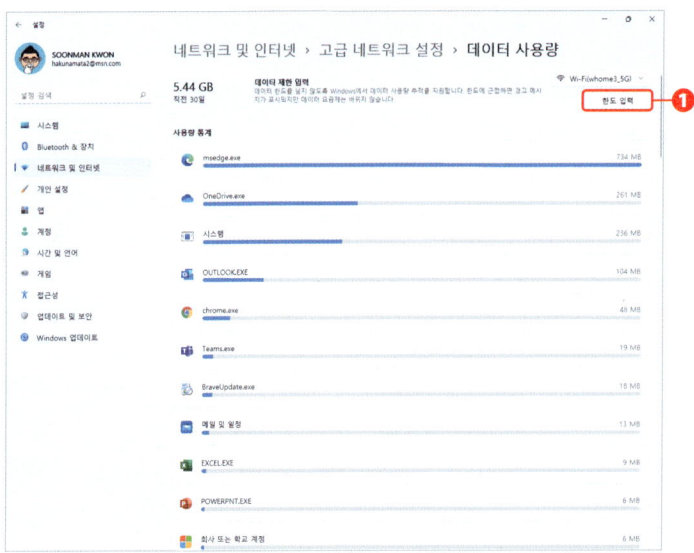

04 [데이터 제한 설정] 화면에서 [제한 유형, 요금제 시작일, 데이터 제한]을 설정하고 [저장]을 클릭합니다.

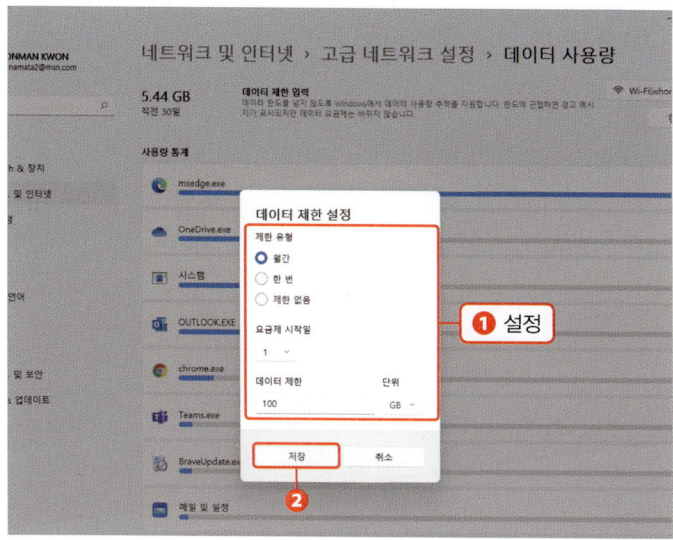

05 데이터 한도가 설정되면 설정한 기준으로 사용 가능한 데이터 사용량을 확인할 수 있습니다.

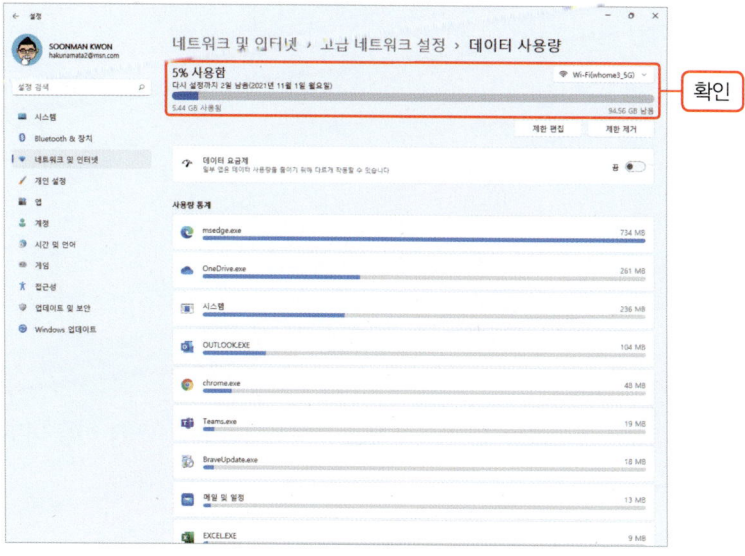

LESSON 03 네트워크 및 인터넷

session 4 | VPN 설정하기

윈도우 11의 VPN 설정 기능을 사용하면 업무용 또는, 개인적으로 PC의 가상 사설망(VPN)에 연결할 수 있습니다. VPN 연결을 사용하면 회사 네트워크와 인터넷에 보다 안전하게 연결 및 액세스할 수 있습니다(예: 커피숍 또는, 그와 유사한 공공 장소에서 작업하는 경우).

업무의 경우 회사에 있을 때 회사 인트라넷 사이트에서 VPN 설정 또는, VPN 앱을 찾을 수 있는지 확인하거나 회사의 지원 담당자에게 문의해야 하고, 개인적으로 구독하는 VPN 서비스인 경우 Microsoft Store를 방문하여 해당 서비스용 앱이 있는지 확인한 다음, VPN 서비스의 웹 사이트로 이동하여 사용할 VPN 연결 설정 목록이 있는지 확인합니다.

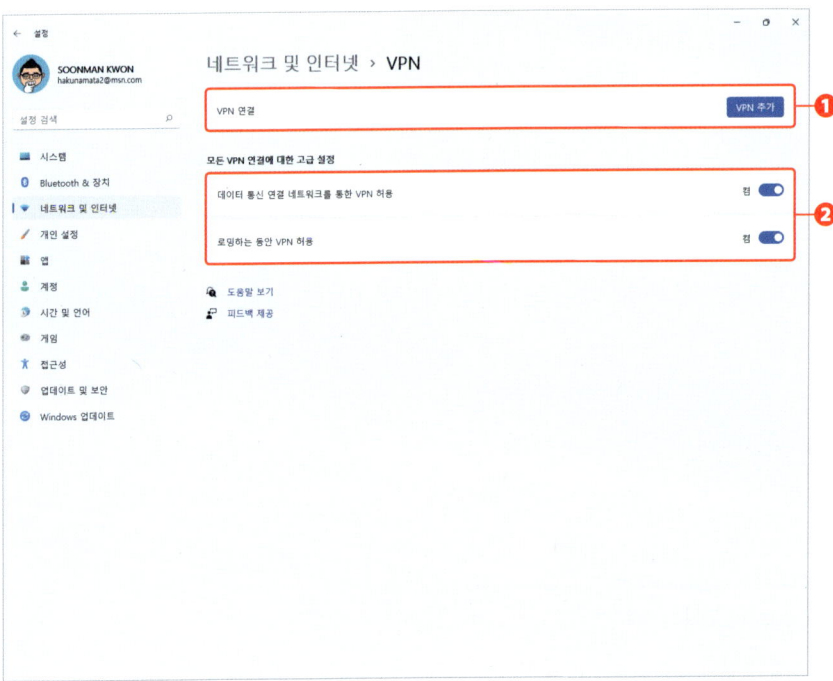

❶ VPN 연결 : VPN 마법사를 실행하여 설정합니다.
❷ 모든 VPN 연결에 대한 고급 설정 : 데이터 통신 및 로밍 등으로 연결 네트워크를 통한 VPN 허용 여부를 설정합니다.

session 5 　고급 네트워크 설정하기

고급 네트워크 설정을 통해 네트워크 어댑터에 대한 사용 설정과 초기화 등을 진행할 수 있습니다.

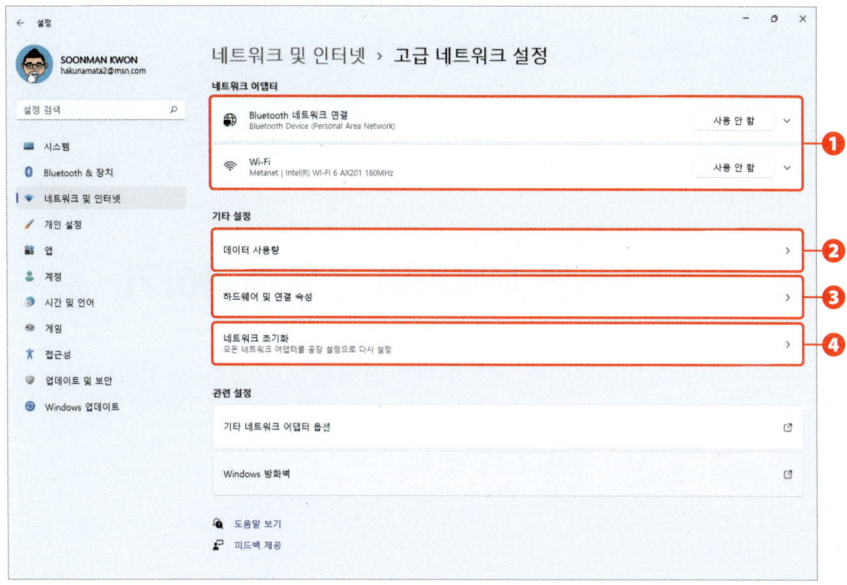

❶ 네트워크 어댑터 : Bluetooth 네트워크 및 Wi-Fi를 통한 네트워크 연결 사용 여부를 설정합니다.
❷ 데이터 사용량 : 네트워크 데이터 사용량을 확인하고 설정합니다.
❸ 하드웨어 및 연결 속성 : 네트워크에 연결되어 있는 장치의 속성값을 확인할 수 있습니다.
❹ 네트워크 초기화 : 모든 네트워크 어댑터를 공장 초기화 상태로 설정합니다.

> **Tip** 스마트폰을 이용해 핫스팟을 사용하는 경우 데이터 사용 제한 설정하기

[설정] > [네트워크 및 인터넷] > [고급 네트워크 설정] > [기타 설정] > [데이터 사용량] 화면에서 상단 메뉴에 있는 연결되어 있는 핫스팟을 선택하고 [한도 입력]을 클릭하면 나타나는 데이터 제한 설정 창에서 기간, 시작일 및 데이터 제한 용량을 설정합니다.

이렇게 설정이 완료되면 데이터 한도를 넘지 않도록 윈도우에서 데이터 사용량 추적을 지원하게 되며, 한도에 근접되면 경고 알림을 나타내어 데이터 사용량이 초과되는 것을 방지할 수 있습니다.

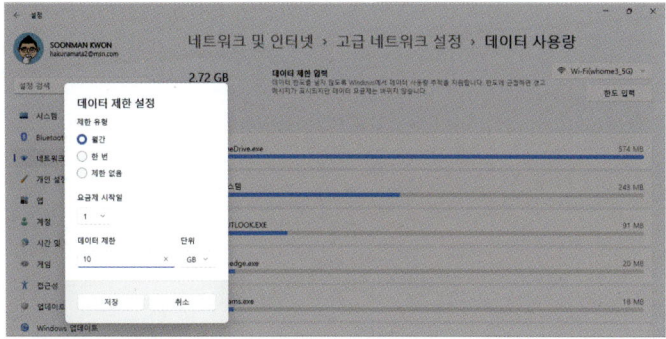

 **개인 설정**

중요도
상 중 하

개인 설정에서는 배경, 색, 테마, 잠금 화면, 터치 키보드, 시작, 작업 표시줄, 글꼴 및 디바이스 사용 현황에 대한 설정을 할 수 있습니다. PART 02에서 살펴본 내용을 제외한 글꼴을 설정하는 방법에 대하여 알아봅니다.

session 1 Microsoft Store를 사용하여 글꼴 추가하기

Microsoft Store에서 제공되는 여러 나라의 언어별 글꼴을 다운로드 받아 사용할 수 있습니다.

01 ⊞+I를 누른 후 [개인 설정] 화면에서 [글꼴]을 클릭합니다.

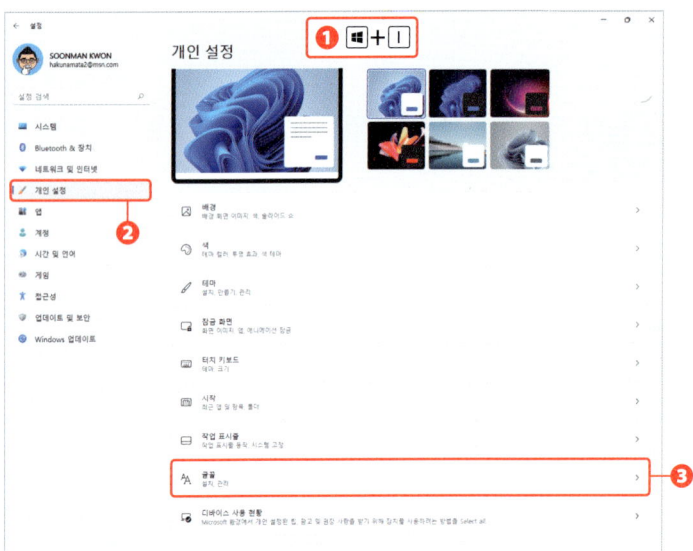

02 [글꼴] 화면에서 [Microsoft Store에서 더 많은 글꼴 가져오기]를 클릭합니다.

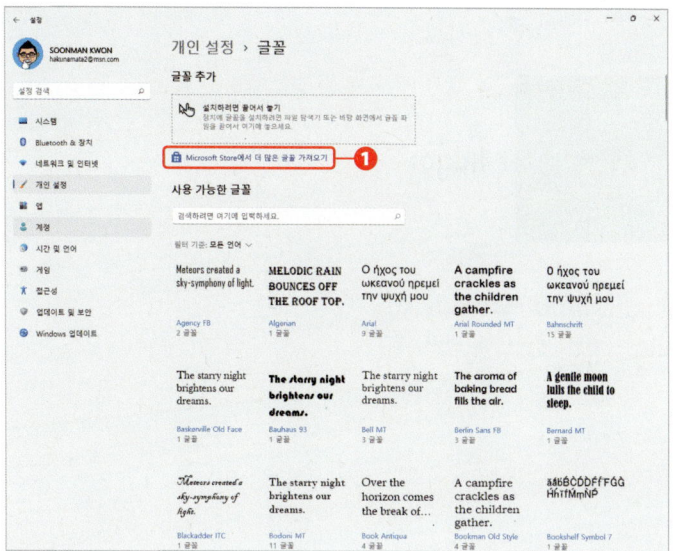

03 Microsoft Store가 실행되고 설치 가능한 글꼴이 나타나면 선택합니다.

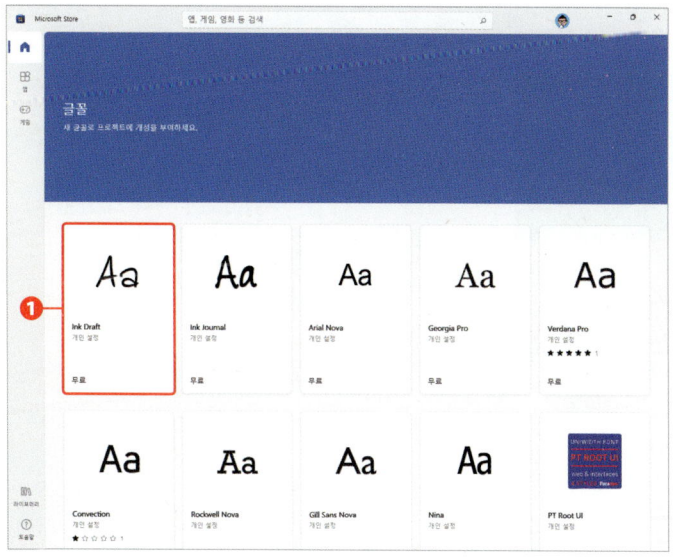

04 선택한 글꼴을 확인한 후 [다운로드]를 클릭합니다.

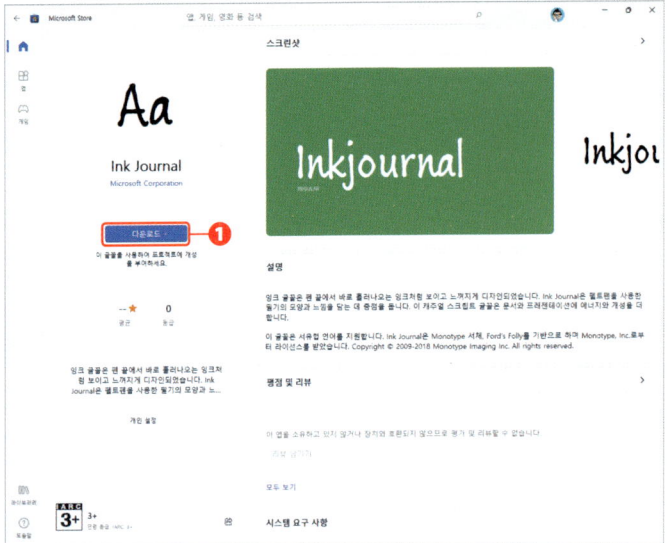

05 글꼴 설치가 완료되면 [열기]를 클릭합니다.

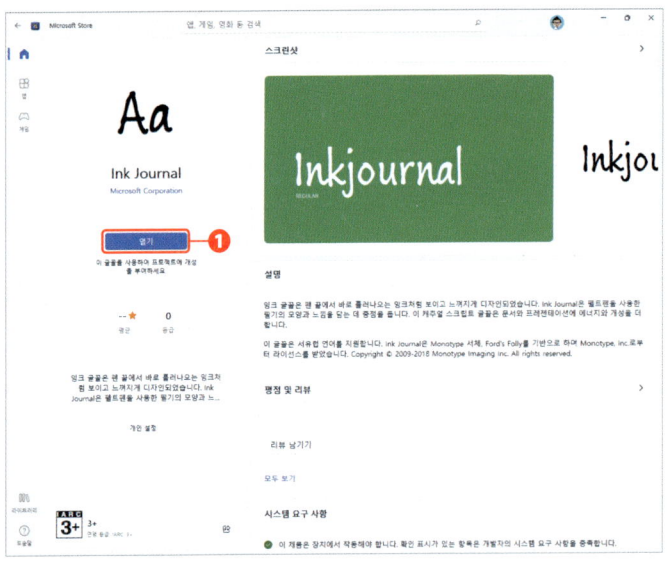

06 [글꼴] 화면에서 글꼴이 정상적으로 설치된 것을 확인할 수 있습니다.

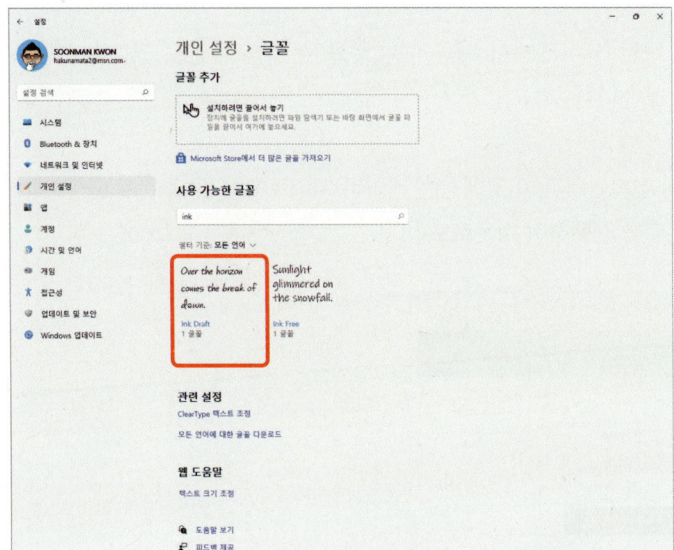

07 글꼴이 추가되면 윈도우에서 제공하는 프로그램 또는, 추가 Office 문서 편집기 등의 글꼴 목록에서 추가된 글꼴이 나타나는 것을 확인할 수 있습니다.

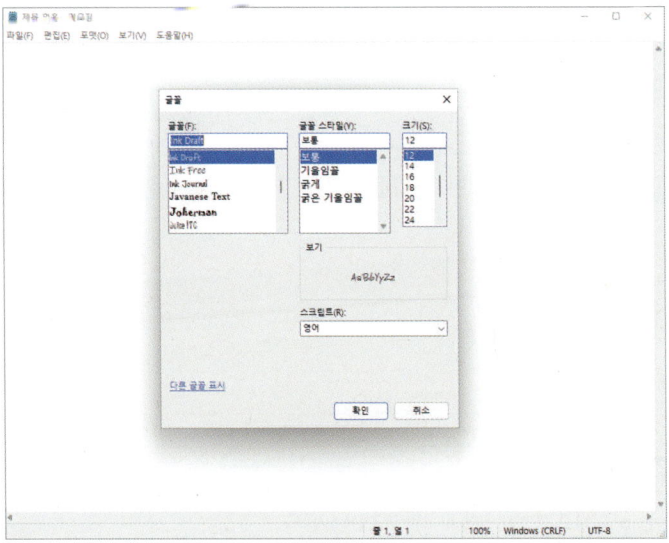

session 2 | 무료 폰트 사이트를 통해 글꼴 추가하기

폰트를 제작하여 서비스하는 곳이나, 포털 사이트에서 제공하는 무료 폰트를 다운로드받아 수동으로 설치하면 윈도우 11에서 사용할 수 있습니다.

01 무료로 폰트를 제공하는 사이트에 접속합니다. 이곳에서는 네이버 사이트에서 '무료 폰트'를 검색하여 무료로 제공하는 URL로 이동한 후 폰트를 선택하여 다운로드합니다.

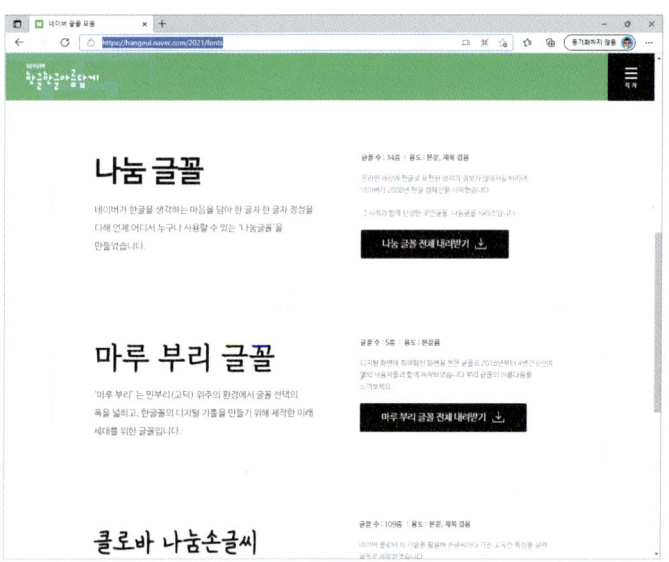

02 다운로드한 파일의 압축을 해제합니다. 압축을 해제한 파일을 실행하면 나타나는 창에서 [설치]를 클릭하여 폰트 설치를 진행합니다.

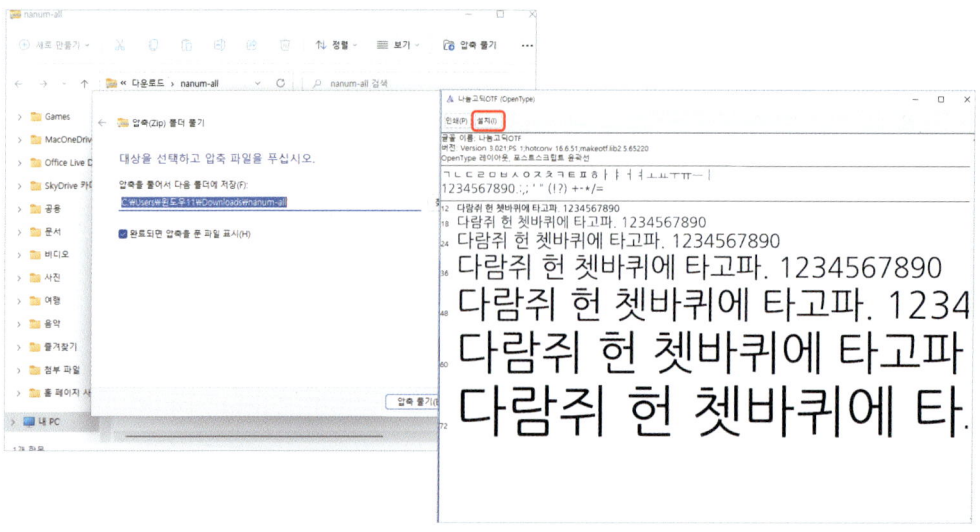

03 ■+I 를 누른 후 [개인 설정] 화면의 [글꼴]을 보면 글꼴이 추가된 것을 확인할 수 있습니다.

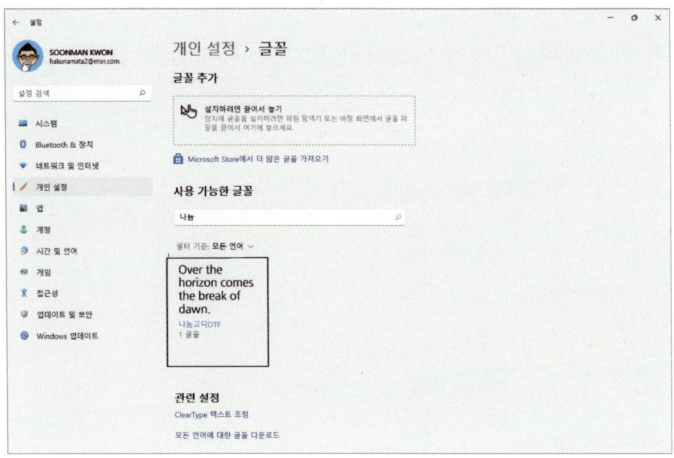

session 3 | 잠금 화면 설정하기

PC의 잠금 상태에서 나타나는 정보를 설정할 수 있습니다. 설정된 일정 이벤트, 소셜 네트워크 업데이트와 기타 앱 및 시스템 알림을 표시하는 간단한 상태 알림과 자세한 상태 알림을 원하는 대로 설정할 수 있습니다.

❶ 잠금 화면 개인 설정 : 잠금 화면에서 보이는 이미지를 설정합니다.
❷ 잠금 화면 상태 : 잠금 화면에서 세부 상태 정보를 표시할 앱을 선택합니다.
❸ 로그인 화면에 잠금 화면 배경 그림 표시 : 로그인 화면에 표시할 배경 그림 허용 여부를 설정합니다.

session 4 터치 키보드 설정하기

윈도우 11은 새로운 터치 키보드 기능을 제공합니다. 터치 키보드의 크기 및 테마별로 선택하여 사용할 수 있습니다.

01 [테마]에서 나열된 테마를 선택하여 터치 키보드 테마를 적용합니다.

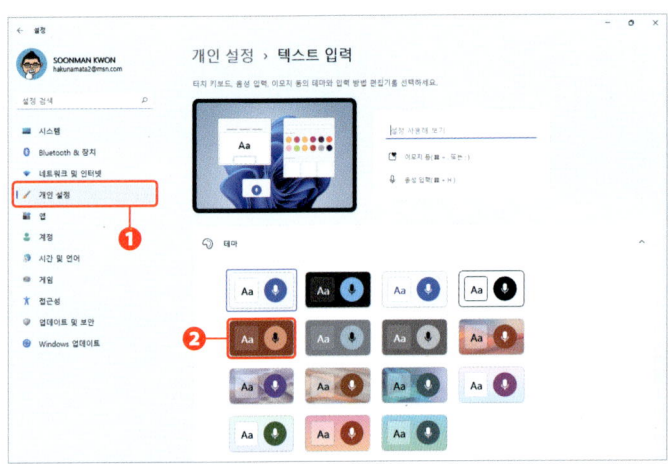

02 터치 키보드를 실행하면 다음과 같이 설정한 테마로 터치 키보드가 실행됩니다.

> **Tip**
>
> 터치 키보드는 작업 표시줄의 터치 키보드 🖮 아이콘을 실행하면 나타납니다.

session 5 | 시작 설정하기

윈도우 11 시작 화면에서 표시할 앱 또는, 항목에 대한 표시 설정을 할 수 있습니다.

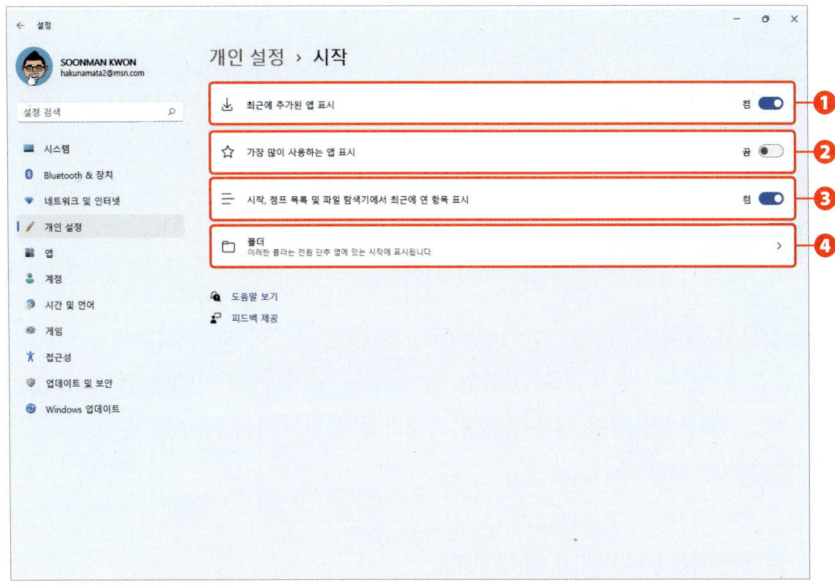

① 최근에 추가된 앱 표시 : 최근에 설치된 앱을 시작 화면에 나타나게 설정합니다.
② 가장 많이 사용하는 앱 표시 : 사용자가 자주 사용하는 앱을 시작 화면에 나타나게 설정합니다.
③ 최근 항목 표시 : 시작, 점프 목록 및 파일 탐색기에서 사용한 항목을 시작 화면에 나타나게 설정합니다.
④ 폴더 : 전원 단추 옆에 있는 시작에 표시되는 폴더를 선택하여 설정할 수 있습니다.

> **Tip**
>
> 표시 설정 켜기/끔 상태에서 따라 윈도우 시작 메뉴의 맞춤에 표시 여부가 달라집니다.

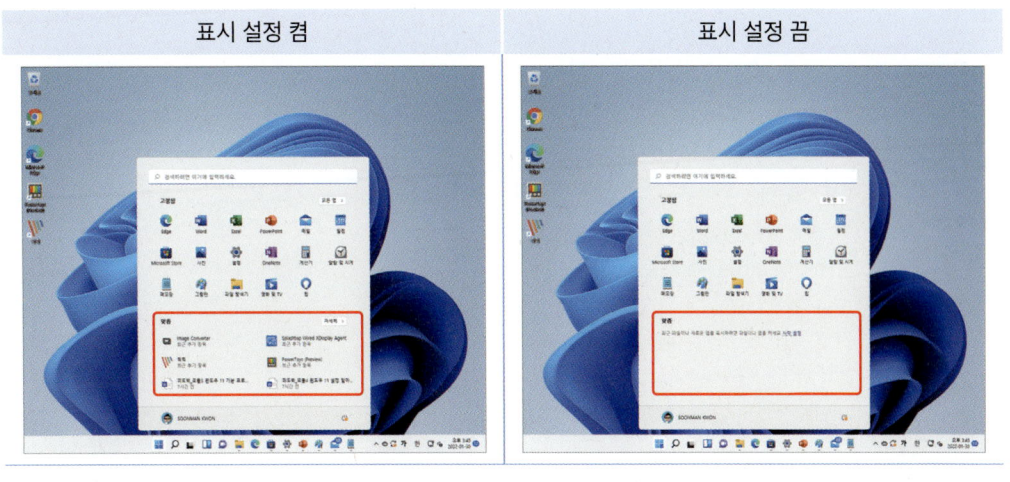

LESSON 04 개인 설정

앱 설정하기

윈도우 11에서 기본적으로 제공하는 기능을 추가하거나, 윈도우 11 설치 시 자동으로 설치된 앱을 관리할 수 있습니다.

session 1 │ 기본 앱 설정하기

파일 및 링크 형식의 기본값으로 앱과 연계 설정하여 실행되도록 합니다. PC에 비슷한 역할을 하는 앱을 여러 개 설치했을 때 특정 앱이 기본적으로 동작할 수 있도록 설정합니다. 예를 들어, Edge, Chrome, Firefox 브라우저가 설치되어 있는 경우에 하이퍼링크를 클릭하거나 HTML 파일 실행 시 어떤 브라우저로 열리게 할지를 설정할 수 있습니다.

01 ■+Ⅰ를 누른 후 [앱] 화면에서 [기본 앱]을 클릭합니다.

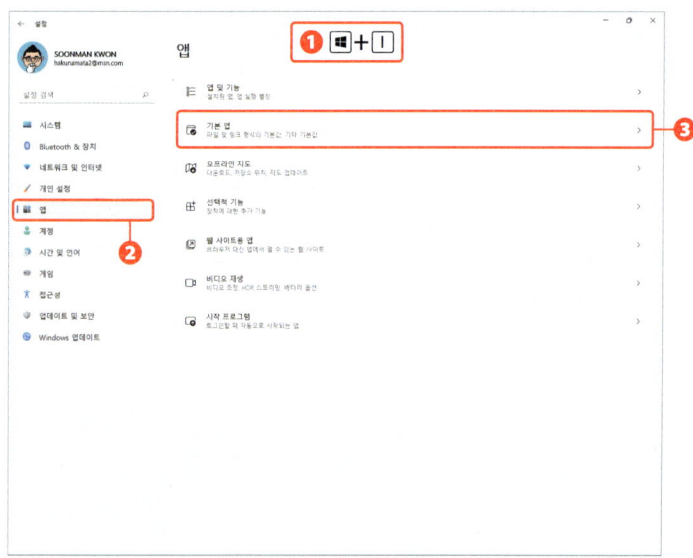

02 [기본 앱] 화면의 [응용 프로그램의 기본값 설정]에서 변경하려는 앱을 선택합니다.

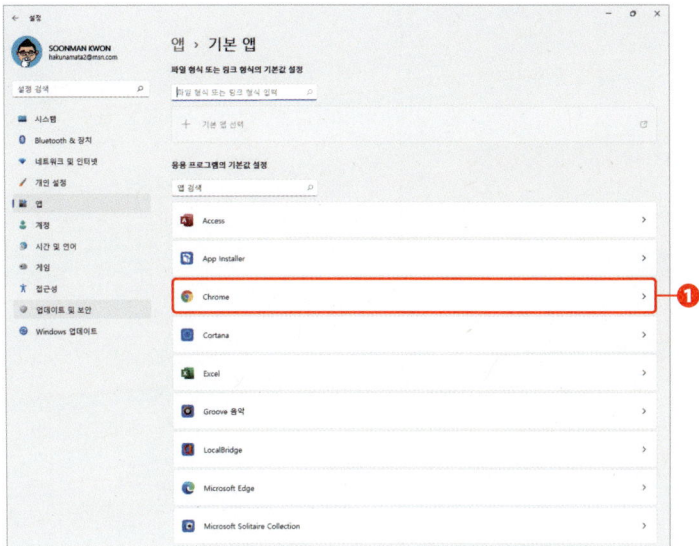

03 위에서 'Chrome'을 선택하면 기본적으로 파일 유형 또는, 링크 유형으로 Microsoft Edge가 설정되어 있는데 변경하려는 파일 유형을 클릭합니다.

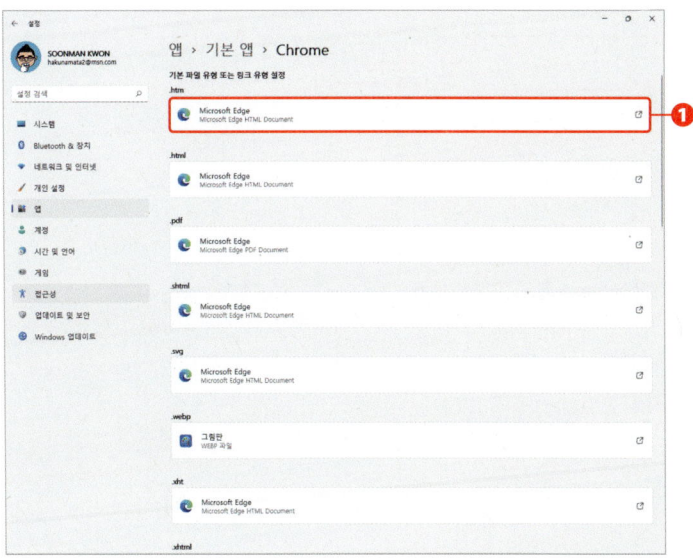

04 선택한 파일 유형을 실행할 응용 앱이 제시되면 선택합니다.

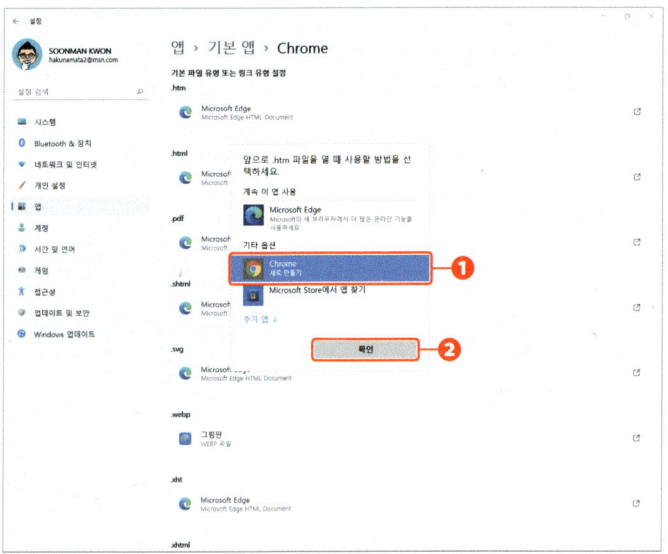

05 선택한 파일 유형의 기본 앱 설정이 변경되었습니다.

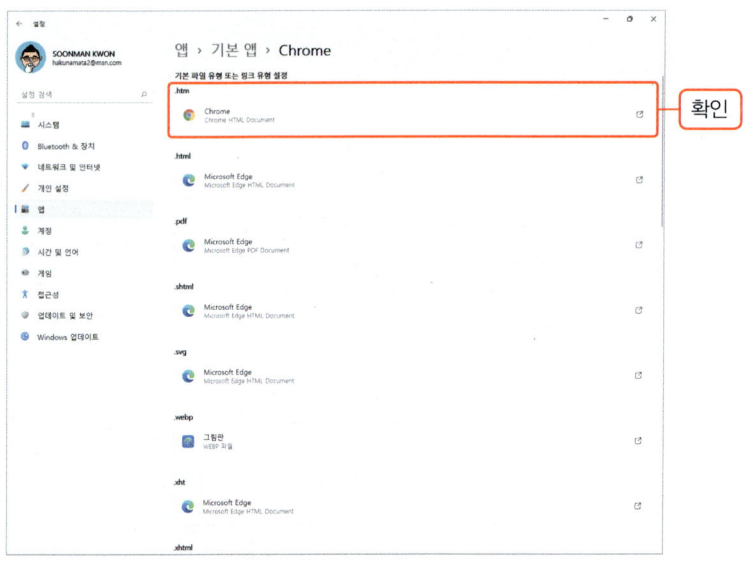

session 2 | 시작 프로그램 설정하기

PC를 켜고 윈도우 11이 시작이 될 때 자동으로 실행되는 프로그램을 관리할 수 있습니다.

01 ⊞+I를 누른 후 [앱] 화면에서 [시작 프로그램]을 클릭합니다.

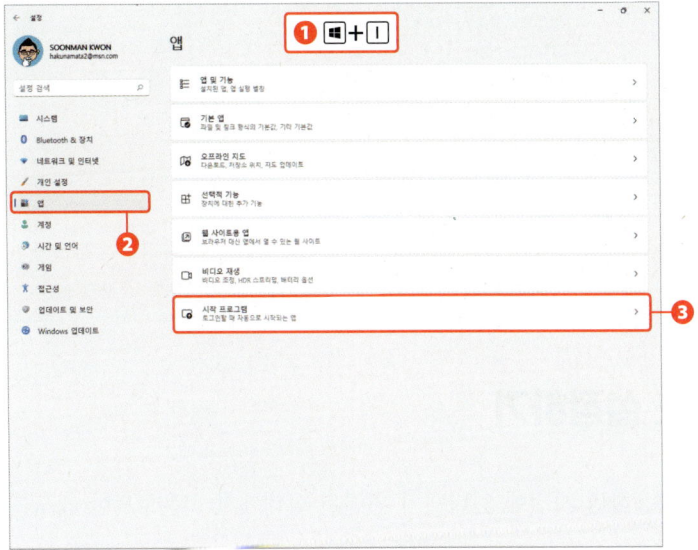

02 [시작 프로그램] 화면에서 로그인 시 실행되는 프로그램 목록이 나타나게 되고 '켬/끔'으로 설정할 수 있습니다.

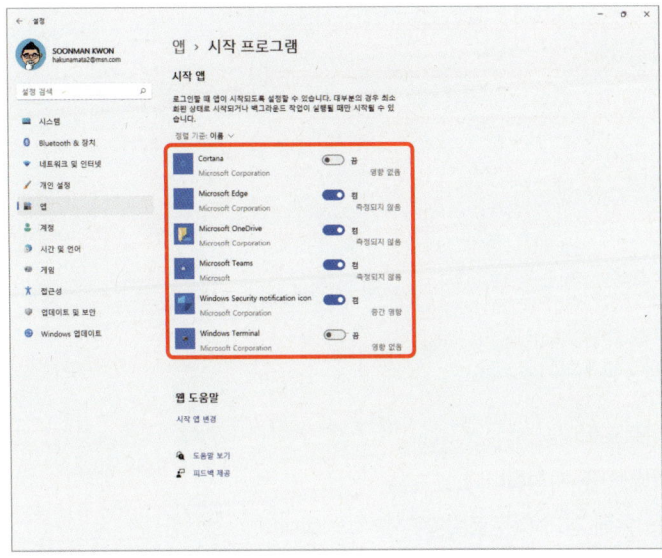

LESSON 05 앱 설정하기 **193**

> **Tip**
>
> Ctrl + Shift + Esc 를 눌러 [작업 관리자] 창을 실행하면 [시작 프로그램] 탭에서도 시작 프로그램 '사용/사용하지 않음'을 설정할 수 있습니다.

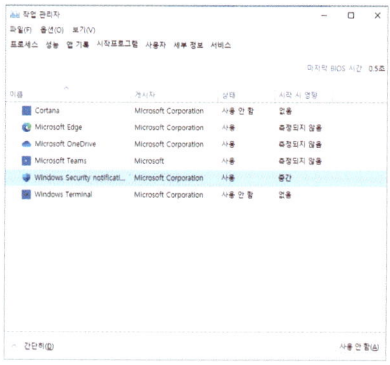

---

session 3 | 오프라인 지도 설정하기

윈도우 11의 오프라인 지도 기능을 사용하면 사전에 인터넷이 연결된 상태에서 다운로드한 지도를 오프라인에서 사용할 수 있습니다.

❶ 지도 : 인터넷 연결을 통해 지도를 다운로드합니다.
❷ 저장소 위치 : 다운로드할 지도 파일의 위치를 지정합니다.
❸ 데이터 통신 연결 : 데이터 통신 연결을 통해 추가 다운로드 여부를 설정합니다.
❹ 지도 업데이트 : 전원 또는, 데이터 요금제를 사용하지 않는 네트워크 사용 중에 지도 업데이트를 합니다.

session 4 선택적 기능 설치하기

윈도우 11에서 제공하는 추가 기능이 설치되어 있는 상태를 확인하고 기능을 추가 및 관리할 수 있습니다.

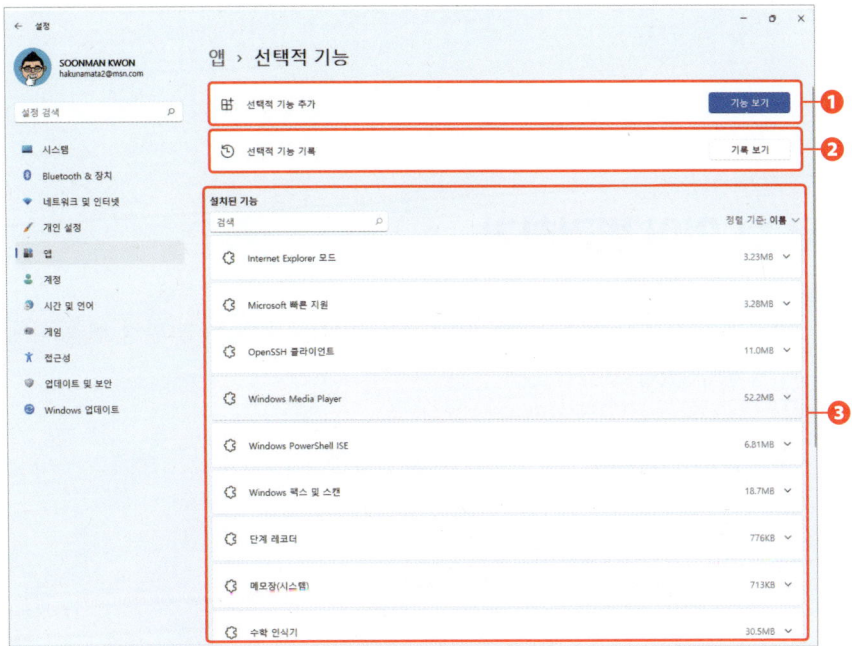

① 선택적 기능 추가 : 윈도우 11에서 제공하는 추가 기능 목록을 선택하여 설치 및 제거합니다.
② 선택적 기능 기록 : 선택적 기능의 설치/제거한 기록을 확인합니다.
③ 설치된 기능 : 선택적으로 설치된 기능이 나열되고 제거할 수 있습니다.

시간 및 언어

중요도

윈도우 11에서 키보드 입력 및 표시 언어 설정의 모든 것을 관리하려면 다음 방법을 사용합니다. 이 설정을 통해 기본적인 언어 설정과 입력되는 키보드 입력 방식 및 표시되는 표준 시간대를 관리할 수 있습니다.

session 1 | 윈도우 11 언어 변경하기

윈도우 11을 설치한 언어 버전으로 기본 언어가 설정되지만, 다른 언어로 윈도우 11 환경 변경 시에 언어 추가 팩을 설치하여 변경할 수 있습니다.

01 ⊞+[I]를 누른 후 [시간 및 언어] 화면에서 [날짜 및 시간]을 클릭합니다.

> **Tip** 윈도우 11에서 단일 언어 버전
>
> 윈도우 11에서 '하나의 언어 팩만 허용' 또는, '사용자 Windows 하나의 표시 언어만 지원'이라는 메시지를 받는 경우는 다중 언어 버전으로 설정이 불가능하기에 윈도우 11 홈 또는, 윈도우 11 Pro로 업그레이드해야 합니다.

02 [언어 및 지역] 화면에서 [언어 추가]를 클릭합니다. [설치할 언어 선택] 화면에서 설치할 언어를 선택하고 [다음]을 클릭합니다.

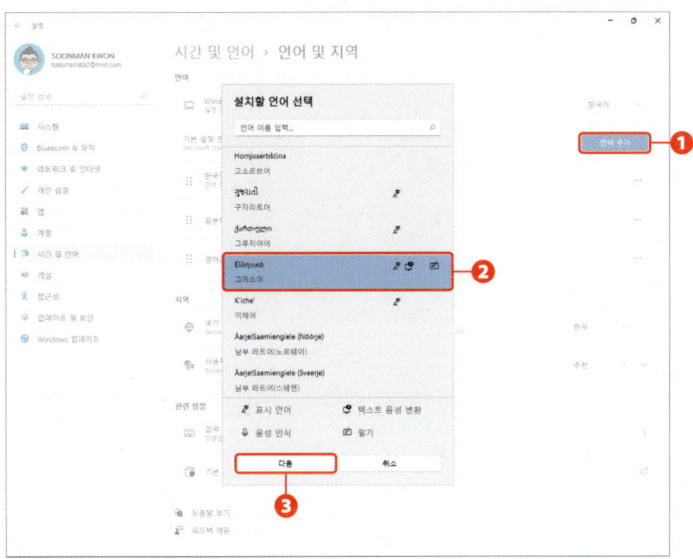

03 [언어 기능 설치] 화면에서 [선택적 언어 기능]을 선택하고, [언이 기본 설정] 〉 [내 Windows 표시 언어로 설정]을 선택한 후 [설치]를 클릭합니다.

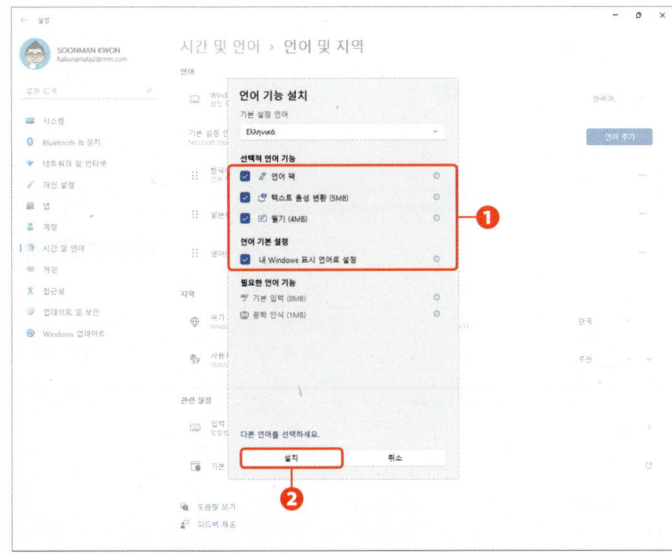

LESSON 06 시간 및 언어 **197**

04 언어 팩 설치가 진행됩니다. 선택한 언어 팩 설치가 완료되면 정상적으로 표시하기 위하여 로그아웃을 합니다.

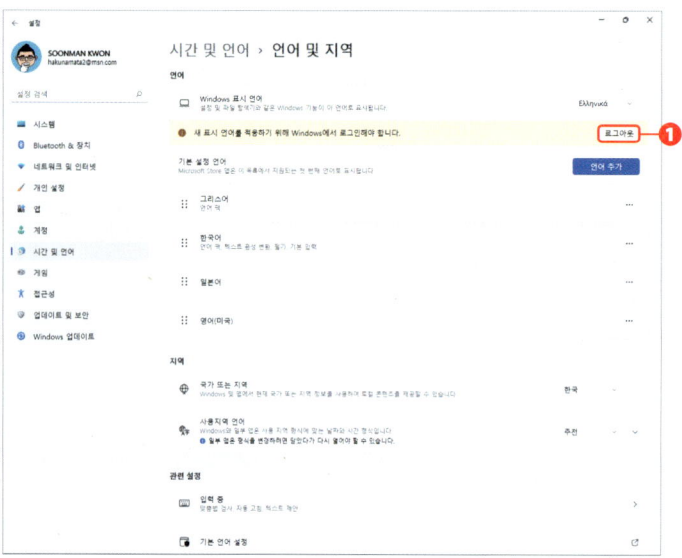

05 다시 로그인하면 윈도우 11이 설정한 언어로 변경된 것을 확인할 수 있습니다.

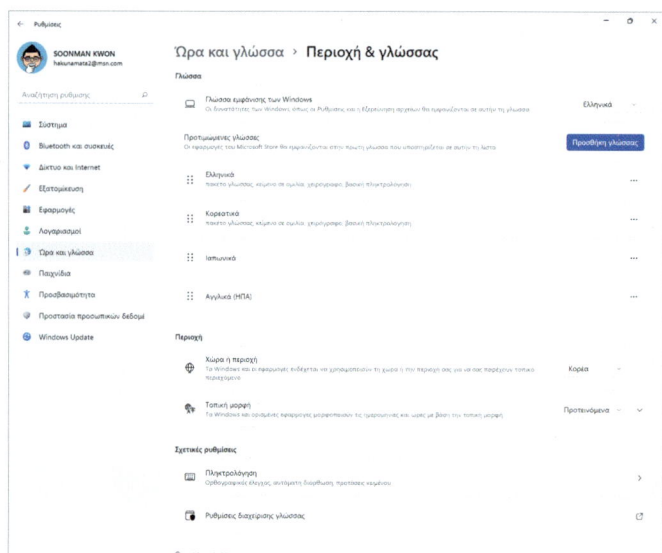

session 2 **다른 표준 시간대 추가하기**

작업 표시줄의 시계 트레이 아이콘에 다른 표준 시간대를 추가할 수 있습니다.

01 ⊞+Ⅰ를 누른 후 [시간 및 언어] 화면에서 [날짜 및 시간]을 클릭합니다.

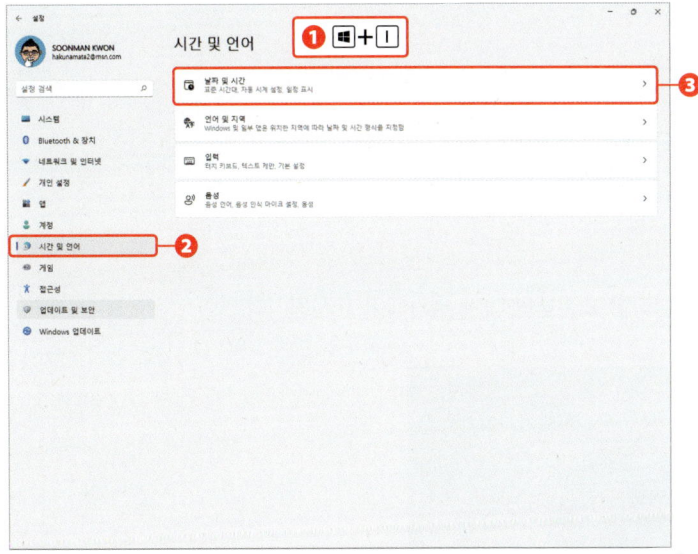

02 [관련 링크] 〉[추가 시계]를 클릭합니다.

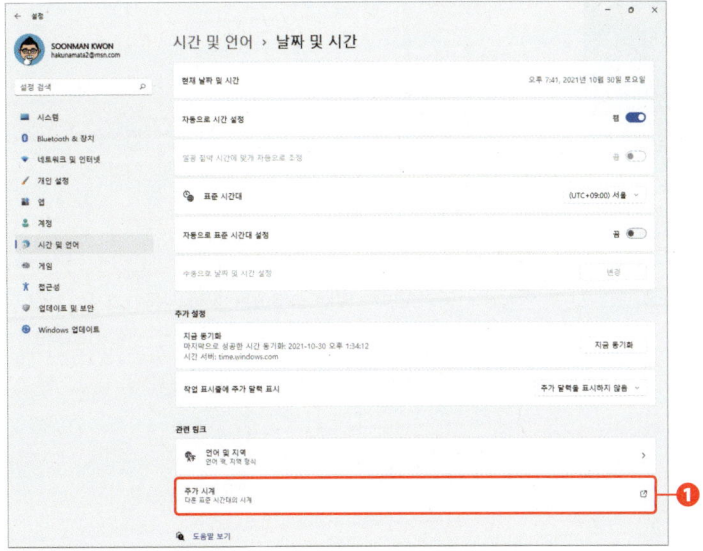

LESSON 06 시간 및 언어 **199**

03 [날짜 및 시간] 창에서 [시계 표시]를 체크하여 표준 시간대를 설정한 후 [확인]을 클릭합니다.

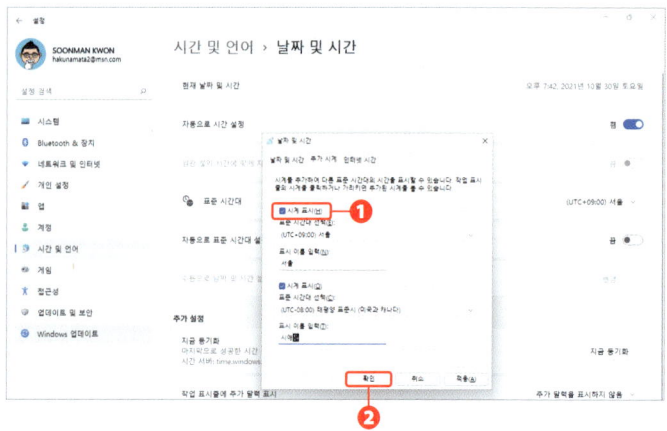

04 작업 표시줄의 시계를 클릭하면 설정한 표준 시간대가 추가되어 표시됩니다.

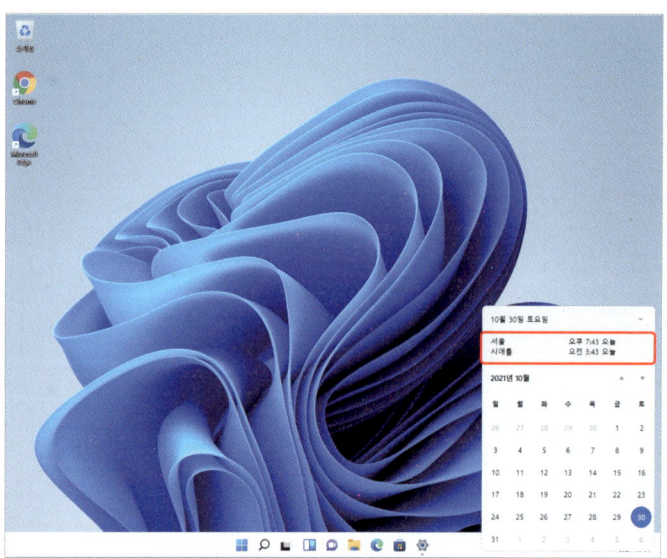

> **Tip** 표준 시간 강제 동기화

설정해 놓은 표준 시간이 정상적으로 동기화되어 있는지 확인하거나, 동기화되지 않는 경우에는 직접 사용자가 동기화를 진행할 수 있습니다.

[설정] > [시간 및 언어] > [날짜 및 시간] > [추가 설정]에서 [지금 동기화]를 클릭하여 동기화를 진행합니다.

07 게임 설정하기
LESSON

중요도
상
중
하

윈도우 11에서 게임을 실행하여 최적화된 환경으로 세팅하고, Xbox Game Bar를 활용하여 플레이하는 동안 플레이를 녹음/녹화할 수 있습니다.

session 1 Xbox Game Bar

Xbox Game Bar를 사용하면 윈도우 11 장치에서 플레이하는 동안 즐겨 사용하는 모든 게임의 활동을 제어할 수 있습니다.

01 를 누른 후 [게임] 화면에서 [Xbox Game Bar]를 클릭합니다.

> **참고**
>
> 다중 디스플레이 환경에서 하나의 모니터에서만 Xbox Game Bar를 사용할 수 있는 것은 현재 Xbox Game Bar는 한 번에 하나의 모니터만 지원하기 때문입니다. 또한, 게임의 스크린샷을 캡처할 수 있지만, 게임 클립을 캡처하기 위해서는 컴퓨터에 장착되어 있는 그래픽카드에 Intel Quick Sync H.264 이상, NVIDIA NVENC, AMD VCE 중의 인코더를 지원해야 가능합니다.

02 [Xbox Game Bar] 화면에서 [Xbox Game Bar 바로가기 키]를 확인합니다. 컨트롤러 Ⓧ 또는, ⊞ +G를 눌러서 실행할 수 있습니다.

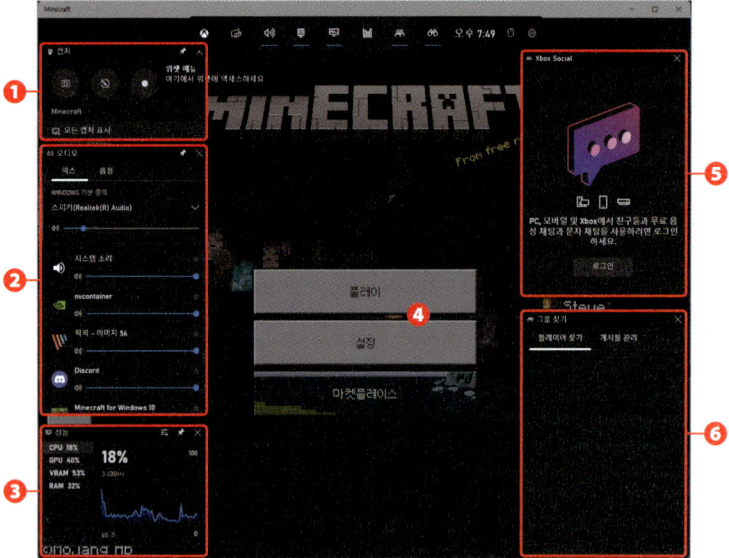

❶ 캡처 : 대단한 상황이 발생하면 클립을 녹화하거나 스크린샷을 찍습니다.
❷ 오디오 : 게임, 채팅 및 배경 앱의 소리 수준을 조정하여 완벽한 믹스를 얻습니다.
❸ 성능 : 게임의 FPS 및 기타 실시간 통계를 추적합니다.
❹ 갤러리 : 게임 클립과 스크린샷이 여기에 표시됩니다.
❺ Xbox Social : Xbox 커뮤니티의 일원이 됩니다. 친구와 연결하거나, 새로운 친구를 사귀거나, 친구의 PC 게임에 참가하거나 초대할 수 있습니다.
❻ 그룹 찾기 : 그룹 찾기를 사용하여, 즐겨 사용하는 멀티 플레이 게임의 플레이어를 찾습니다.

session 2 | 게임 고성능 그래픽 설정하기

사용자 지정 그래픽 설정을 통해 원활한 게임 실행이 될 수 있도록 설정할 수 있습니다.

01 ⊞+I를 누른 후 [게임] 화면에서 [관련 설정] > [그래픽]을 클릭합니다.

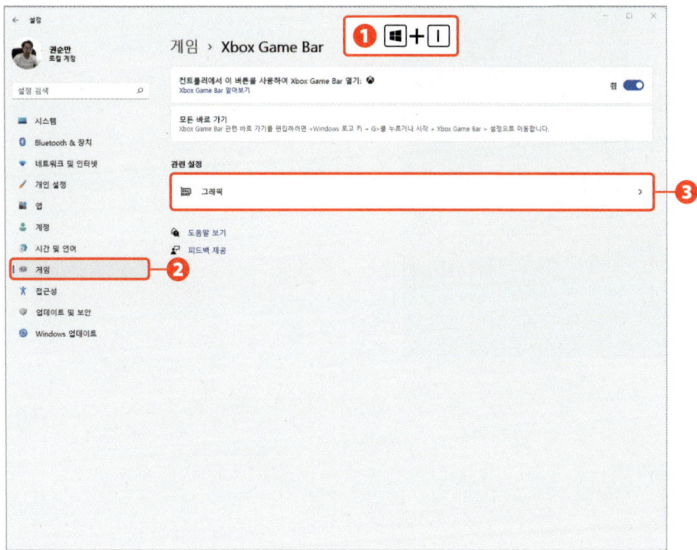

02 [게임 앱] 목록에서 설정할 게임을 선택하면 나타나는 [옵션]을 클릭합니다.

03 [그래픽 기본 설정] 화면에서 그래픽 옵션을 선택하고 [저장]를 클릭하여 설정을 완료합니다.

session 3 | 캡처 설정하기

게임 캡처를 위한 설정 방법입니다. ⊞+I 를 누르고 [게임] 화면에서 [캡처]를 클릭하면 캡처 시 사용되는 [캡처 위치, 녹음/녹화 시간, 녹화 프레임 속도] 등을 설정할 수 있습니다.

session 4 · 게임 모드 설정하기

게임을 플레이하는 동안 백그라운드 프로그램을 꺼서 PC를 최적화할 수 있습니다. ⊞+Ⅰ를 누르고 [게임] 화면의 [게임 모드]를 '켬'으로 설정합니다.

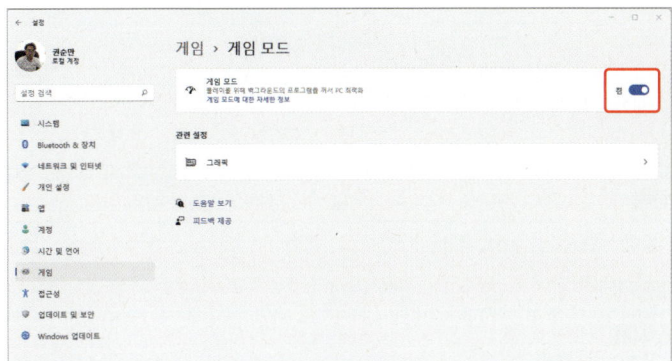

Tip

윈도우 11 환경에서 게임을 플레이하는 동안 Xbox 앱을 실행하면 다음과 같은 장점이 있습니다.

- 온라인 상태인 사람이 누구인지 확인하고 사용자와 플레이할 사람 초대 가능
- 해당 게임에 대해 완료한 도전 과제 추적 기능
- 게임 스트리밍을 사용하여 다른 장치에서 플레이 가능
- 활동 알림 메시지를 받을 수 있음
- 캡처를 사용하여 게임 스냅샷을 찍거나 녹화 가능

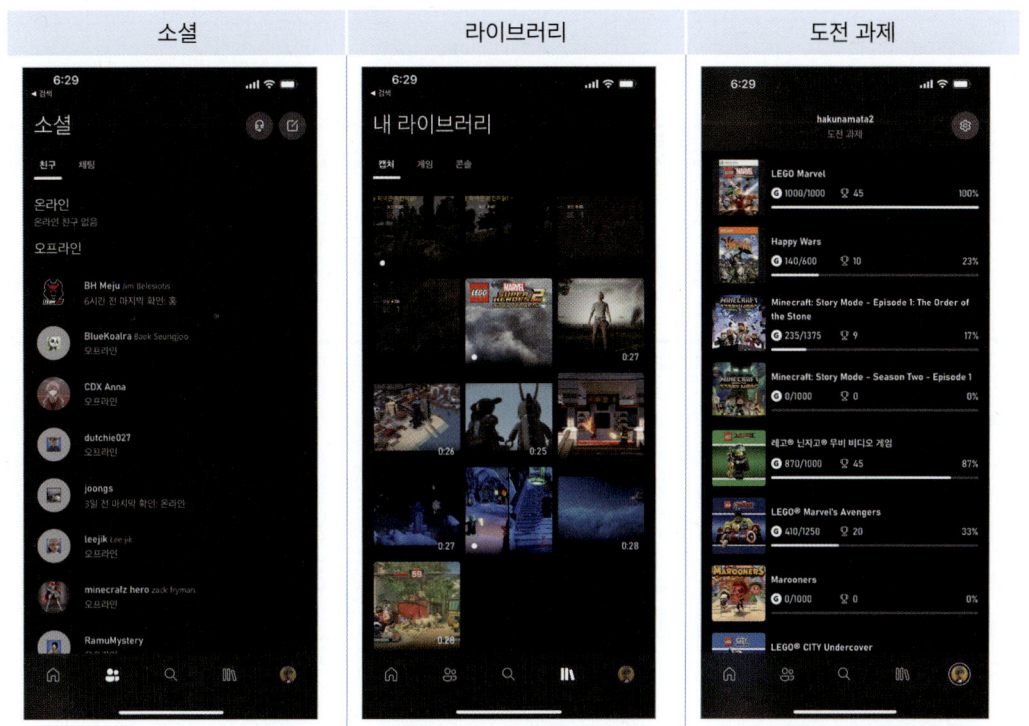

SPECIAL 게임 바 단축키

단축키	수행 작업
⊞+G	게임이 열려 있을 때 게임 바 열기
⊞+Alt+G	마지막 30초 녹화
⊞+Alt+R	녹화 시작 또는, 중지
⊞+Alt+Print Screen	게임의 스크린샷 생성
⊞+Alt+T	녹화 타이머 표시/숨기기
⊞+Alt+M	마이크 켜기 또는, 끄기
⊞+Alt+B	브로드캐스트 시작 또는, 중지
⊞+Alt+W	브로드캐스트 동안 카메라 표시

접근성

중요도
상
중
하

윈도우 11은 개인이 가진 장애, 선호도, 고유한 작업 스타일과 관계없이 모든 사람에게 의미 있는 혁신 기술을 제공합니다. 윈도우 11의 강력한 기본 기능과 타사의 접근성 기능을 사용해 화면과 상호 작용하고, 아이디어를 표현하고, 작업을 할 수 있습니다.

session 1 시각 접근성 기능 설정하기

아이콘 크기 조정, 텍스트 크기 및 색상 조정, 맞춤형 마우스 커서 등 디스플레이와 시각 설정을 통해 사용자가 편하게 볼 수 있는 환경을 설정할 수 있습니다.

◆ 마우스 포인터 및 터치

■+I를 누른 후 [접근성] 화면에서 [시각] 〉 [마우스 포인터 및 터치]를 클릭합니다.

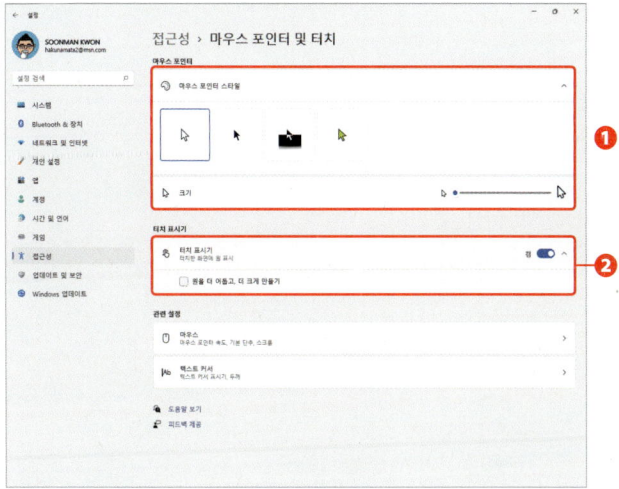

① 마우스 포인터 스타일 : 마우스 포인터 스타일 및 크기를 조정할 수 있습니다.
② 터치 표시기 : 터치 기능 사용 시에 터치의 위치를 나타냅니다.

◆◆ 텍스트 커서

⊞+Ⅰ를 누른 후 [접근성] 화면에서 [시각] 〉 [텍스트 커서]를 클릭합니다.

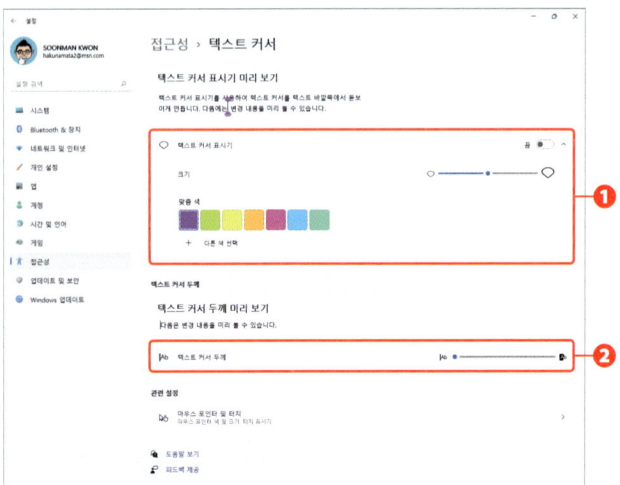

① 텍스트 커서 표시기 : 텍스트 커서 표시기를 특정 색상 및 크기로 설정할 수 있습니다.
② 텍스트 커서 두께 : 텍스트 커서 두께를 조정하여 커서 위치를 확인하는 데 용이합니다.

◆◆ 돋보기

⊞+Ⅰ를 누른 후 [접근성] 화면에서 [시각] 〉 [돋보기]를 클릭합니다.

① 돋보기 : 돋보기 기능을 사용하여 화면을 확대할 수 있고, ⊞+➕를 사용할 수도 있습니다.
② 확대/축소 수준 : ➕/➖를 누를 때 실행되는 확대/축소의 크기를 조정합니다.

◆◆ 색상 필터

⊞+I를 누른 후 [접근성] 화면에서 [시각] 〉 [색상 필터]를 클릭합니다.

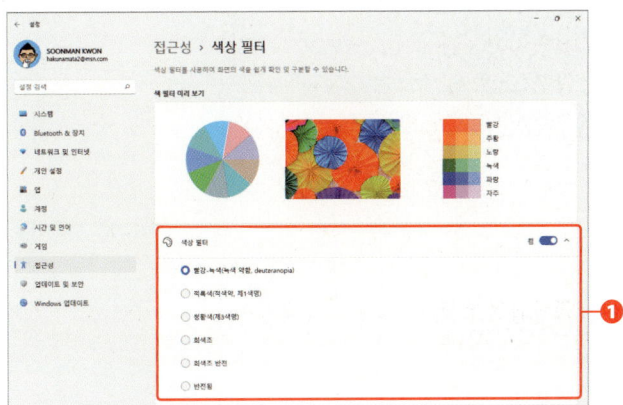

① 색상 필터 : 색상 필터 기능을 사용하여 색맹, 색약 사용자에게 색상 필터를 지정할 수 있습니다. 색상 필터를 바로 적용하는 단축키는 ⊞+Ctrl+C를 사용합니다.

◆◆ 내레이터

⊞+I를 누른 후 [접근성] 화면에서 [시각] 〉 [내레이터]를 클릭합니다.

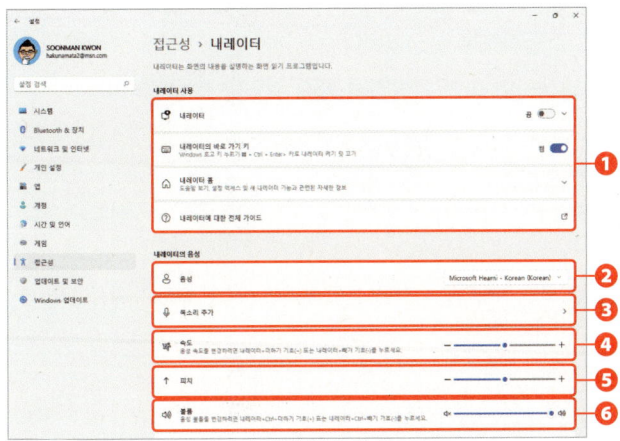

① 내레이터 사용 : 내레이터 기능을 활성화할 수 있습니다. 내레이터 바로 실행은 ⊞+Ctrl+Enter를 사용합니다.
② 음성 : 내레이터 언어를 설정합니다.
③ 목소리 추가 : 내레이터 목소리를 남성/여성 목소리로 추가합니다.
④ 속도 : 내레이터 음성 속도를 조정합니다.
⑤ 피치 : 내레이터 음성 피치를 조정합니다.
⑥ 볼륨 : 내레이터 음성 볼륨을 조정합니다.

session 2 | 청각 접근성 기능 설정하기

아이콘 크기 조정, 텍스트 크기 및 색상 조정, 맞춤형 마우스 커서 등 디스플레이와 시각 설정을 통해 사용자가 편하게 볼 수 있는 환경을 만들 수 있습니다.

◆ 오디오

⊞+Ⅰ를 누른 후 [접근성] 화면에서 [청각] > [오디오]를 클릭합니다.

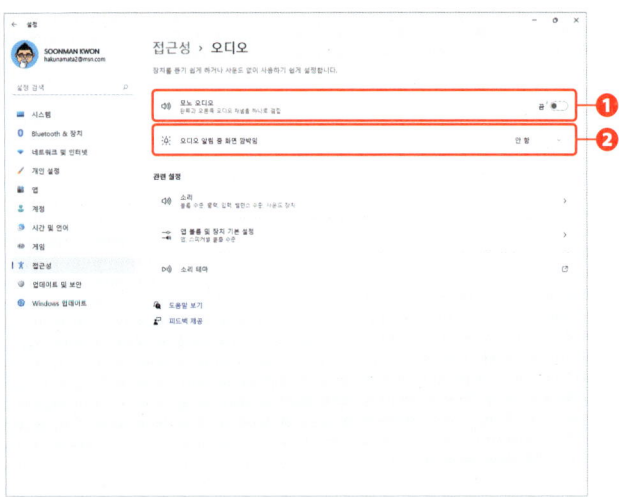

① 모노 오디오 : 왼쪽과 오른쪽 오디오를 한쪽으로 들리도록 설정합니다.
② 오디오 알림 중 화면 깜박임 : 오디오 알림이 발생하면 화면 깜박임을 통해 확인할 수 있습니다.

> **Tip**
>
> 오디오 알림으로 설정한 경우에 소리 대신 화면 깜박임을 통해 사용자에게 설정한 알림이 도착한 것을 인지시킬 수 있습니다.
>
> [설정] > [접근성] > [청각] > [오디오]에서 오디오 알림 중 화면 깜박임을 설정할 수 있습니다. 깜박임 설정은 '활성 창의 제목 표시줄 깜박임, 활성 창 깜박임 및 전체 화면 깜박임' 형태로 가능합니다.

◆ 캡션

⊞+I를 누른 후 [접근성] 화면의 [청각] > [캡션]에서 [편집]을 클릭합니다.

① 텍스트 : 텍스트 색 불투명도, 크기, 글꼴 및 효과를 설정할 수 있습니다.
② 배경 : 텍스트의 배경 색 및 불투명도를 설정할 수 있습니다.
③ 창 : 윈도우 창의 색 및 불투명도를 설정할 수 있습니다.

session 3 상호 작용 기능 설정하기

마우스와 키보드를 쉽게 사용할 수 있는 다양한 옵션을 제공합니다. 마우스 포인터의 모양과 색상을 변경하거나 마우스 키의 숫자 키패드로 마우스 포인터를 움직일 수 있습니다. 두 개의 키를 동시에 누를 수 없으면 고정 키로 한 번에 한 키씩 명령을 입력합니다.

◆ 음성 명령어

⊞+I를 누른 후 [접근성] 화면에서 [상호 작용] > [음성 명령]을 클릭합니다.

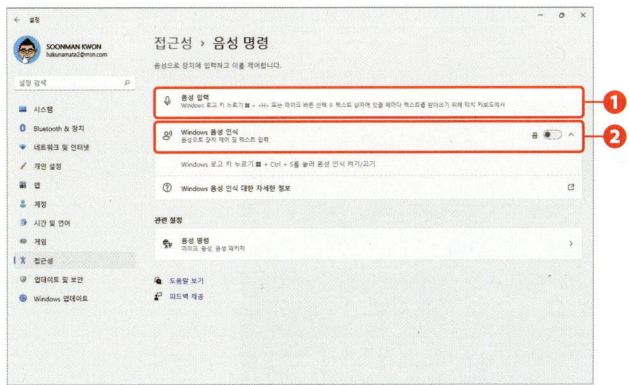

❶ 음성 입력 : 마이크를 사용하여 텍스트로 받아쓰기 설정을 합니다. ⊞+H 단축키를 사용하여 실행할 수 있습니다.

❷ Windows 음성 인식 : 음성 명령어를 통해 윈도우 및 장치를 제어합니다.

◆ 키보드

⊞+I 를 누른 후 [접근성] 화면에서 [상호 작용] 〉 [키보드]를 클릭합니다.

❶ 고정키 : 여러 키를 조합하여 명령어를 실행할 때 특정 키를 고정할 수 있습니다.

❷ 필터 키 : 짧거나 반복되는 키 입력을 무시할 수 있도록 키보드 민감도를 설정합니다.

❸ 토글 키 : Caps Lock, Num Lock, Scroll 등의 키가 실행될 때 소리를 내는 설정입니다.

❹ 화상 키보드 : 화상 키보드의 켜기/끄기 설정을 할 수 있습니다. ⊞+Ctrl+O 단축키를 사용하여 실행할 수 있습니다.

❺ 액세스 키에 밑줄 긋기 : Alt 를 길게 누르고 있지 않는 경우에도 액세스 키에 밑줄이 표시되도록 설정할 수 있습니다.

❻ 화면 인쇄 단추를 사용하여 화면 캡처 열기 : 화면 인쇄 단추를 클릭하면 캡처가 실행됩니다.

> **Tip**
>
> 화상 키보드 실행 단축키(⊞+Ctrl+O)
>
>

◆ 마우스

⊞+Ⅰ를 누른 후 [접근성] 화면에서 [상호 작용] 〉 [마우스]를 클릭합니다.

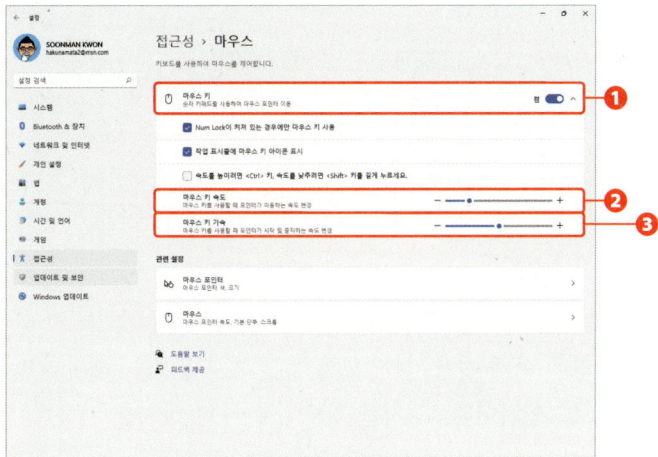

❶ 마우스 키 : 숫자 키패드를 사용하여 마우스 포인터를 이동하도록 설정하고, 설정 여부를 확인하기 위하여 작업 표시줄에 아이콘을 나타나게 할 수 있습니다.
❷ 마우스 키 속도 : 마우스 포인터 이동 시 속도를 조정합니다.
❸ 마우스 키 가속 : 마우스 포인터 시작 및 중지하는 속도를 조정합니다.

◆ 아이(Eyes) 컨트롤

⊞+Ⅰ를 누른 후 [접근성] 화면에서 [상호 작용] 〉 [아이 컨트롤]을 클릭합니다.

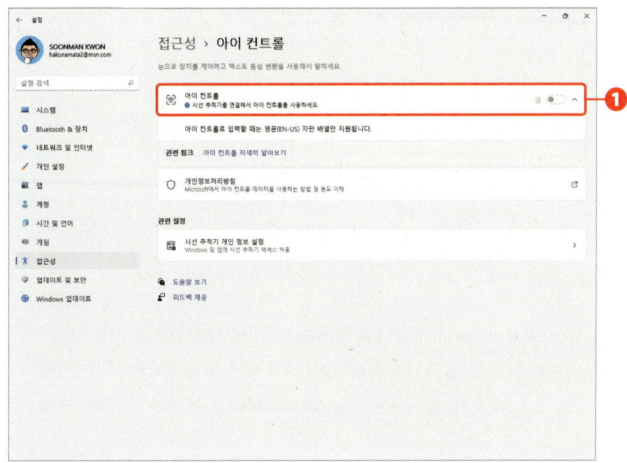

❶ 아이(Eyes) 컨트롤 : 시선 추적기를 연결하여 아이 컨트롤을 사용합니다. 별도의 장치가 필요합니다.

LESSON 08 접근성 **213**

개인 정보 및 보안

중요도: 상

윈도우 11 환경의 보안 설정과 윈도우 사용 및 앱 사용 권한에 대한 설정을 관리합니다.

session 1 내 장치 찾기

내 장치 찾기는 PC를 분실하거나 도난당한 경우 쉽게 찾을 수 있도록 돕는 기능입니다. 해당 기능을 사용하려면 Microsoft 계정으로 장치에 로그인합니다. 장치를 찾으려고 하면 장치를 사용하는 사용자에게 알림 영역에서 알림이 표시됩니다.

01 를 누른 후 [개인 정보 및 보안] 화면에서 [내 장치 찾기]를 클릭합니다.

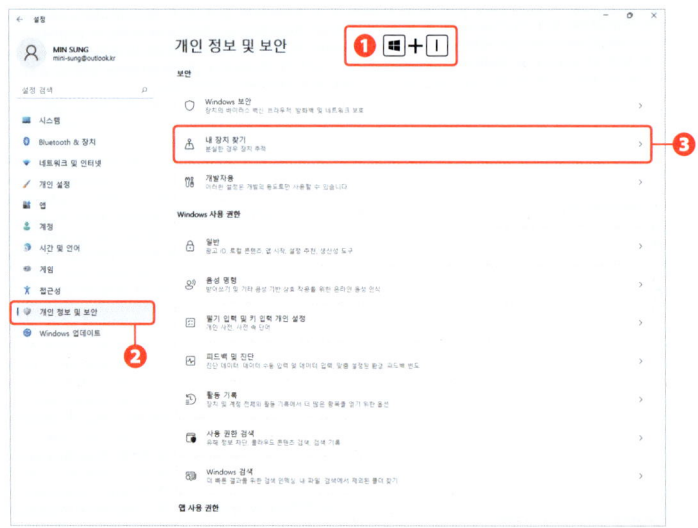

> **참고**
>
> 분실한 장치 설정은 데스크탑, 노트북, Surface 또는 Surface 펜 같은 모든 Windows 장치에서 동작하며, 이 기능을 사용하기 위해서는 사전에 기능이 활성화되어 있어야 합니다. 직장 또는 학교 계정에서 이 설정을 사용하기 위해서는 별도의 Microsoft 365 라이선스 구성이 필요할 수 있습니다. 그리고, iOS 장치, Android 장치 또는, Xbox One 콘솔에는 작동하지 않습니다.

02 [개인 정보 및 보안] 화면에서 [내 디바이스 찾기]가 설정되어 있는지 확인합니다. 내 디바이스 찾기가 설정되어 있으면 [계정에 연결된 모든 장치 보기]를 클릭합니다.

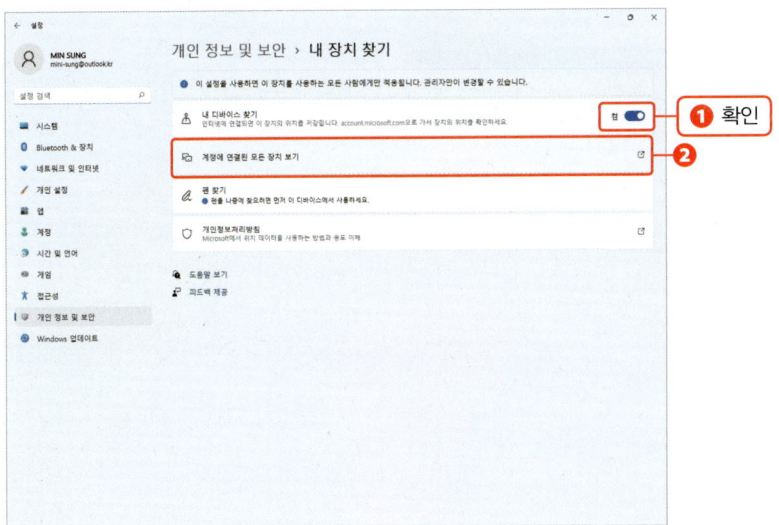

03 인터넷 브라우저가 실행되고, 'Microsoft 계정'과 '암호'를 입력하여 사이트에 접속합니다.

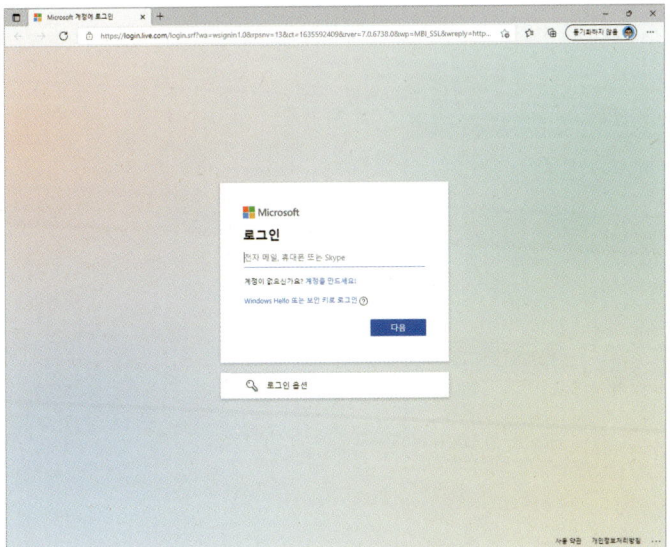

LESSON 09 개인 정보 및 보안 **215**

04 장치 관리 웹 사이트(https://account.microsoft.com/devices)에서 등록되어 있는 디바이스가 나열됩니다. [내 장치 찾기]를 클릭합니다.

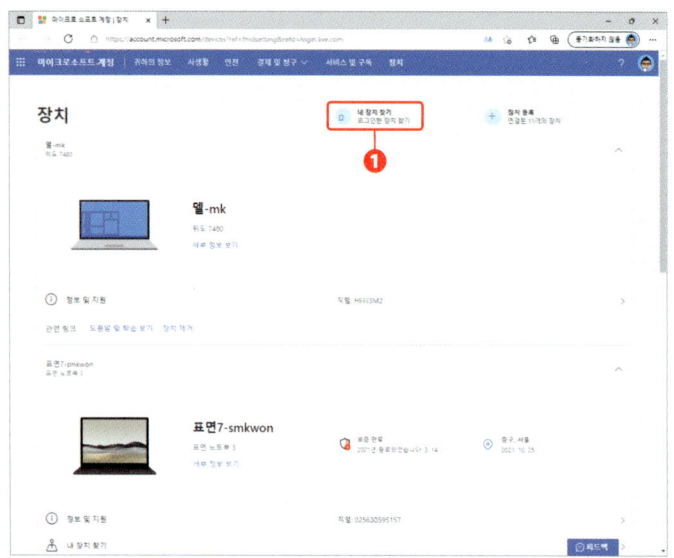

05 선택한 디바이스의 상태와 위치가 나타나게 됩니다. [찾기]를 클릭하면 최신의 위치 상태 요청이 진행되고, 찾는 디바이스에 팝업 창이 나타나게 되며, 그 위치 정보를 업데이트하게 됩니다.

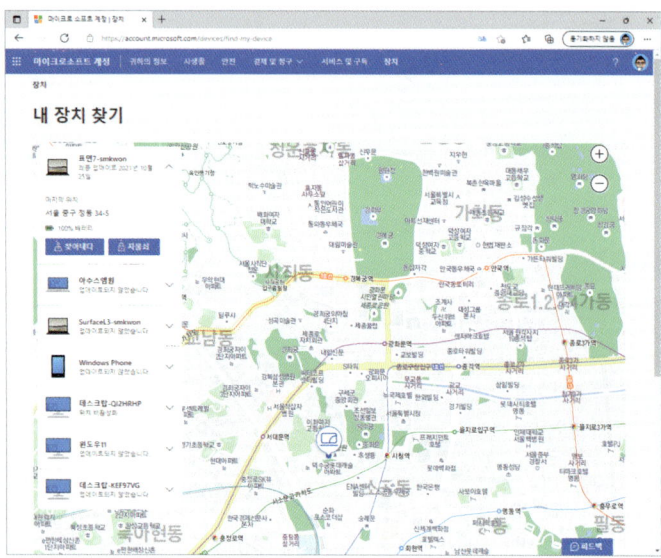

| session 2 | **앱 위치 사용 권한 관리하기**

윈도우 11의 위치 기능으로 사용자의 위치를 확인할 수 있습니다. Microsoft는 위치 데이터를 사용하여 위치 서비스의 정확도를 향상시키게 됩니다.

장치 위치 설정이 활성화되어 있으면 Microsoft의 위치 서비스는 GPS(글로벌 위치 확인 서비스), 가까운 무선 액세스 지점, 기지국 및 IP 주소의 조합을 사용하여 장치 위치를 확인합니다. 장치의 기능에 따라 장치의 위치는 다양한 수준의 정확도로 결정될 수 있으며, 경우에 따라 정확하게 결정될 수도 있습니다.

01 ⊞+Ⅰ를 누른 후 [개인 정보 및 보안] 화면에서 [앱 사용 권한] 〉 [위치]를 클릭합니다

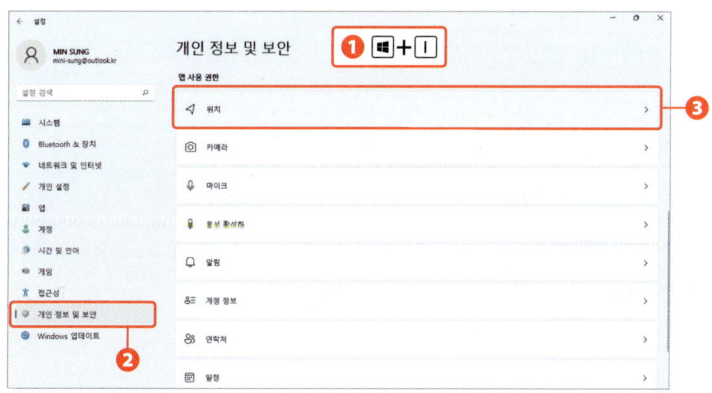

02 [위치] 화면에서 위치 서비스 활성화/비활성화 설정을 할 수 있고, 위치 정보와 관련된 앱 목록에서 위치 정보를 공유할 앱을 설정합니다. 장치 위치가 켜져 있을 때 위치를 저장하고, 장치에서 제한된 시간 동안 위치를 확인할 수 있게 되는데, 강제로 삭제하는 방법은 [위치 기록]의 [지우기]를 클릭하면 됩니다.

Windows 업데이트

LESSON 10

중요도 상

윈도우 11을 원활하고 안전하게 사용하기 위해 현재 업데이트 상태, 최신 업데이트를 받을 시기와 방법을 선택할 수 있는 기능을 제공합니다. 권장 업데이트를 받을 준비가 되지 않은 경우, 권장 업데이트의 다운로드 및 설치를 일시 중지하도록 선택할 수도 있습니다.

session 1 업데이트 일시 중지

Windows 업데이트를 적용할 준비가 되어 있지 않은 경우에는 임의로 업데이트를 지연 설정할 수 있습니다.

01 ⊞+I를 누른 후 [Windows 업데이트] 화면에서 [1주 동안 일시 중지]를 클릭합니다.

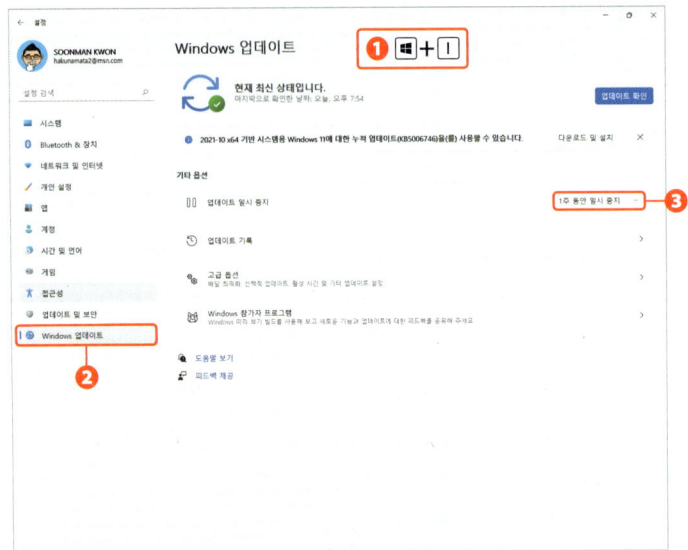

> **Tip 윈도우 업데이트 릴리즈 정보**
>
> 윈도우 11은 연간 기능 업데이트 주기 정책이 있습니다. 윈도우 11 기능 업데이트는 매년 하반기에 출시될 예정이며, 윈도우 11 에디션별로 지원하는 기간이 다릅니다. Home, Pro 경우는 24개월, Education, Enterprise는 36개월 기간으로 업데이트 지원이 됩니다.
> 새로운 기능, 통합 보안된 보안을 위해서는 최대한 빠르게 배포된 업데이트를 사용하는 것을 권장합니다.
> 월별 보안 업데이트의 경우 윈도우 11은 매월 둘째 주 화요일에 누적 업데이트 프로세스가 진행됩니다. 월별 보안 업데이트를 통해 디바이스를 보호할 수 있게 됩니다.

02 설정한 일정으로부터 1주 동안 Windows 업데이트가 중지 상태로 됩니다. 만약, 도중에 업데이트를 해야 한다면, [업데이트 계속하기]를 클릭하여 해제할 수 있습니다.

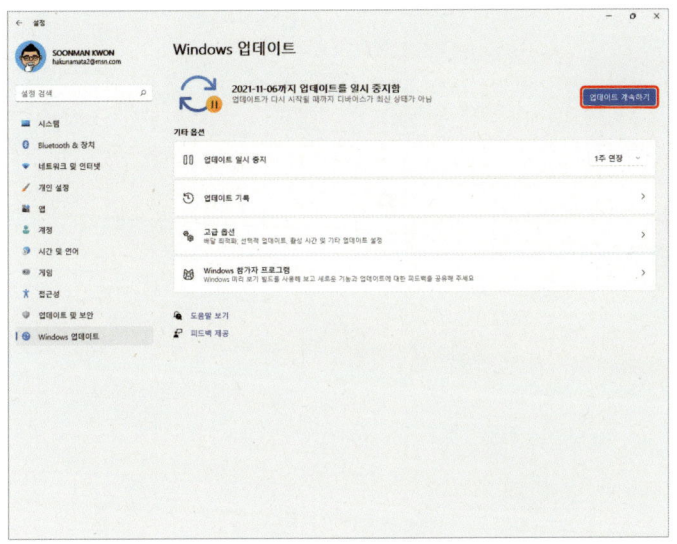

session 2 | 업데이트 재시작 시간 설정

사용 시간을 통해 윈도우 사용자가 일반적으로 PC를 사용하는 시간대를 인지하게 됩니다. 이 정보를 이용하여 사용자가 PC를 사용하지 않을 때 업데이트 및 다시 시작을 예약합니다.

01 ■+I를 누른 후 [Windows 업데이트] 화면에서 [고급 옵션]을 클릭합니다.

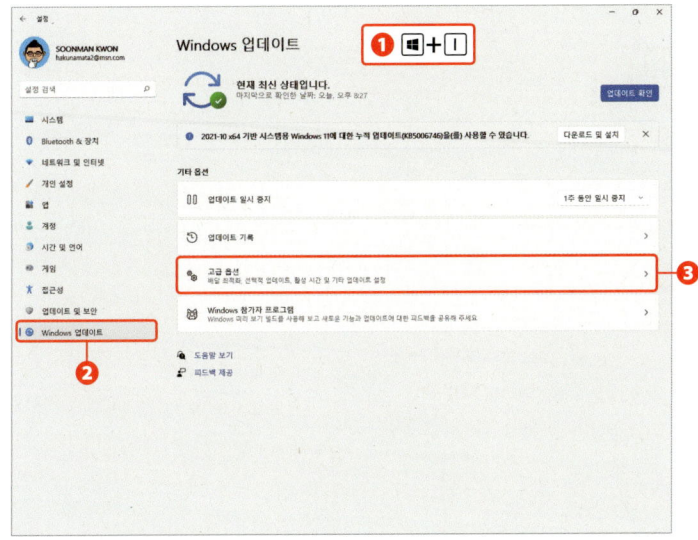

LESSON 10 Windows 업데이트 **219**

02 [고급 옵션] 화면에서 [사용 시간]을 클릭합니다.

03 윈도우가 사용 패턴을 보고 자동으로 설정되어 있는데, '수동'을 선택하고 [시작 시간], [종료 시간]을 설정합니다.

> **Tip** 윈도우 업데이트를 위한 공간 확보

윈도우 11 업데이트는 PC를 최신 상태로 유지하고 보안을 유지하는 데 도움이 되는 최신 기능과 보안 개선 사항을 제공합니다. 이 업데이트 설치 프로세스가 시작되기 전에 PC에 충분한 저장 공간이 있는지 확인합니다. 필요한 추가 공간은 **10GB** 이상의 여유 공간이 필요합니다.

디스크 공간이 부족하면 최신 윈도우 11 기능과 보안 개선 기능을 PC에 설치할 수 없습니다. 다만, 별도의 외부 저장 장치를 사용하여 **10GB** 이상의 여유 공간을 생성하면 해결할 수 있습니다.

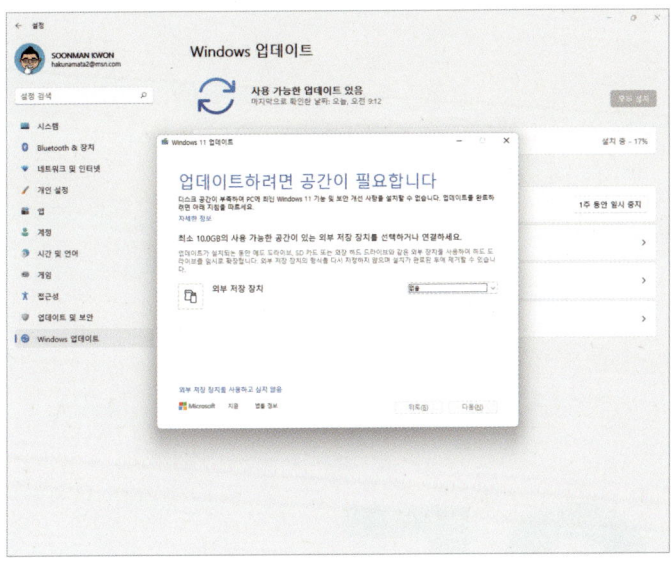

PART

05

윈도우 11 사용자 관리하기

하나의 PC를 여러 사용자가 사용하는 경우에 사용자 계정을 생성하여 개별적 PC를 사용할 수 있습니다. 필요한 경우 사용자 계정을 생성할 때 관리자 권한이 부여될 수는 있지만, 가능하면 로컬 사용자 계정만 만드는 것이 좋습니다. 계정을 만들 때는 암호를 설정하고, 안전하게 보관해야 합니다. 암호를 잊거나 분실할 경우 Microsoft에서 암호를 모르기 때문에 복구할 수 없습니다.

사용자 관리하기

관리자 계정으로 새로운 사용자 계정을 추가 생성하고 권한을 관리할 수 있습니다. 이번에는 윈도우 사용자 계정의 정보, 사진 등을 업데이트하는 방법과 사용자 계정의 암호를 분실하는 경우 암호를 관리하는 방법에 대하여 알아봅니다.

session 1 사용자 계정 유형 알아보기

윈도우 11에서 사용하는 사용자 계정의 유형에 대하여 알아봅니다.

- 표준 사용자 계정 : 표준 사용자는 일상적인 PC를 사용하는 사용자로서, 설치되어 있는 앱을 실행하고 사용할 수 있습니다.
- 관리자 계정 : 관리자 계정은 PC의 설정, 앱 설치 및 변경 등의 작업을 제어할 수 있는 권한을 가진 계정입니다.
- Microsoft 계정 : Microsoft 계정을 통해 Microsoft 클라우드 서비스, 메일, 일정, OneDrive 등을 사용하고 동기화할 수 있습니다.
- 게스트 계정 : PC를 임시로 사용하는 사용자로서, 최소한의 권한이 주어진 계정입니다.

윈도우 비스타 이후부터 사용자 계정 컨트롤이라는 기능을 통해 관리자 권한을 가진 사용자 계정으로 로그인하더라도 기본적으로 표준 사용자 권한으로 로그인되어 관리자 권한이 요구되는 설정이나 명령을 실행했을 때 다음 이미지처럼 추가적인 실행 여부를 묻는 윈도우 창이 나타날 때 차이점이 있습니다. 로그인한 사용자 계정이 관리자 계정일 때와 일반 표준 사용자 계정일 때 차이가 있는 것을 볼 수 있습니다.

관리자 그룹에 속한 사용자 계정인 경우는 '예/아니오' 형태이며, 관리자 그룹에 속하지 않은 일반 사용자 계정인 경우는 관리자의 계정과 암호까지 입력하는 윈도우 창을 확인할 수 있습니다. 이처럼 윈도우에서는 계정의 권한을 처음부터 가장 높은 상태가 아닌 낮은 상태로 유지하면서 사용할 수 있도록 설계되어 있어 보안을 강화할 수 있는 기능을 제공하고 있습니다.

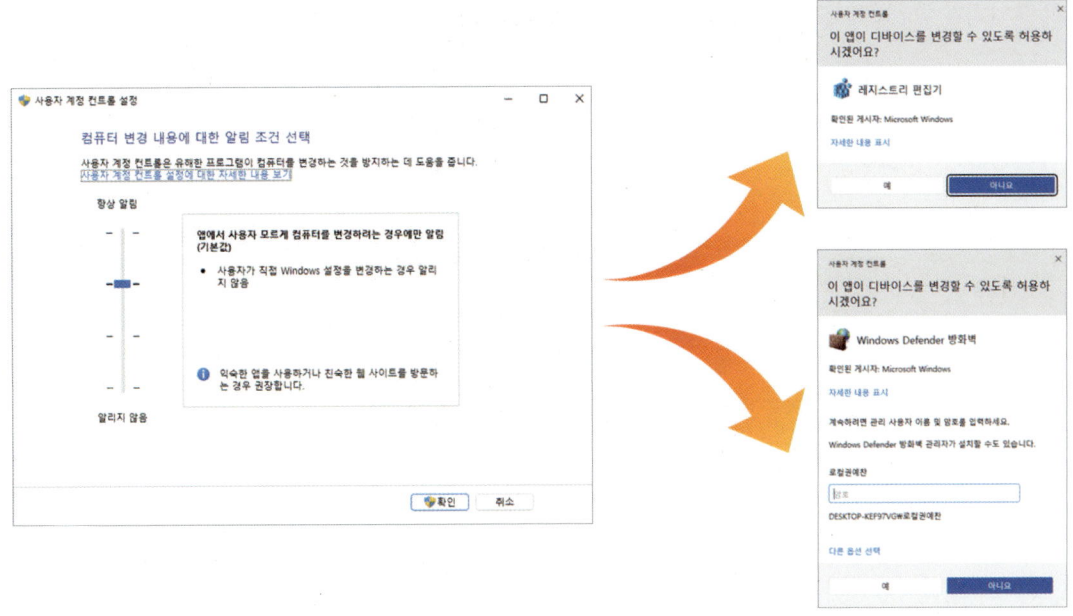

session 2 　로컬 사용자 계정 추가하기

윈도우 로컬 사용자 계정을 추가하는 방법에 대하여 알아봅니다.

01 ■+I를 누른 후 [계정] 화면에서 [가족 및 다른 사용자]를 클릭합니다.

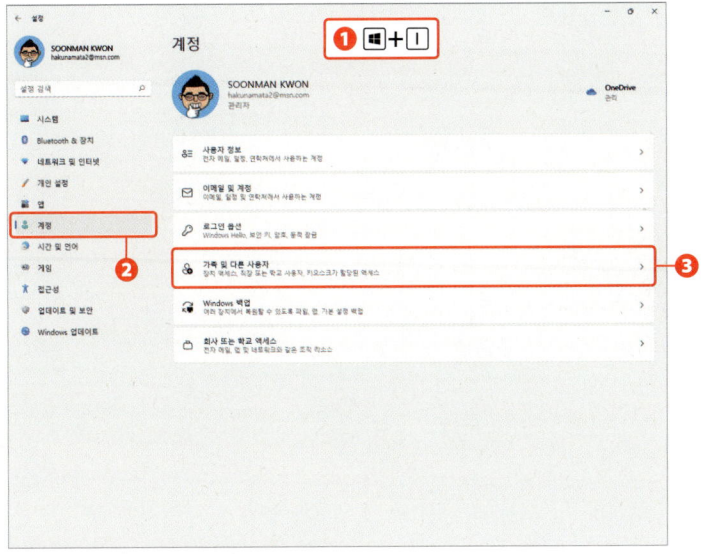

02 [가족 및 다른 사용자] 화면에서 [기타 사용자] > [계정 추가]를 클릭합니다.

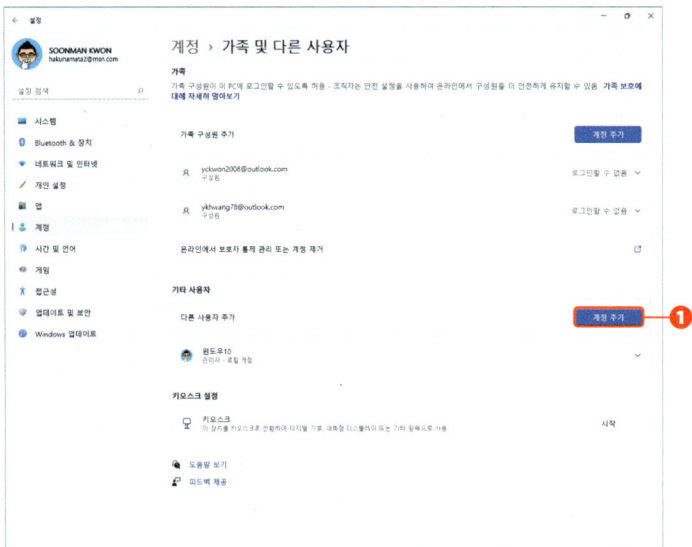

03 '이 사람은 어떻게 로그인합니까?' 화면에서 [이 사람의 로그인 정보를 가지고 있지 않습니다.]를 클릭합니다.

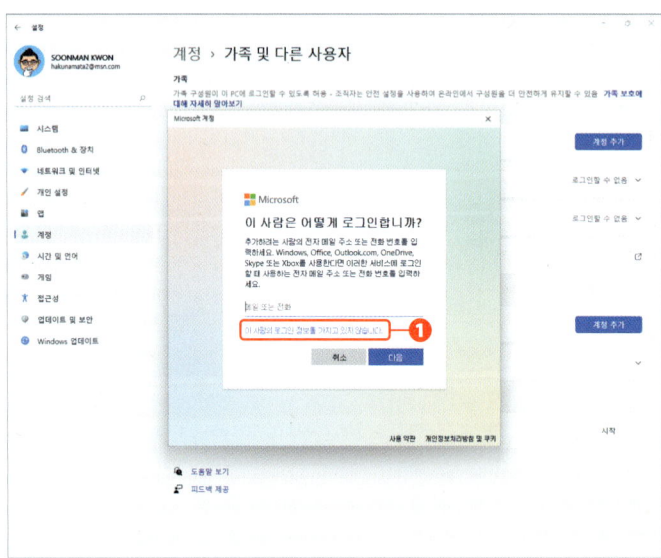

04 로컬 사용자 계정을 생성하기 위해서는 [계정 만들기] 화면에서 [Microsoft 계정 없이 사용자 추가]를 클릭합니다.

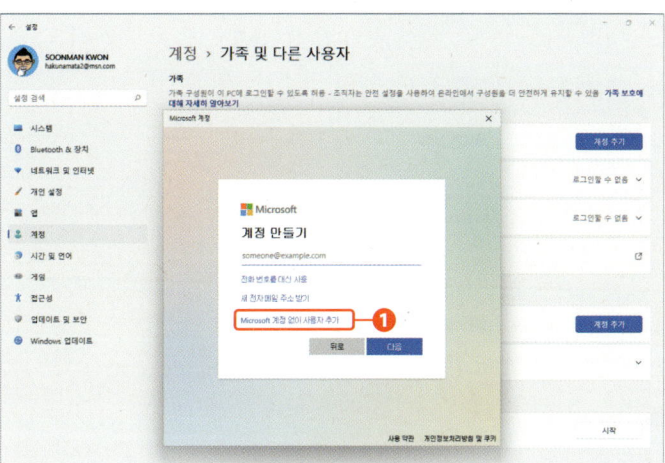

> **Tip**
>
> [전화번호를 대신 사용]을 선택하여 계정 만들기를 선택하면, 추가적으로 문자 인증을 통해 계정을 생성할 수도 있습니다.

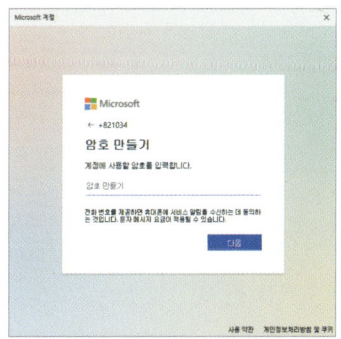

05 [이 PC의 사용자 만들기] 화면에서 [사용자 이름], [암호]를 입력합니다.

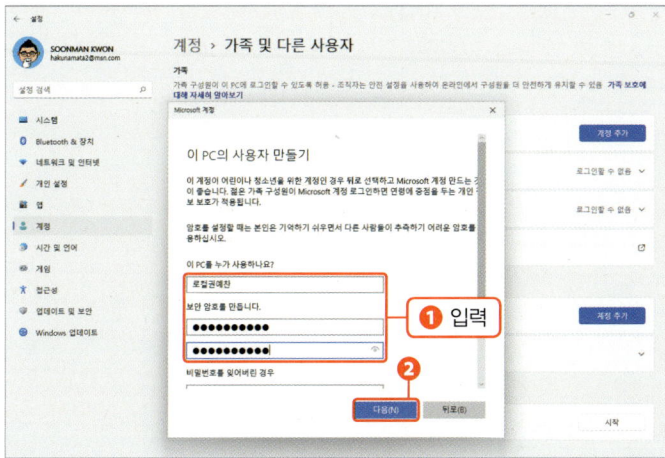

LESSON 01 사용자 관리하기 **227**

06 비밀번호를 잊어버린 경우 찾을 수 있는 비밀번호 분실 질문을 선택한 후 답을 입력하고 [다음]을 클릭합니다.

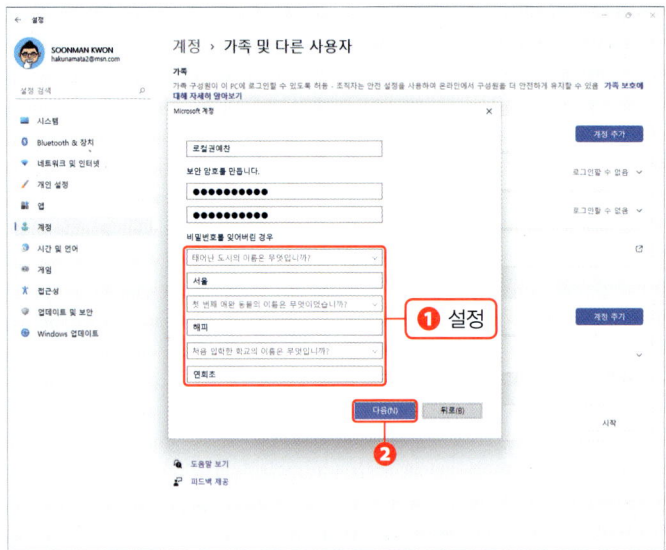

07 [가족 및 다른 사용자] 화면의 [기타 사용자]에 생성한 계정이 추가됩니다.

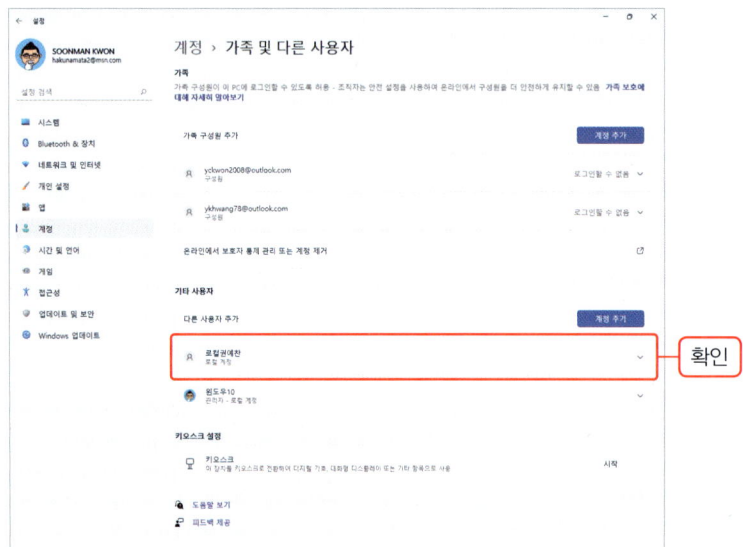

session 3 | Microsoft 사용자 계정 추가하기

Microsoft 사용자 계정을 추가하는 방법에 대하여 알아봅니다.

01 를 누른 후 [계정] 화면에서 [가족 구성원 추가] 〉[계정 추가]를 클릭합니다.

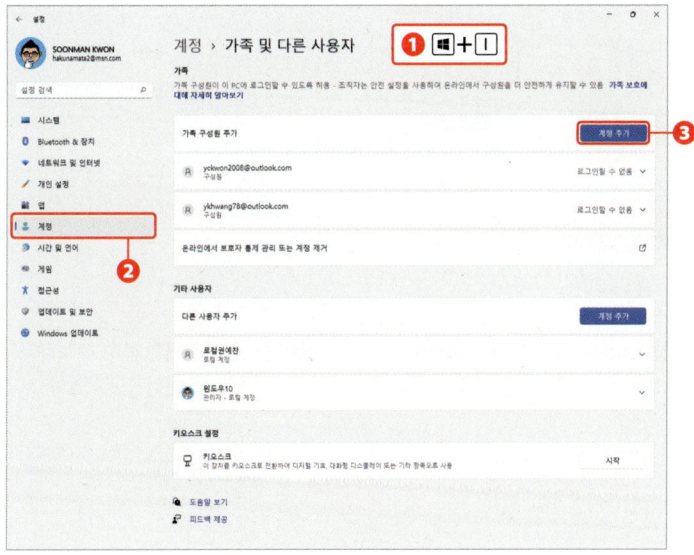

02 [사용자 추가] 창에서 [자녀의 계정 만들기]를 클릭합니다. 만약 이전에 Microsoft 계정이 있다면 메일 주소를 입력하여 추가할 수도 있습니다.

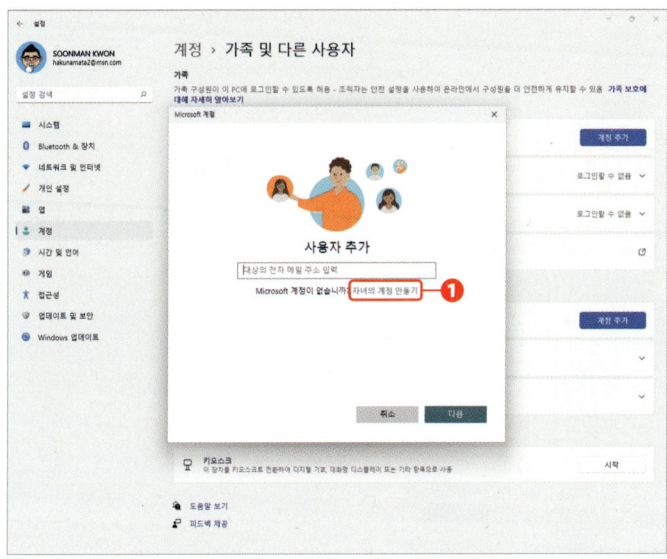

LESSON 01 사용자 관리하기 **229**

03 [계정 만들기] 창에서 생성할 계정 주소를 입력한 후 [다음]을 클릭합니다.

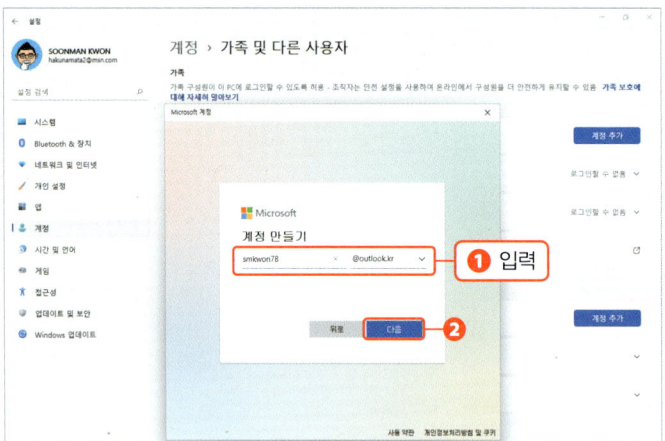

> **Tip**

새로운 Microsoft 계정을 만들 때, 다음과 같이 'Outlook.kr, Outlook.com, Hotmail.com' 세 개의 도메인 중에 선택하여 계정을 생성할 수 있습니다. 만약에서 원하는 계정 아이디가 이미 존재하고 있다면, 제공되는 도메인을 변경하여 생성을 시도하면 됩니다.

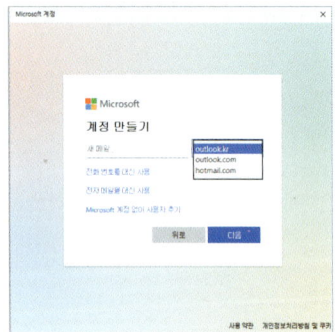

04 [암호 만들기] 창에서 [암호]를 입력한 후 [동의하고 계정 만들기]를 클릭합니다.

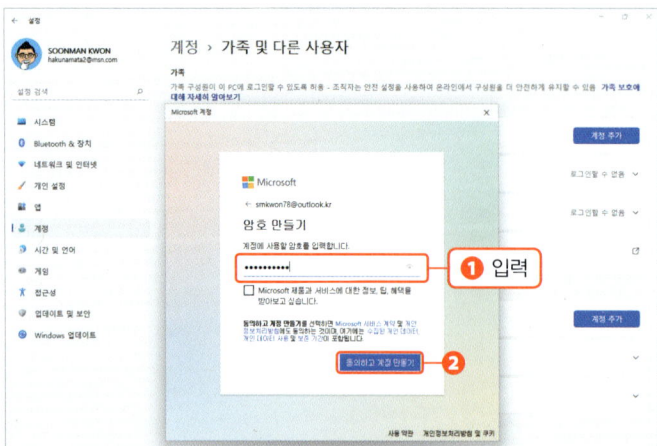

05 [이름을 입력하세요] 창에서 [성], [이름]을 입력한 후 [다음]을 클릭합니다.

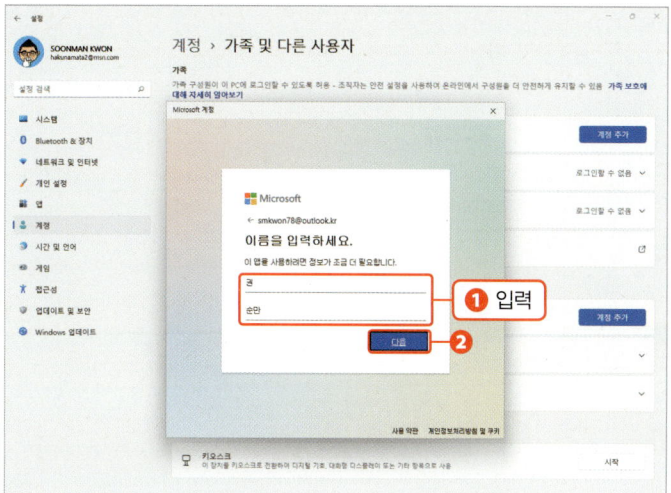

> **Tip** 암호 해킹 시간 체크 사이트

자신이 사용하는 암호를 입력했을 때 예상되는 해킹 시간을 체크할 수 있는 사이트입니다. 여기서 간단한 테스트를 통해 자신의 암호에 대한 안정성을 확인할 수 있습니다.

https://www.security.org/how-secure-is-my-password/

06 [생년월일을 입력하세요] 창에서 [국적], [생년월일]을 입력한 후 [다음]을 클릭합니다.

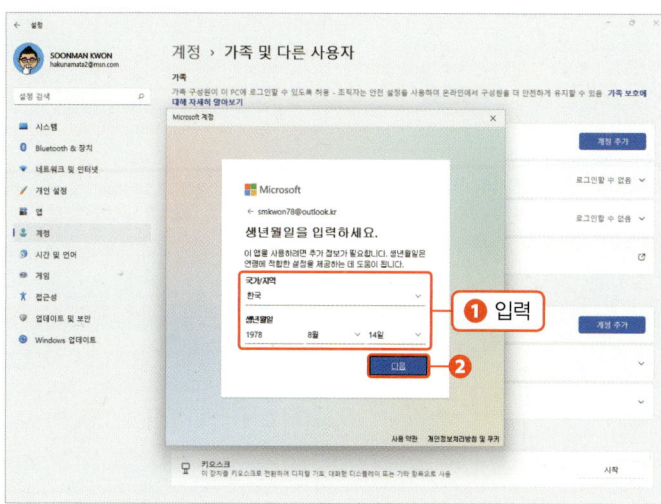

LESSON 01 사용자 관리하기 **231**

07 Microsoft 계정 생성이 완료된 메시지를 확인한 후 [닫기]를 클릭합니다.

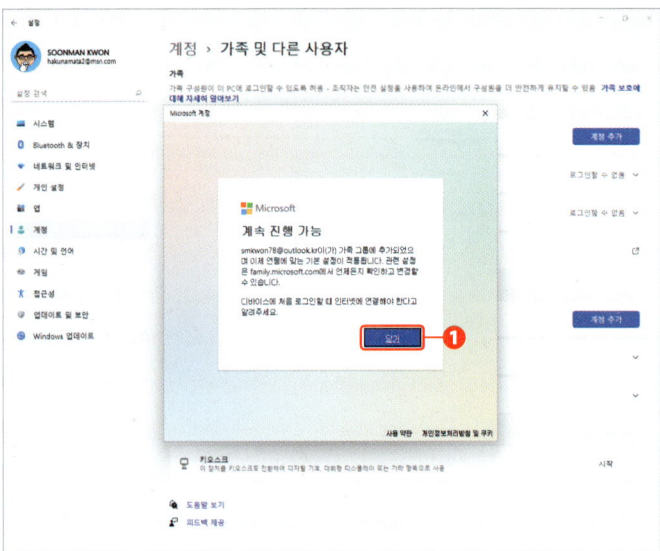

> **Tip** **Microsoft Family Safe란?**
>
> Microsoft 계정을 통해 가족 그룹에 계정이 포함되면 구성원의 역할에 따라 안전한 컴퓨터 환경을 제공합니다. 제공되는 기능은 화면 시간 제한(앱 및 게임 제한, 디바이스 제한, 화면 시간 요청, 활동 요약), 콘텐츠 필터(앱 및 게임 필터, 웹 및 검색 필터, 콘텐츠 요청), 위치 인식(위치 공유, 저장된 장소, 위치 알림) 등으로 관리할 수 있게 됩니다.
> 모바일 앱을 통해서도 관리가 가능합니다.
> - iOS 다운로드 : https://apps.apple.com/app/microsoft-family-safety/id1489209093
> - Android 다운로드 : https://play.google.com/store/apps/details?id=com.microsoft.familysafety

08 [가족 및 다른 사용자] 화면의 [기타 사용자]에 생성한 Microsoft 계정이 추가됩니다.

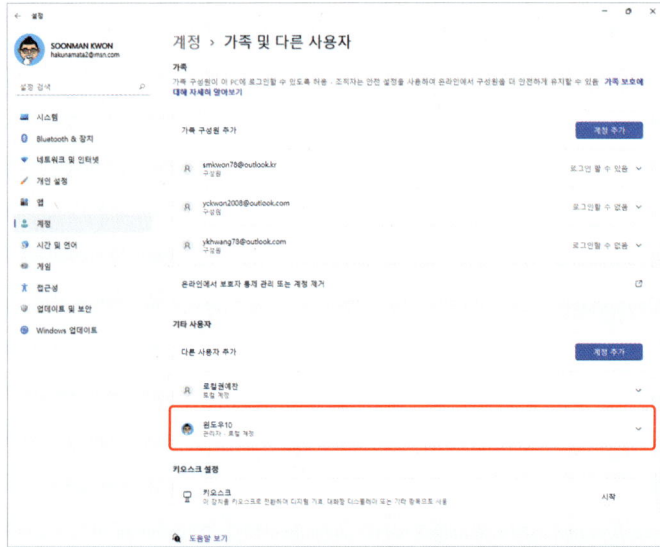

session 4 사용자 계정을 관리자 계정으로 바꾸기

일반 사용자 계정을 관리자 권한의 계정으로 변경하는 방법에 대하여 알아봅니다.

01 ⊞+I를 누른 후 [계정] 화면의 [기타 사용자]에서 권한을 수정할 계정을 선택하면 나타나는 [계정 유형 변경]을 클릭합니다.

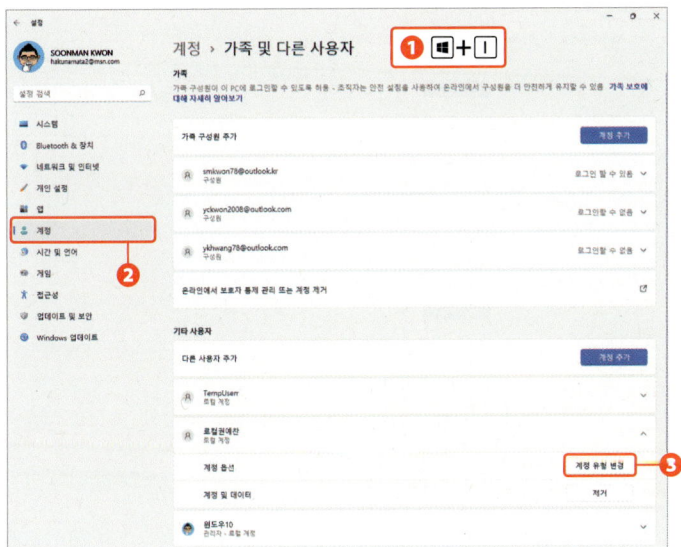

02 [계정 유형 변경] 화면에서 [계정 유형 [관리자]] 또는, [표준 사용자]를 선택한 후 [확인]을 클릭하여 계정 유형을 변경합니다.

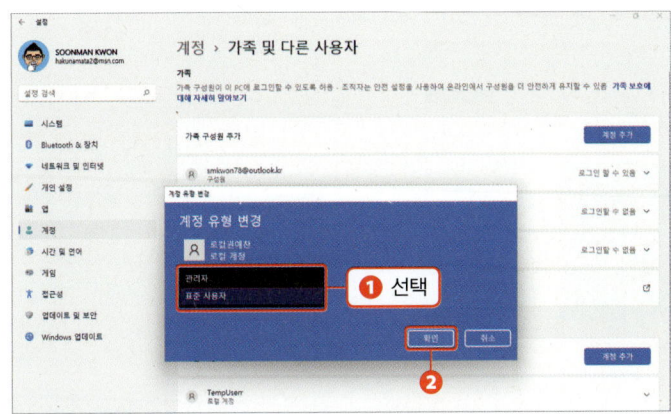

> **참고**
> 관리자 계정이 있는 사용자는 시스템의 모든 항목에 액세스할 수 있으며, 악성 소프트웨어를 사용하게 될 경우 관리자 권한을 통해 시스템의 모든 파일을 감염 또는, 손상시킬 잠재적 가능성이 있습니다. 반드시 필요한 경우에만 해당 수준의 액세스 권한을 부여하세요.

| session 5 | **사용자 계정 삭제하기** |

사용자 계정을 윈도우 11에서 제거하는 방법에 대하여 알아봅니다.

01 ⊞+Ⅰ를 누른 후 [계정] 화면에서 [기타 사용자] > [제거]를 클릭합니다.

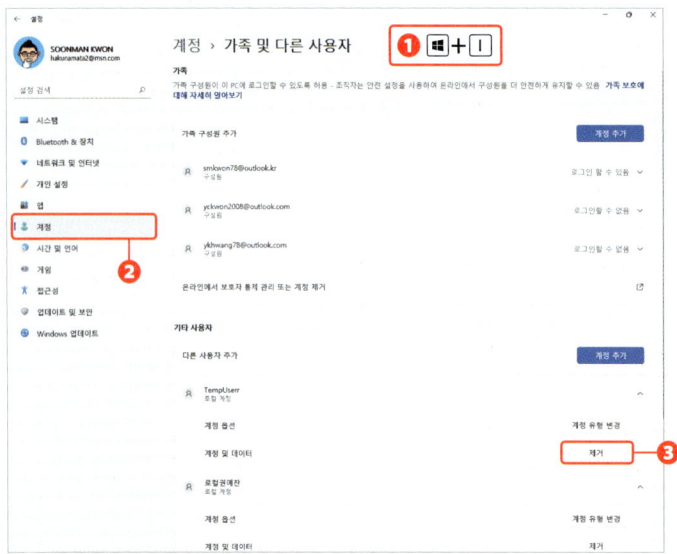

02 [계정 및 데이터를 삭제] 창에서 내용을 확인한 후 [계정 및 데이터 삭제]를 클릭하면, 사용자 계정과 프로필 데이터가 모두 삭제됩니다.

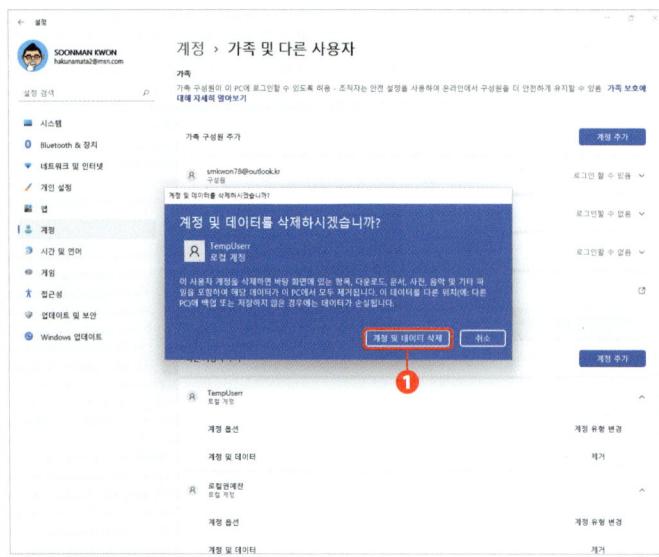

session 6 │ 사용자 로그인 사진 변경하기

사용자 로그인 사진을 변경하는 방법에 대하여 알아봅니다.

01 ⊞+I를 누른 후 [계정] 화면에서 [사용자 정보]를 클릭합니다.

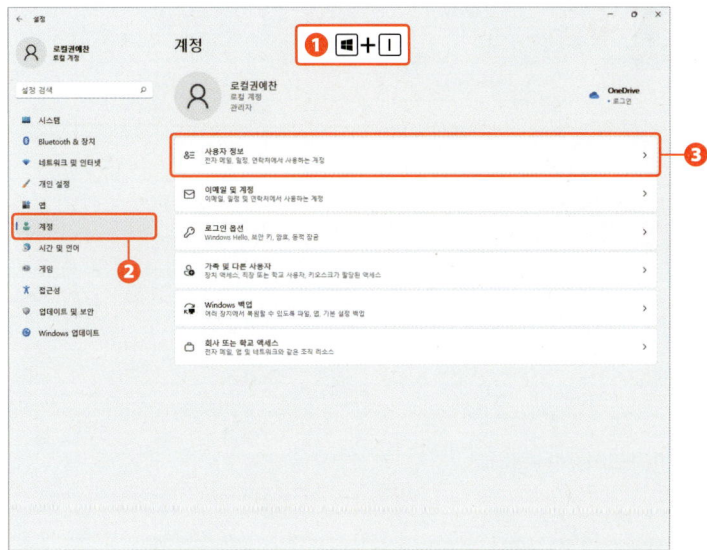

02 [사용자 정보] 화면에서 [사진 조정] > [카메라 열기]를 사용하면 바로 카메라에서 찍은 프로필 사진을 적용할 수 있습니다. [파일 찾아보기]를 클릭합니다.

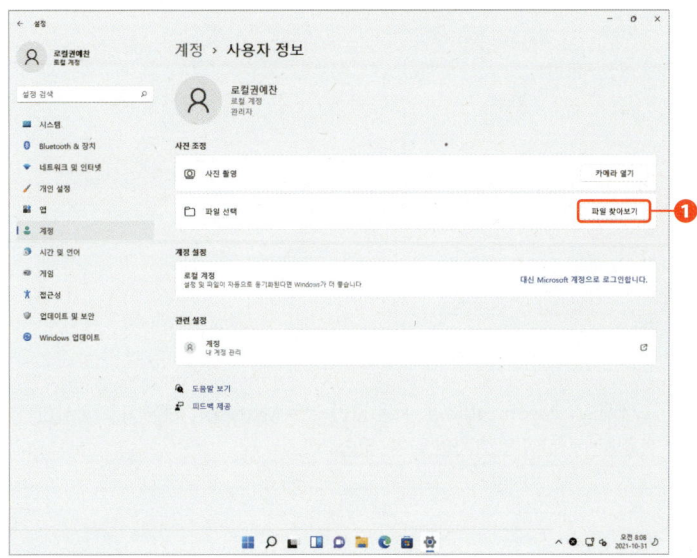

03 프로필 적용할 이미지 파일을 찾아 [사진 선택]을 클릭합니다.

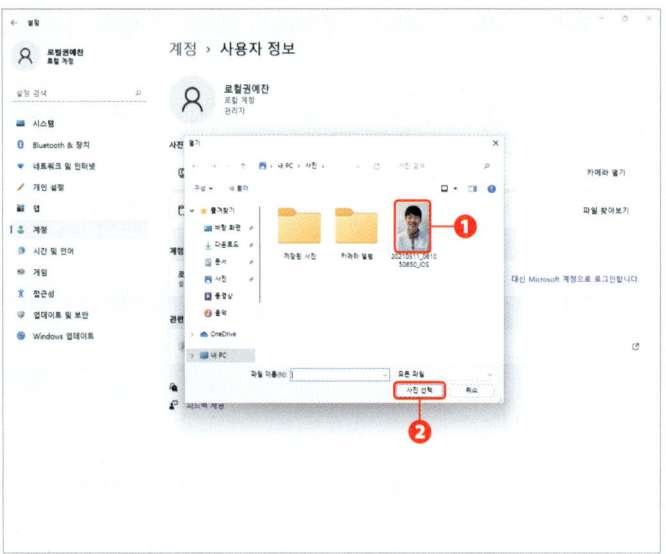

04 사용자 정보에 프로필 사진으로 변경되어 적용됩니다.

> 📌 **참고 : Microsoft 계정 프로필 사진 업데이트**
>
> Microsoft 계정으로 컴퓨터와 모바일 디바이스에서 Microsoft 서비스를 사용 중인 경우 Microsoft 계정 프로필 사진을 컴퓨터에서 변경하면, 모바일 디바이스에 적용되는 시간이 약간 차이 날 수 있습니다.

사용자 암호 관리하기

중요도 상

사용자 암호를 관리하고, 윈도우 11에서 제공하는 여러 방식의 로그인 방식을 사용하여 암호를 설정하는 방법에 대하여 알아봅니다.

session 1 사용자 계정 암호 설정과 변경하기

사용자 계정을 분실하거나 초기화가 필요한 경우 사용자 계정 암호 설정과 변경하는 방법에 대하여 알아봅니다.

01 ⊞+I를 누른 후 [계정] 화면에서 [로그인 옵션]을 클릭합니다.

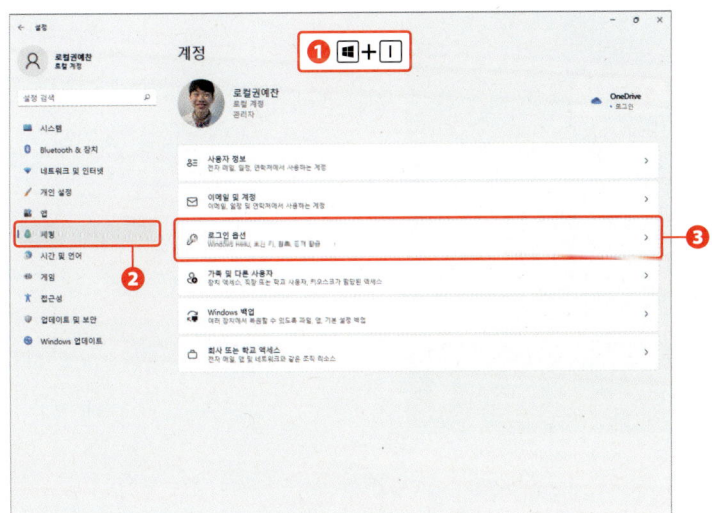

Tip 암호 복잡성

암호의 복잡성을 두면 보안을 강화하는 데 도움이 됩니다. 암호 생성 시에는 다음과 같이 문자를 조합하여 사용하는 것을 권장합니다. 암호의 복잡성을 충족할 때 예를 들어, 8자로 조합이 되었다면 암호의 가지수는 218,340,105,584,896개 이상의 가능성이 있습니다. 이 설정을 사용하면 암호 무차별 대입 공격을 최소한 방어할 수 있게 됩니다.

- 대문자(A에서 Z까지의 대문자(발음 부호, 그리스어 및 키릴 자식 문자)
- 소문자(a–z, sharp–s, 분음 부호, 그리스어 및 키릴 자식 문자)
- 기본 10자리 숫자(0–9)
- 특수 문자 : (~!@#$%^&*_−+='|₩() {} []:;" <>,.? /)

02 [로그인 옵션] 화면에서 [로그인하는 방법] > [암호]를 클릭하면 나타나는 [변경]을 클릭합니다.

03 [암호 변경] 창이 나타나면 [현재 암호]를 입력한 후 [다음]을 클릭합니다.

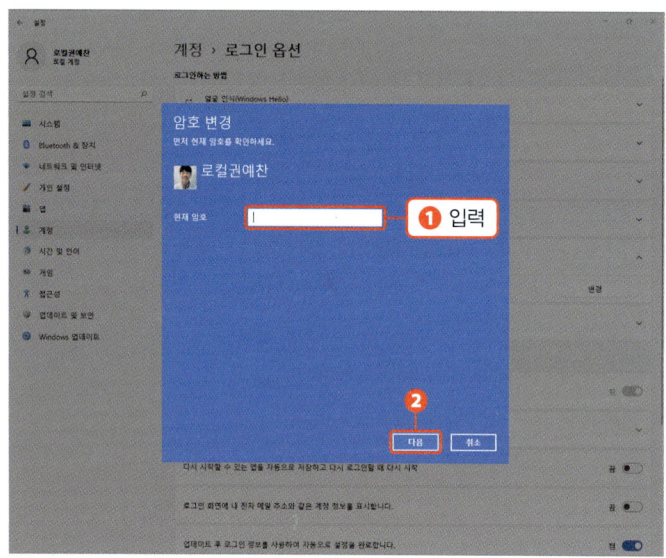

> **Tip** 암호 복잡성

암호 생성 시에 Bad와 Good 암호를 참고하여 계정의 암호를 생성합니다.

Bad 암호 예시
- 123456
- 비밀번호(한글 자판 입력)
- 1234qwerasdf
- password

Good 암호 예시(아래 나열된 암호는 절대 사용하지 마세요) 문자+숫자+특수 문자 조합
- P@$$w0rd
- dksddu@GFD2!#
- 0923$#azw0rdA
- *P@ssw0rd!

04 [새 암호], [비밀번호 확인], [암호 힌트]를 입력한 후 [다음]을 클릭합니다.

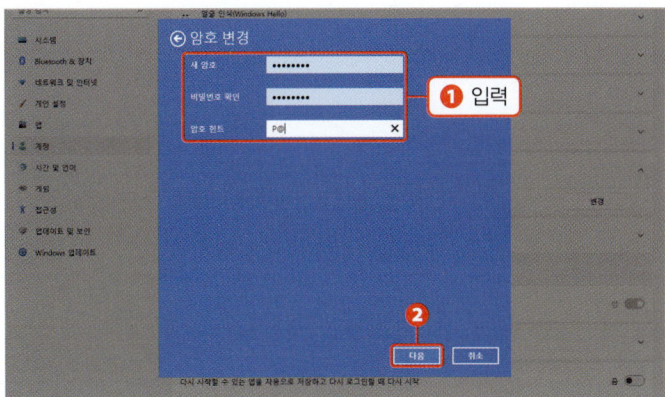

05 암호 변경 완료 메시지를 확인한 후 [마침]을 클릭합니다.

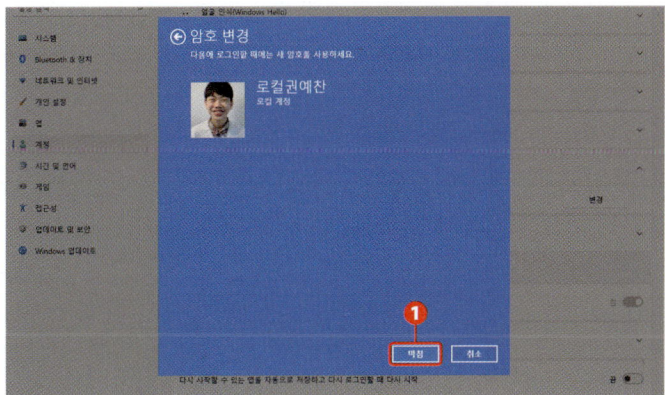

> **Tip** 보안 비밀번호 생성기

암호를 생성할 때 문자 길이를 최소 8개 이상으로 유지하고, 문자 유형도 대문자, 소문자, 숫자 및 특수 문자 조합으로 만듭니다. 널리 알려져 있는 암호 사전에서 제외된 암호를 생성할 것을 권장합니다. 만약 강력한 암호 생성 시에 다음과 사이트를 참고하여 생성하여 관리합니다. 단, 유의 사항은 너무 복잡하여 암호를 생성했을 때나, 그 암호를 잊어버렸을 때 찾을 수 있는 방안도 마련하는 것을 권장합니다.

https://passwordsgenerator.net/kr/

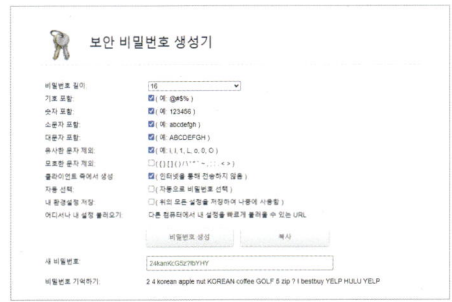

LESSON 02 사용자 암호 관리하기

session 2 　로그인 PIN 암호 설정하기

PIN 암호를 설정하면, 간단한 숫자 암호로 암호를 설정할 수 있지만, 기존 일반적인 암호에 대비 강력한 암호를 가지게 됩니다.

01 ⊞+I를 누른 후 [계정] 화면에서 [로그인 옵션]을 클릭합니다. [로그인 옵션] 화면에서 [PIN]을 클릭하면 나타나는 [설정]을 클릭합니다.

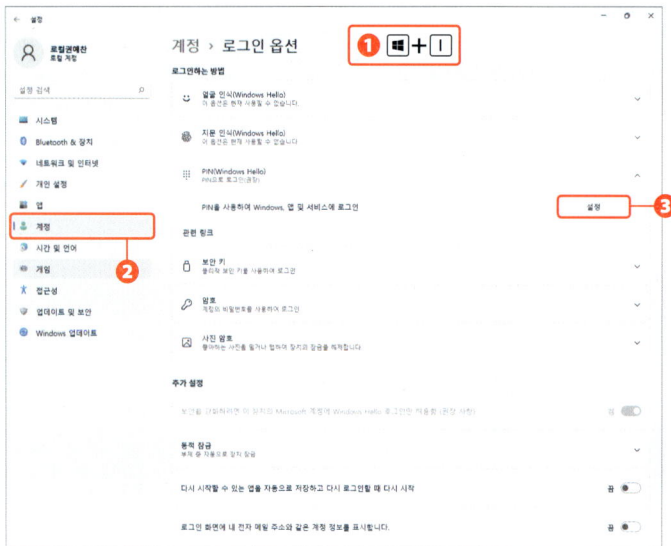

02 [Windows 보안] 창에서 [암호]를 입력한 후 [확인]을 클릭합니다.

03 [PIN 설정] 창에서 [PIN 암호]를 입력한 후 [확인]을 클릭합니다.

04 [로그인 옵션] 〉 [PIN 암호]가 설정되었습니다. 필요하지 않으면 [제거]를 클릭하여 제거할 수 있습니다.

05 로그인 화면에서 다음과 같이 [PIN 암호]를 입력하는 로그인 옵션이 추가되었습니다.

session 3 | 로그인 사진 암호 설정하기

사진 암호를 사용하면 점찍기, 선 긋기 및 원 그리기 등의 터치 동작을 잠금 화면으로 설정되어 있는 이미지에 설정하여 암호를 해제할 수 있습니다.

01 ⊞+Ⅰ를 누른 후 [계정] 화면에서 [로그인 옵션]을 클릭합니다. [사진 암호]의 [추가]를 클릭합니다.

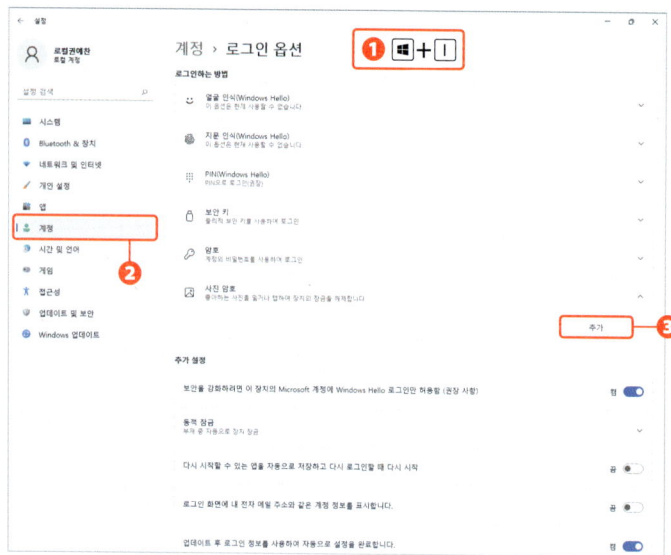

02 [사진 암호 만들기] 창에서 사용자의 [암호]를 입력한 후 [확인]을 클릭합니다.

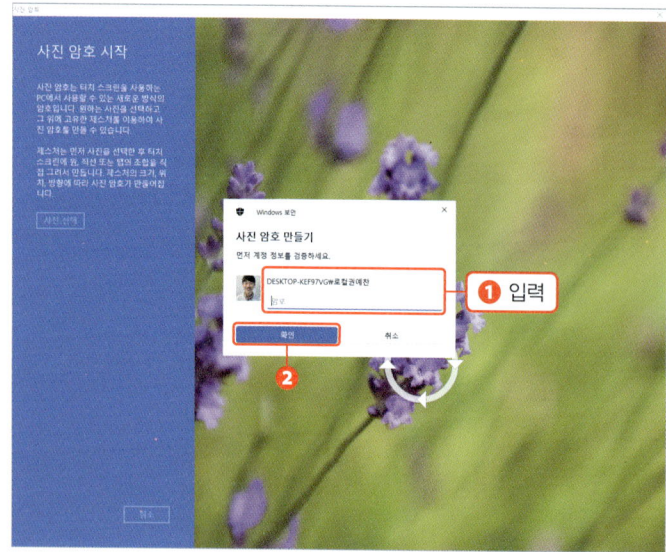

03 [사진 암호 시작] 화면에서 [시작 선택]을 클릭합니다.

04 사진 암호로 설정할 이미지를 선택합니다.

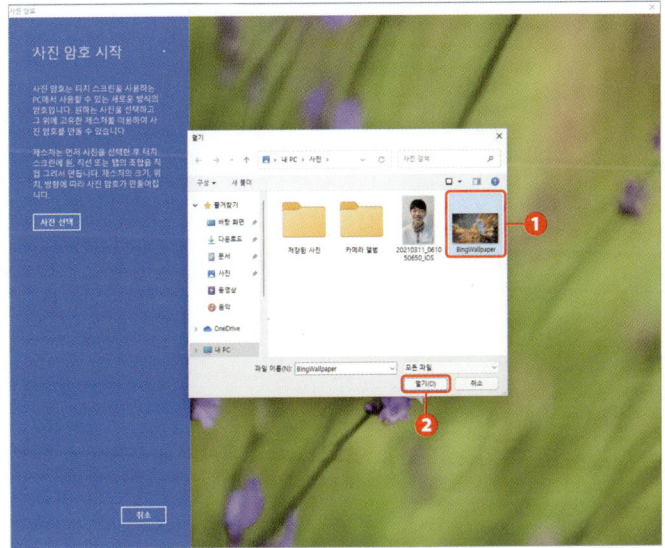

LESSON 02 사용자 암호 관리하기 **243**

05 선택한 이미지가 적용되면 확인하고 [현재 사진 사용]을 클릭합니다.

06 제스처 설정을 이미지에 적용하는 작업을 진행합니다.

07 제스처 설정이 완료된 메시지를 확인한 후 [마침]을 클릭합니다. 로그인 화면에서 다음과 같이 사진으로 로그인할 수 있도록 변경됩니다.

> **Tip** 암호 입력 옵션 변경

로그인 암호 설정이 사진 암호로 설정되어 있는 경우에 사진 암호에 대한 제스처를 기억 못하거나, 터치가 어려운 상황에서는 [로그인 옵션]을 선택하여 암호를 변경할 수 있습니다.

LESSON 02 사용자 암호 관리하기 **245**

session 4 | 얼굴 인식(Windows Hello) 설정하기

얼굴 인식 카메라를 사용하여 로그인할 수 있도록 설정할 수 있습니다. 얼굴 인식을 사용하기 위해서는 IR 카메라가 필요한데, PC에 IR 카메라가 없으면 얼굴 인식을 설정하는 옵션이 표시되지 않습니다.

01 ⊞+I를 누른 후 [계정] 화면에서 [로그인 옵션]을 클릭합니다. [얼굴 인식]의 [설정]을 클릭합니다.

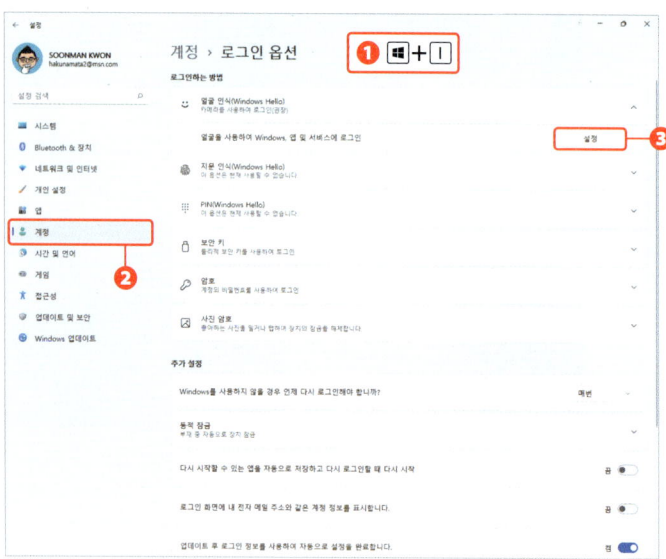

02 Windows Hello 마법사가 실행되면 [시작]을 클릭합니다.

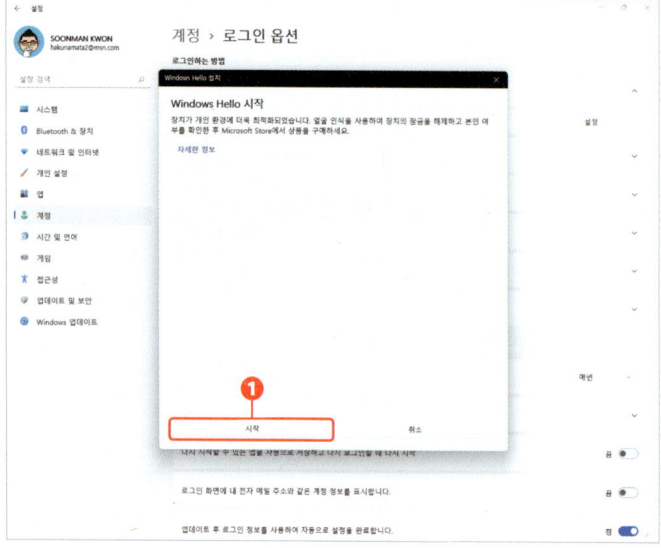

03 사용자 본인인지 확인을 위한 PIN 암호를 입력합니다.

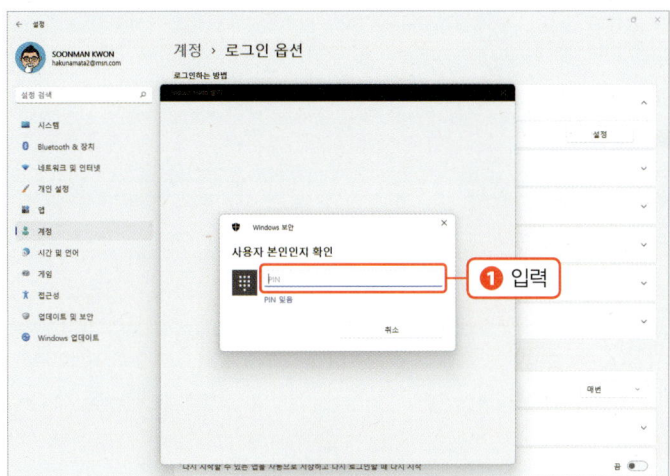

04 카메라에 얼굴을 인식시키면, 분석이 진행됩니다.

> **Tip**

Windows Hello 얼굴 인증의 정확도를 확인하는 경우에는 거짓 긍정, 참 긍정 및 거짓 네거티브의 세 가지 기본 측정값이 사용됩니다.

구분	거짓 긍정 - False Positive(FP)	참 긍정 - True Positive(TP)	거짓 네거티브 - False Negative(FN)
설명	장치에 대한 물리적 액세스를 얻는 임의 사용자가 인식될 가능성을 나타냅니다. 이 수는 최대한 작아야 합니다.	사용자가 등록된 프로필과 정확히 일치하는 가능성을 나타냅니다. 이 수는 높아야 합니다.	사용자가 등록된 프로필과 일치하지 않을 가능성을 나타냅니다. 이 수는 작아야 합니다.
Windows 알고리즘	0.001% 또는 1/100000 미만	등록된 단일 사용자로 95% 초과	등록된 단일 사용자로 5%

LESSON 02 사용자 암호 관리하기

05 '모두 설정되었습니다.' 완료 메시지를 확인한 후 [닫기]를 클릭합니다. 추가적으로 인식 기능을 향상시킨다면 [인식 기능 향상]을 클릭하여 얼굴 인식을 반복합니다.

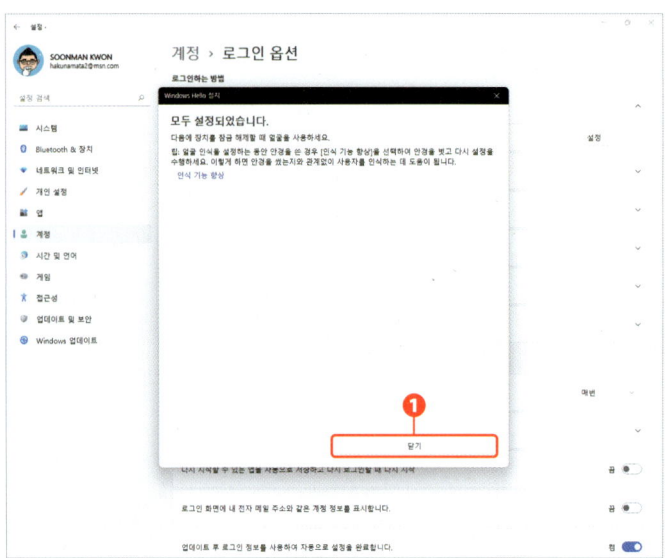

06 얼굴 인식에서 [Window에서 사용자의 얼굴을 인식하면 자동으로 잠금 화면 해제합니다.] 설정을 확인합니다. 얼굴 인식을 사용하지 않을 때는 [제거]를 클릭하면 됩니다.

session 5 | 동적 잠금 설정하기

PC와 페어링된 장치를 사용하면 자리를 비우는 경우를 감지하고 페어링된 장치가 Bluetooth 범위를 벗어난 직후에 자동으로 PC를 잠금 상태로 전환할 수 있습니다. 이로 인해 PC에서 멀리 이동한 후 PC를 잠그는 것을 잊어버린 경우, 다른 사람이 장치에 액세스 불가하게 할 수 있습니다.

01 ■+I를 누른 후 [계정] 화면에서 [로그인 옵션]을 클릭합니다. [추가 설정] 〉 [동적 잠금]에서 [자리를 비울 때 Windows가 자동으로 장치를 잠그도록 허용]을 선택합니다.

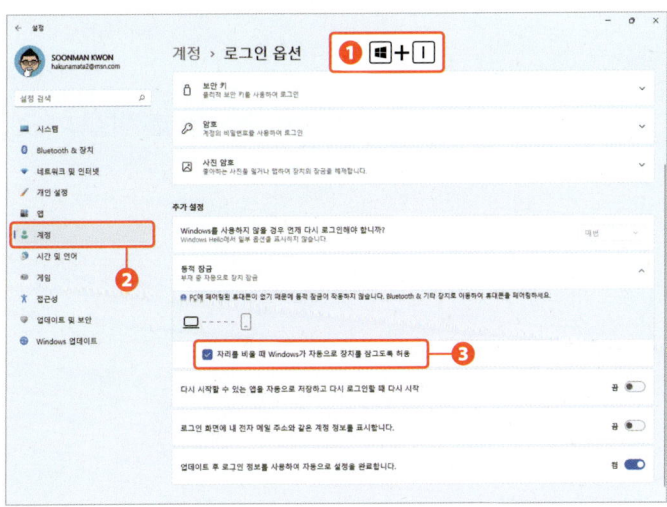

02 PC와 스마트폰이 Bluetooth로 페어링 장치를 찾기 위하여 [Bluetooth & 장치] 〉 [장치 추가]를 클릭합니다.

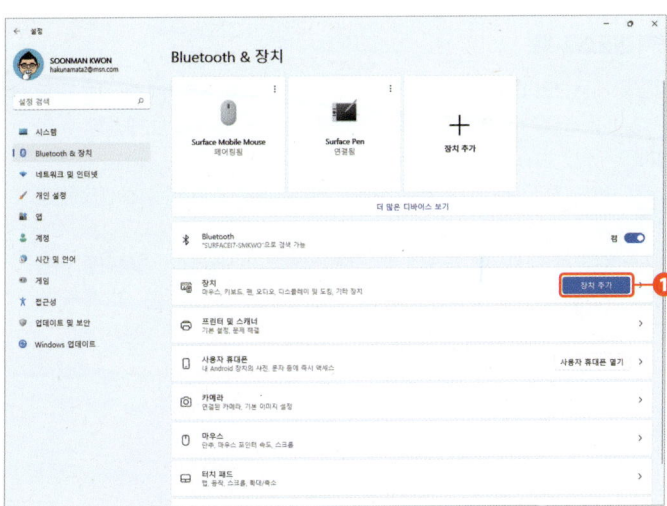

03 [디바이스 추가] 화면에서 [Bluetooth]를 클릭합니다.

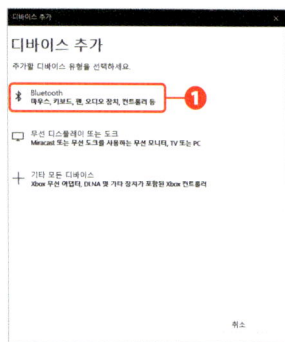

04 스마트폰에서 Bluetooth 찾기를 하여 PC와 연결을 진행하면 PC 화면에서 '장치를 연결할까요?' 창의 [허용]을 클릭합니다.

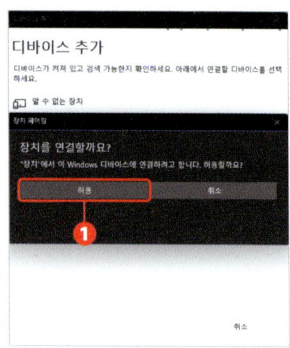

05 동적 잠금 장치 연결이 완료되면 [닫기]를 클릭하여 연결을 완료합니다.

> **참고 : 동적 잠금 신호 강도**
>
> 동적 잠금을 사용하면 Bluetooth 페어링 장치 신호가 최대 RSSI(수신 신호 강도 표시기) 값 아래로 떨어질 때 자동으로 잠기도록 윈도우 디바이스를 구성할 수 있게 됩니다.
> 기본적으로 RSSI 최소 속성값 신호는 장치가 '범위 내'로 간주되는 데 필요한 강도를 나타냅니다.
> 기본값인 '-10'으로 설정되어 있는데, 이 값은 일반적인 사무실의 칸막이를 이동했을 때의 수신 강도이며, 이 설정값이 약해지면 윈도우 디바이스를 잠그도록 지시하게 됩니다.

06 [Bluetooth & 장치]에 스마트폰이 연결된 상태를 확인할 수 있습니다.

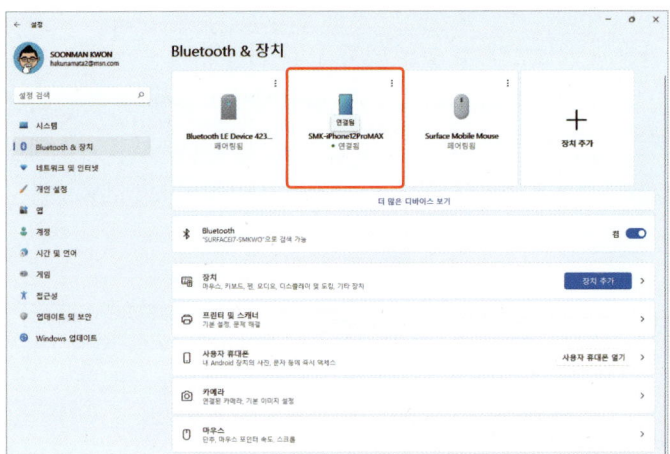

07 PC와 스마트폰의 페어링이 완료되면 장치 이름이 나타납니다. PC와 연결된 장치가 멀어지거나 연결이 끊어지는 현상이 발생되면 자동으로 윈도우 화면이 잠김 상태로 변경됩니다.

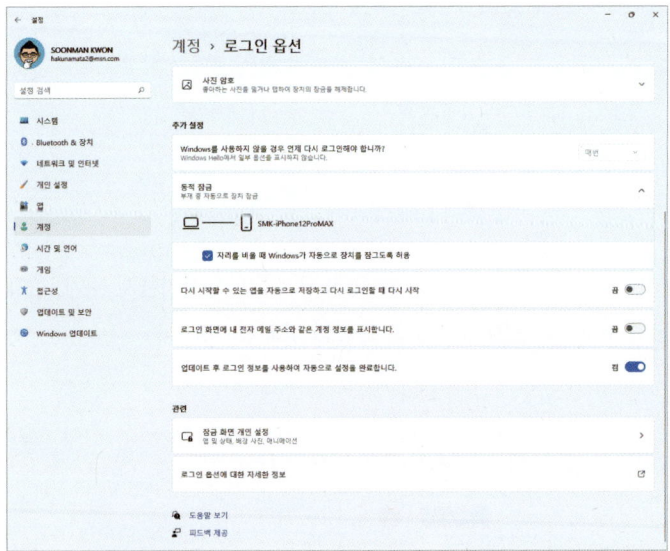

> **Tip 동적 잠금 해제 방법**
>
> 동적 잠금을 해제하는 방법으로 Bluetooth로 연결된 장치를 제거할 수 있지만, 일시적으로 동적 잠금을 사용하지 않을 때는 [자리를 비울 때 Windows가 자동으로 장치를 잠그도록 허용]의 체크를 해제합니다.
>
>

session 6 가족 보호 모드 설정하기

윈도우 11은 PC를 사용할 때 자녀를 안전하게 보호할 수 있는 가족 보호 기능을 제공합니다. 사용할 수 있는 앱의 종류, 방문할 수 있는 웹 사이트 및 Windows 기반 장치에서 사용할 수 있는 시간을 제한하는 옵션이 있습니다. 가족 보호 기능이 설정되면 해당 활동에 대한 자세한 보고서에 액세스할 수 있습니다. 가족 보호 모드는 관리되는 계정의 Microsoft 계정을 사용하여 Windows 장치에 로그인할 때만 적용됩니다.

01 ⊞+Ⅰ를 누른 후 [계정] 화면에서 [가족 및 다른 사용자]를 클릭합니다.

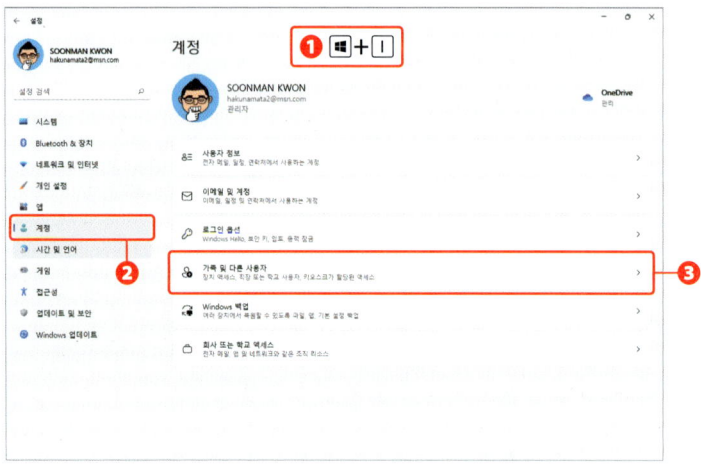

02 [가족 및 다른 사용자] 화면에서 [가족 구성원 추가] 〉 [계정 추가]를 클릭합니다. [사용자 추가] 창에서 가족 구성으로 추가할 Microsoft 계정 주소를 입력한 후 [다음]을 클릭합니다.

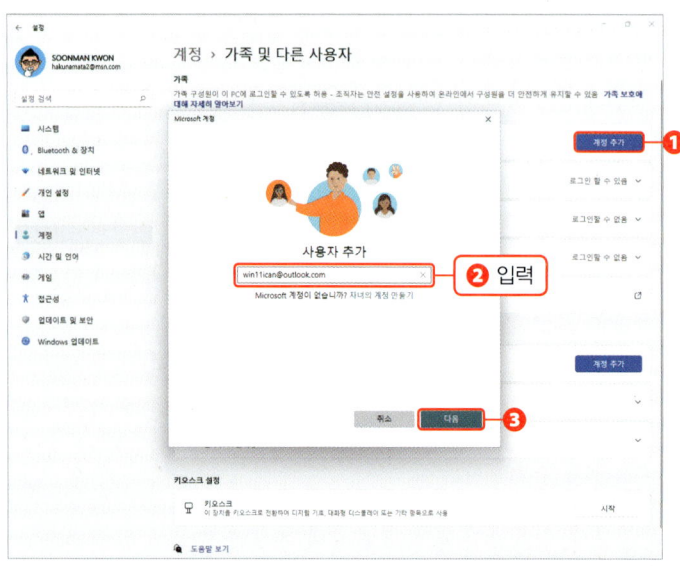

03 [어떤 역할이 있어야 하나요?] 창에서 [구성원]을 선택한 후 [초대]를 클릭합니다.

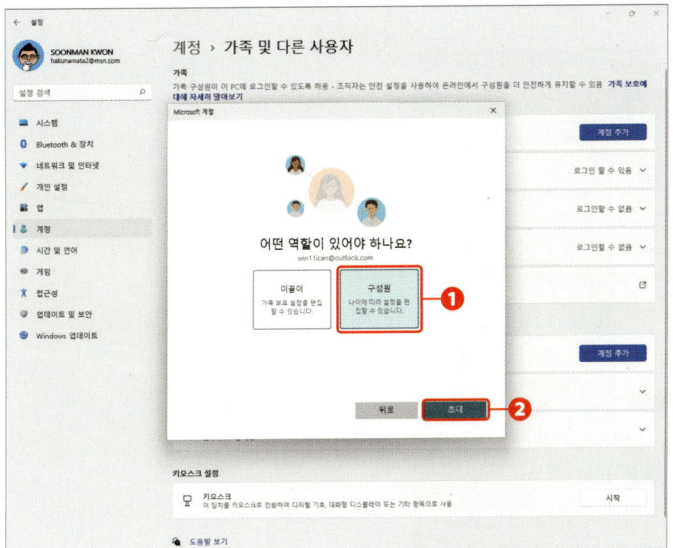

04 [가족 구성원 추가]에 계정이 추가된 상태를 확인합니다. [온라인에서 보호자 통제 관리 또는 계정 제거]를 클릭합니다.

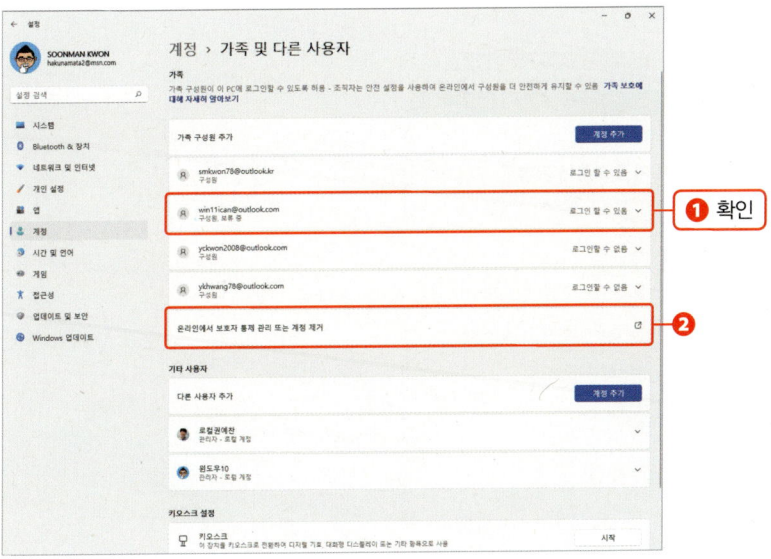

05 가족 보호 사이트에 추가된 사용자는 [지금 수락]을 클릭하고, [지금 초대 수락] 창에서 [지금 수락]을 클릭합니다.

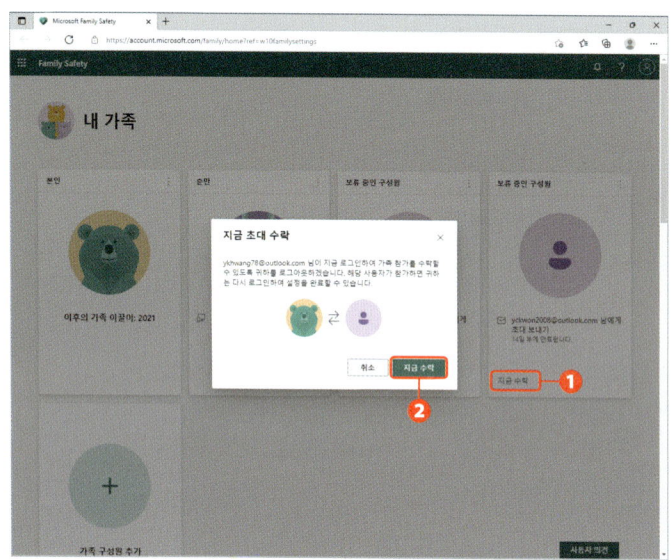

06 [구성원으로 가족 그룹에 가입] 화면에서 [지금 참여]를 클릭하여 완료합니다. 가족 구성으로 추가가 완료되면 메일과 가족 사이트에 추가됩니다.

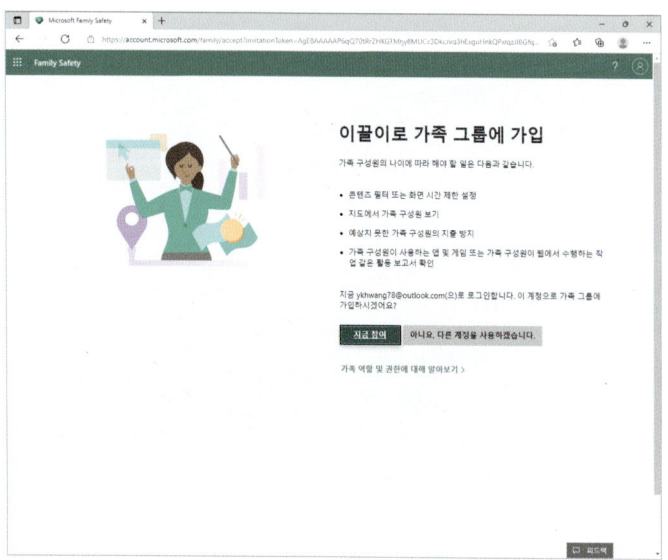

07 추가된 가족 계정을 클릭하면 [화면 시간, 콘텐츠 필터 및 지출] 등의 추가 관리 옵션을 설정할 수 있습니다.

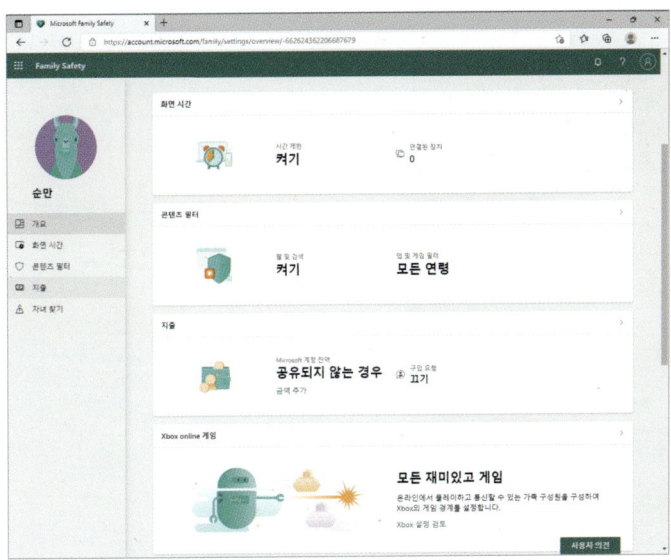

08 [화면 시간] 화면의 [장치] 탭에서 [모든 장치에서 하나의 일정 사용]을 선택하면 Microsoft 계정을 사용하는 장치에서는 지정한 시간에서만 사용이 가능하게 됩니다.

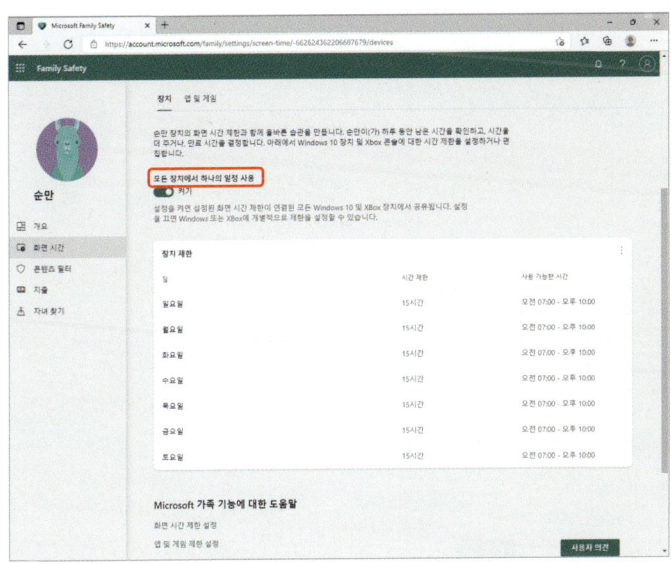

09 설정되어 있는 일정을 클릭하면 나타나는 [시간 제한 편집] 창에서 장치 사용 일정을 수정할 수 있습니다.

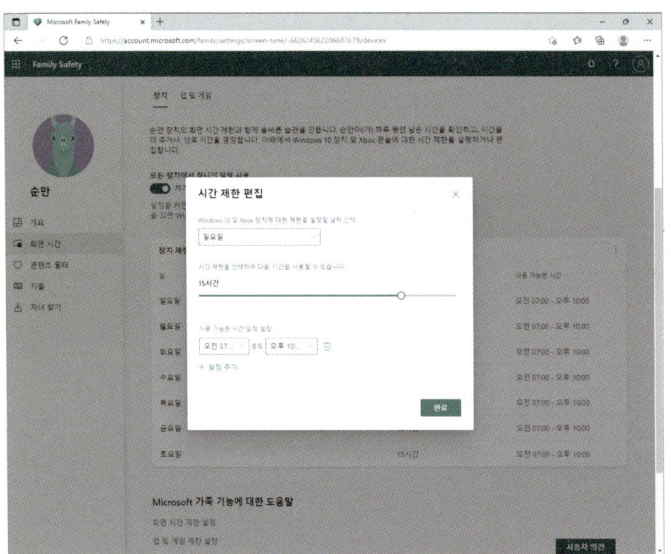

10 [콘텐츠 필터] 화면의 [웹 및 검색] 탭에서는 [부적절한 웹 사이트 및 검색 필터링, 허용된 웹 사이트만 사용] 형태로 설정하여 웹 사이트 사용을 제한할 수 있습니다.

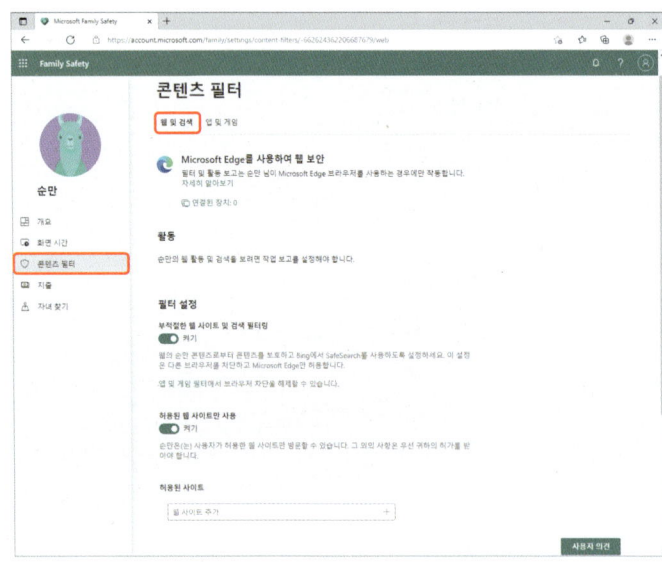

11 [콘텐츠 필터] 화면의 [앱 및 게임] 탭에서는 연령대로 설정되어 있는 앱 및 게임을 사용할 수 있도록 설정할 수 있고, 차단된 앱의 허용/거부 유무를 설정할 수 있습니다.

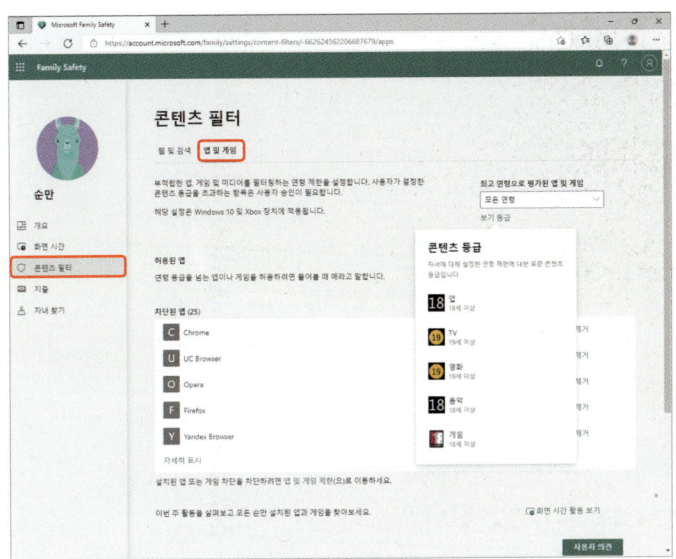

12 [지출] 화면에서는 Microsoft Store에서 구매하는 경우 사용되는 결재 방법 및 결재 정보를 공유하고 관리 설정할 수 있습니다.

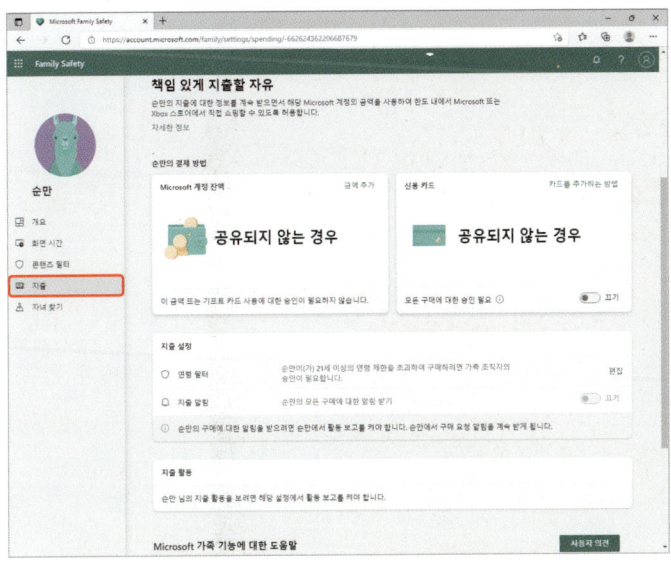

> **Tip** Microsoft 365 Family 프리미엄을 통한 Microsoft Family Safety 기능 비교

구분	Microsoft Family Safety 무료	Microsoft 365 Family 11,900원/월
화면 시간 제한		
앱 및 게임 제한(Windows, Xbox, Android)	○	○
디바이스 제한(Windows, Xbox)	○	○
화면 시간 제한	○	○
활동 요약	○	○
콘텐츠 필터		
앱 및 게임 필터	○	○
웹 및 검색 필터	○	○
콘텐츠 요청	○	○
위치 인식		
위치 공유	○	○
저장된 장소	○	○
위치 알림		○
추가 Microsoft 365 혜택		
Office 앱	웹 전용	설치 및 웹 지원
OneDrive	5GB 저장소 제공	인당 총 1TB 저장소 제공

memo

PART

06

Microsoft Edge 알아보기

윈도우 11의 기본 인터넷 브라우저는 Microsoft Edge입니다. 기존에는 전통적인 Internet Explorer 11과 Microsoft Edge가 공존하였지만, 윈도우 11에서는 Internet Explorer 11을 직접 실행할 수 없게 되었습니다. 하지만, 기업 사용자를 위해 IE 모드라는 기능을 추가하여 Microsoft Edge를 사용하더라도 Internet Explorer 11에서 사용하는 환경처럼 브라우징 할 수 있는 기술이 탑재되어 있어 기업 사용자의 웹 사이트 호환성을 높여줄 수 있습니다.

Microsoft Edge 소개

LESSON 01

중요도
상

Microsoft Edge는 윈도우 10부터 선보였으며, 지속적으로 기능 추가와 호환성을 업그레이드하는 인터넷 브라우저입니다. Internet Explorer 11에서 불가했던 기능이 가능하게 되었고, 지속적으로 확장된 기능으로 사용자의 편의성이 높아졌습니다.

Microsoft Edge 버전 소개

Microsoft Edge의 버전은 네 종류로 나뉩니다. 정식 버전 외에 세 가지의 버전을 개발자, 얼리어답터 등에게 제공하여 정식 버전의 안정성을 높이고 있습니다. 마이크로소프트에서 제공하는 Microsoft Edge 버전의 차이에 대해서 알아봅니다.

	Canary 채널	Dev 채널	Beta 채널	정식 버전
사용 목적	초기 실험 상태의 버전	새로운 기능에 대한 사전 평가	다음 안정 빌드에 대한 미리 보기 버전	정식 기술 지원 빌드
배포 주기	매일	주 단위	~6개월	~6개월
기술 지원	불가	포럼을 통한 제한적	엔터프라이즈 지원	엔터프라이즈 지원
사용자 대상	개발자, IT Pro, 얼리 어답터	개발자 및 IT Pro	지정된 장치 사용자	모든 장치 및 일반 사용자
다운로드 위치	https://www.microsoftedgeinsider.com/ko-kr/download			

Microsoft Edge를 통해 디바이스에 관계없이 웹 검색이 가능합니다. 현재 Microsoft Edge는 지원되는 버전의 Windows, macOS, iOS 및 Android에서 사용할 수 있습니다.
각 버전별로 직접 인터넷을 통해 다운로드 받거나 애플 앱 스토어 및 구글 플레이에서 앱을 다운로드에서 받아 사용이 가능합니다.

session 2 | Microsoft Edge의 화면 구성

Microsoft Edge 전체 화면 구성 요소들에 대하여 알아봅니다.

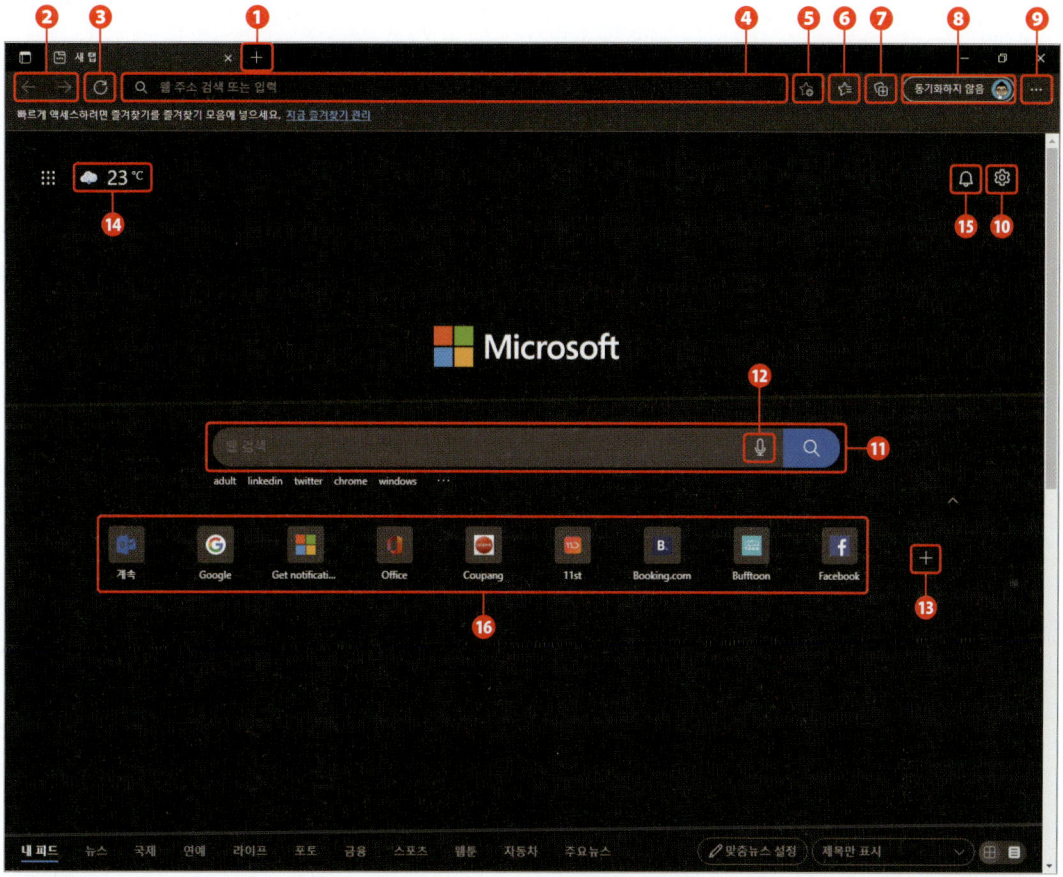

① 새 탭 : 하나의 Microsoft Edge에서 탭 기능을 사용하면 여러 웹 페이지를 추가하여 나타나게 할 수 있습니다.

② 앞/뒤로 가기 : 현재 웹 사이트 화면에서 이전에 접속한 웹 사이트로 이동할 수 있습니다.

③ 새로 고침 : 현재 나타난 웹 사이트를 새로 고쳐 최신 상태의 웹 페이지 내용을 확인할 수 있습니다.

④ URL 입력 또는, 검색 : 웹 주소를 입력하거나 검색어를 입력하면, 설정되어 있는 검색 포탈을 통한 결과를 얻을 수 있습니다.

⑤ 즐겨찾기 페이지 추가 : 즐겨찾기 및 읽기 목록을 추가할 수 있습니다.

⑥ 즐겨찾기 메뉴 열기 : 즐겨찾기 메뉴를 엽니다.

⑦ 컬렉션 열기 : 설정된 컬렉션을 엽니다.

⑧ 프로필 액세스 : Microsoft Edge에 Microsoft 계정 또는, 회사 계정과 동기화할 수 있도록 설정할 수 있습니다.

⑨ 설정 및 기타 : Microsoft Edge 세부 설정을 할 수 있습니다.

⑩ 페이지 설정 : 새 탭을 추가할 때 표시할 내용에 대한 설정이 가능합니다.
⑪ 온라인 검색 : Bing 사이트 검색 엔진을 사용하여 검색합니다.
⑫ 음성 검색 : 마이크를 사용하여 검색어를 음성으로 실행합니다.
⑬ 사이트 추가 : 자주 이용하는 웹 사이트를 고정으로 추가하여 빠르게 액세스할 수 있습니다.
⑭ 날씨 : 위치를 지정하여 날씨 정보를 확인할 수 있습니다.
⑮ 알림 : 웹 사이트의 관심 정보를 설정하면 새로운 정보 알림을 받아볼 수 있습니다.
⑯ 빠른 링크 : 빠른 링크를 화면에 나타내거나 숨길 수 있습니다.

session 3 Microsoft Edge의 설정 메뉴

Microsoft Edge의 설정 메뉴에 대하여 알아봅니다.

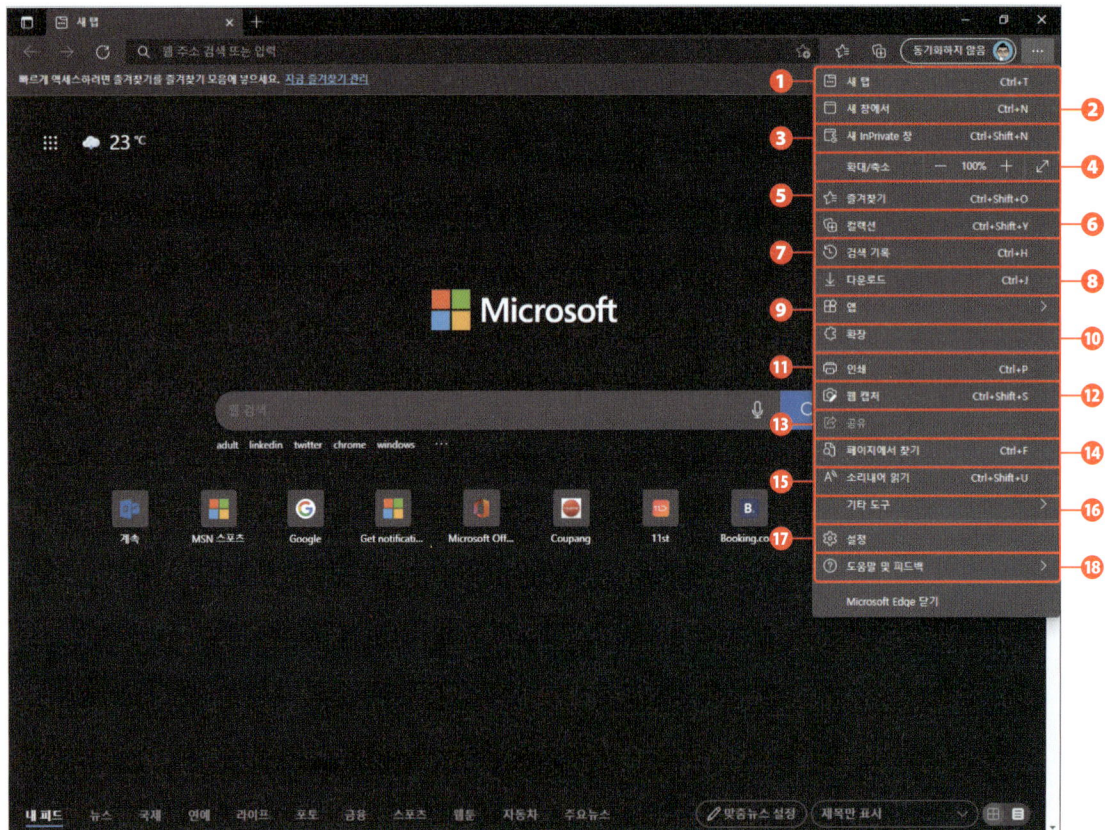

❶ 새 탭 : 새로운 탭을 추가합니다.
❷ 새 창에서 : Microsoft Edge의 새로운 창을 띄웁니다.
❸ 새 InPrivate 창 : InPrivate한 인터넷 브라우저 창을 실행합니다.

④ 페이지 확대 또는, 전체 화면 표시 : 웹 페이지를 확대/축소합니다.
⑤ 즐겨찾기 : 웹 사이트 즐겨찾기를 관리합니다.
⑥ 컬렉션 : 컬렉션을 관리합니다.
⑦ 검색 기록 : Microsoft Edge에서 검색한 검색 기록이 남아 있고, 검색 기록을 관리합니다.
⑧ 다운로드 : 인터넷에서 다운로드 받은 파일에 대한 설정합니다.
⑨ 앱 : Microsoft Edge에 추가된 앱을 관리합니다.
⑩ 확장 : Microsoft Edge에 확장 기능을 추가하고 관리할 수 있습니다.
⑪ 인쇄 : 웹 페이지를 인쇄합니다.
⑫ 웹 캡처 : 웹 페이지를 캡처합니다.
⑬ 공유 : 웹 페이지를 페이스북, 트위터, 메일 등으로 공유할 수 있습니다.
⑭ 페이지에서 찾기 : 웹 페이지에서 키워드 검색을 합니다.
⑮ 소리내어 읽기 : 웹 페이지 내용을 읽어주는 서비스입니다.
⑯ 기타 도구 : 웹 페이지를 고정하거나 개발자 도구 등을 제공합니다.
⑰ 설정 : Microsoft Edge 세부 옵션 및 설정을 할 수 있습니다.
⑱ 도움말 및 피드백 : Microsoft Edge 도움말 확인과 피드백을 제공합니다.

Microsoft Edge 기능 알아보기

윈도우 11의 Microsoft Edge에 새롭게 향상된 기능을 알아봅니다.

session 1 프로필 설정하기

Microsoft Edge에서는 여러 프로필을 설정하여 수행 중인 작업별로 각각 다른 검색 환경을 사용할 수 있습니다.

01 [프로필 액세스]를 클릭하면 나타나는 메뉴에서 [프로필 추가]를 클릭합니다.

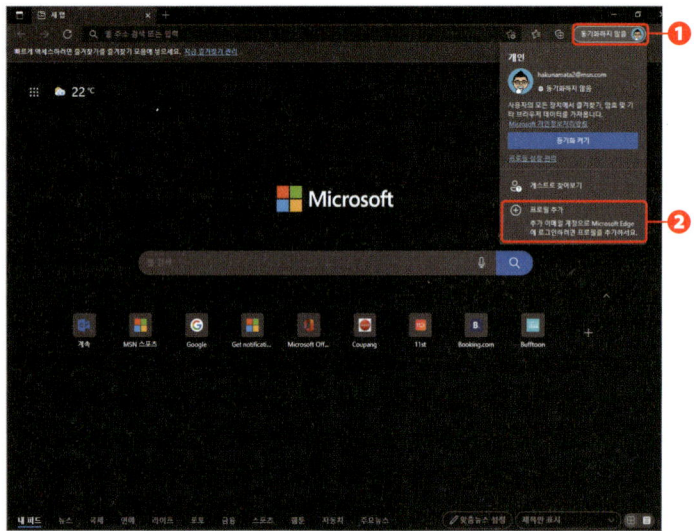

> **Tip** Microsoft Edge 로그인하여 디바이스 간 동기화하기
>
> 동영상 링크 : https://www.microsoft.com/ko-kr/videoplayer/embed/RWF7Yb?pid=ocpVideo0-innerdiv-oneplayer&postJsllMsg=true&maskLevel=20&market=ko-kr

02 [프로필 추가] 창에서 [추가]를 클릭합니다.

03 [로그인]을 클릭합니다.

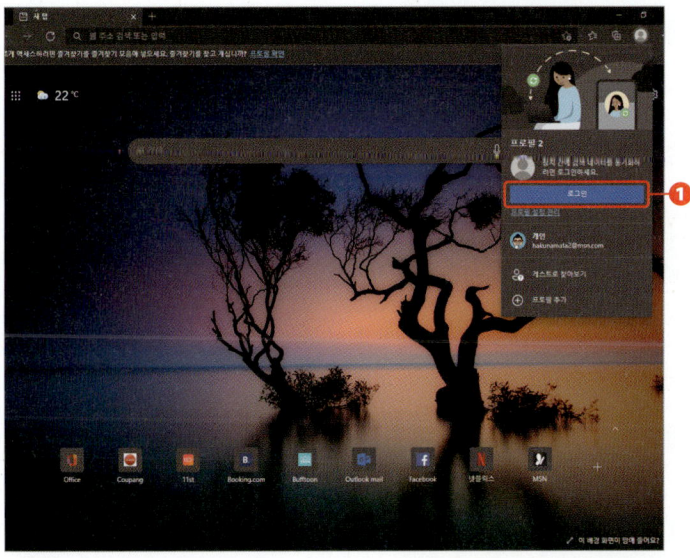

> **Tip**
>
> Microsoft 계정은 두 가지 유형이 있습니다. 개인적으로 사용되는 계정과 Microsoft 365 서비스를 이용하기 위한 회사 및 학교 계정으로 분류됩니다.
> Microsoft Edge 경우는 두 개의 계정을 설정할 수 있고, 이 계정에 로그인된 상태에서 접속하려는 URL에 따라 자동으로 설정된 Microsoft Edge 프로필로 로그인됩니다.

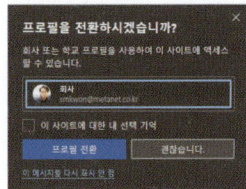

04 [로그인] 창에서 추가할 계정의 유형을 선택합니다. 여기서는 [회사 또는 학교 계정]을 선택하고 [계속]을 클릭합니다.

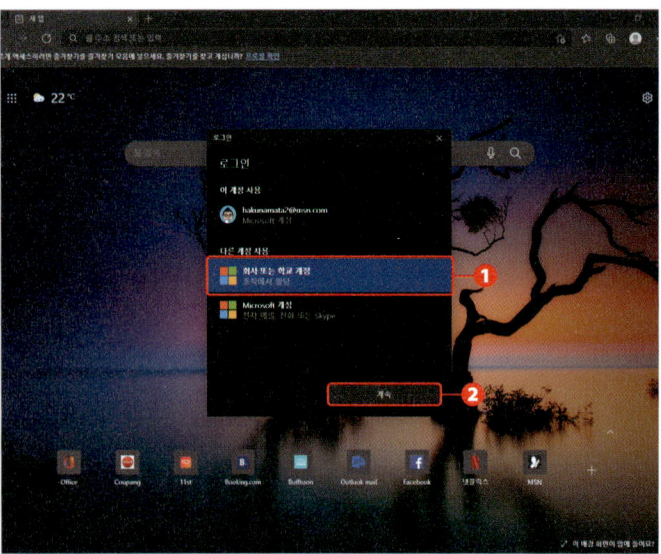

05 [계정], [암호]를 입력하여 인증 과정을 진행합니다.

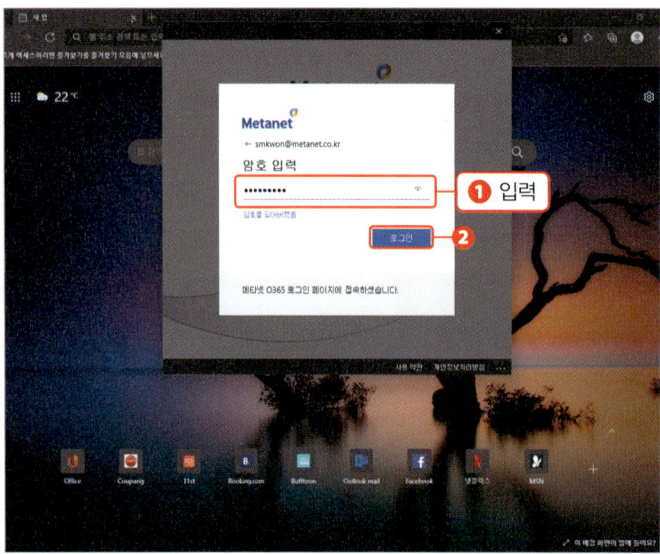

06 [모든 앱에서 로그인 상태 유지] 창에서 [아니오, 이 앱에만 로그인합니다]를 클릭합니다.

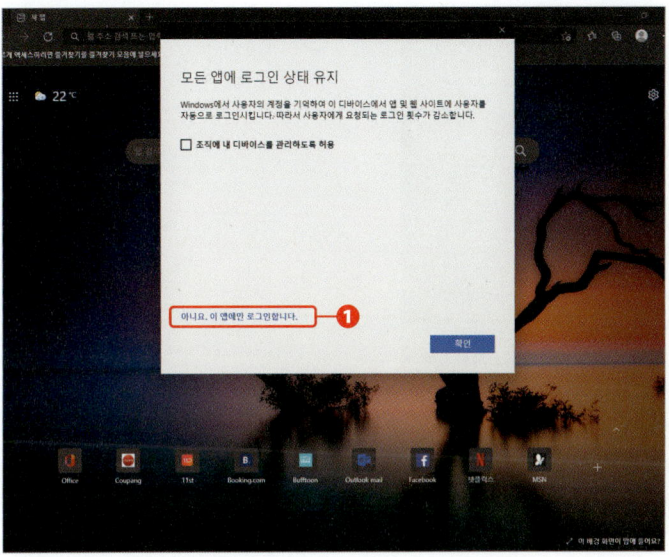

07 프로필 동기화 여부를 선택합니다.

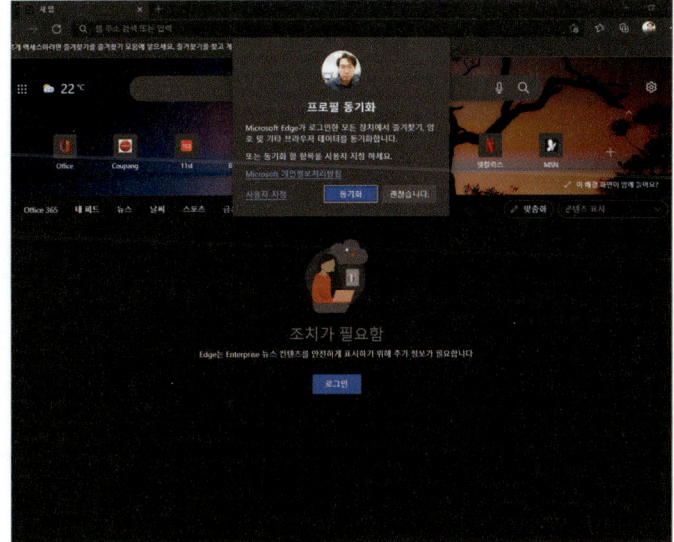

08 Microsoft Edge에 액세스 계정이 추가된 것을 확인할 수 있습니다.

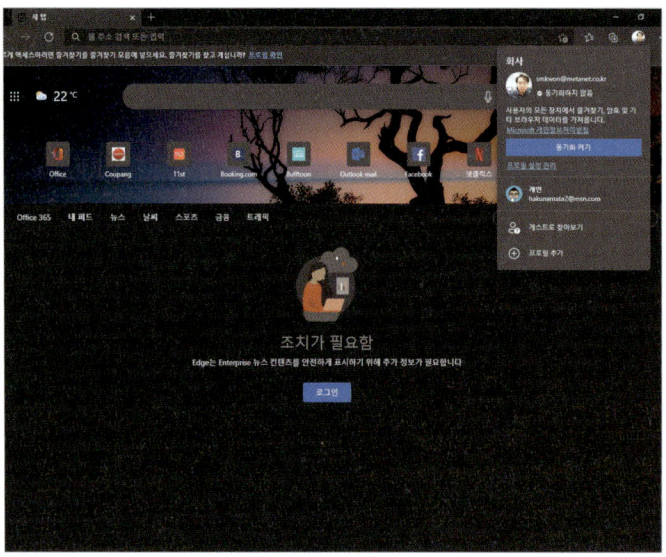

session 2 | 다른 브라우저 데이터 가져오기

이전 사용하던 웹 브라우저 데이터를 가져오지 않았거나, 가져온 데이터를 변경하려는 경우에 언제든지 다른 브라우저의 데이터를 가져올 수 있습니다.

01 Microsoft Edge의 […]를 클릭하면 나타나는 메뉴에서 [설정]을 선택합니다.

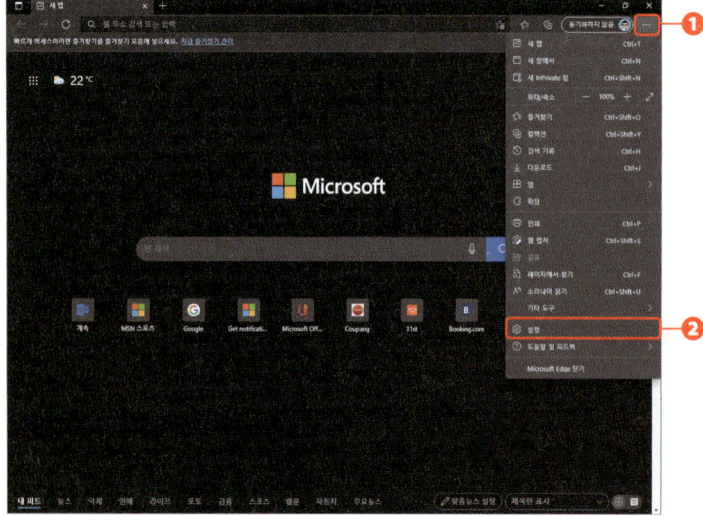

02 [설정] 화면에서 [프로필] 〉 [브라우저 데이터 가져오기]를 클릭합니다.

03 [브라우저 데이터 가져오기] 화면에서 [가져올 항목 선택]을 클릭합니다.

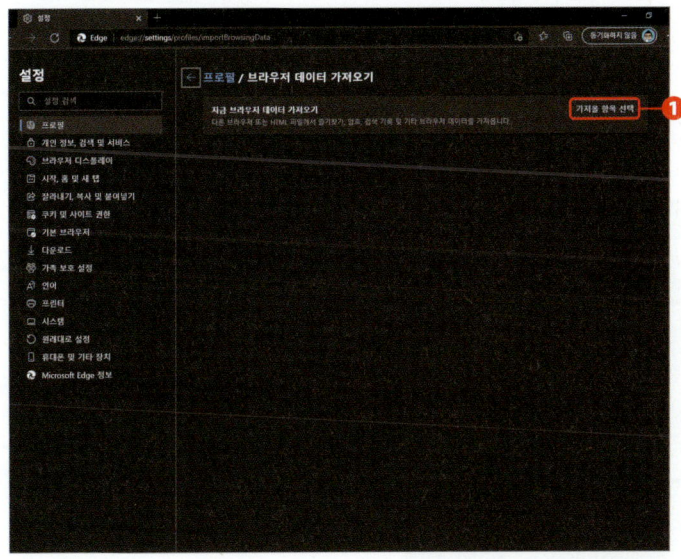

04 [브라우저 데이터 가져오기] 항목을 선택합니다. 가져올 항목 중에 [즐겨찾기 또는 책갈피, 암호, 개인 정보, 결제 정보, 검색 기록, 설정, 열린 탭 및 확장]을 선택한 후 [가져오기]를 클릭합니다.

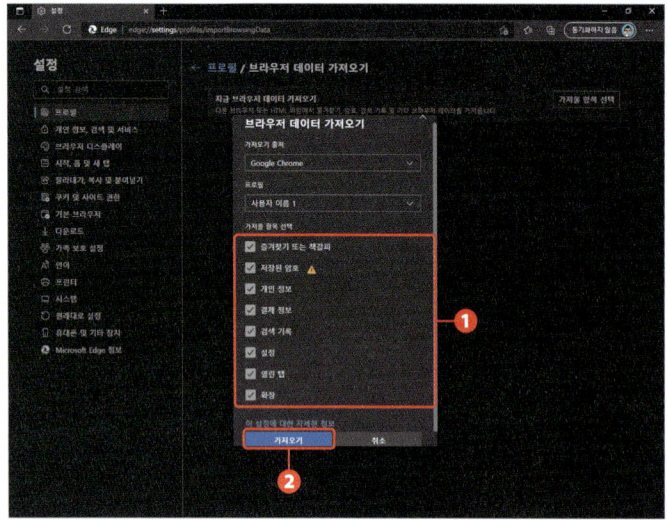

> **참고**
>
> 사용 중인 컴퓨터 환경에 설치된 다른 브라우저(Chrome, Firefox 등)의 데이터를 가져올 때는 출처 목록에 나열되어 있는 브라우저를 선택하여 가져올 수 있지만, 만약 지원하지 않는 브라우저라면 그 브라우저에서 관련 콘텐츠를 HTML 또는, CSV 형태의 파일로 가져와서 추가할 수 있습니다.

05 데이터 가져오기가 완료되면 '모두 완료' 메시지 창을 확인한 후 [완료]를 클릭합니다.

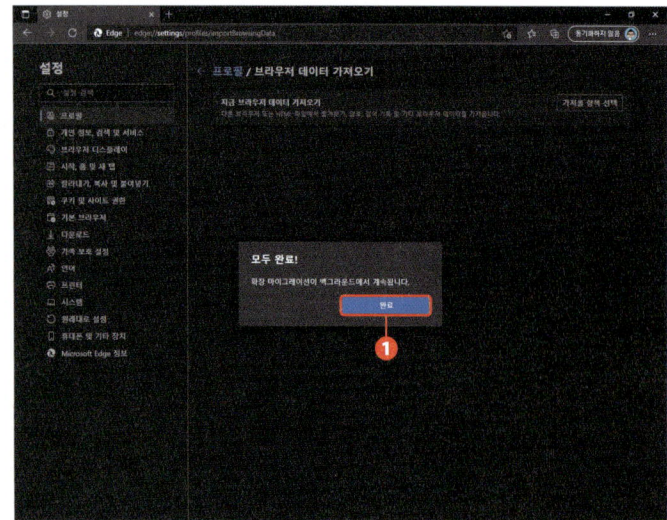

session 3 | 사이트 고정 추가하기

Microsoft Edge에서 시작하거나 새 탭을 열면 사이트를 목록을 나타나게 하여 자주 사용하는 웹 사이트로 빠르게 이동할 수 있습니다.

01 Microsoft Edge 기본 웹 페이지 화면에서 [사이트 추가]([+])를 클릭합니다. 추가할 웹 사이트의 [이름], [URL]을 입력한 후 [추가]를 클릭합니다.

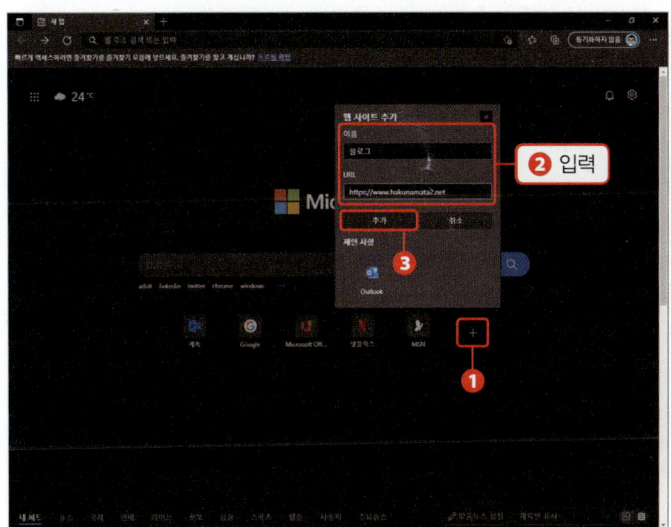

02 Microsoft Edge 기본 페이지의 빠른 링크에 추가됩니다. 추가된 사이트를 클릭하면 바로 이동이 가능하게 됩니다.

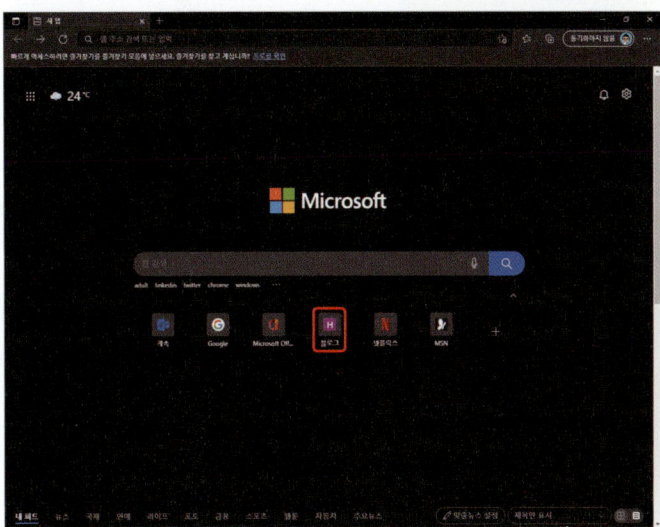

session 4 | 회사 인트라넷 데이터 검색하기

Microsoft 검색 엔진인 Bing 사이트에서 어디서나 검색 기능을 통해 회사 네트워크의 콘텐츠를 검색할 수 있습니다. 검색 창 하나에서 웹 검색 결과와 회사 검색 결과를 모두 확인할 수 있습니다.

01 Microsoft Edge 사용자 계정에 Office 365 회사 계정을 추가했다면, Office 365를 클릭하면 다음과 같이 추가 로그인을 통해 Office 365 정보를 확인할 수 있습니다. [로그인]을 클릭합니다.

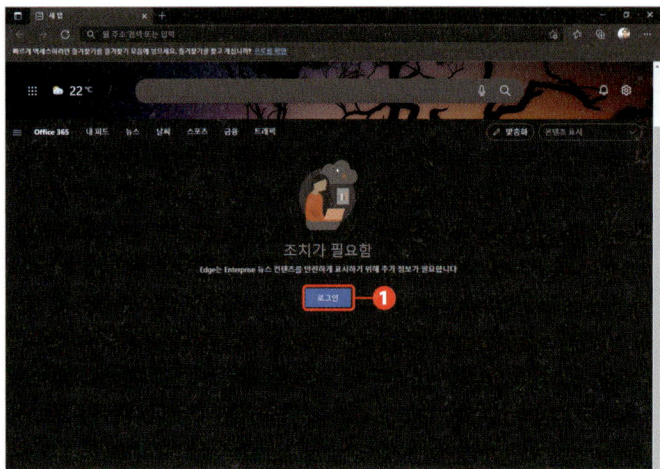

02 회사 계정 로그인 설정이 완료되면, Office 365 관련된 정보를 별도의 로그인 없이 액세스할 수 있게 됩니다.

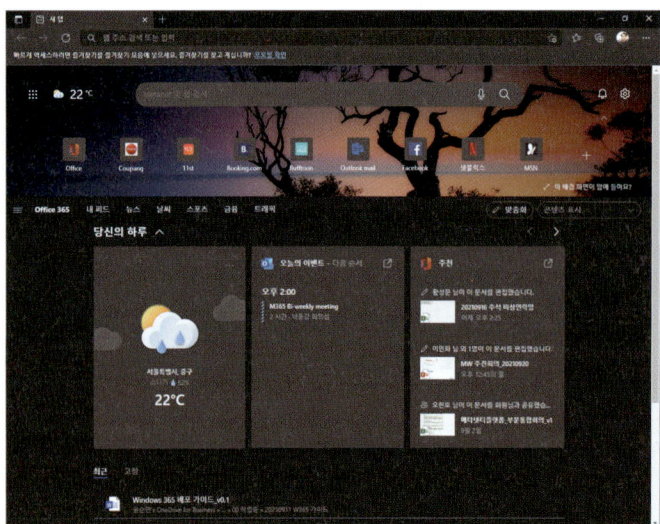

session 5 개인 정보 설정 조정하기

Microsoft Edge에서는 검색하는 사이트의 방문자 추적 방식을 비롯한 개인 정보 설정을 쉽게 조정할 수 있어 안전한 인터넷 사용이 가능합니다.

01 주소 표시줄의 [사이트 정보 보기](🔒)를 클릭하여 현재 표시되어 있는 페이지 관련 보여 주는 개인 정보를 표시합니다. [이 사이트에 대한 추적 방지]의 [추적기]를 클릭합니다(예시 사이트 : https://www.tailwindtraders.com).

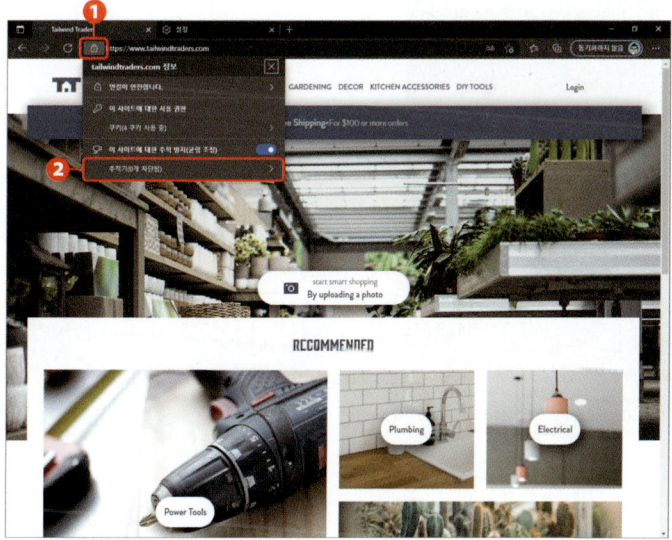

02 접속한 사이트에 대하여 차단된 내용을 확인할 수 있습니다. [설정]을 클릭합니다.

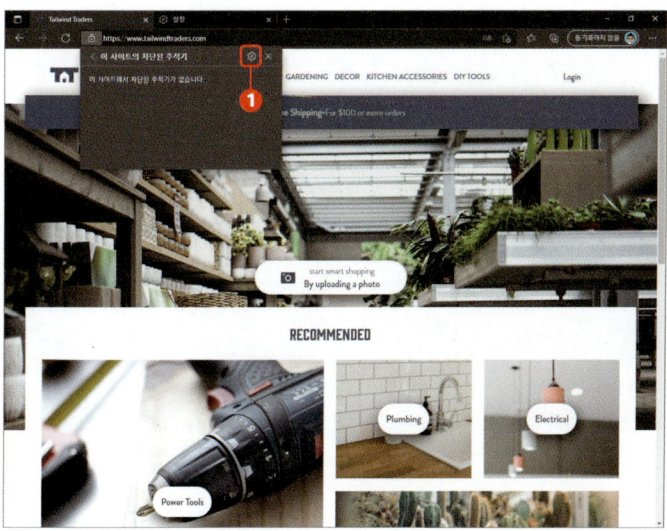

03 Microsoft Edge의 [설정] 화면에서 [개인 정보, 검색 및 서비스] 〉 [추적 방지] 수준을 클릭합니다.

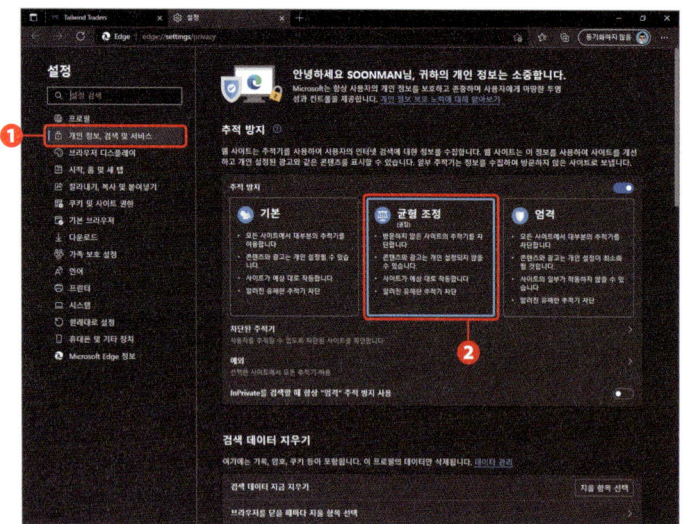

> **Tip** **Microsoft Edge 추적 방지 기능**

사용자가 웹 사이트에 접속하면 웹 사이트에서 추적기를 사용하여 인터넷 검색 정보를 수집하게 됩니다. 이처럼 웹 사이트는 수집한 데이터를 가지고 개인에 대하여 설정된 광고와 같은 콘텐츠를 표시할 수 있게 됩니다. 이와 같이 무분별하게 웹 사이트에서 추적기를 통해 수집하는 사항에 대하여 제한할 수 있는 설정이 Microsoft Edge에서는 웹 사이트의 추적 방지 기능입니다. Microsoft Edge 추적 방지 옵션은 다음과 같이 세 가지를 제공합니다.

기본	균형 조정(권장 설정)	엄격
• 모든 사이트에서 대부분의 추적기를 허용 • 콘텐츠와 광고는 개인 설정될 수 있음 • 사이트가 접속 및 동작 정상 • 알려진 유해한 추적기 차단	• 방문하지 않은 사이트의 추적기를 차단 • 콘텐츠와 광고는 개인 설정되지 않음 • 사이트가 접속 및 동작 정상 • 알려진 유해한 추적기 차단	• 모든 사이트에서 대부분의 추적기를 차단 • 콘텐츠와 광고는 개인 설정이 최소화 • 사이트의 일부가 작동하지 않을 수 있음 • 알려진 유해한 추적기 차단

| session 6 | **즐겨찾기 관리하기** |

주소 표시줄에서 손쉽게 즐겨찾기를 바로 추가할 수도 있고, 설정 메뉴에서 즐겨찾기를 관리하여 웹 사이트 접속을 빠르고 쉽게 할 수 있습니다.

원하는 페이지로 이동한 다음 주소 표시줄 오른쪽의 ☆를 클릭하여 즐겨찾기에 페이지를 추가하거나 Ctrl +D를 사용합니다.

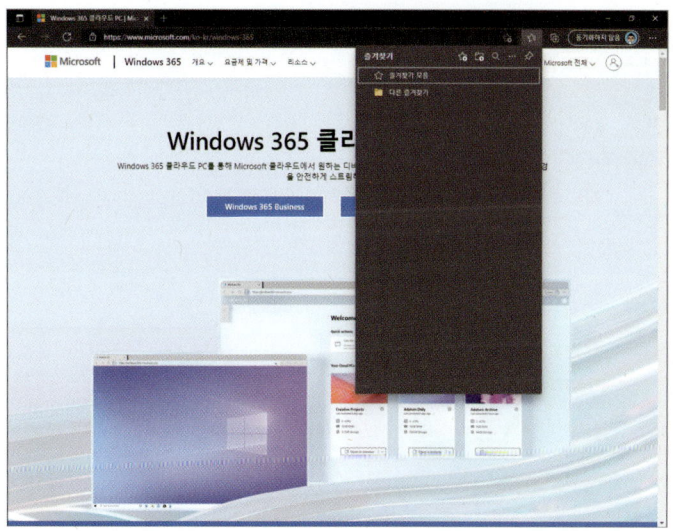

Tip 즐겨찾기 중복 제거하기

여러 웹 사이트를 즐겨찾기로 추가하다 보면 중복되는 경우가 있습니다. 이럴 경우 Microsoft Edge의 즐겨찾기 중복 제거 기능을 사용하면 간단하게 관리할 수 있습니다.
[즐겨찾기 메뉴] > [⋯] > [중복 즐겨찾기 제거]를 클릭하면 나타나는 팝업 창에서 [제거]를 클릭하면, 중복된 즐겨찾기가 제거됩니다.

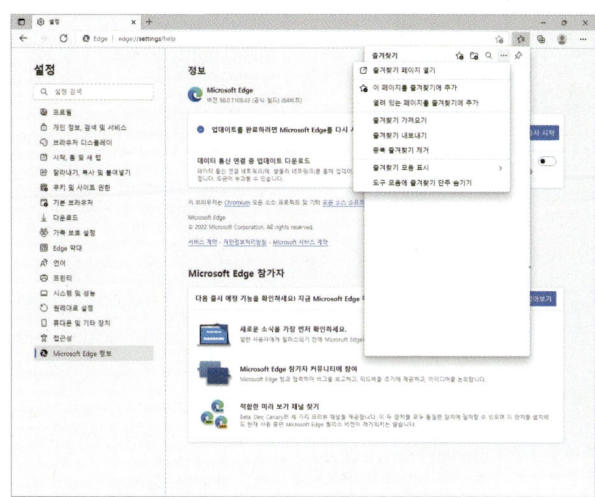

| session 7 | **확장 기능 설정하기**

Microsoft Edge에서는 확장 기능을 쉽게 설치할 수 있습니다. Microsoft Store에서 확장 기능을 찾거나 다른 스토어에서 확장 기능을 추가하여 설치할 수도 있습니다.

01 Microsoft Edge의 […]를 클릭하면 나타나는 메뉴에서 [확장]을 클릭하고 확장 팝업 창에서 [확장 관리]를 클릭합니다.

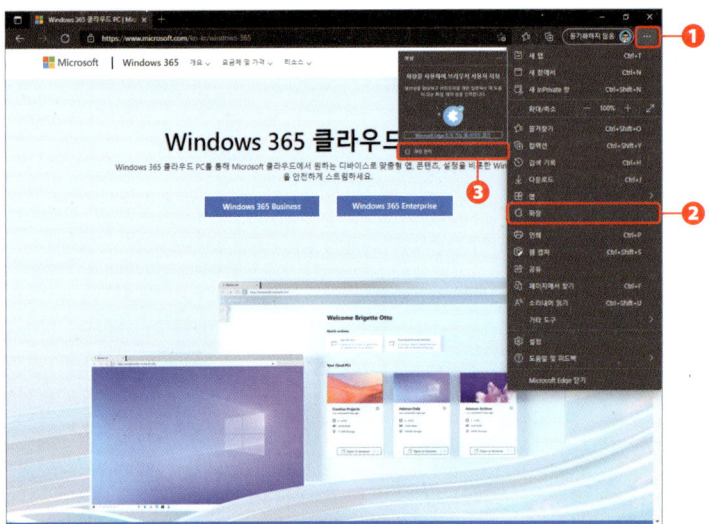

02 [확장] 화면에서 [Microsoft Edge용 확장 가져오기]를 클릭합니다.

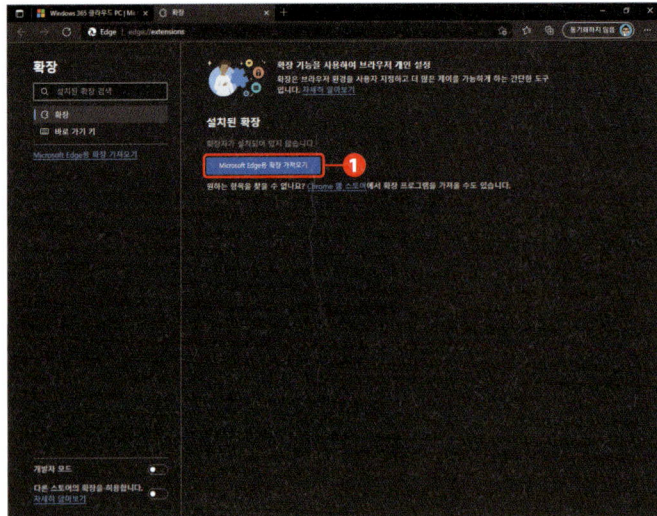

03 Edge 추가 기능 웹 사이트로 연결되고, 추가할 확장 기능을 선택합니다.

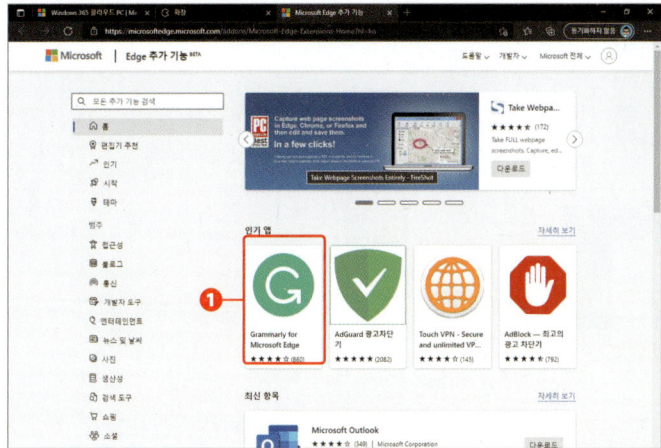

04 선택한 확장 기능의 [다운로드]를 클릭합니다.

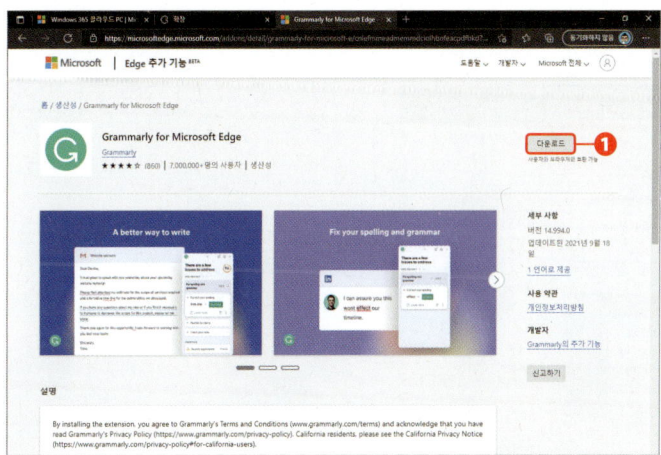

> **Tip** **Microsoft Edge 브라우저용 추천 확장 기능 10종(출처 : IT World)**

브라우저의 기능성과 사용자 설정을 강화하기 위해 서드파티 확장 기능을 제공합니다.

① 애드블록 플러스(Adblock Plus) : 웹 사이트의 광고 차단
② 고스터리(ghostery) : 대부분 광고에 첨부되는 추적 기술을 찾아 차단
③ 세이브 투 포켓(Save to Pocket) : 웹 사이트에서 기사를 발견하면 스크랩 서비스
④ 탬퍼몽키(Tampermonkey) : 출처 없는 스크립트 제한
⑤ 레딧 인핸스먼트 스위트(Reddit Enhancement Suite) : 계정을 신속하게 전환
⑥ 마이크로소프트 트랜스레이터(Microsoft Translator) : 번역 기능
⑦ 라스트패스(LastPass) : 비밀번호 관리 기능
⑧ 로보폼(RoboForm) : 비밀번호 관리 기능
⑨ 웹 클립 : 원노트(OneNote)와 에버노트(Evernote) 웹 클립 기능
⑩ 빌트위드 테크놀로지 프로파일러(BuiltWith Technology Profiler) : 웹 사이트의 기본 정보를 수집

05 다운로드 후 설치를 진행하면 [확장 추가]를 클릭합니다.

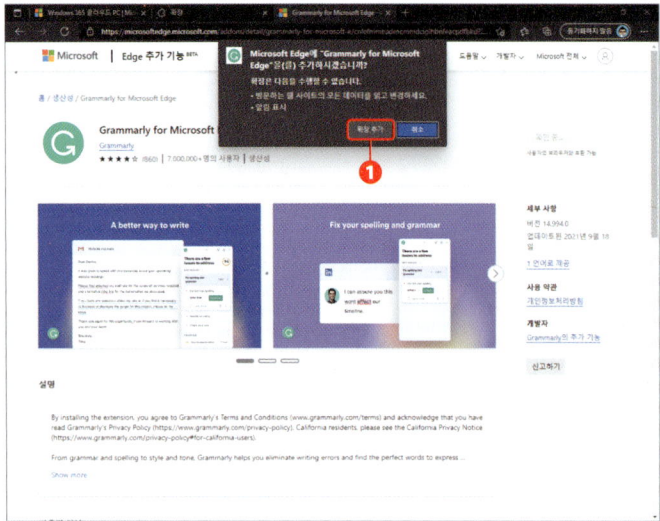

06 확장된 기능이 주소 입력창에 아이콘으로 추가된 것을 확인할 수 있습니다.

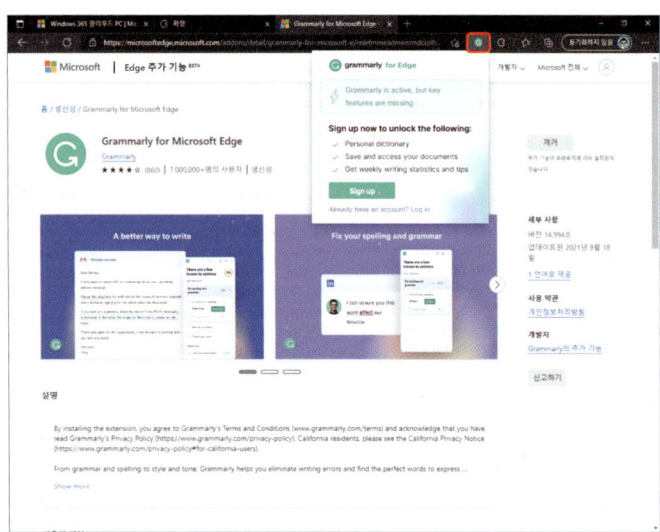

session 8 | 웹 사이트 광고 차단 확장 기능 사용하기

Microsoft Edge에 확장 기능을 추가하여 무분별하게 나타나는 웹 사이트의 광고를 차단하는 방법에 대하여 알아봅니다.

01 Microsoft Edge의 [⋯]를 클릭하면 나타나는 메뉴에서 [확장]을 클릭하고, 팝업 창에서 [확장 관리]를 클릭합니다.

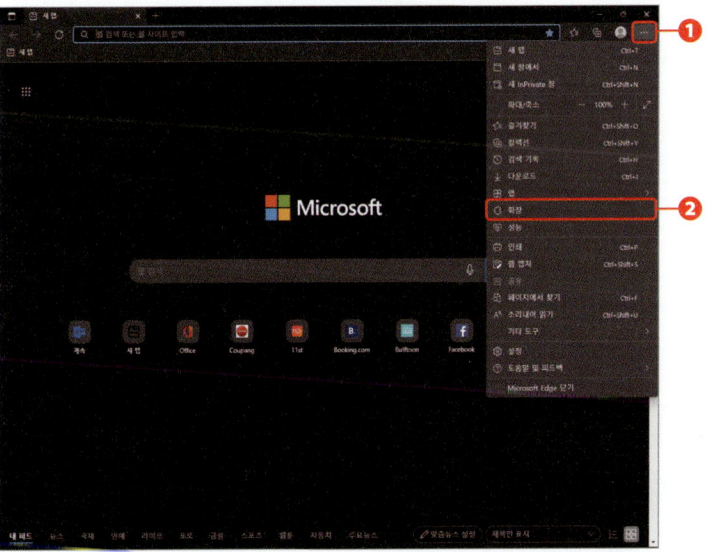

02 [확장] 화면에서 [Microsoft Edge용 확장 가져오기]를 클릭합니다.

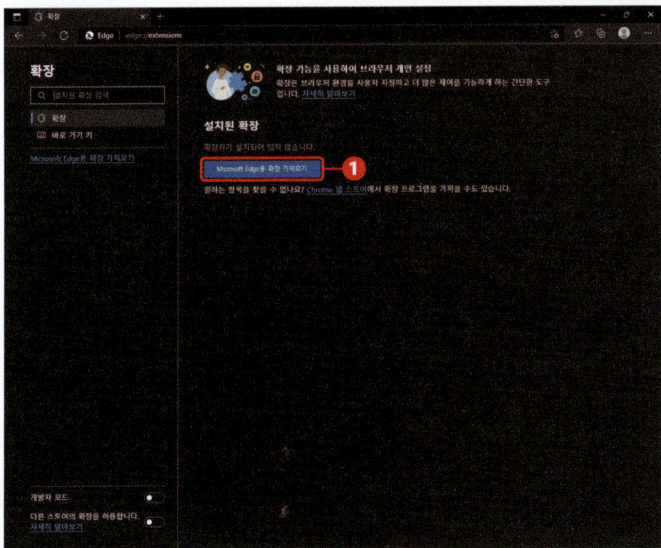

03 검색 창에 'adblock ultimate'를 검색하면 나타나는 결과에서 [Adblocker Ultimate]를 다운로드합니다.

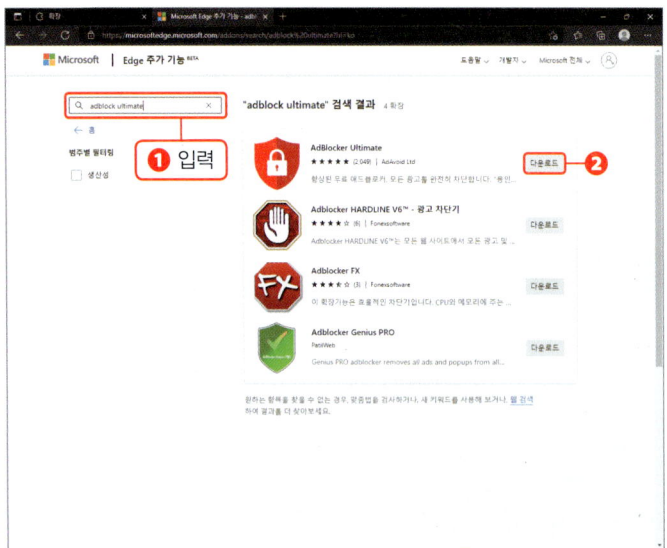

04 추가 메시지 확인 창에서 [확장 추가]를 클릭합니다.

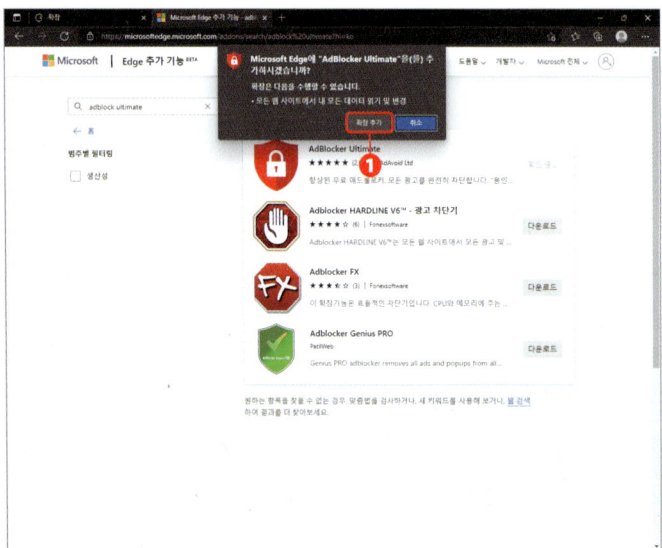

05 다운로드가 진행되고 완료 후 자동으로 Microsoft Edge에 확장 앱이 추가됩니다. 참고로 이 확장 기능은 별도의 유료 서비스를 통해 더 많은 기능을 활용할 수도 있습니다.

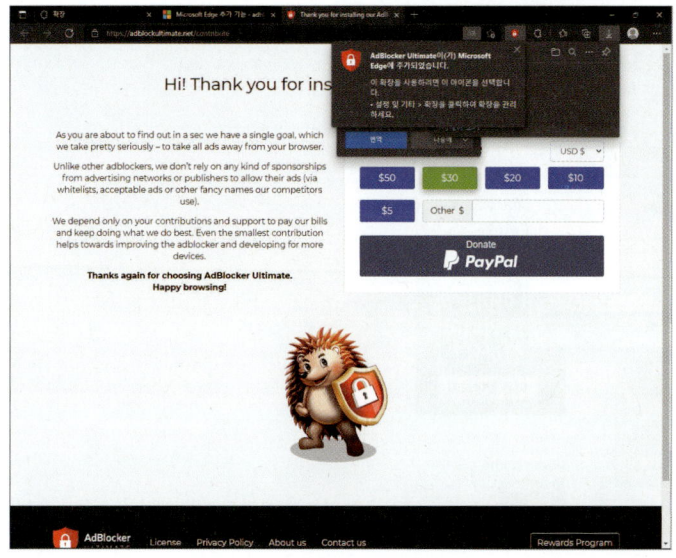

06 웹 사이트 주소를 입력하고 들어가면 다음과 같이 상단에 확장 앱이 차단한 광고 창의 개수가 나타나면서 웹 브라우저 화면에서는 광고 창이 나타나지 않고 본문 내용만 확인 가능합니다.

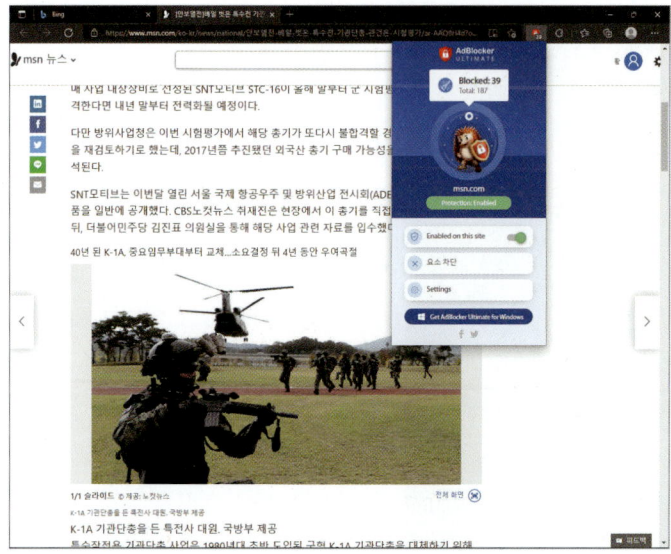

07 만약 추가한 확장 앱을 [Disabled on this site]로 설정하면 사라졌던 광고 창이 다시 나타나는 것을 확인할 수 있습니다.

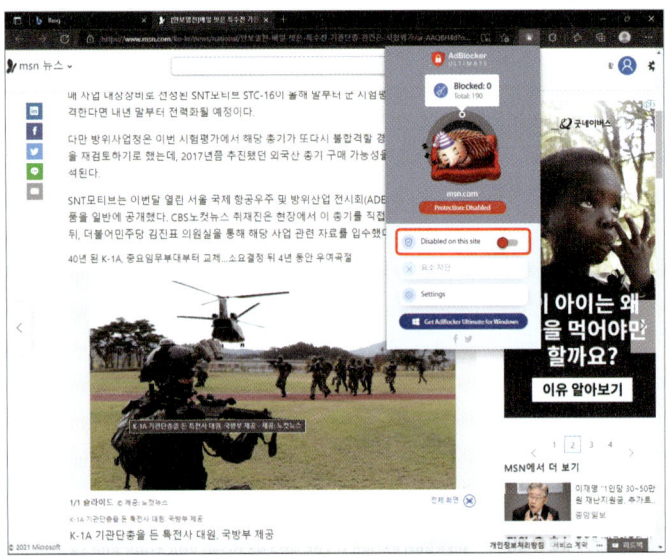

08 이 확장 기능을 사용하지 않으려면 [⋯] > [확장]의 [설치된 확장]에 나타난 확장 앱을 [제거] 또는 [끔] 상태로 설정하면 됩니다.

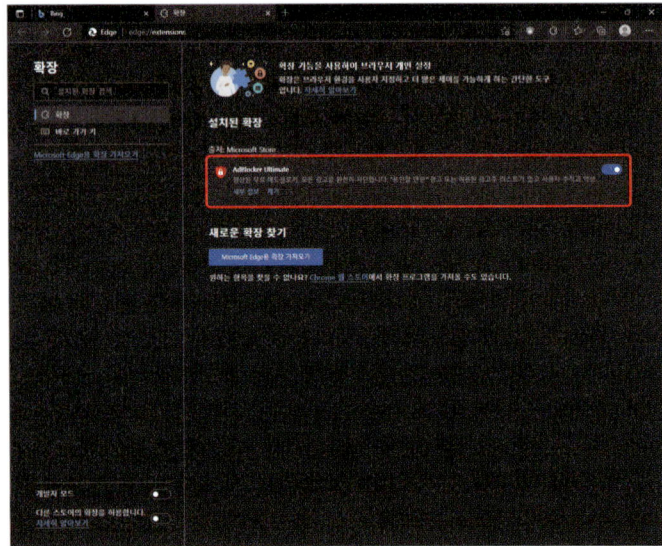

session 9 | 몰입형 읽기 기능

온라인 기사에서 광고 등으로 읽기에 집중하기 어려운 경우가 많습니다. 몰입형 읽기 기능을 실행하면 광고가 없는 사용자 지정 환경으로 변경되어 기사에 집중할 수 있습니다.

01 웹 페이지 내용 중에 몰입형 리더 형태로 변경하려는 문구를 블록 지정한 후 마우스 오른쪽 단추를 클릭하면 나타나는 메뉴에서 [몰입형 리더 선택 영역 열기]를 선택합니다.

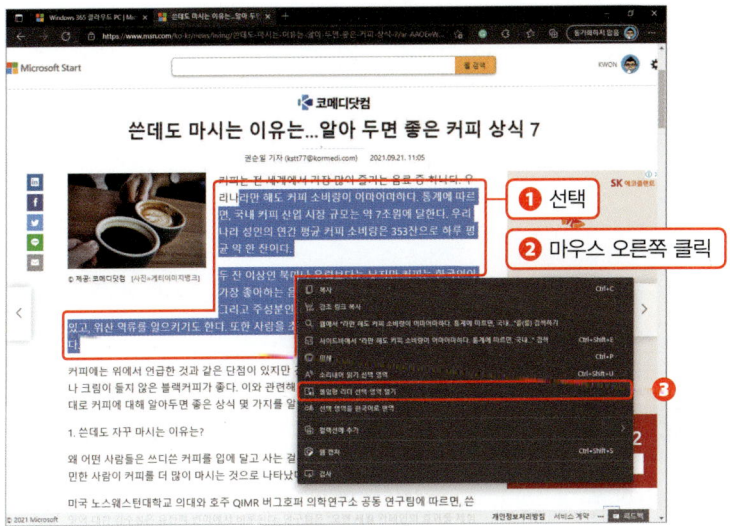

02 몰입형 모드로 변경되어 웹 내용을 집중하여 읽을 수 있게 됩니다.

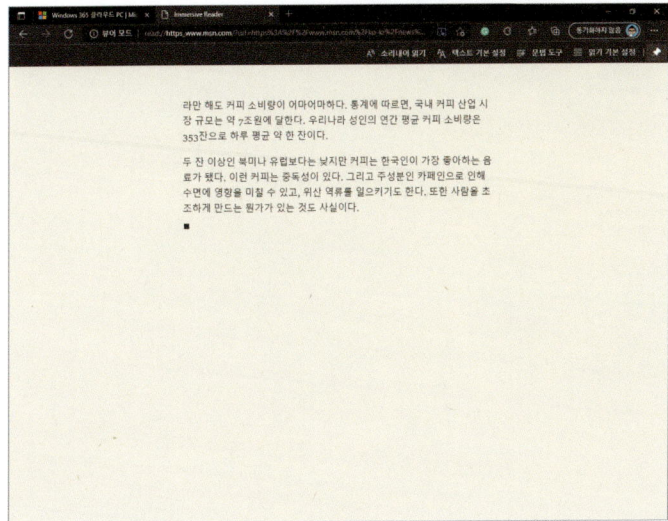

03 또는, 'read:'를 주소 입력창에 입력합니다.

04 웹 사이트 전체가 몰입형 읽기 모드로 변경되는 것을 확인할 수 있습니다.

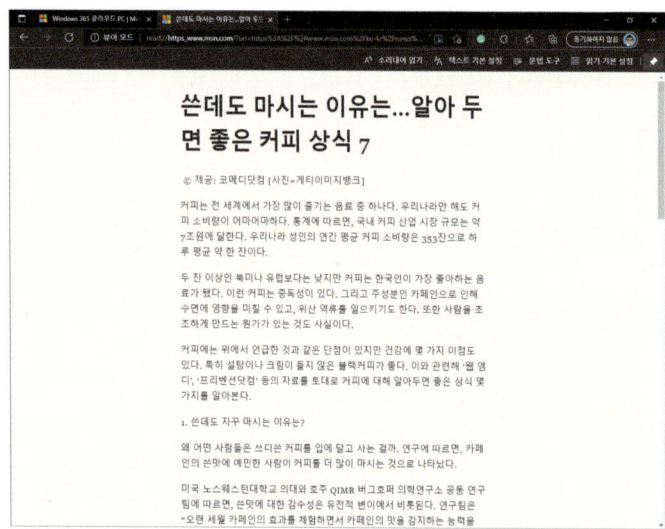

session 10 | 컬렉션 기능 사용하기

탭을 여러 개 열어 두는 대신 원하는 웹 사이트나 콘텐츠를 컬렉션에 저장할 수 있습니다. 컬렉션 이름을 지정하고 검색 중에 정보를 저장할 수도 있습니다.

01 관련된 웹 사이트끼리 정리하기 위하여, 웹 사이트에서 [컬렉션]( )을 클릭한 후 팝업 창에서 [현재 페이지 추가]를 클릭합니다.

02 컬렉션에 여러 웹 사이트를 추가하여 한 눈에 확인할 수 있습니다. 컬렉션의 메모 기능도 활용할 수 있고, 입력한 메모는 컬렉션에 함께 저장됩니다.

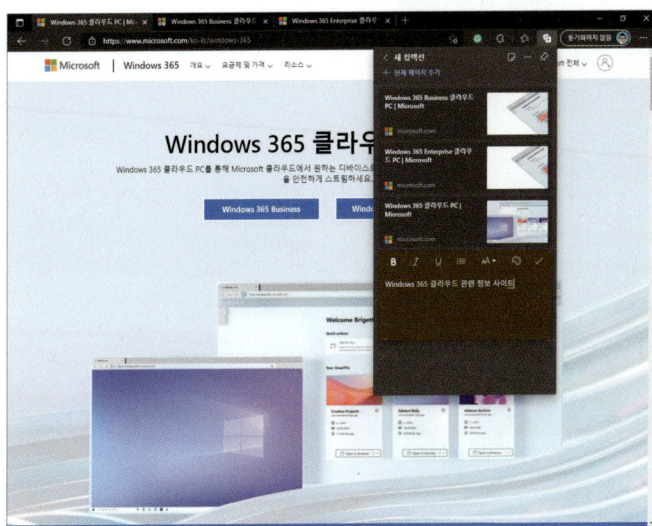

session 11 | 번역 기능

접속한 웹 사이트에서 실시간 번역 기능을 활용할 수 있습니다.

01 영문으로 된 웹 사이트를 액세스하면 자동적으로 번역 여부를 묻는 팝업 창이 나타납니다. [번역]을 클릭합니다.

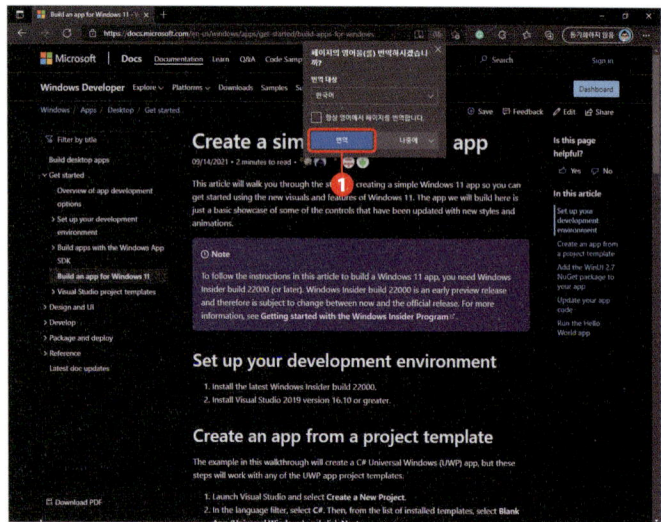

02 접속된 웹 사이트에 선택한 언어로 바로 번역됩니다.

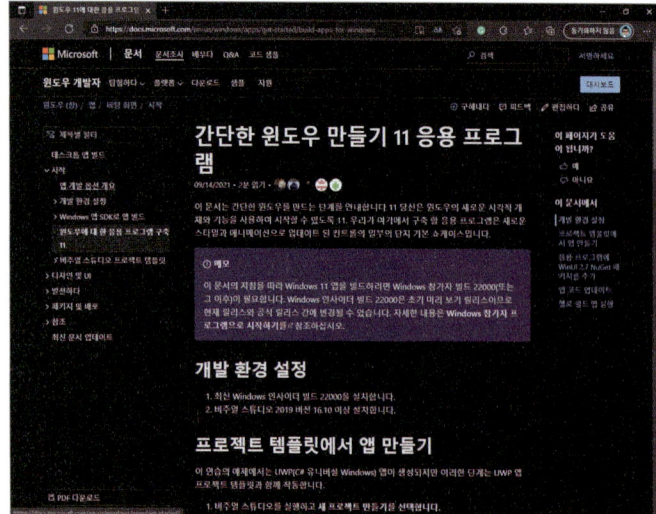

session 12 | 다운로드 위치 설정하기

인터넷에서 받는 파일에 대한 다운로드 방법을 관리할 수 있습니다.

Microsoft Edge의 [⋯] 〉 [설정]을 클릭한 후 [설정] 화면에서 [다운로드] 〉 [위치]의 [변경]을 클릭하여 다운로드하는 파일의 위치를 변경할 수 있습니다.

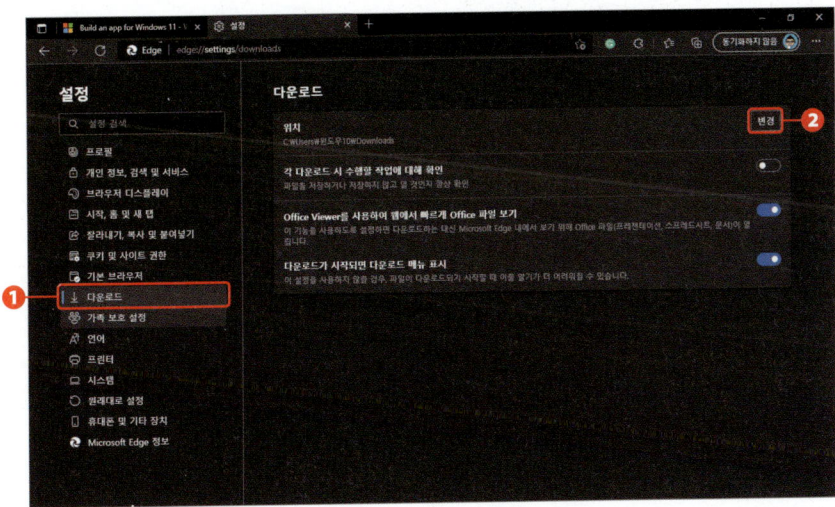

> **Tip** 웹 사이트 평판 보호
>
> 악성 또는, 사용자 동의 없이 설치된 앱, 파일 및 웹 사이트로부터 보호할 수 있도록 해당 웹 사이트에 대한 평판 체크를 할 수 있으며, Microsoft Edge를 통해 웹 사이트에 파일을 다운로드 받을 때 악성 사이트로부터 다운로드되는 콘텐츠를 제한하는 설정이 가능합니다.
>
> ❶ [시작] 〉 [Windows 보안]을 검색하면 나온 결과 화면에서 [앱 및 브라우저 컨트롤]을 클릭합니다.
>
> ❷ [Windows 보안] 화면의 [앱 및 브라우저 컨트롤] 〉 [평판 기반 보호]에서 [켜기]를 클릭하면 평판 기반 보호 설정이 완료됩니다.
>
>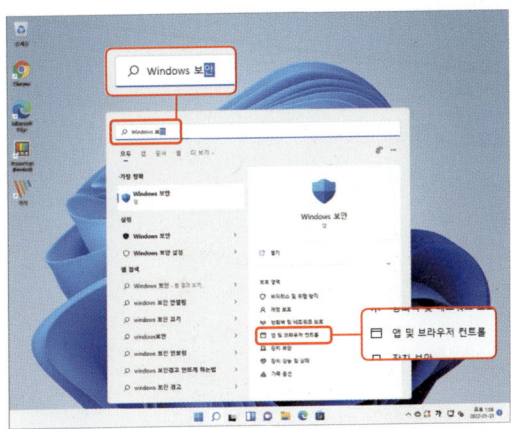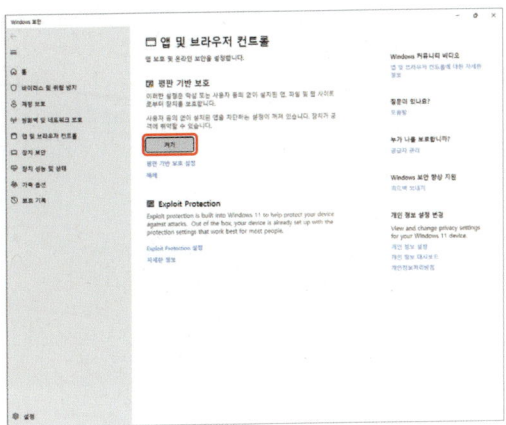

LESSON 02 Microsoft Edge 기능 알아보기

session 13 | 웹 캡처 기능

웹 캡처 기능을 사용하여 별도의 캡처 앱 없이도 웹 페이지를 캡처할 수 있고, 추가적으로 캡처된 내용의 편집도 가능합니다.

01 웹 사이트에서 캡처할 수 있는 기능을 활성화하기 위해서 […] 메뉴에서 [웹 캡처]를 클릭합니다.

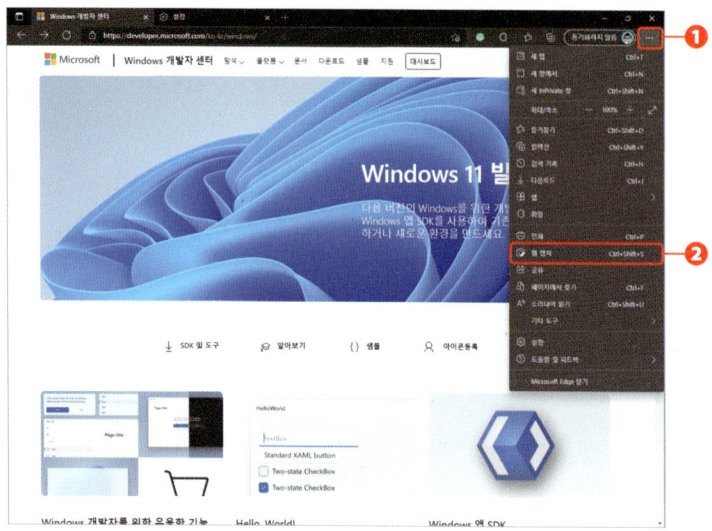

02 웹 캡처 기능이 활성화되면 [캡처 영역] 또는, [전체 페이지 캡처]를 선택하여 캡처를 진행합니다.

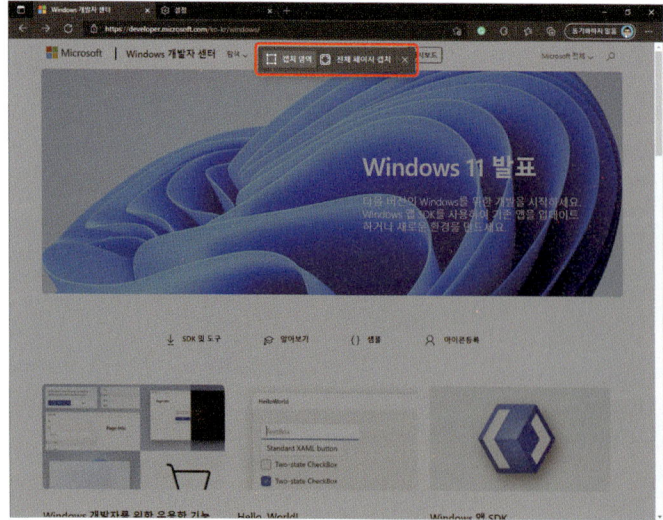

03 다음은 영역을 지정하여 캡처 시 화면입니다. 캡처가 완료되면 [복사] 또는, [마크업 캡처]를 선택하여 실행할 수 있습니다.

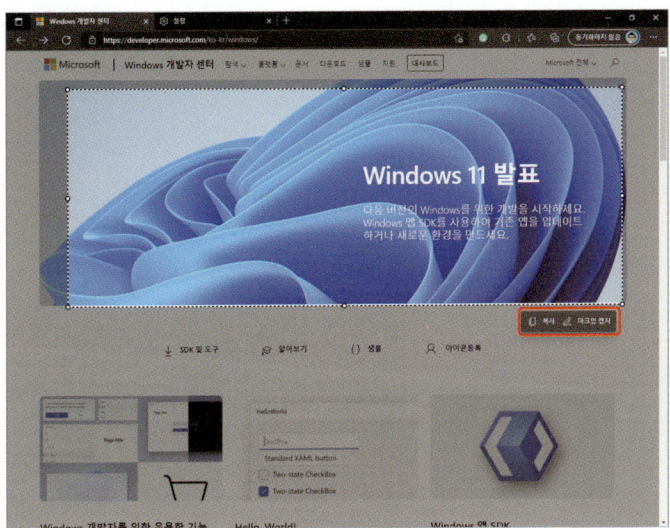

04 [마크업 캡처]를 실행하면 다음과 같이 캡처한 이미지에 그리기 기능을 사용하여 주석을 달수 있고, [저장]을 클릭하면 이미지 파일이 생성되면서 저장됩니다.

session 14 | Microsoft Edge 설정 명령어

Microsoft Edge 주소 입력창에 다음 명령어를 사용하면 바로 관련된 설정 창으로 이동할 수 있습니다. 사용 방법은 Microsoft Edge 주소 입력창에 'Edge://settings/[키워드]'를 입력합니다.

키워드	설정 화면
edge://settings/profiles	프로필 설정
edge://settings/privacy	인터넷에서 개인 정보, 검색 및 서비스에 대한 설정
edge://settings/appearance	브라우저 새 탭, 페이지, 대화상자의 모양, 테마, 화면 확대/축소 및 도구 모음 사용자 지정 설정 화면
edge://settings/startHomeNTP	Edge가 사용되는 탭 설정 및 홈 단추 설정
edge://settings/shareCopyPaste	잘라내기, 복사 및 붙여넣기 방식 설정
edge://settings/content	쿠키 및 저장된 데이터와 사이트 사용 권한 설정
edge://settings/defaultBrowser	인터넷 기본 브라우저 설정
edge://settings/downloads	다운로드 위치 및 관련 수행 설정
edge://settings/familySafety	가족 보호 모드 설정
edge://settings/languages	표시되는 언어 순서 및 맞춤법 검사 설정
edge://settings/printing	웹페이지 프린터 설정
edge://settings/system	시스템 성능 및 성능 최적화 설정
edge://settings/reset	Microsoft Edge 브라우저 초기화 설정
edge://settings/devices	휴대폰 및 기타 장치와의 동기화 설정
edge://settings/accessibility	Microsoft Edge의 접근성 기능 설정
edge://settings/help	Microsoft Edge 버전 및 최신 상태 확인 설정

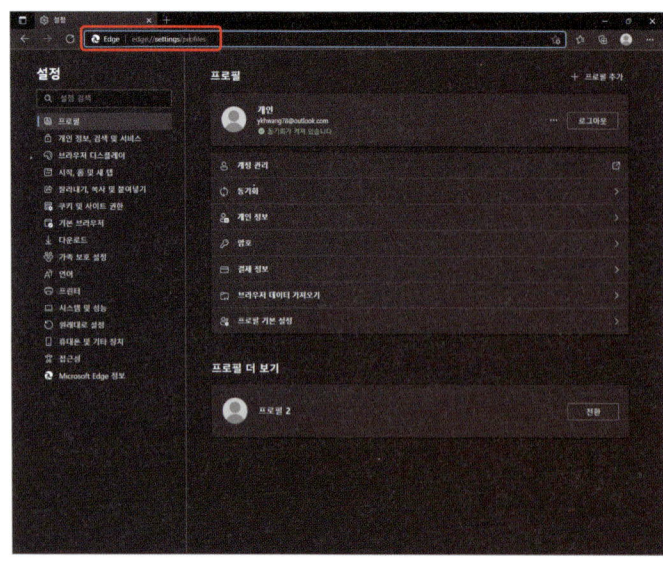

session 15 | **Microsoft Edge 게임하기**

인터넷이 불가한 경우 오프라인 상태에서도 간단한 게임을 할 수 있는 기능을 제공합니다. Microsoft Edge 주소 입력창에서 'Edge://Surf'를 입력하면 다음과 같이 서핑 게임을 할 수 있습니다.

참고로, 겨울에는 스키 게임이 제공됩니다.

session 16 InPrivate 기능 사용하기

Microsoft Edge의 InPrivate 기능을 사용하면 사용자가 사용한 쿠키, 기록 또는, 임시 파일 등의 검색 데이터가 컴퓨터에 저장되지 않습니다. 모든 InPrivate 탭이 닫히면 자동적으로 Microsoft Edge 가 PC에서 임시 데이터를 삭제합니다.

01 Microsoft Edge의 […]을 클릭하면 나타나는 메뉴에서 [새 InPrivate 창]을 선택합니다.

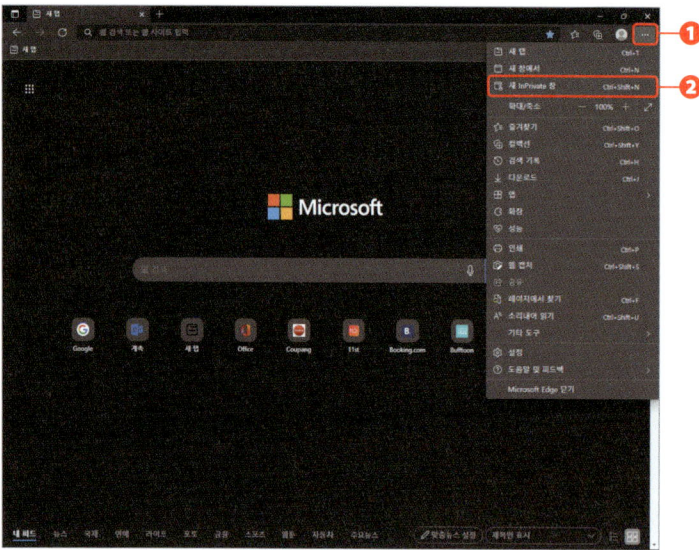

02 'InPrivate 브라우징'이라는 메시지가 나타나는 새로운 Microsoft Edge 창이 열립니다. 기존의 기능은 동일하게 사용이 가능하지만, 종료 시 관련된 임시 데이터에 대해서는 사용자가 별도의 작업 없이 자동으로 삭제되기 때문에 공유 또는, 공공장소의 컴퓨터에서 사용하면 보안을 강화할 수 있습니다.

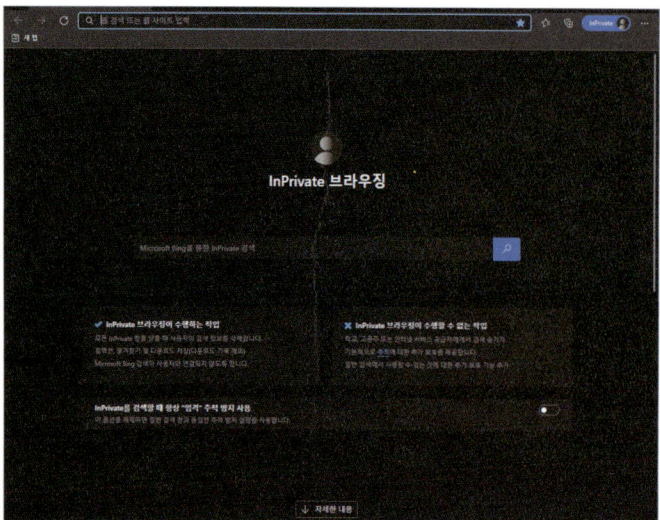

memo

PART

07

Microsoft 계정과 서비스

Microsoft 계정을 사용하면 Microsoft에서 제공하는 무료 또는, 유료 서비스를 활용할 수 있습니다. 대표적인 예로 Microsoft 계정을 활용하면 클라우드 서비스를 이용하여 한 장치에 국한되지 않고 여러 장치에서 작업이나 설정 등이 동기화되어 사용할 수 있기 때문에 사용자는 위치나 장치에 상관없이 동일한 환경에서 작업이 가능하게 됩니다.

Microsoft 계정과 서비스 사용하기

중요도
상
중
하

Microsoft 계정을 생성하면 기본적으로 메일 서비스, 일정, 연락처, 클라우드 저장소 등을 제공합니다. 각 서비스는 무료로 제공되지만, 추가적으로 광고 제거나 기능, 용량 확장 등이 필요한 경우에는 유료로 전환하여 사용할 수 있습니다.

session 1 Microsoft 계정 암호 없이 사용 설정하기

Microsoft 계정을 암호 없이 로그인하는 방법에 대하여 알아봅니다.

01 'https://account.microsoft.com' 사이트에서 로그인을 합니다.

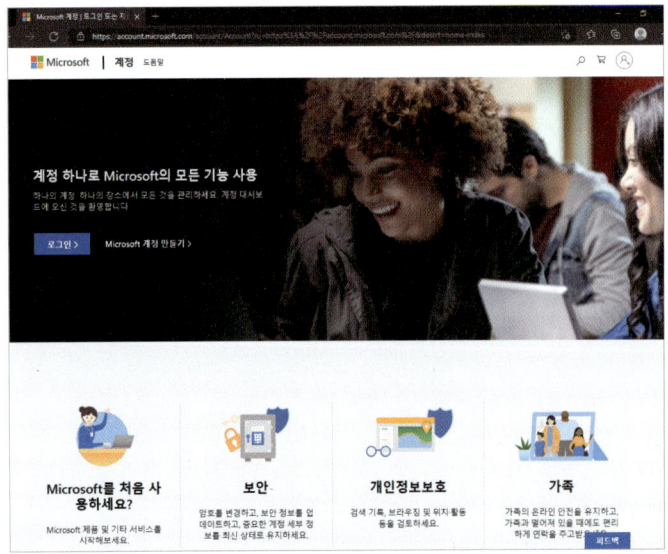

> 참고 : **Microsoft 계정 암호 없이 로그인을 위한 전제 조건**
> 스마트폰 플랫폼 버전이 iOS 8.0 이상 또는, Android 6.0 이상을 실행하는 디바이스가 지원되어야 하고, 플랫폼별 앱 스토어와 구글 플레이에서 최신 버전의 Microsoft Authenticator를 설치할 수 있어야 가능합니다.

02 Microsoft 계정 사이트에서 [보안]을 클릭합니다.

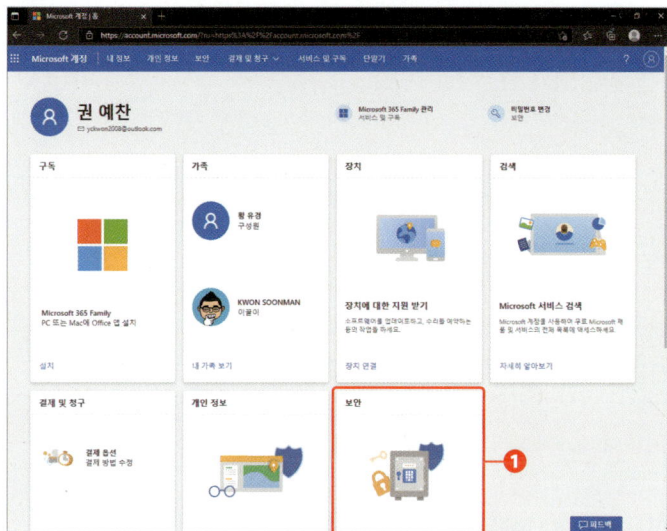

03 [보안] 설정 화면에서 [고급 보안 옵션]을 클릭합니다.

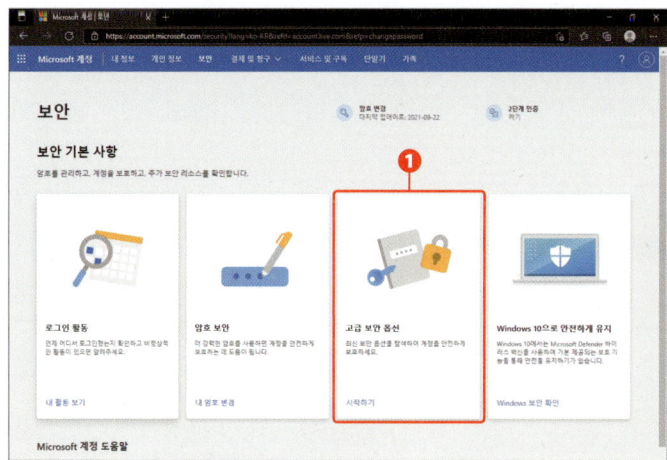

Tip 디바이스에서도 암호 없이 로그인

윈도우가 설치된 디바이스에서도 Microsoft 계정을 통해 암호 없이 로그인하여 더욱 안전하게 보호할 수 있습니다. 디바이스에서 제공하는 얼굴 인식 카메라가 탑재된 경우는 Windows Hello Face를 통해 얼굴 인식으로 로그인하거나, 지문 인식 장치가 있는 경우는 등록된 지문을 통해 암호 없이 로그인이 가능합니다.

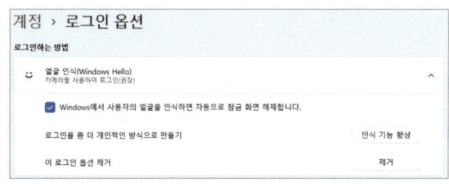

[설정] 〉 [계정] 〉 [로그인 옵션] 〉 [로그인하는 방법 설정]

LESSON 01 Microsoft 계정과 서비스 사용하기 299

04 [추가 보안] 화면에서 [암호 없는 계정] 〉 [켜기]를 클릭합니다.

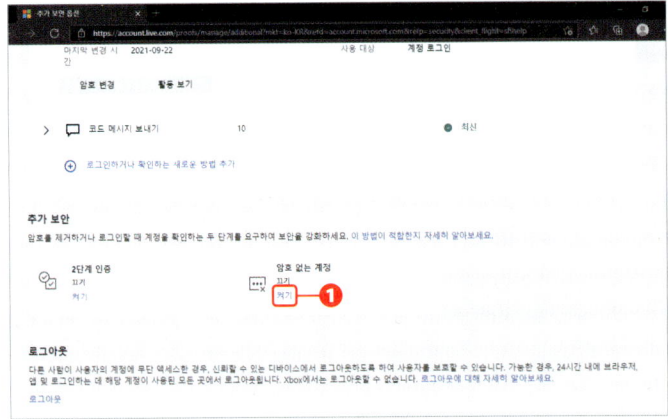

05 [암호 없는 계정 설정] 메시지 창이 나타나면 내용을 확인한 후 [다음]을 클릭합니다.

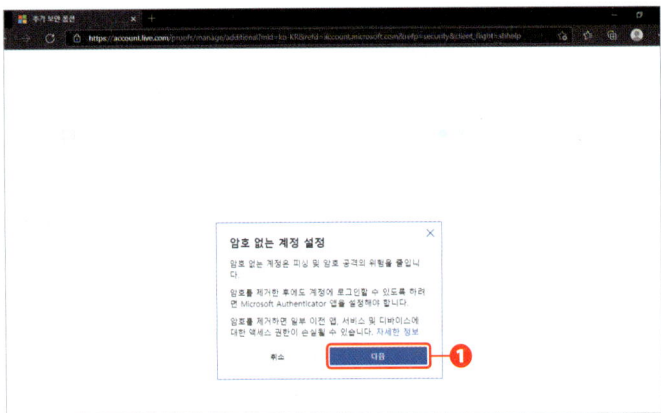

06 Microsoft Authenticator 앱을 스마트폰에서 다운로드 받아 설치한 후 [다음]을 클릭합니다.

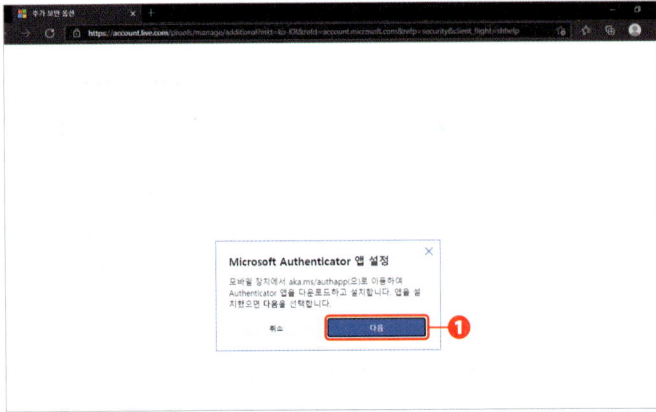

07 스마트폰에서 설치한 앱을 통해 QR 코드를 찍어 설정을 진행한 후 [완료]를 클릭합니다.

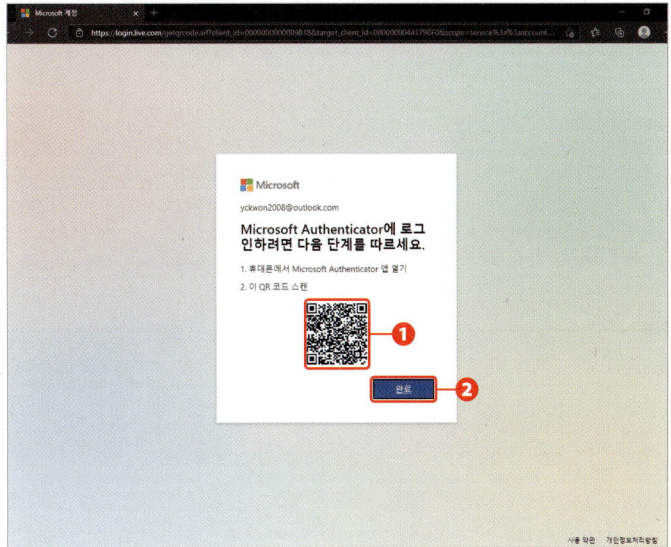

08 [보안] 설정 화면에서 [사용자가 증명하는 방법에 로그인 알림 보내기]가 추가 설정됩니다.

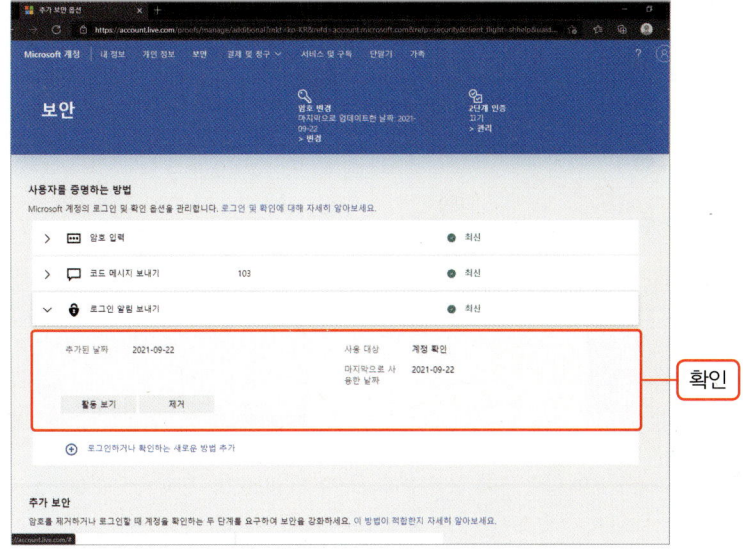

09 설정된 계정으로 Microsoft 서비스 사이트를 접속하면 계정을 입력한 후 [다음]을 클릭합니다.

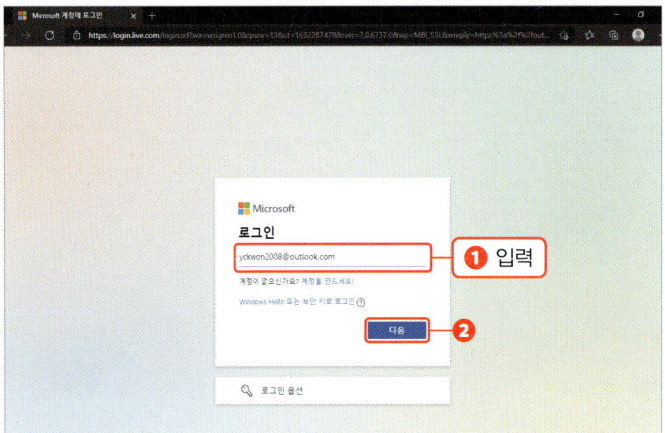

10 암호를 입력하는 화면이 아닌 스마트폰에 설치한 인증 앱을 통해 암호 입력을 대신하여 인증 처리합니다.

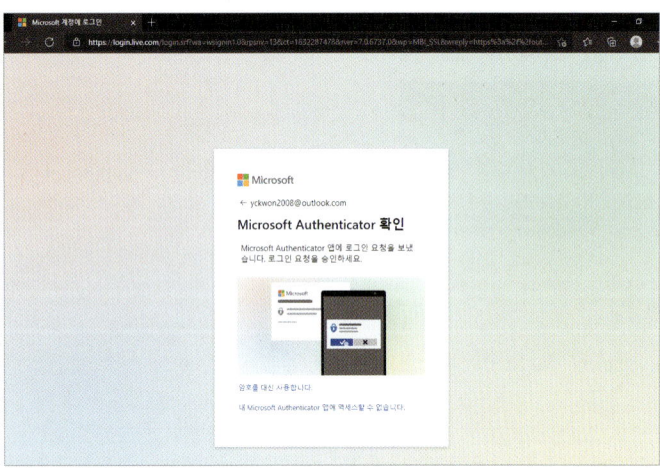

> **Tip** 계정 인증 옵션별 차이점

아래 이미지와 같이 계정 인증을 하는 방법은 크게 암호만 입력, '암호 입력 후 추가 인증 및 암호 없는 인증 방식'으로 나눌 수 있는데, 보안도 강화하고 사용자의 편의성도 제공하는 인증 방법이 암호 없는 인증 방식이라고 볼 수 있습니다.

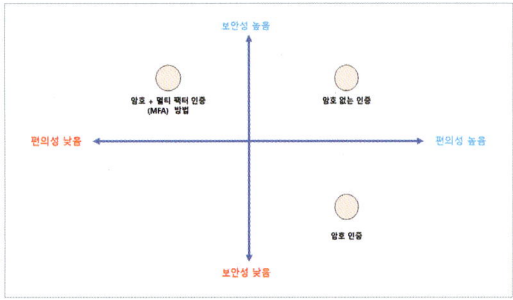

메일 서비스 사용하기

중요도
상
중
하

Microsoft 계정을 생성하면 기본적으로 제공하는 Outlook 메일 서비스를 사용할 수 있습니다. Outlook 메일은 메일뿐만 아니라, 일정, 연락처, 오늘 할 일 등과 같은 기능도 무료로 사용할 수 있습니다.

session 1 | 메일 앱의 메일 설정하기 (Microsoft 계정으로 윈도우 로그인 사용자)

윈도우에서 기본적으로 제공하는 메일 앱을 통해 Outlook.com, Live, Hotmail 또는, MSN 주소가 있는 Microsoft 계정으로 로그인하면 해당 계정이 메일 및 일정 앱에 설정됩니다. Microsoft 계정뿐 아니라 기타 다른 메일 서비스 계정을 메일 및 일정 앱에 추가하여 전자 메일 보내기, 받기 및 일정을 한곳에서 관리할 수 있습니다.

01 [시작] 단추를 클릭하고 [메일] 앱을 실행합니다.

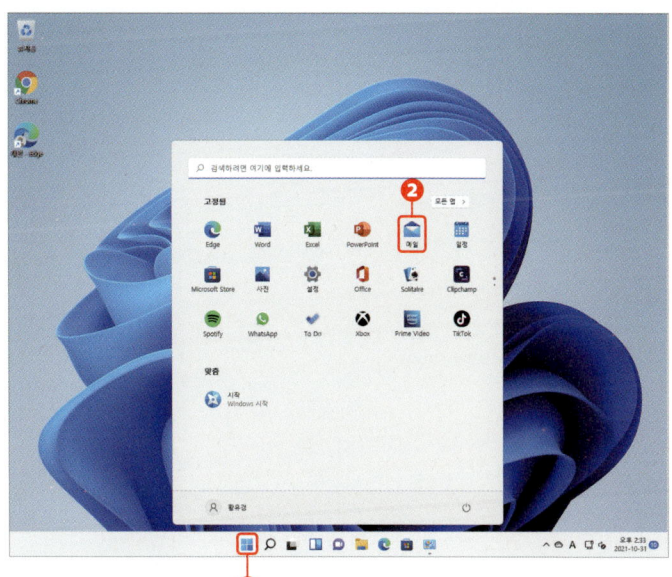

Tip 메일 서비스 추가

Microsoft 계정 외에도 다른 메일 서비스 계정을 간편하게 추가할 수 있습니다.

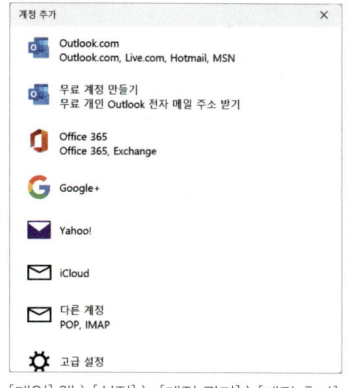

[메일] 앱 > [설정] > [계정 관리] > [계정 추가]

02 [계정 추가] 창에서 로그인된 계정을 선택합니다.

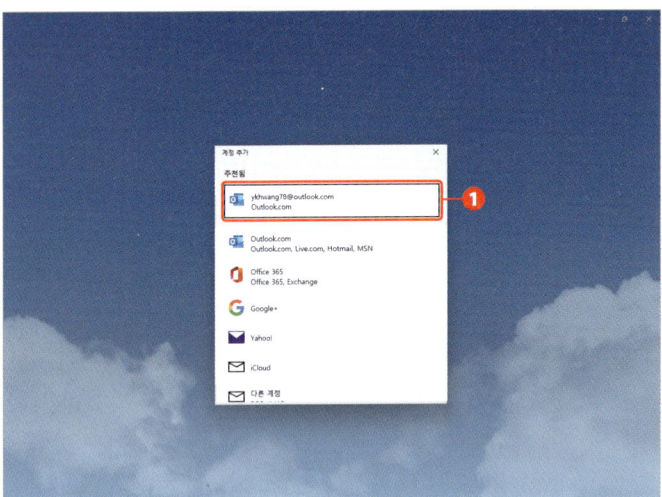

03 추가 설정없이 바로 [메일] 앱 설정이 완료되어 메일을 사용할 수 있습니다.

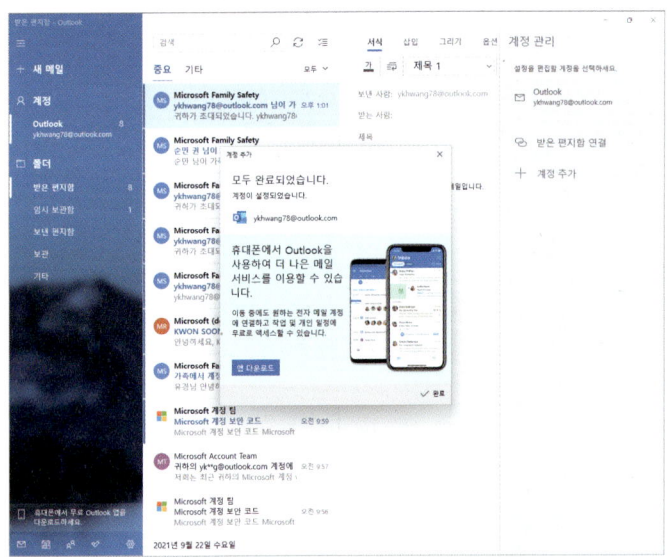

> **Tip**
>
> PC에서 메일 설정을 완료한 후 나타나는 팝업 창처럼 [앱 다운로드]를 클릭하면 해당하는 스마트폰에서 바로 Outlook 모바일 앱을 다운로드 받을 수 있는 링크 또는, QR 코드를 스캔하여 빠르고 쉽게 설정이 가능합니다.
>
>

session 2 메일 앱의 메일 설정하기(일반 로컬 계정으로 윈도우 로그인 사용자)

윈도우 11에서 제공하는 메일 앱을 사용하여 Microsoft 계정으로 Outlook 메일을 설정하는 방법에 대하여 알아봅니다.

01 [시작] 단추를 클릭하고 [메일] 앱을 실행합니다.

02 [계정 추가] 창에서 [Outlook.com]을 선택합니다.

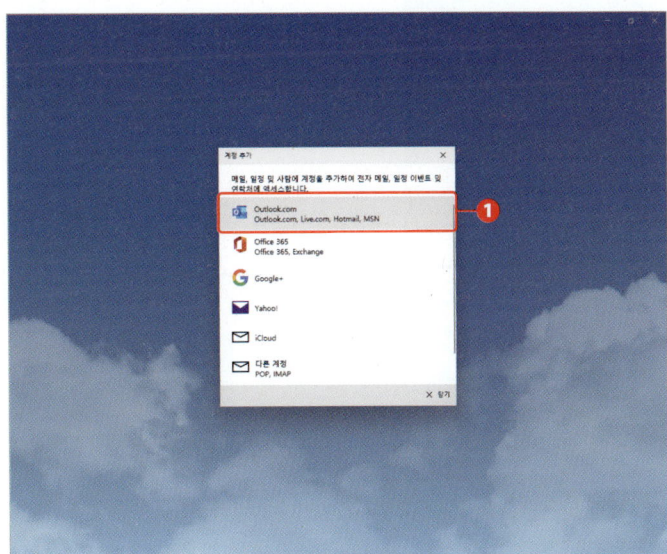

LESSON 02 메일 서비스 사용하기 **305**

03 Microsoft 계정과 암호를 입력합니다. 만약, Microsoft 계정을 암호가 아닌 다른 옵션으로 설정한 상태라면 [로그인 옵션]을 클릭하여 계정 인증 방식을 변경할 수도 있습니다.

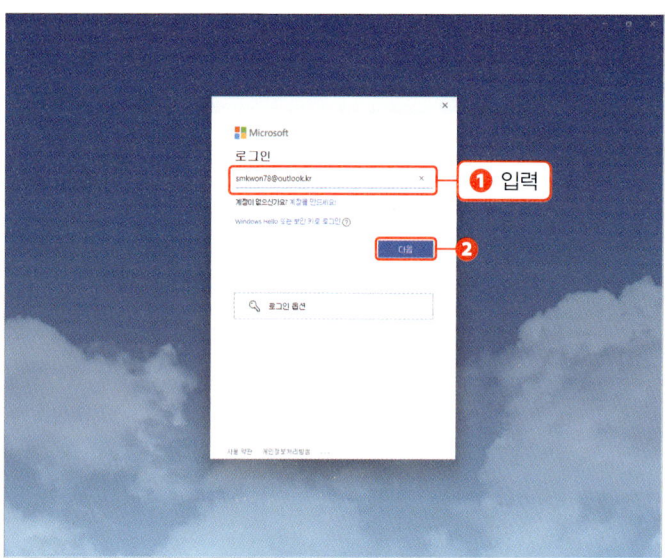

04 [디바이스로 어디에서나 이 계정 사용] 창에서 [다음]을 클릭합니다. 이 단계를 통해 윈도우에서 계정을 저장하여 관련 앱 또는, 웹 사이트에서 Microsoft 계정으로 로그인이 필요한 경우는 빠르고 쉽게 로그인을 할 수 있게 되며, 추가적으로 Microsoft 계정에 디바이스가 등록되면서 디바이스를 찾고, 설정 및 다른 디바이스와의 동기화가 가능하게 됩니다. 만약, Microsoft 계정과 연계하고 싶지 않은 경우는 [Microsoft 앱만]을 클릭하여 진행합니다.

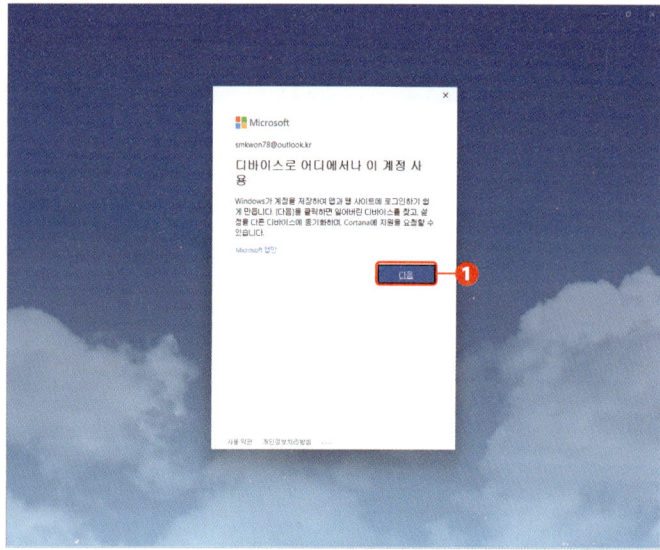

05 [계정에 Windows Hello 사용] 창에서 [확인]을 클릭합니다.

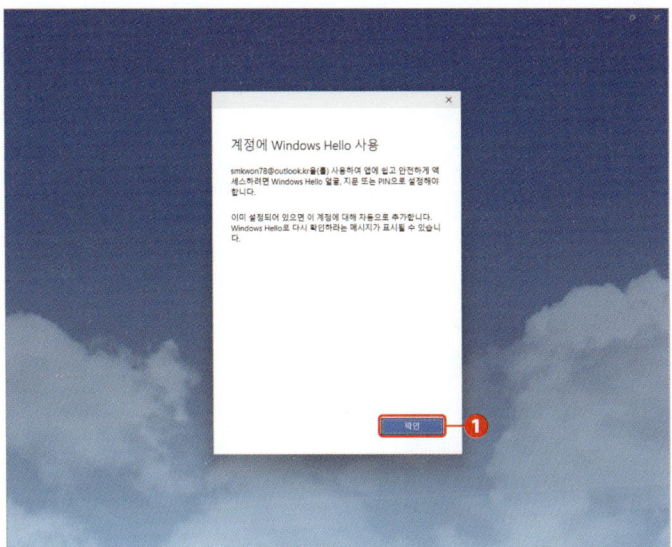

06 [사용자 본인인지 확인] 메시지 창에서 PIN을 입력합니다.

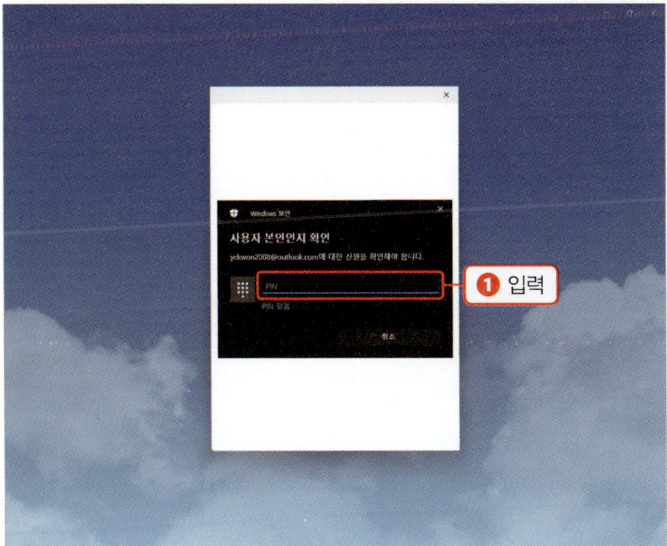

07 Microsoft 계정을 통해 Outlook.com 메일 설정이 완료됩니다.

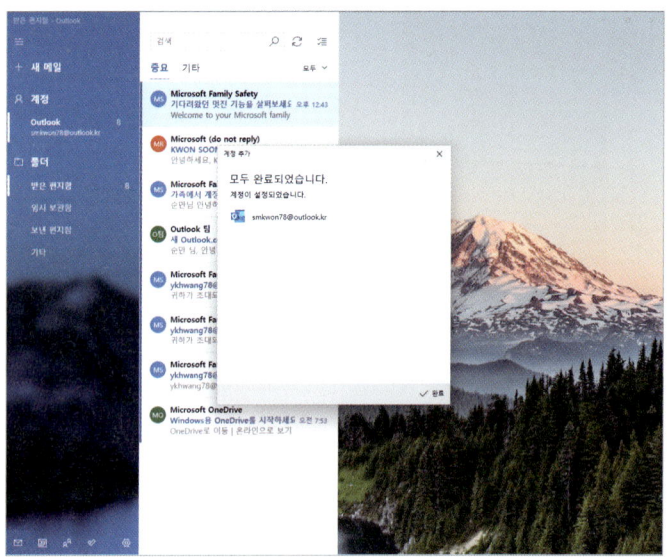

session 3 | 메일 앱에 멀티 메일 계정 설정하기

메일 앱을 통해 Microsoft 계정뿐 아니라 다른 메일 서비스를 연결하여 사용할 수 있습니다.

01 [메일] 앱 왼쪽 하단의 [설정]을 클릭하면 나타나는 메뉴에서 [계정 관리]를 선택합니다.

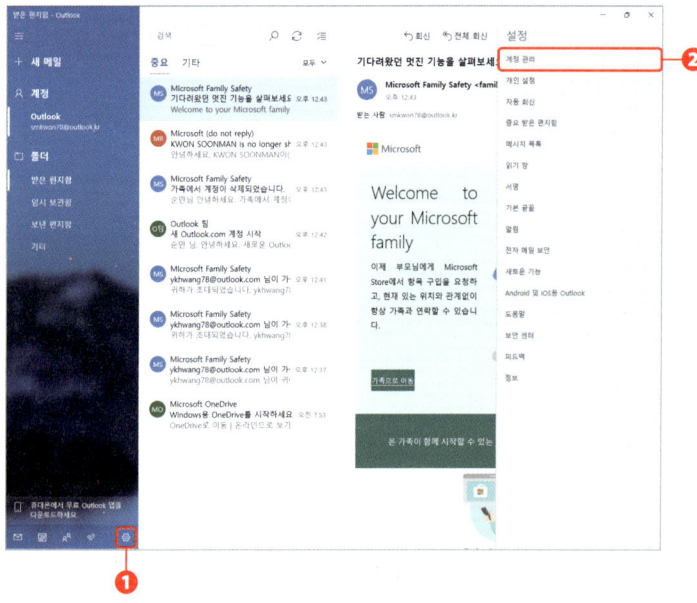

02 [계정 관리]에서 [+계정 추가]를 클릭하면, 계정을 추가할 수 있는 메일 서비스들이 나타납니다. 여기서는 [Gmail]을 선택합니다.

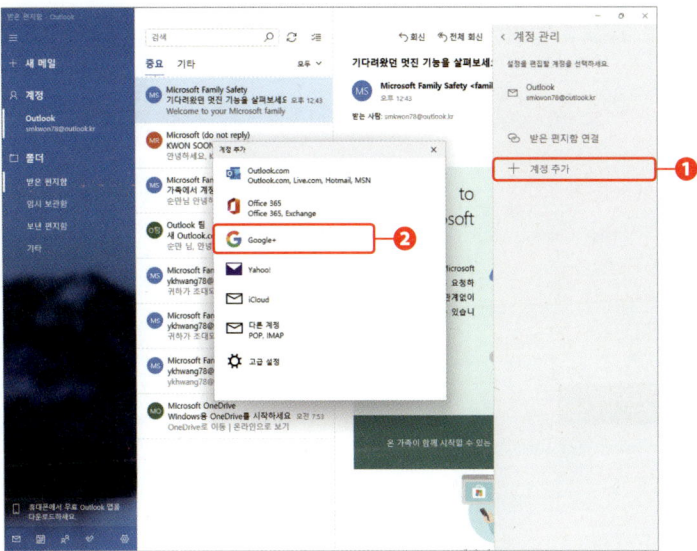

03 Gmail 계정과 암호를 입력한 후 [다음]을 클릭합니다.

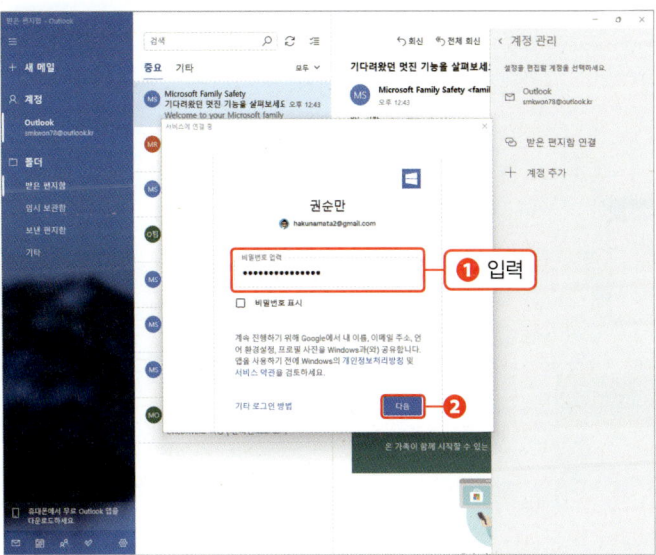

04 Gmail 계정과 인증이 완료되면 [메일] 앱에서 Gmail을 사용할 수 있습니다.

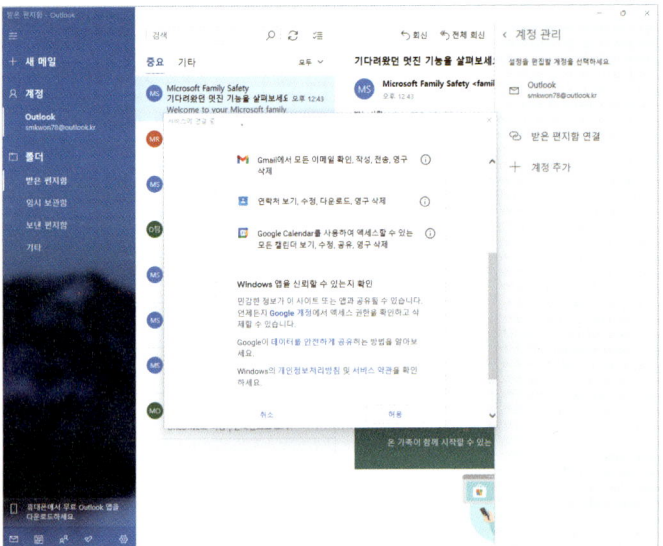

05 왼쪽 작업 창에서 Outlook 메일과 Gmail 메일 계정이 추가된 것을 확인할 수 있습니다.

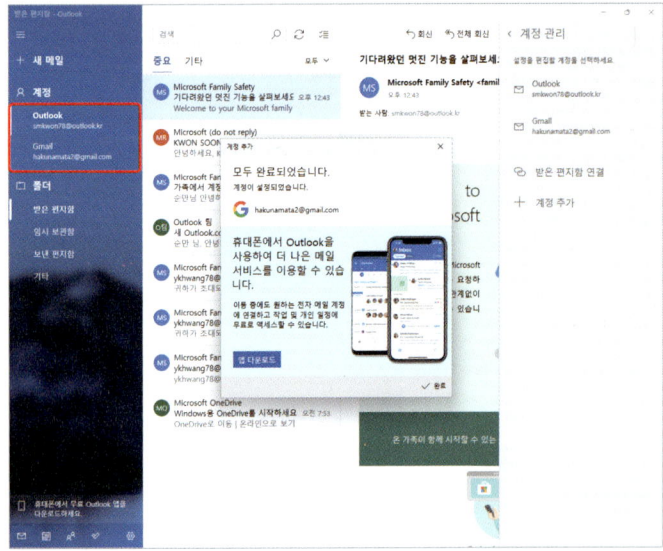

session 4 | 메일 앱 메뉴 알아보기

메일 계정을 설정한 후 메일을 사용하기 위한 메일 앱의 메뉴에 대하여 살펴봅니다.

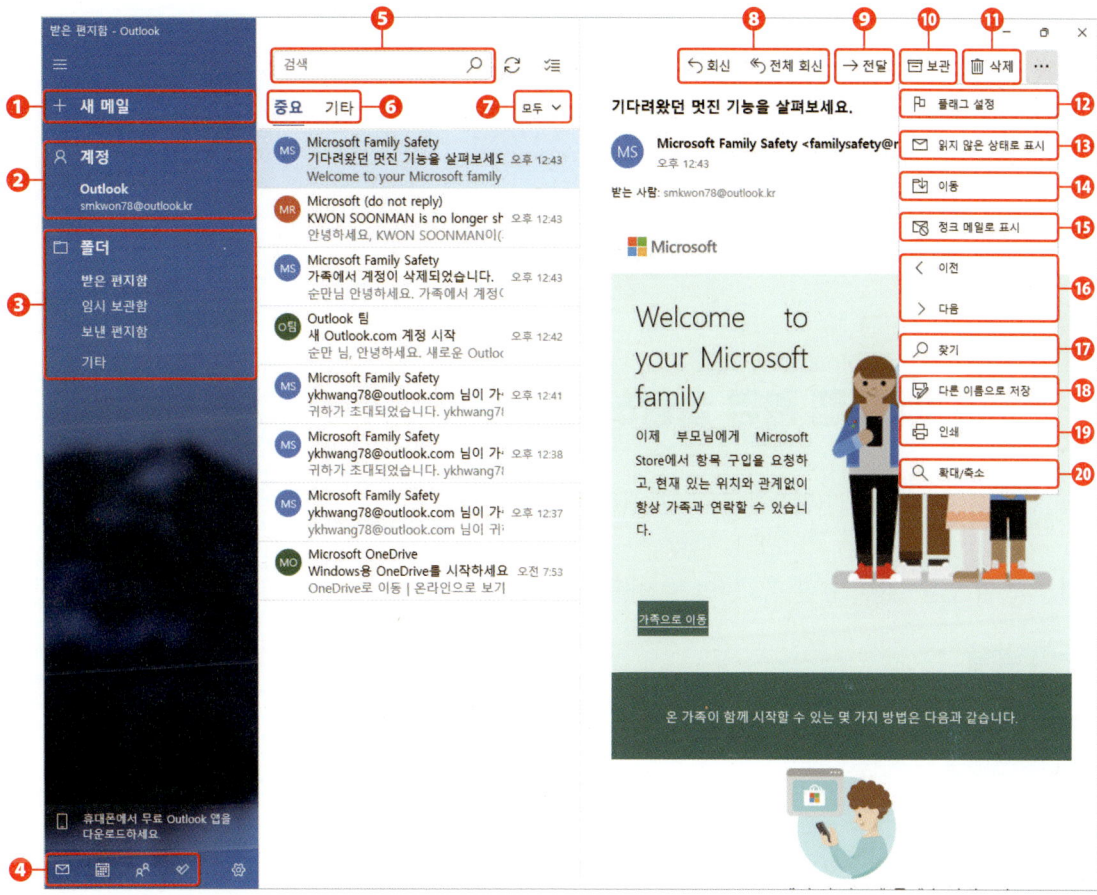

① [+새 메일] : 새로운 메일을 작성하는 창이 나타납니다.

② 계정 : [메일] 앱에 설정되어 있는 계정 목록입니다. 메일 계정을 선택하여 쉽게 메일 계정을 변경하고 메일을 확인할 수 있습니다.

③ 폴더 : 선택된 메일 계정의 메일 폴더 목록입니다.

④ 앱 모음 : 메일, 일정, 연락처, To-do 및 설정 도구 모음입니다.

⑤ 검색 : 메일을 검색합니다.

⑥ 중요/기타 : 사용자가 중요도에 따라 분류된 메일을 확인할 수 있습니다.

⑦ 필터/정렬 : 메일을 모두, 읽지 않음, 플래그 있음, 멘션 형태로 필터링하여 나타내거나, 날짜순 정렬, 이름순 정렬하여 목록을 보여줍니다.

⑧ 회신/전체 회신 : 메일 보낸 사람 또는, 참조된 모든 사람에게 메일을 보낼 수 있습니다.

⑨ 전달 : 받은 메일을 그대로 입력하여 전달합니다.

⑩ 보관 : 메일을 별도의 저장 폴더에 보관합니다.

LESSON 02 메일 서비스 사용하기 **311**

⑪ 삭제 : 메일이 삭제되면서 지운 편지함에 저장됩니다.
⑫ 플래그 설정 : 메일에 플래그를 지정합니다.
⑬ 읽지 않은 상태로 표시 : 읽은 메일을 읽지 않은 상태로 변경합니다.
⑭ 이동 : 메일 사서함의 특정 폴더로 이동합니다.
⑮ 정크 메일로 표시 : 정크 메일로 필터링 되지 못한 메일을 사용자가 강제로 정크 메일로 설정합니다.
⑯ 이전/다음 : 현재 메일을 기준으로 이전과 다음 메일로 이동합니다.
⑰ 찾기 : 메일에서 검색합니다.
⑱ 다른 이름으로 저장 : 메일을 하나의 파일 형태로 저장합니다.
⑲ 인쇄 : 메일을 인쇄합니다.
⑳ 확대/축소 : 메일의 본문을 확대/축소합니다.

session 5 메일 앱 환경 설정하기

메일 앱의 색, 폴더/메시지의 간격, 모드 및 배경 화면 등 환경을 설정하는 방법에 대하여 알아봅니다.

01 [메일] 앱을 실행하고 왼쪽 하단의 [설정]을 클릭하면 나타나는 메뉴에서 [개인 설정]을 선택합니다.

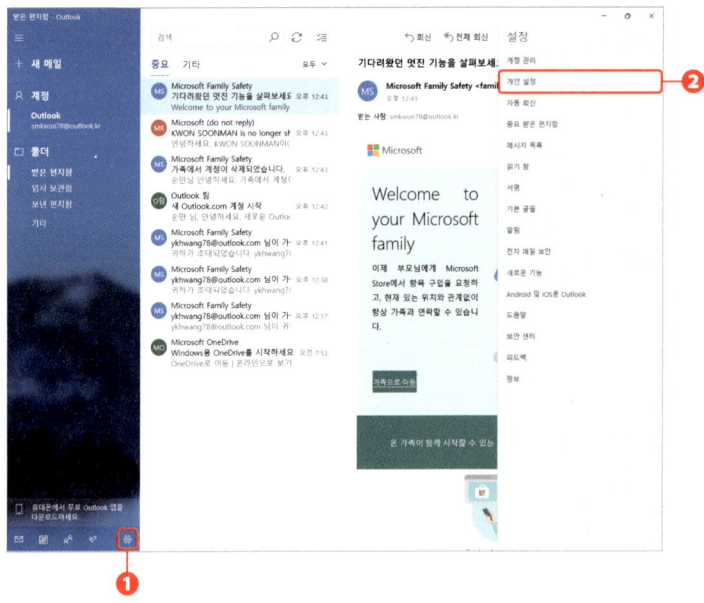

02 [메일] 앱의 개인 설정 메뉴에서 '색, 모드, 폴더 및 메시지 간격, 배경'을 설정할 수 있습니다.

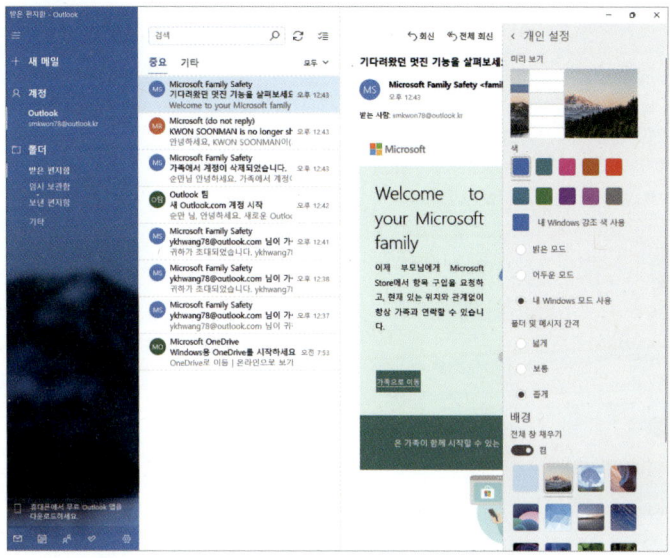

session 6 부재 시 메일 자동으로 회신 설정하기

메일 앱의 부재중 회신 기능으로 휴가나 메일을 회신하기 어려운 상황에 있을 때 자동적으로 메일을 보낸 사람에게 설정해 놓은 메시지를 회신할 수 있습니다.

01 [메일] 앱 왼쪽 하단의 [설정]을 클릭하면 나타나는 메뉴에서 [자동 회신]을 선택합니다.

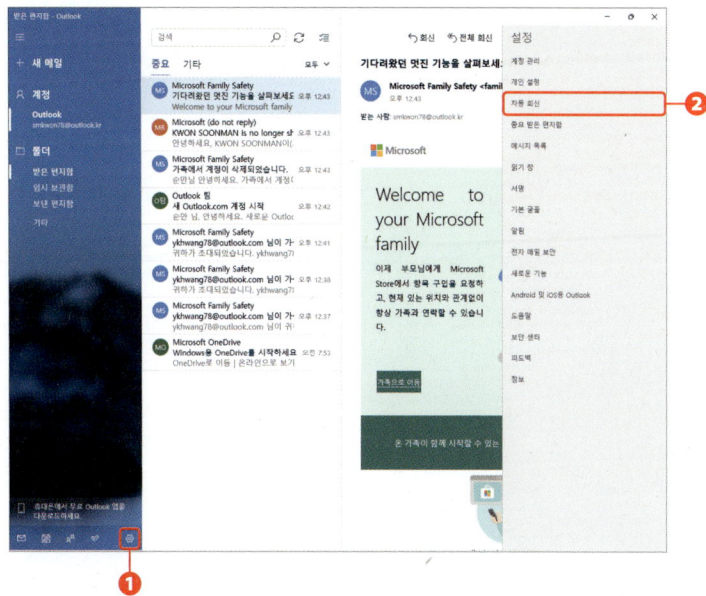

02 [자동 회신]에서 [자동 회신 보내기]를 설정한 후 자동으로 회신할 메시지를 입력하면, 메일이 전송되면 바로 입력한 부재중 메시지로 회신하게 됩니다.

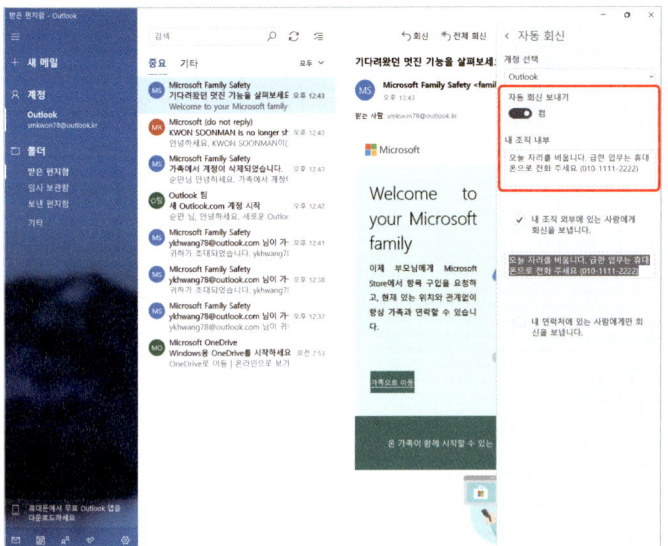

> **Tip**
>
> 모바일 디바이스에서 Outlook 앱을 사용하여 부재중 자동 회신을 설정할 수 있습니다.

[설정] 〉 [메일 계정 선택] 〉 [자동 회신]

session 7 · 메일 서명 설정하기

메일 작성 시, 기본적으로 마지막에 추가되는 반복적인 내용인 '회사명, 연락처, 메일 주소, 소개 및 홍보 문구' 등이 새 메일을 실행하면 기본적으로 입력된 형태로 나타나게 하는 방법이 서명입니다.

01 [메일] 앱 왼쪽 하단의 [설정]을 클릭하면 나타나는 메뉴에서 [서명]을 선택합니다.

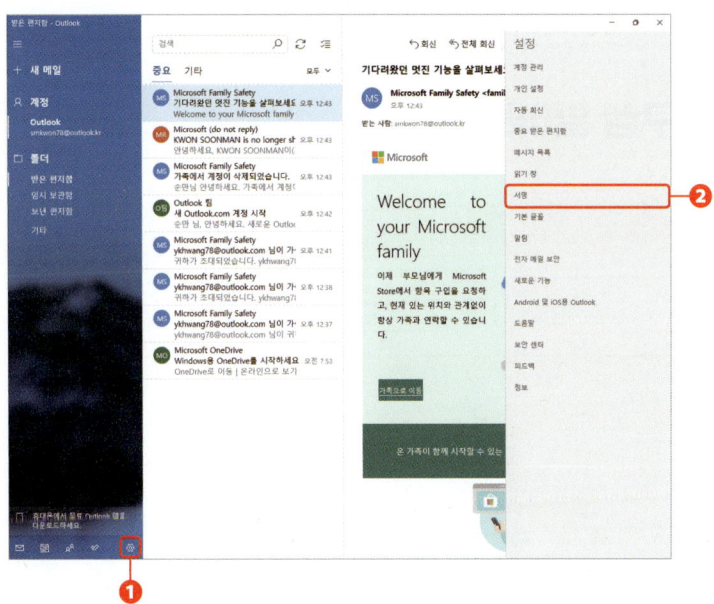

02 [전자 메일 서명] 창에서 [전자 메일 서명 사용]을 '켬'으로 설정한 후 서명 내용을 입력하고 [저장]을 클릭하여 설정합니다.

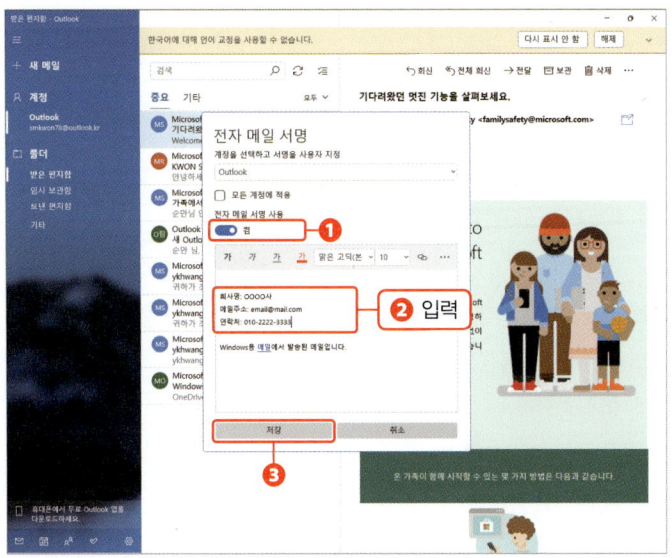

> **Tip**
>
> [메일] 앱에 Microsoft 계정뿐 아니라 Gmail 등과 같이 여러 메일 계정을 설정했을 경우는 [모든 계정에 적용]을 선택하여 한 번에 설정할 수 있습니다.
>
>

LESSON 02 메일 서비스 사용하기 **315**

일정 서비스 사용하기

중요도: 중

윈도우 11에서 기본적으로 제공하는 일정 앱을 사용하면 PC뿐 아니라 스마트폰과 연계되어 일정을 공유할 수 있습니다. 일정 앱의 기본적인 화면 구성과 사용법에 대하여 알아봅니다.

session 1 일정 앱 화면 구성 알아보기

윈도우 11에서 기본적으로 제공하는 일정 앱의 화면 구성과 각 기능에 대하여 알아봅니다.

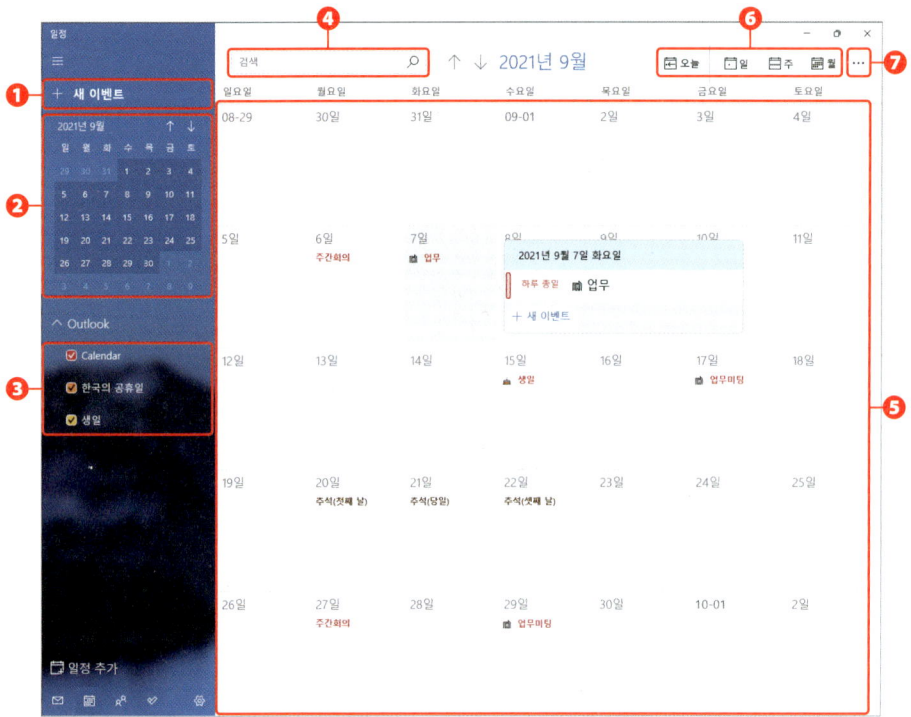

① 새 이벤트 : 새로운 일정을 생성합니다.
② 달력 : 달력을 사용하여 원하는 일자로 빠르게 이동할 수 있습니다.
③ 일정 : 일정, 한국의 공휴일 및 생일 등과 같이 여러 일정을 그룹 단위로 설정합니다.
④ 검색 : 키워드를 입력하여 일정을 검색합니다.
⑤ 일정 화면 : 생성한 일정이 있는 내용을 확인할 수 있습니다.
⑥ 보기 : 오늘, 일, 주, 연도별 일정을 확인할 수 있습니다.
⑦ 인쇄, 동기화 : 일정을 인쇄하거나, 강제로 동기화를 진행합니다.

session 2 | 일정 생성하기

메일 앱에서 일정을 생성하고 관리하는 방법에 대하여 알아봅니다.

01 [메일] 앱 왼쪽 하단의 [일정으로 전환]을 클릭합니다. [일정] 앱이 실행되고, 추가할 일정의 날짜를 클릭하면 간단히 [이벤트 이름], [시간], [위치] 등의 정보를 입력 후 [저장]을 클릭하여 일정을 추가할 수 있습니다. 만약에 세부적인 내용이 추가한다면 [세부 정보]를 클릭합니다.

02 앞에서 [세부 정보]를 클릭하면 다음과 같이 이벤트의 세부적인 내용을 입력할 수 있고, [다른 사람 초대]에 메일 주소를 입력하여 일정 메일을 보낼 수 있으며, 입력이 완료되면 [저장]을 클릭하여 일정 생성을 완료합니다.

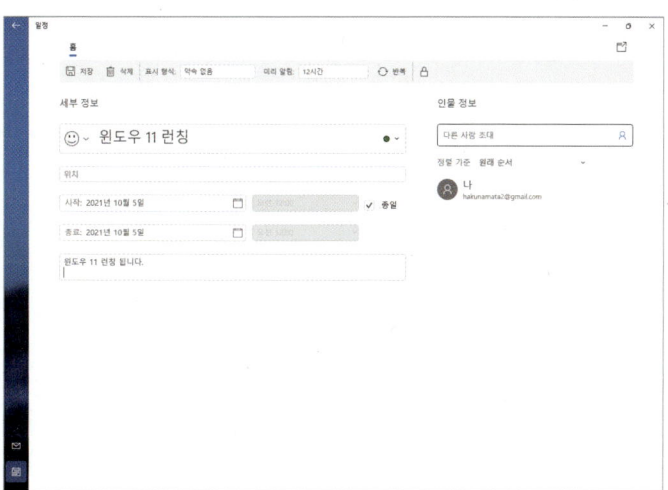

session 3 되풀이되는 일정 생성하기

주, 월 또는 년 단위로 되풀이되는 일정을 생성하는 방법에 대하여 알아봅니다.

01 [일정] 앱에서 [새 이벤트]를 클릭하면 나타나는 [일정 생성] 화면에서 [반복]을 클릭합니다.

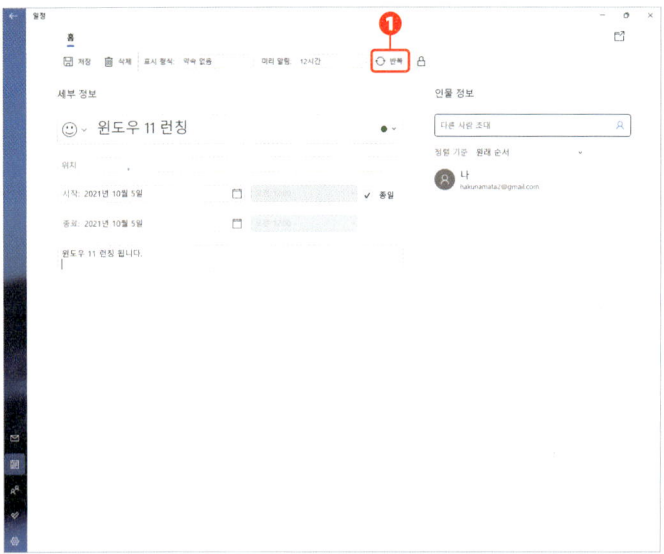

02 [일정 생성] 화면이 변경되고 반복 관련 내용을 입력한 후 [저장]을 클릭하면 반복되는 되풀이 일정을 생성합니다.

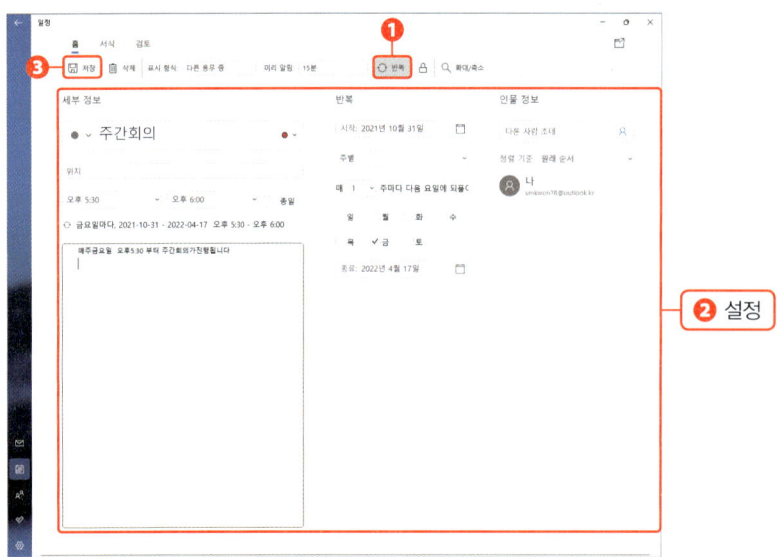

session 4 해외 공유일 일정 추가하기

각 나라의 공휴일이 다르기 때문에 관련된 나라의 공휴일 일정을 추가하면 원활한 일정 관리가 가능합니다.

01 [일정] 앱 화면 왼쪽 하단에 [일정 추가]를 클릭합니다. [일정 추가] 화면에서 여러 나라의 휴일 일정 목록이 나타나게 됩니다. 추가할 나라를 선택합니다.

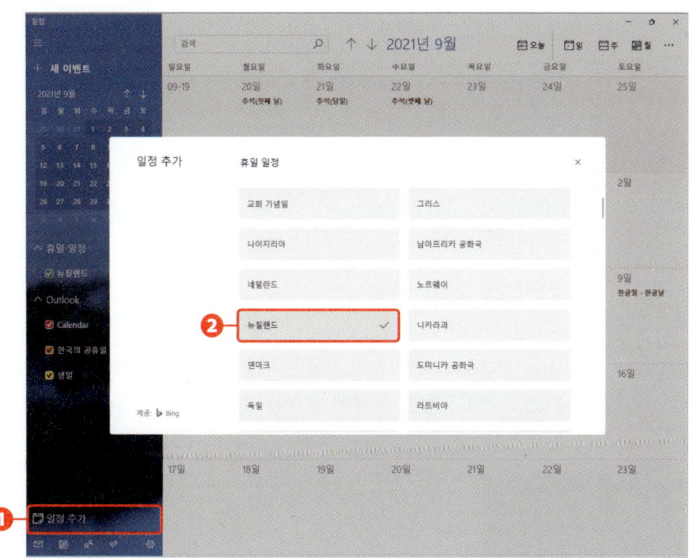

02 선택한 나라의 공휴일 일정이 자동적으로 내 일정에 표시됩니다. 만약에서 일정 보기가 필요 없는 경우는 해당 일정의 체크를 해제하면 됩니다.

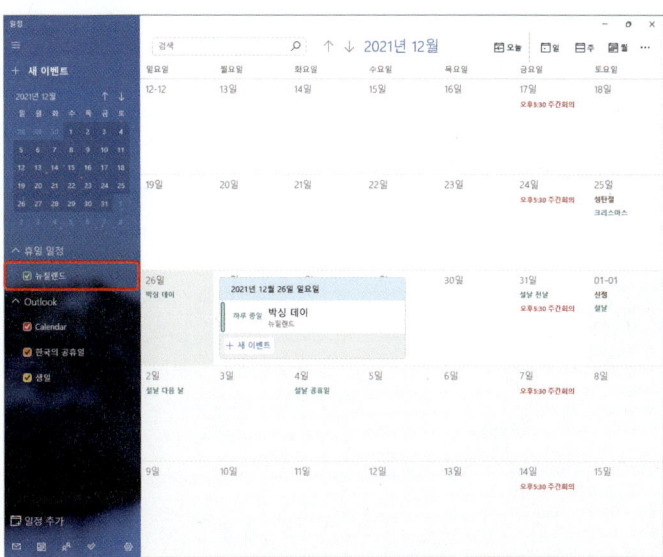

LESSON 03 일정 서비스 사용하기 **319**

Tip 일정에 날씨 표시하기

[설정] 〉[날씨 설정] 메뉴를 사용하면, 주 단위로 날씨가 일정에 표시됩니다.

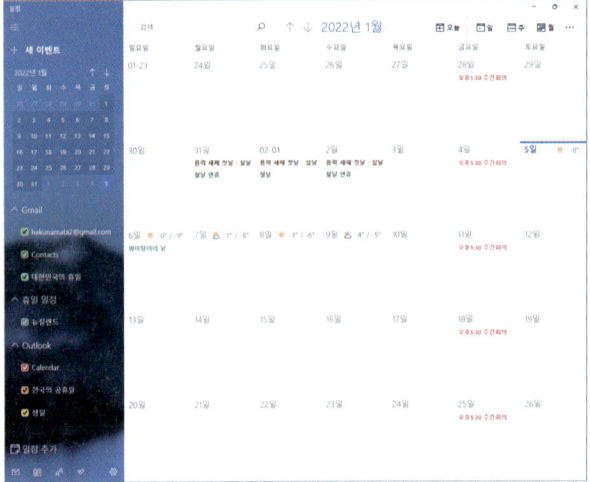

Tip 어두운 모드 설정하기

[메일] 앱에서 밝은 모드, 어두운 모드 및 내 Windows 모드 사용 형태로 윈도우 창의 색을 변경할 수 있습니다. 개인 설정을 통해 어두운 모드를 메일 읽기 창 및 일정 항목에서 설정하면 조명이 어두운 환경에 있거나 밝기가 덜한 인터페이스를 선호하는 경우 눈을 더 편안하게 할 수 있습니다.

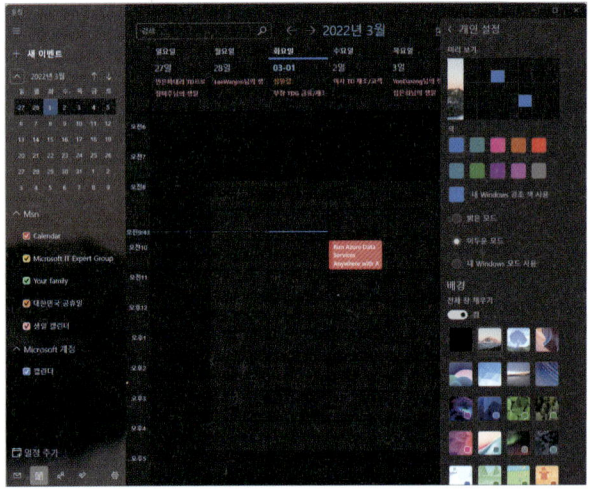

연락처 앱 사용하기

중요도: 중

연락처 앱을 사용하면, 메일 작성 시 메일 주소를 직접 입력하지 않고 간단한 검색으로 추가할 수 있고, 스마트폰과 연계하여 전화번호 등을 동기화하여 사용할 수도 있습니다.

session 1 　 연락처 앱의 화면 구성 알아보기

연락처 앱의 화면 구성과 각 기능에 대하여 알아봅니다.

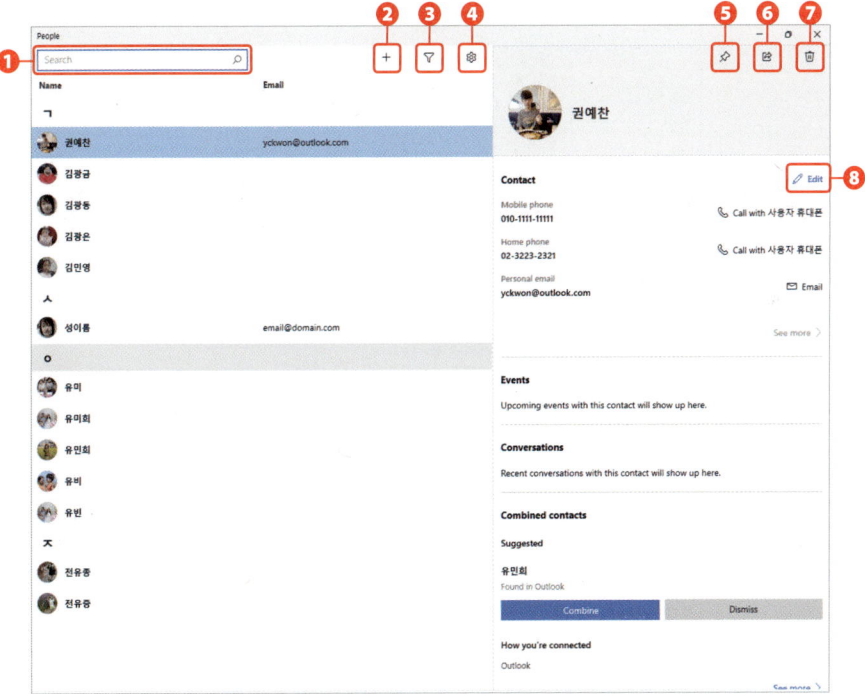

❶ 검색 : 연락처를 검색합니다.
❷ [+] : 새로운 연락처를 추가합니다.
❸ 필터 : 연락처를 필터링합니다.
❹ 연락처 설정 : 연락처가 나열될 때 표시되는 성, 이름 형태로 정렬합니다.
❺ 고정 : 연락처를 시작 메뉴는 작업 표시줄에 고정합니다.
❻ 공유 : 연락처를 공유할 수 있습니다.
❼ 삭제 : 선택한 연락처를 제거합니다.
❽ 편집 : 선택한 연락처의 정보를 업데이트합니다.

session 2 연락처 동기화하기

여러 계정을 설정한 상태에서 연락처를 동기화한다면, 연락처 동기화를 사용 또는, 사용하지 않도록 설정할 수 있고, 특정 계정의 연락처가 나타나지 않는 경우 동기화 상태로 확인하여 해결할 수 있습니다.

01 연락처 목록에서 [설정]을 클릭합니다.

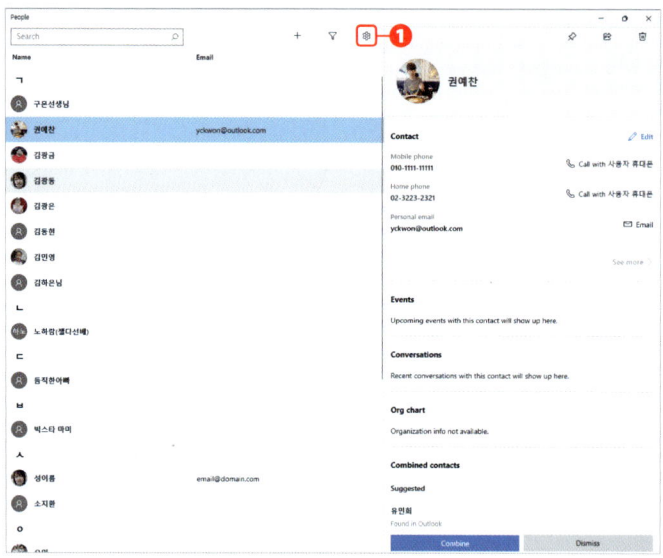

02 [설정] 화면에서 연락처 동기화를 설정할 계정을 선택하고, [사서함 동기화 설정 변경]을 클릭합니다.

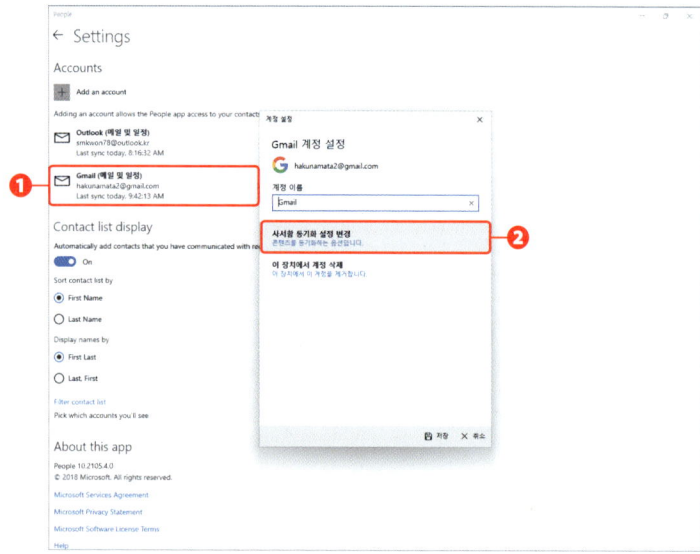

03 [계정 설정] 창의 [동기화 옵션] 〉 [연락처]의 [설정]을 '켬' 또는 '끄기'로 설정하여 [메일] 앱 연락처에 표시 및 동기화 설정이 가능하게 됩니다.

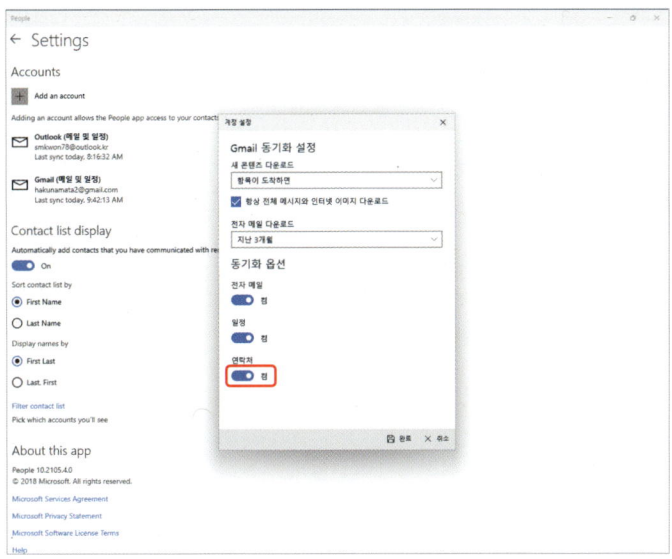

session 3 연락처 생성하기

메일 앱에서 제공하는 연락처 기능에 대하여 알아봅니다.

01 [메일] 앱 왼쪽 하단의 [연락처]를 클릭합니다.

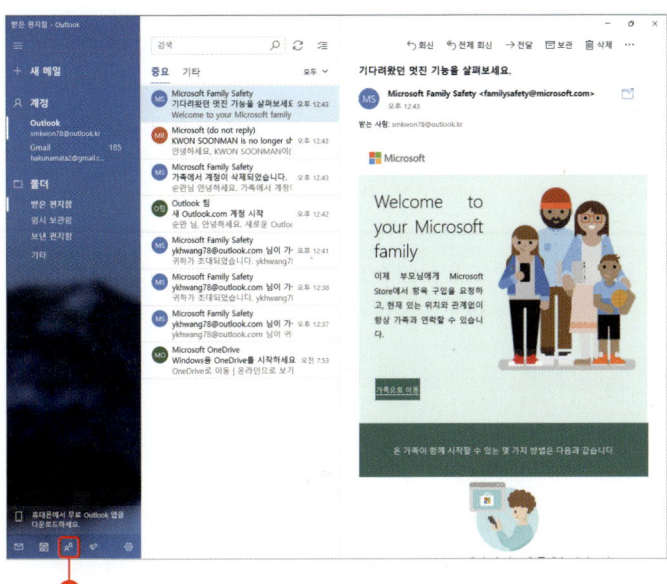

02 메일에 연결되어 있는 연락처가 나열됩니다. [+]를 클릭하여 연락처를 추가할 수 있는 입력 창이 나타나면 정보를 입력 후 저장하여 연락처를 추가할 수 있습니다.

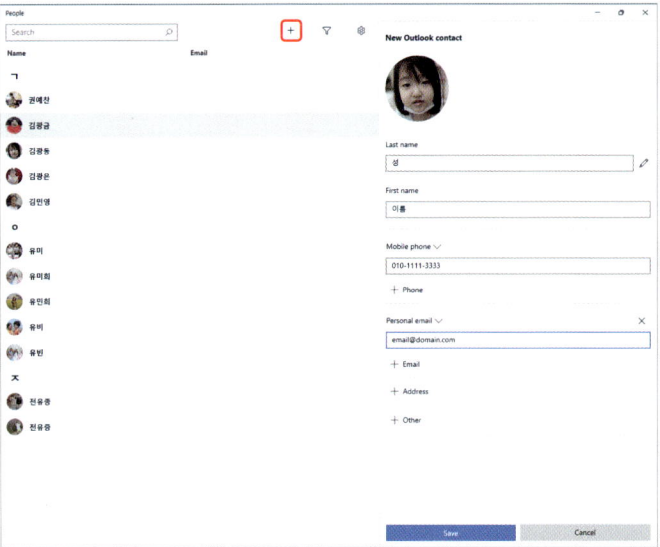

> **Tip** 자동 연락처 나타내기 금지
>
> [메일] 앱에서 메일 주소 입력 시 최근 사용한 메일 주소가 자동으로 나타나는 것을 방지할 수 있습니다.
> [연락처] 〉 [설정] 〉 [연락처 목록 표시] 〉 [최근 연락한 연락처 자동으로 추가하기]를 '켬/끔'으로 설정합니다.

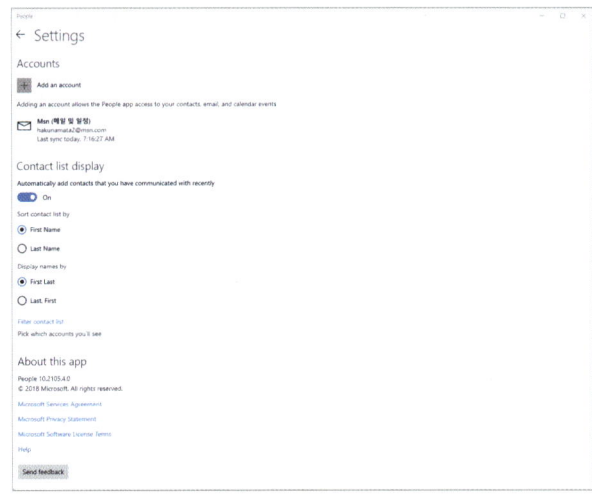

05 LESSON
Microsoft To-do(오늘 할 일) 앱 사용하기

중요도
상
중
하

연락처 앱을 사용하면, 메일 작성 시 메일 주소를 직접 입력하지 않고 간단한 검색으로 추가할 수 있고, 스마트폰과 연계하여 전화번호 등을 동기화하여 사용할 수도 있습니다.

session 1 | Microsoft To-do 앱 화면 구성 알아보기

Microsoft To-do 앱의 화면 구성과 각 기능에 대하여 알아봅니다.

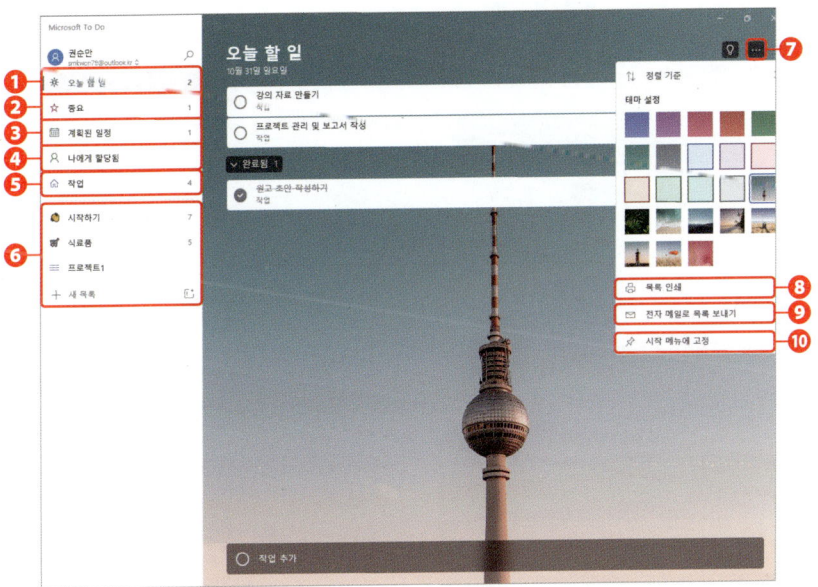

① **오늘 할 일** : 모든 오늘 해야 할 일의 목록 리스트와 완료된 할 일 목록이 나타나고, 직접 오늘 할 일을 추가 및 완료할 수 있습니다.

② **중요** : 중요 카테고리로 할 일을 관리합니다.

③ **계획된 일정** : 일정 앱과 연계되어 할 일이 나열됩니다.

④ **나에게 할당 됨** : 누군가가 나에게 할 당한 일이 나열됩니다.

⑤ **작업** : 모든 할 일에 대한 작업 목록이 나열됩니다.

⑥ **목록** : 새 목록을 추가하여 목록별로 할 일을 관리합니다.

⑦ **목록 옵션** : 할 일 앱의 테마를 설정합니다.

⑧ **목록 인쇄** : 할 일 목록을 인쇄합니다.

⑨ **전자 메일로 목록 보내기** : 할 일의 내용을 전자 메일 형태로 보냅니다.

⑩ **시작 메뉴에 고정** : [Microsoft To-do] 앱을 시작 메뉴에 고정합니다.

session 2 | 오늘 할 일(To-do) 추가하기

메일 앱을 통해 Microsoft에서 제공하는 오늘 할 일 기능에 대하여 알아봅니다.

01 [메일] 앱 왼쪽 하단의 [To Do로 전환]을 클릭합니다.

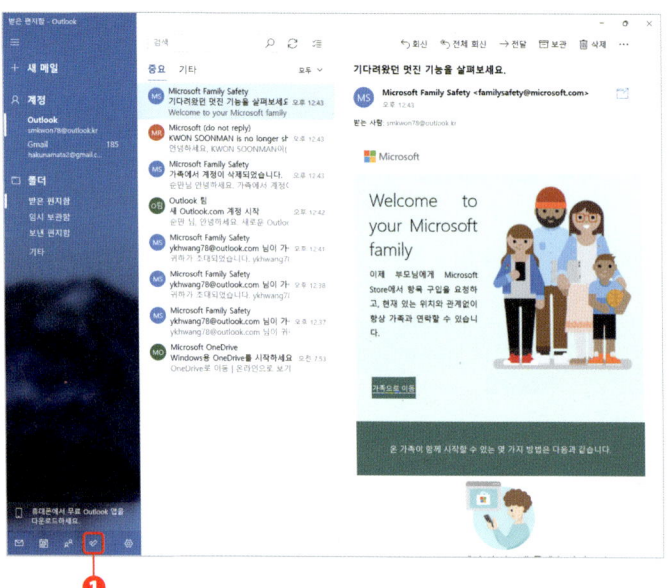

02 [Microsoft To-do] 앱이 실행되면 [작업 추가]를 클릭하여 해당되는 영역에 할 일을 추가하고 관리할 수 있습니다. 작업의 생성, 할 일의 진행 상태 및 완료됨으로 구분되어 작업 관리가 가능합니다.

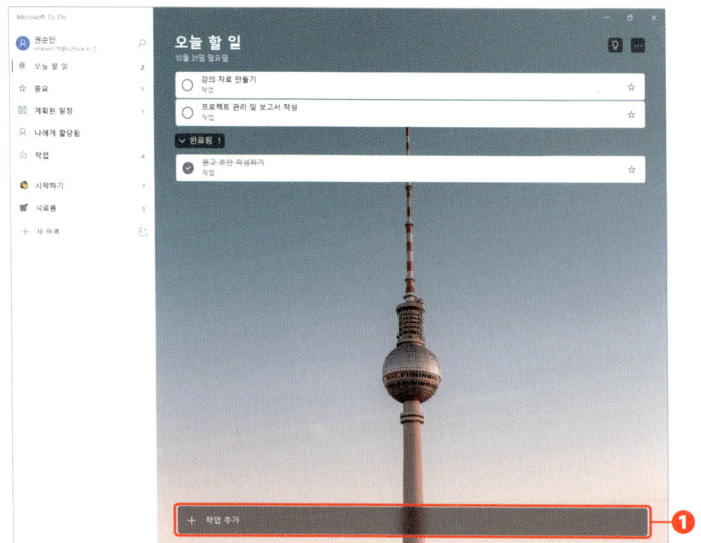

session 3 오늘 할 일(To-do) 목록 관리하기

오늘 할 일(To-do)의 [시작하기] 메뉴에서 마우스 오른쪽 단추를 클릭하여 나타나는 메뉴를 통해 그룹화한 형태로 할 일에 대하여 목록으로 관리할 수 있습니다.

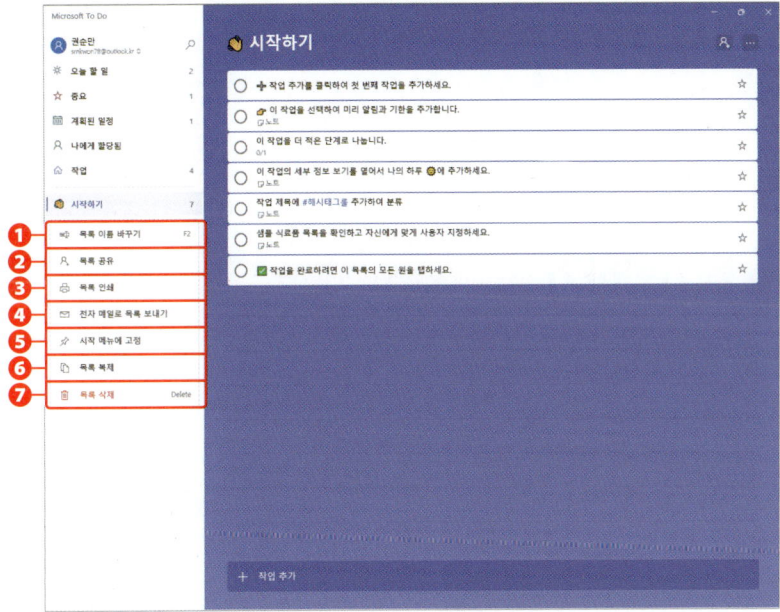

① 목록 이름 바꾸기 : 생성한 목록의 이름을 수정합니다.
② 목록 공유 : 선택한 할 일 목록을 다른 사용자에게 공유 합니다.
③ 목록 인쇄 : 목록은 인쇄합니다.
④ 전자 메일로 목록 보내기 : 할 일의 내용을 전자 메일 형태로 보냅니다.
⑤ 시작 메뉴에 고정 : 오늘 할 일(To-do) 앱을 시작 메뉴에 고정합니다.
⑥ 목록 복제 : 선택한 목록을 동일한 목록으로 복제합니다.
⑦ 목록 삭제 : 목록을 삭제 합니다.

> **Tip** 할 일(To-do) 공유

초대 링크를 생성하여 다른 사람과 함께 할 일(To-do) 목록을 공유할 수 있습니다. To-do 화면에서 공유 아이콘을 클릭하면 나타나는 윈도우 창에서 초대 링크를 메일 또는, 메신저 등을 통해 작업 내용을 공유할 수 있습니다. 만약, 공유를 허용하지 않으려면 [액세스 관리]에서 [공유 중지]로 설정하면 됩니다.

06 클라우드 저장소 OneDrive 사용하기

중요도

Microsoft 계정을 생성하면 기본적으로 제공하는 클라우드 저장소인 OneDrive를 사용하는 방법에 대하여 알아봅니다. OneDrive를 사용하면 PC와 PC 또는, PC와 스마트 장치 간에 콘텐츠를 동기화하여 사용할 수 있어 간편하게 파일을 실시간으로 공유하면서 사용할 수 있게 됩니다. 또한 보안적으로도 랜섬웨어 같은 이슈 발생 시 손상된 파일을 복원할 수 있습니다.

session 1 OneDrive 동기화하기 (Microsoft 계정 사용자)

Microsoft 계정을 사용하여 윈도우 11에 로그인한 상태에서는 간편하게 처음 로그인 시 자동적으로 OneDrive 동기화가 설정됩니다.

01 [시작] 단추를 클릭하고 검색 창에 'OneDrive'를 입력한 결과에서 [열기]를 클릭합니다.

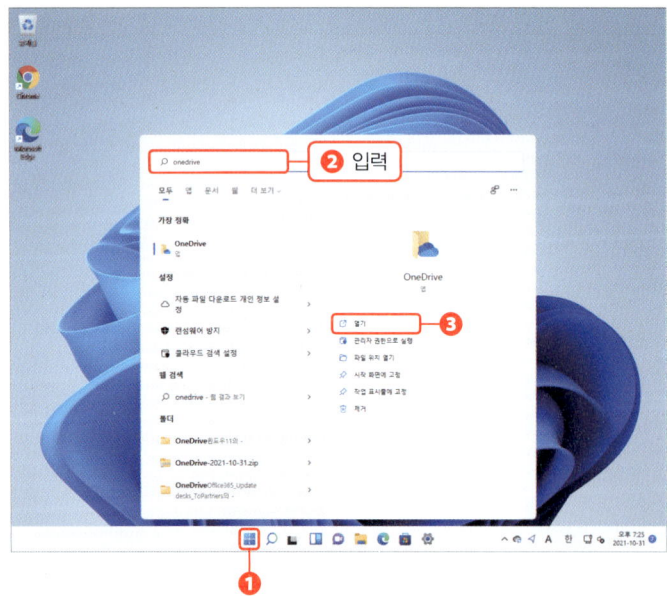

328 PART 07 Microsoft 계정과 서비스

02 파일 탐색기가 실행되면서 OneDrive 탐색 폴더가 추가된 상태로 관리되는 것을 확인할 수 있습니다.

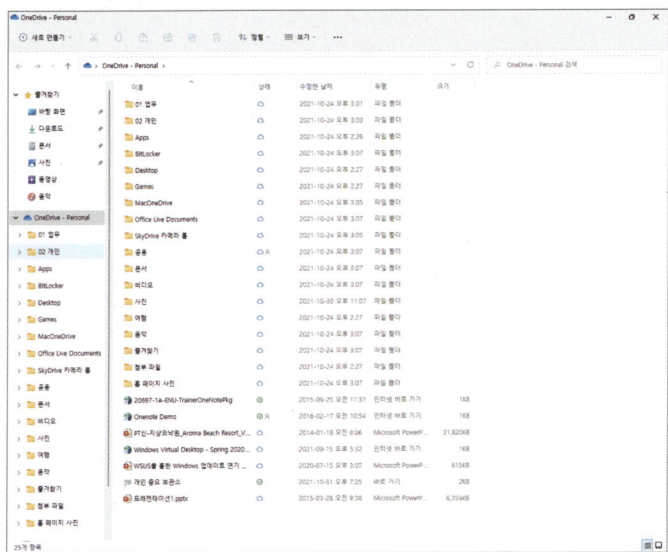

Tip

파일 탐색기에서 나타나는 동기화 상태 컬럼의 아이콘은 다음과 같이 세 가지 형태로 나타나게 됩니다.

① 온라인 전용 : 파일은 이 디바이스에서 공간을 차지 않고 있는 상태로 OneDrive 클라우드에만 존재하고 실행 시 다운로드를 통해 해당 디바이스에 다운로드 됩니다.

② 이 디바이스에서 : 파일을 실행하면 이미 다운로드된 상태의 파일이 실행되고, 오프라인 상태에서도 파일을 사용할 수 있습니다. 온라인이 되면 자동적으로 최신으로 OneDrive 클라우드에 있는 파일과 동기화됩니다.

③ 항상 사용 가능 : 오프라인 상태에서 사용할 수 있도록 설정됩니다.

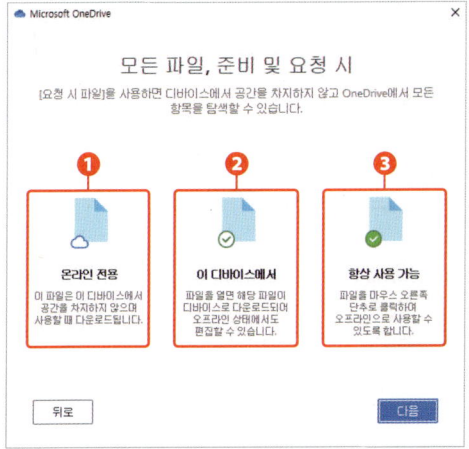

session 2 | OneDrive 동기화하기 (로컬 계정 사용자)

윈도우 11의 로컬 계정을 사용하여 로그인한 경우에는 Microsoft 계정 또는, Microsoft 365 계정을 통하여 OneDrive 설정을 단계별로 진행해야 합니다. 로컬 계정 로그인 상태에서 OneDrive 동기화하는 방법에 대하여 알아봅니다.

01 [시작] 단추를 클릭하고 검색 창에 'OneDrive'를 입력한 결과에서 [열기]를 클릭합니다.

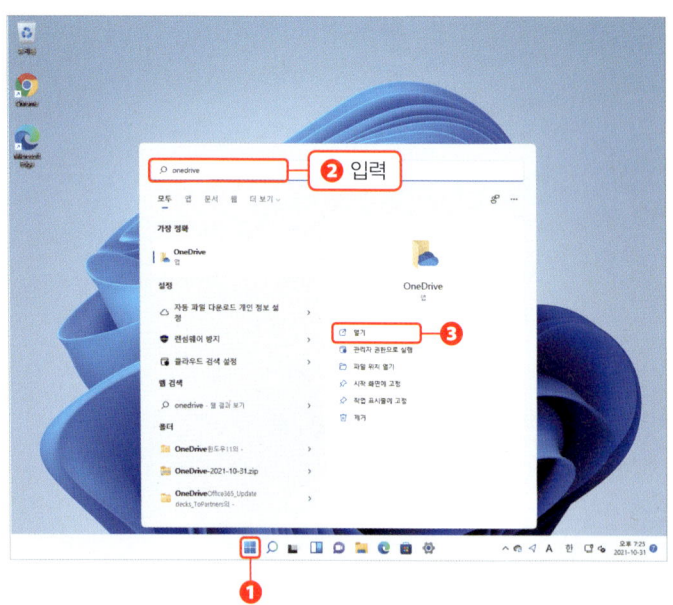

02 [OneDrive 설치] 화면에서 Microsoft 계정을 입력한 후 [로그인]을 클릭합니다.

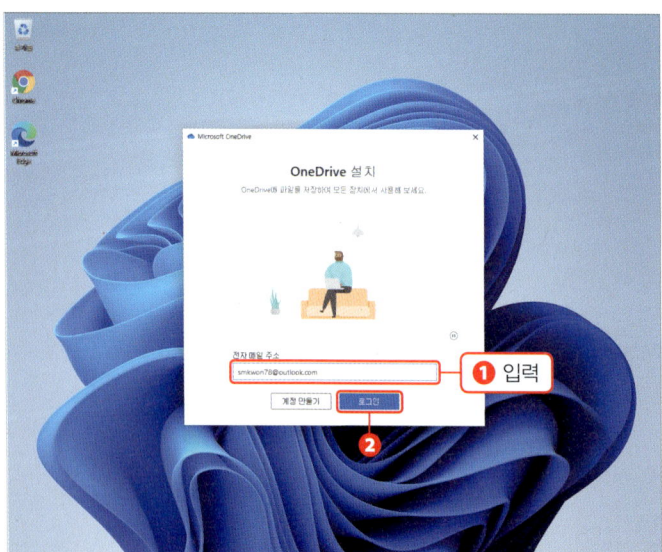

03 [암호 입력] 창이 나타나면 암호를 입력한 후 [로그인]을 클릭합니다.

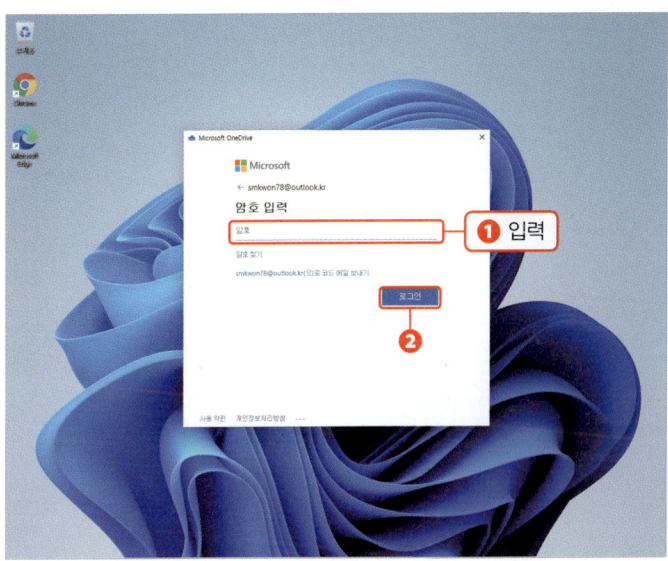

04 Microsoft 사용자 계정 정보 메시지를 확인한 후 [다음]을 클릭합니다.

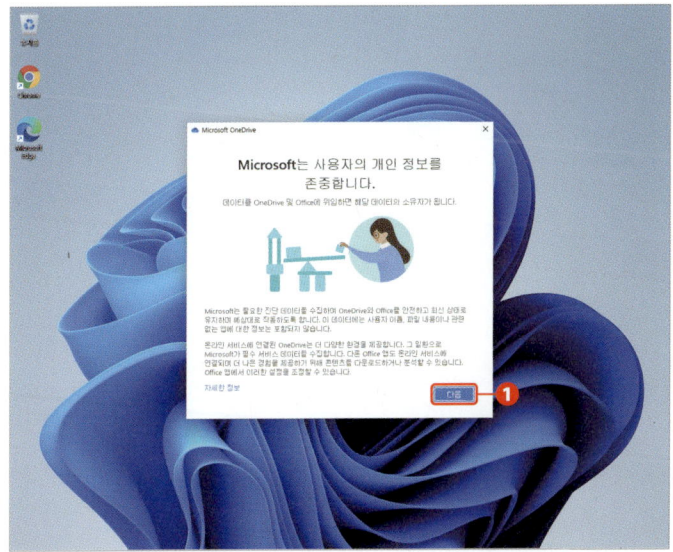

> **Tip**
>
> Microsoft 계정을 통해 기본적으로 5GB 저장소를 제공합니다. 만약에서 추가적으로 저장소가 필요한 경우는 OneDrive 요금제를 변경하여 구입해야 합니다. 만약 유료 구독을 통해 100GB가 늘어난 경우는 무료로 제공된 5GB를 추가한 105GB가 아니라 100GB 형태로 제공됩니다.

05 효율적인 공동 작업 메시지를 확인한 후 [수락]을 클릭합니다.

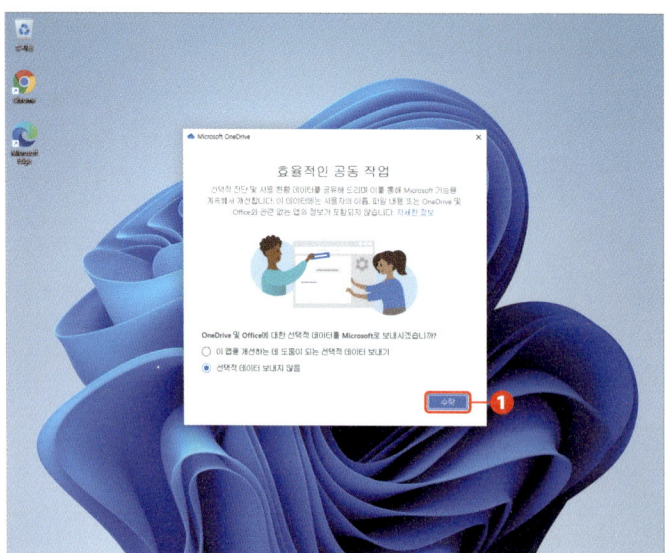

06 [OneDrive 폴더] 창에서 OneDrive 폴더를 PC에 동기화할 폴더 위치를 지정합니다. 위치를 변경하려면 [위치 변경]을 클릭하여 설정합니다.

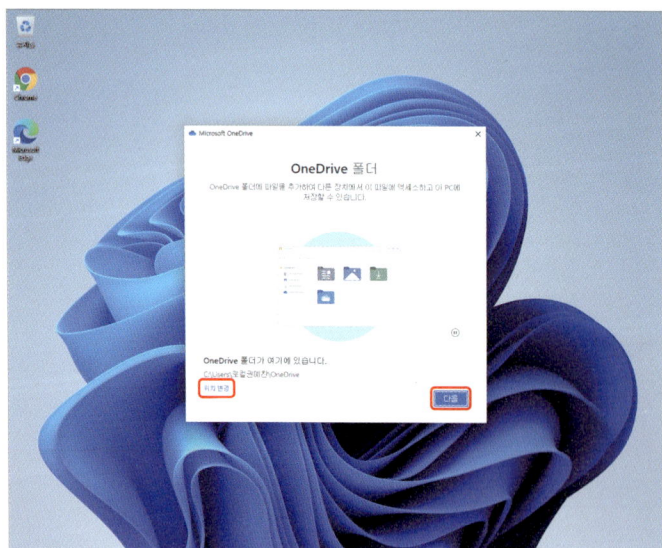

07 [폴더를 백업합니다] 창에서 '바탕 화면, 문서, 사진' 각 폴더의 동기화 여부를 선택한 후 [계속]을 클릭합니다.

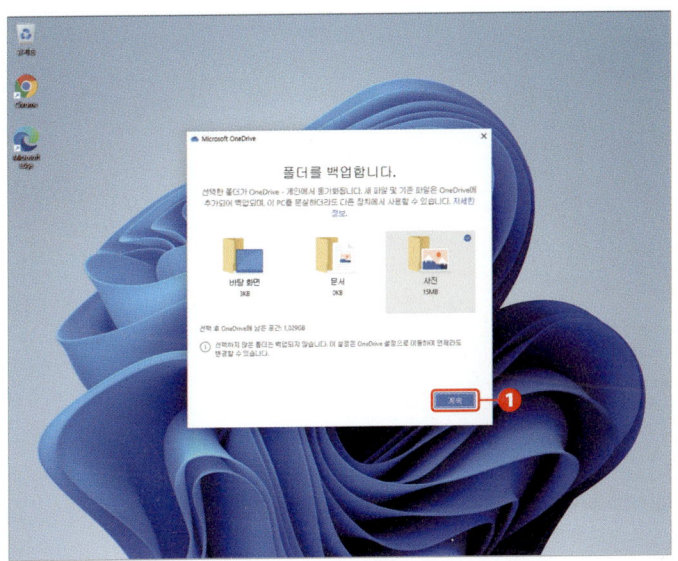

08 [OneDrive에 대해 알아보세요] 창에서 내용을 확인한 후 [다음]을 클릭합니다.

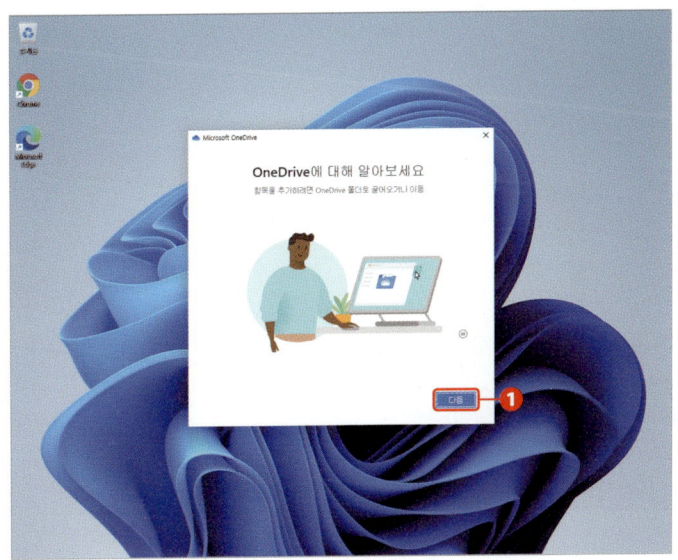

> **Tip**
> 유료로 OneDrive 저장소를 구독하여 사용 중에 구독이 만료될 때 잔여 저장소 공간을 초과하게 되면 현재 OneDrive 저장소에 있는 파일을 확인하거나 공유 및 다운로드는 가능하지만, 구독을 갱신하여 추가 공간을 확보하기 전까지는 업로드가 불가능합니다.

09 [파일 및 폴더 공유] 창에서 내용을 확인한 후 [다음]을 클릭합니다.

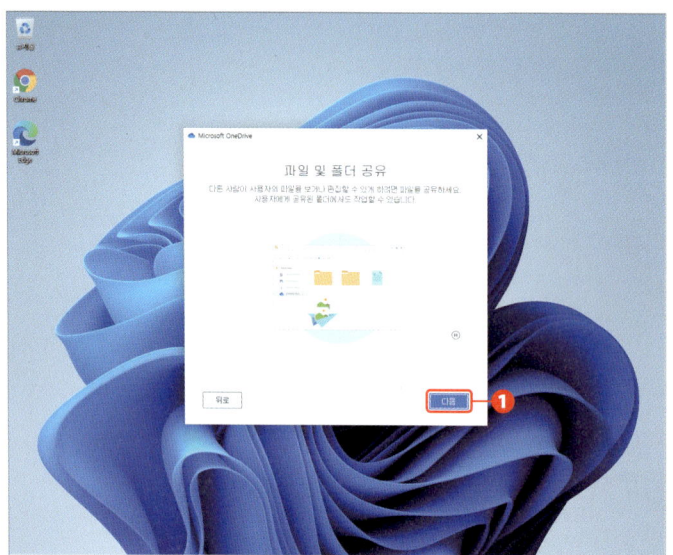

10 [모든 파일, 준비 및 요청 시] 창에서 내용을 확인한 후 [다음]을 클릭합니다.

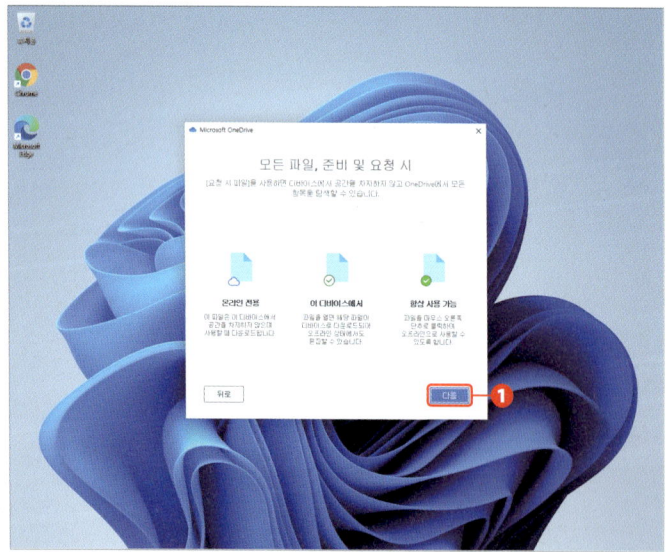

11 [모바일 앱 가져오기] 창에서 내용을 확인한 후 [나중에]를 클릭합니다.

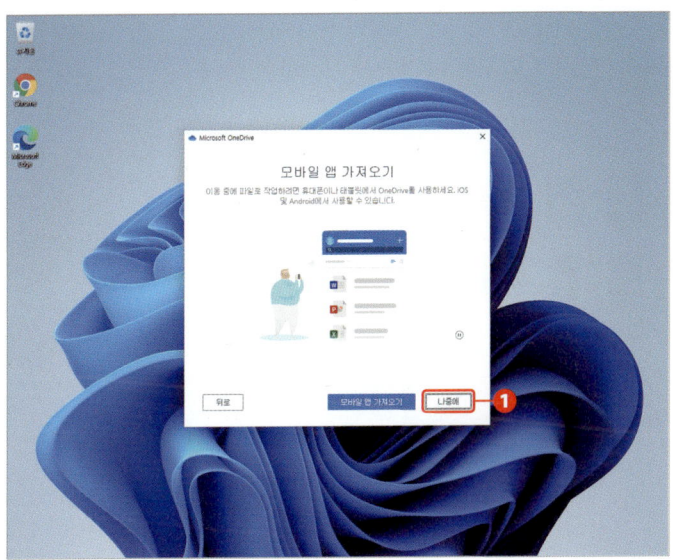

12 'OneDrive 가 준비되었습니다.' 메시지를 확인하고 [내 OneDrive 폴더 열기]를 클릭합니다.

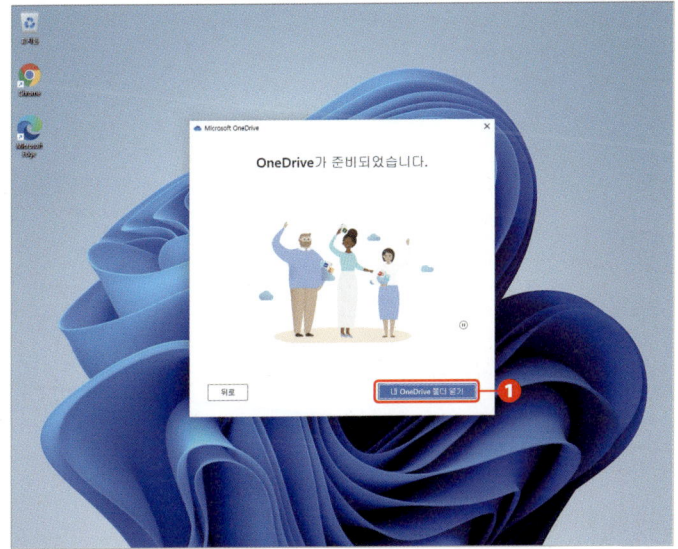

> **Tip** **Microsoft 365 Family 구독 서비스**
>
> Microsoft 365 Family 구독 서비스를 구매하게 되면, 최대 6명까지 사용할 수 있습니다. 윈도우, Mac, iOS 및 Android 등의 모든 디바이스에서 사용할 수 있는 Office 앱과 함께 총 OneDrive를 6TB 제공하며 각 사용자별로 최대 1TB 사용과 보안 기능을 포함합니다. 구독한 후에 사용자 추가 및 제거 등의 관리는 https://account.microsoft.com 사이트에서 가능합니다.

13 OneDrive와 동기화된 파일 탐색기가 실행되면서 파일이 동기화됩니다. 파일의 개수와 용량이 큰 파일은 동기화 시간에 영향을 미칠 수 있습니다.

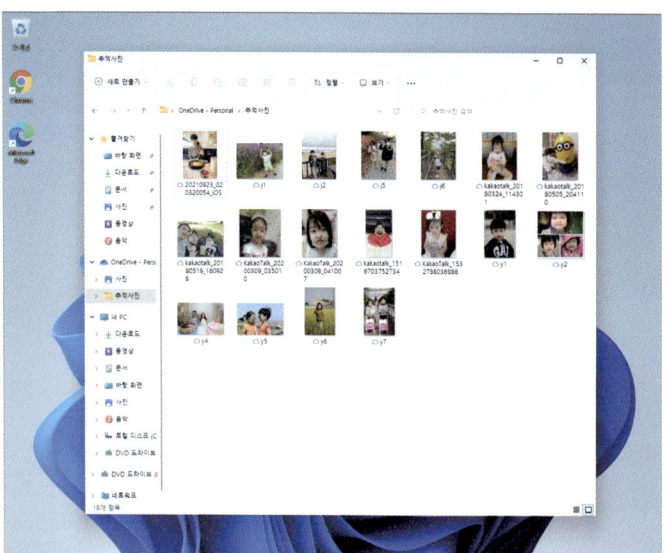

> **Tip** **OneDrive 사용 용량 확인 방법**

Microsoft 계정 생성과 함께 기본적으로 제공되는 OneDrive는 5GB를 제공하며, 추가 유료 구독을 통해 확장된 저장소 공간을 확인할 수 있습니다. 확인하는 방법은 작업 표시줄 [OneDrive] 아이콘을 마우스 오른쪽 단추로 클릭한 후 메뉴에서 [설정] 〉 [계정]을 통해 확인할 수 있습니다.

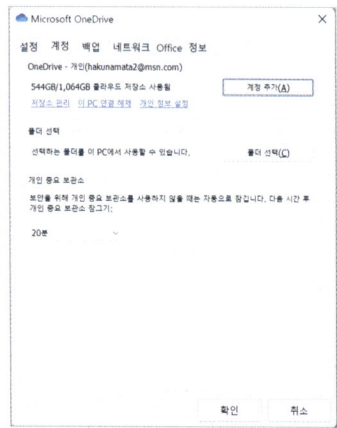

session 3 | OneDirve 파일 공유하기

OneDrive에 있는 파일을 다른 사람에게 공유하는 방법에 대하여 알아봅니다. 이 방법은 메일의 첨부 파일 제한으로 큰 파일을 첨부하지 못하는 경우에 링크를 통해 공유된 사용자가 다운로드 받아 사용할 수 있습니다.

01 OneDrive에서 공유할 폴더 또는, 파일을 선택한 후 마우스 오른쪽 클릭하면 나타나는 메뉴에서 [OneDrive] 〉 [공유]를 선택합니다.

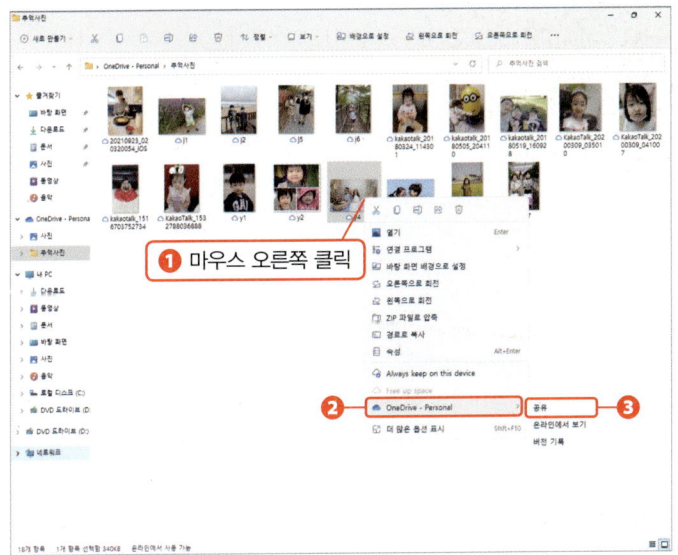

02 [링크 보내기] 창이 나타나고 [편집]( )을 클릭하면 나타나는 메뉴에서 [링크 설정]을 클릭합니다.

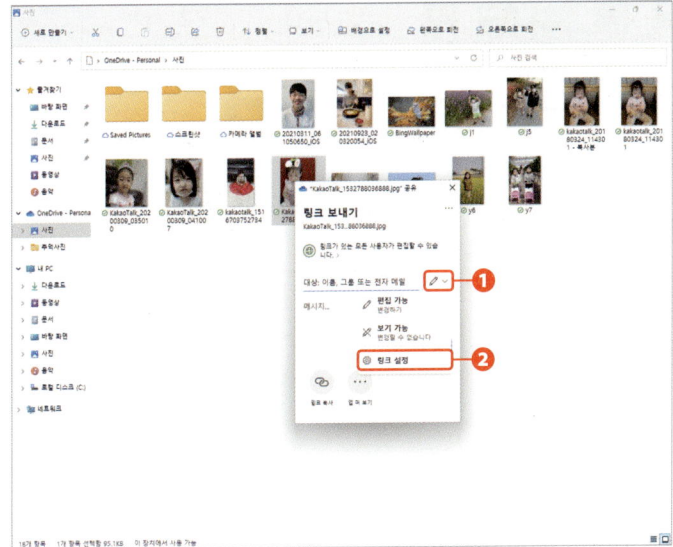

03 공유 폴더 및 파일에 대하여 [기타 설정]에서 [편집 권한], [만료 날짜], [암호 설정]을 한 후 [적용]을 클릭합니다.

> **Tip** 공유 만료 일정
>
> OneDrive 공유 링크를 모든 사용자 또는, 특정 메일 계정을 사용하여 공유하는 경우에 만료일을 설정하게 되면, 링크를 공유 받은 사용자가 만료 이후에 액세스 불가하다는 메시지를 받게 되며 공유해 준 사용자에게 재공유 요청을 해야 합니다.

04 공유할 수 있는 공유 링크를 복사하여 메신저 또는, 메일로 링크를 전달하면 OneDrive에 접근할 수 있게 됩니다.

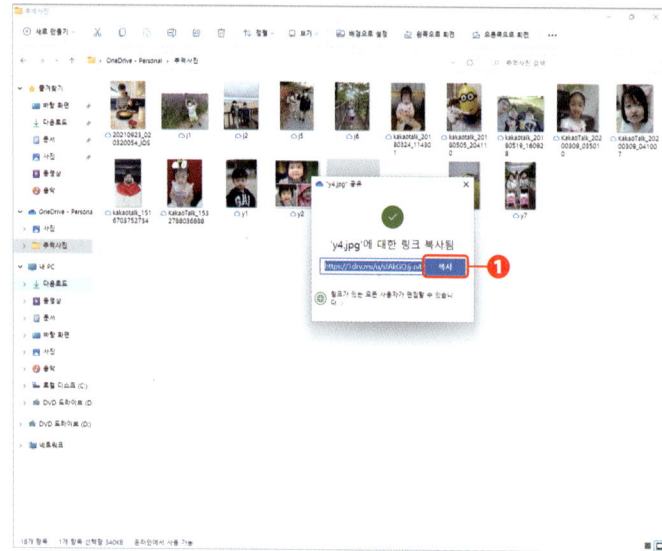

05 앞의 방법은 모든 링크가 있는 사용자 대상이었는데 특정 사용자만 접근을 제어하려는 경우는 [이메일], [메시지 내용]을 입력한 후 [보내기]를 클릭합니다. 만약에 메일 설정이 안되어 있는 경우는 메일 설정에 대한 부분이 나타날 수 있습니다.

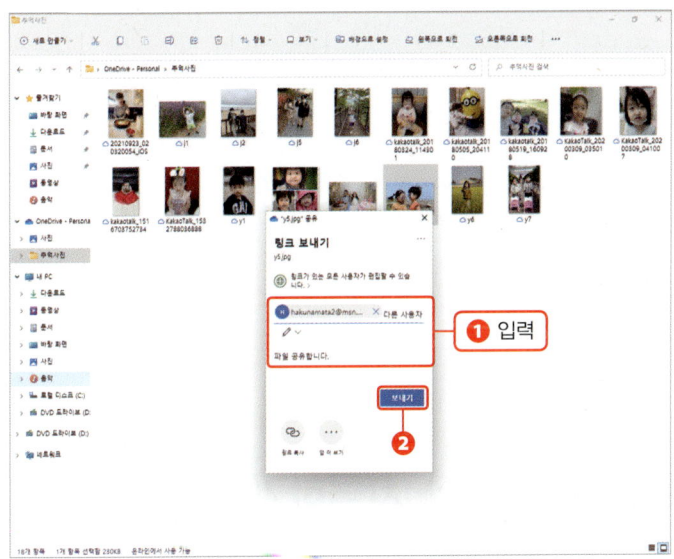

06 메일로 링크를 전송했다는 메시지 창이 나타납니다.

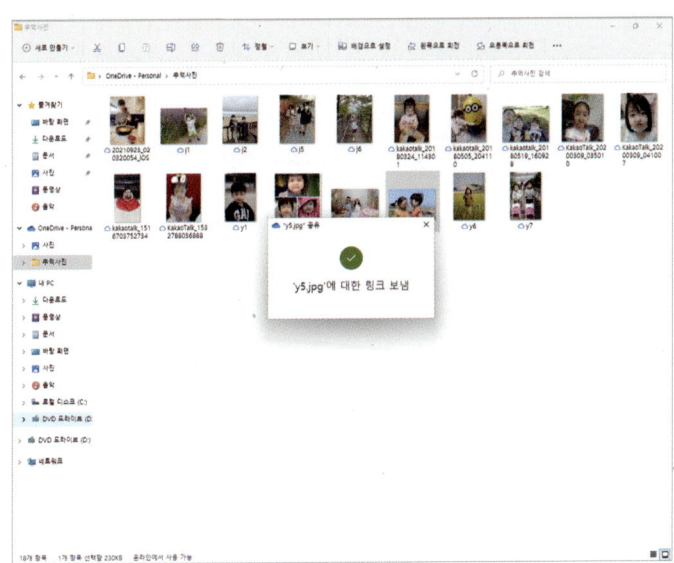

> **Tip**
>
> 공유되어 있는 폴더 또는, 파일을 일괄적으로 한 번에 공유 해제하는 방법은 현재 제공되지 않습니다. 그렇기 때문에 개별적으로 공유된 폴더 또는, 파일에 대해서 공유 링크를 해제해야 합니다. 공유 시에는 만료 일정을 설정하여 공유 기간을 제한하는 형태로 OneDrive 파일을 공유하는 방법을 권장합니다.

07 지정한 메일 사용자에 다음과 같이 접근할 수 있는 링크 형태로 메일이 전송됩니다.

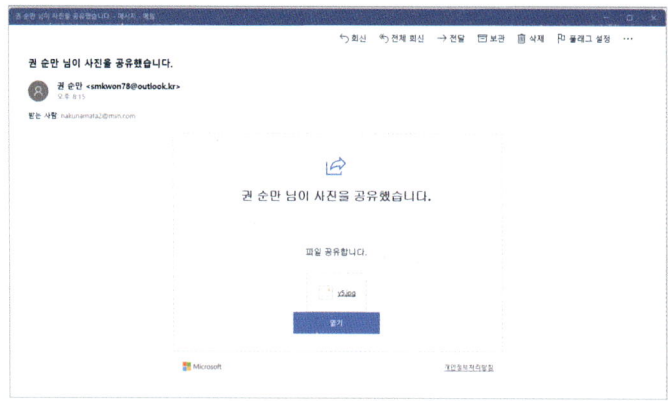

session 4 OneDrive 개인 중요 보관소 사용하기

OneDrive의 개인 중요 보관소는 ID 검증으로 안전하게 보호되므로 언제 어디서나 간편하게 액세스하는 편리함을 잃지 않으면서도 클라우드에 중요한 파일을 보관할 수 있습니다. 여권, 운전면허증과 같은 중요한 문서 사본을 개인 중요 보관소에 보관하세요. ID 검증으로 파일을 안전하게 보호하고 디바이스에 간편하게 액세스할 수 있게 됩니다. 참고로 무료로 제공되는 OneDrive의 개인 중요 보관소는 제한이 있기에 4개 이상의 파일을 저장하려면 Microsoft 365 구독이 필요할 수 있습니다.

01 OneDrive 탐색기에서 [개인 중요 보관소]를 클릭하면 나타나는 창에서 [다음]을 클릭합니다.

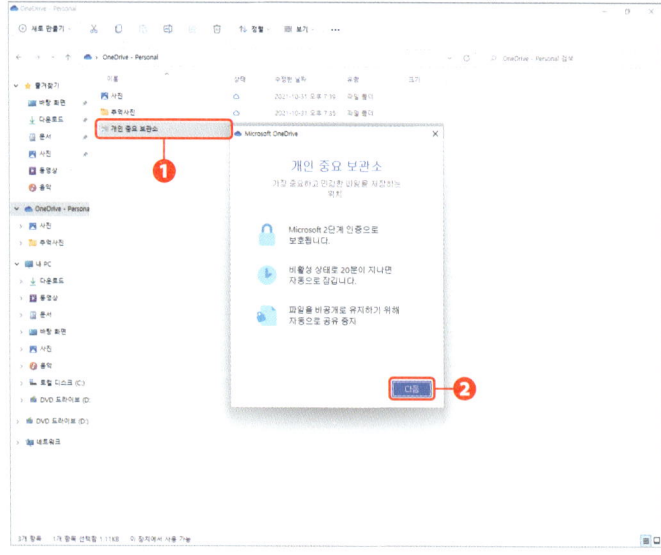

02 개인 중요 보관소 설정을 하기 위한 내용에서 [허용]을 클릭합니다.

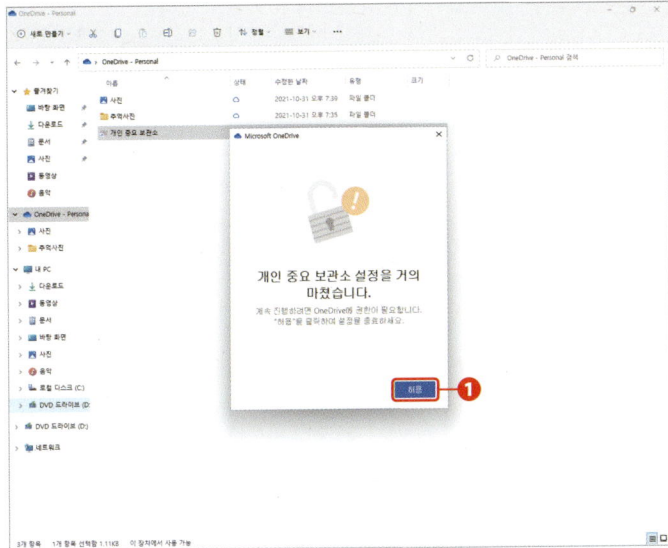

03 [암호 입력] 창에서 [암호]를 입력한 후 [로그인]을 클릭합니다.

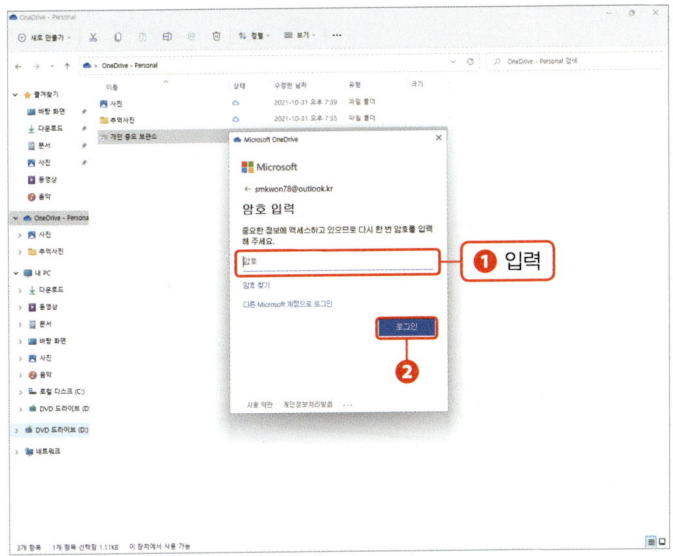

LESSON 06 클라우드 저장소 OneDrive 사용하기 **341**

04 계정 보호 지원을 위하여 추가 인증 확인 절차가 진행됩니다. 다른 개인 메일 또는, SMS를 통해 인증 진행 절차가 진행됩니다.

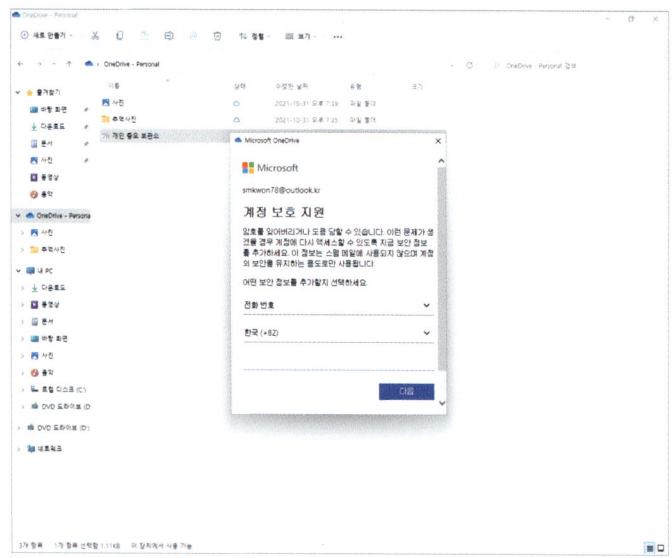

05 선택한 추가 인증 방법으로 전달된 코드를 입력한 후 [다음]을 클릭합니다.

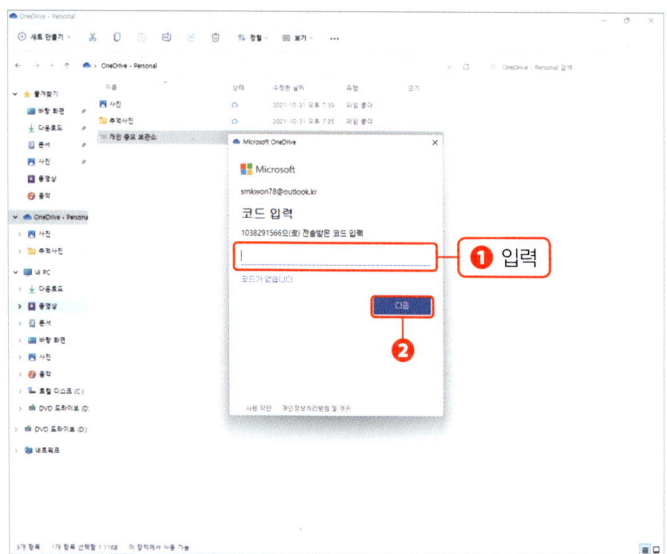

06 개인 중요 보관소 설정이 진행되고, 완료되면 활성화된 위치에 중요 파일을 업로드하여 사용할 수 있습니다.

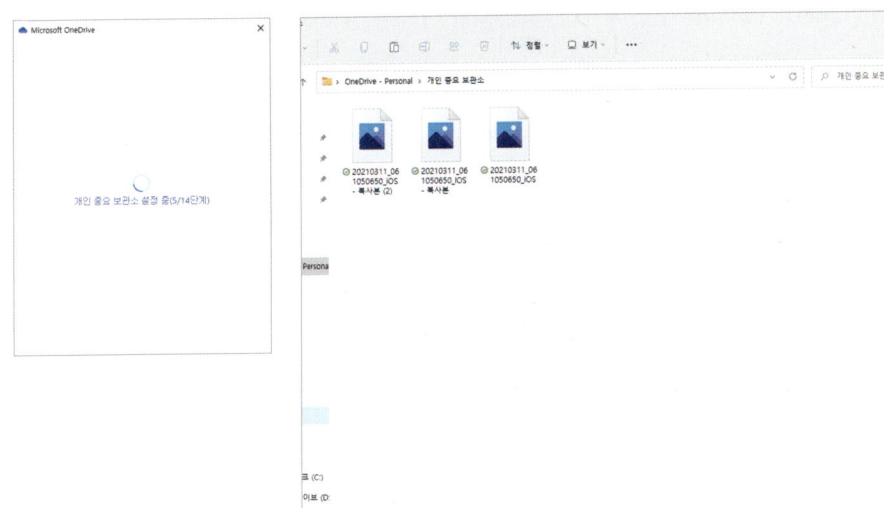

> 📙 **참고**
>
> 보안을 위해 개인 중요 보관소를 사용하는 경우는 설정한 시간에 따라 자동으로 잠김이 진행됩니다.
> 자동 잠김 설정 방법은 다음과 같이 작업 표시줄의 [OneDrive] 〉 [도움말 & 설정]을 클릭하면 나타나는 OneDrive 설정 창에서 개인 중요 보관서 잠김 시간을 설정할 수 있습니다.
>
>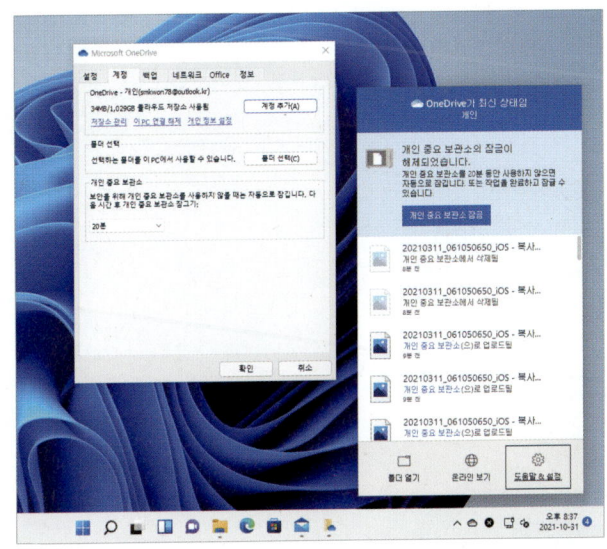

session 5 | OneDrive 연결 해제하기

PC에 연결되어 있는 OneDrive의 연결을 해제하는 방법에 대하여 알아봅니다.

01 작업 표시줄의 [OneDrive] 〉 [도움말 & 설정]에서 [설정]을 클릭합니다.

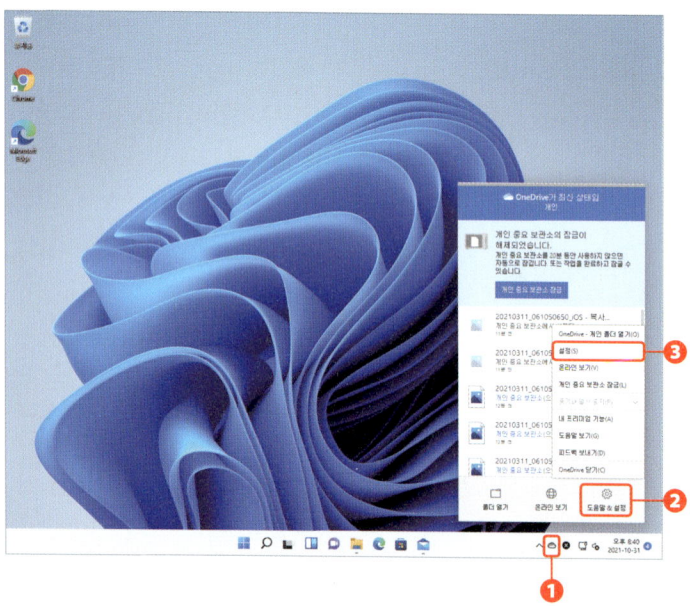

02 [OneDrive 설정] 창의 [계정] 탭에서 연결된 계정을 확인할 수 있습니다. [이 PC 연결 해제]를 클릭합니다.

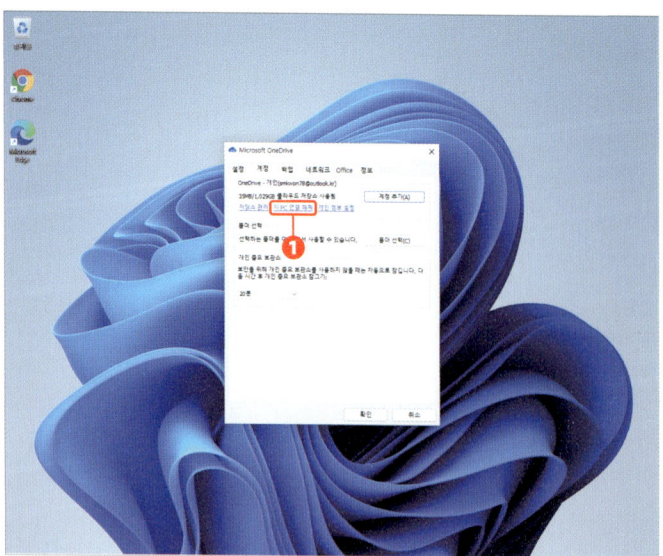

03 '이 PC에서 계정 연결을 해제하시겠습니까?' 메시지 창에서 [계정 연결 해제]를 클릭합니다.

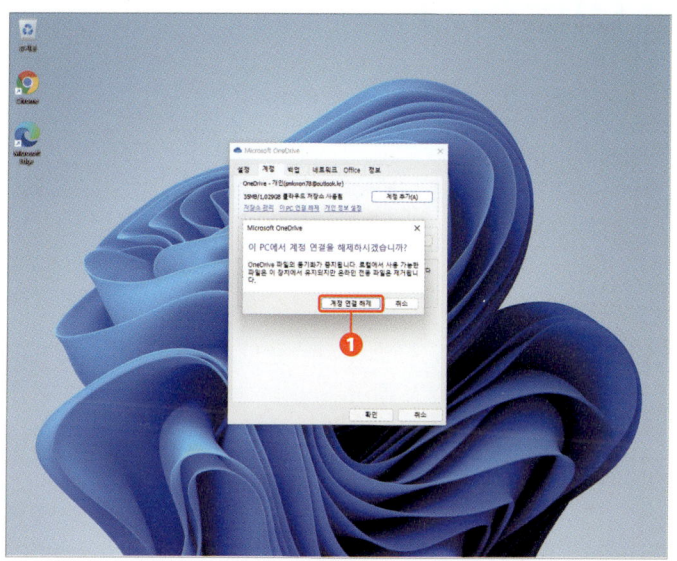

04 파일 탐색기에서 연결되어 있었던 OneDrive 탐색기가 제거된 것을 확인할 수 있습니다.

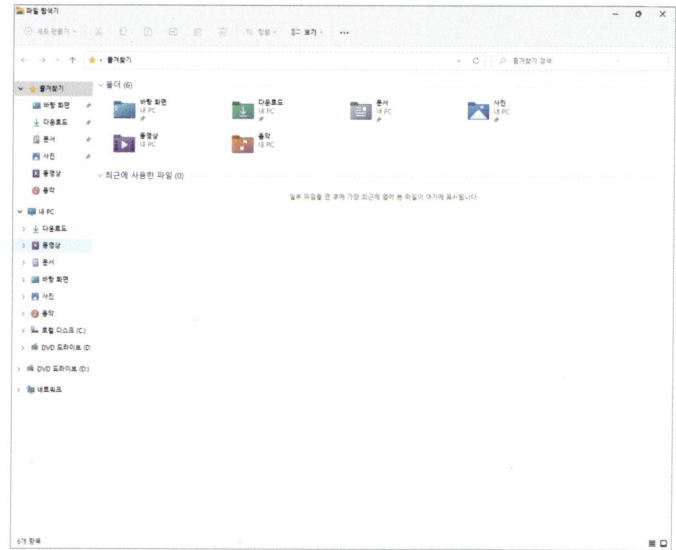

채팅 및 화상 미팅하기

앞선 PART 03에서 기본적으로 새롭게 제공하는 채팅 앱의 계정 설정 방법을 알아보았는데, 여기서는 채팅 앱에서 제공하는 메뉴 및 기능에 대하여 세부적으로 확인해 봅니다.

session 1 | Teams 채팅하기

윈도우 11에서 기본적으로 제공하는 메신저인 채팅 앱을 사용하여 1:1 또는, 1:N으로 채팅하는 방법에 대하여 알아봅니다.

01 [채팅] 앱을 실행하면 나타나는 화면에서 [채팅]을 클릭합니다(만약, 로컬 사용자의 경우는 Microsoft 계정을 사용하여 로그인을 진행해야 합니다).

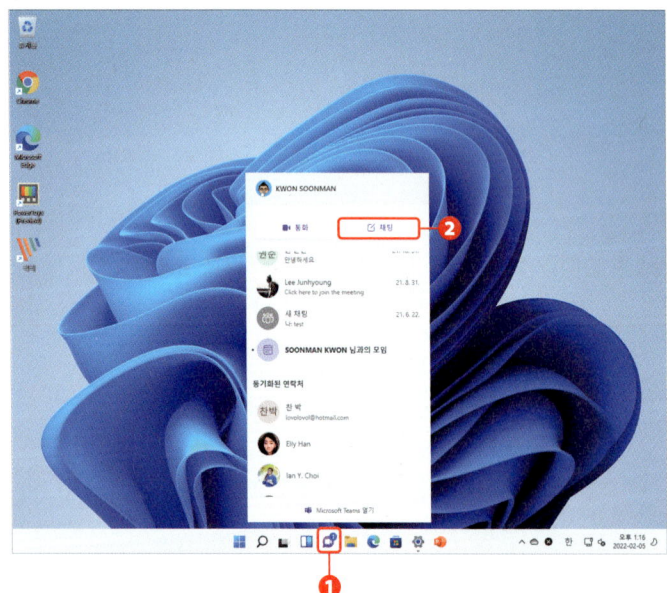

02 [새 채팅] 화면의 [대상]에 채팅 대상의 메일 주소를 입력하고 [그룹 이름 추가]를 클릭합니다.

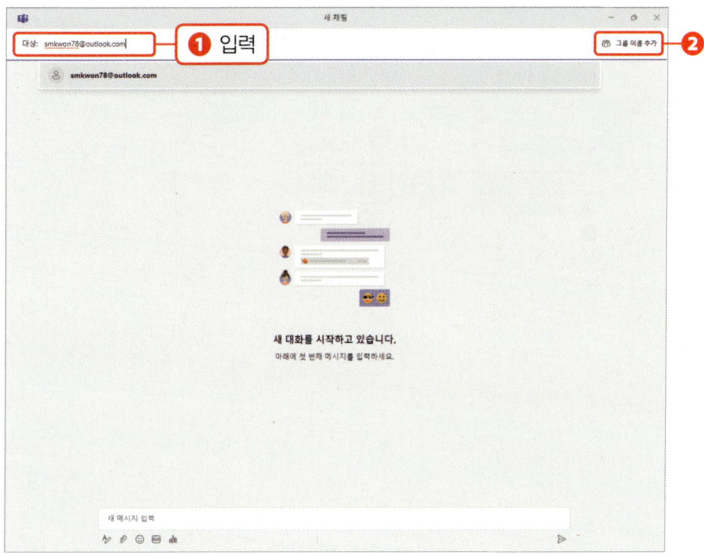

03 초대한 사용자에게 알림 창이 나타나면 알림 창을 클릭하여 채팅 창을 나타나게 하거나, 나타난 알림 창에서 바로 메시지를 입력하여 회신할 수도 있습니다.

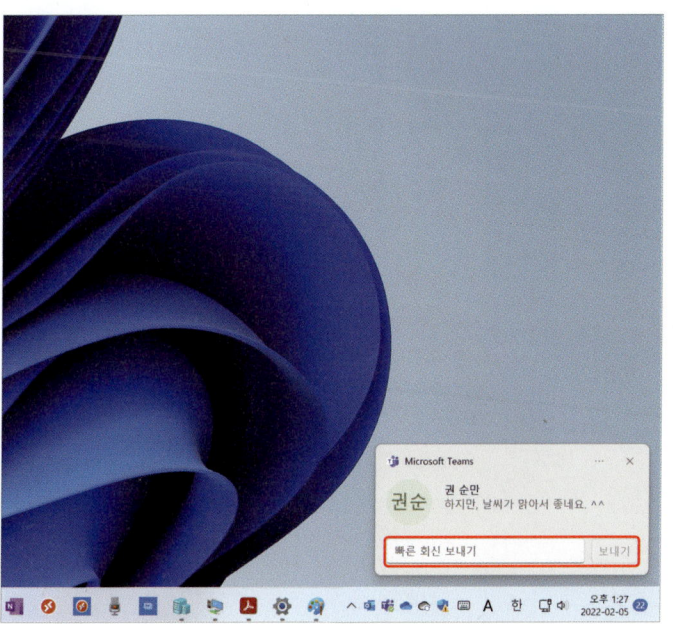

> **Tip**
>
> 요청한 채팅에 대하여 [수락]/[차단]을 클릭하여 채팅 여부를 결정합니다. 수락하면 채팅 창을 통해 메시지를 보낼 수 있습니다.
>
>

04 채팅 도중에 그룹 채팅을 진행하려면 오른쪽 상단의 [사람] 아이콘을 클릭하면 나타나는 창에서 [메일 주소]를 입력하여 초대 메시지를 보냅니다(만약, 연락처가 있는 경우에는 이름 등으로 검색하여 추가할 수도 있습니다).

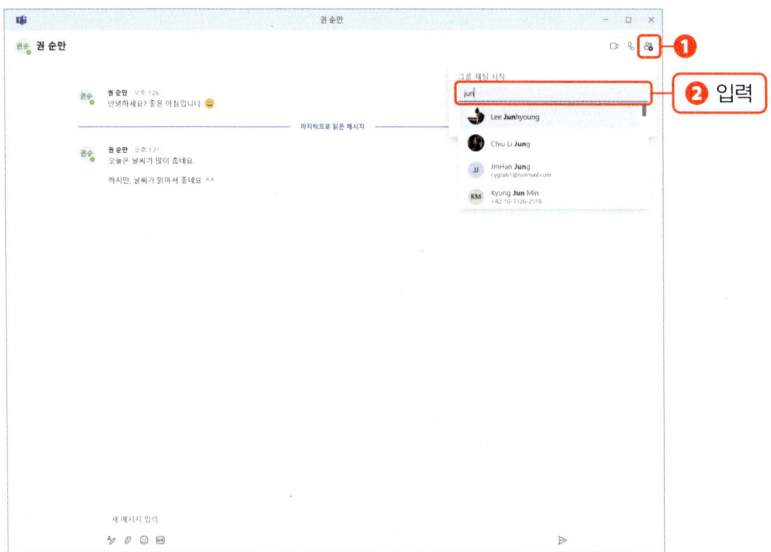

05 채팅 초대 메시지를 수락하면 초대한 채팅 창에 참가하여 채팅이 가능합니다.

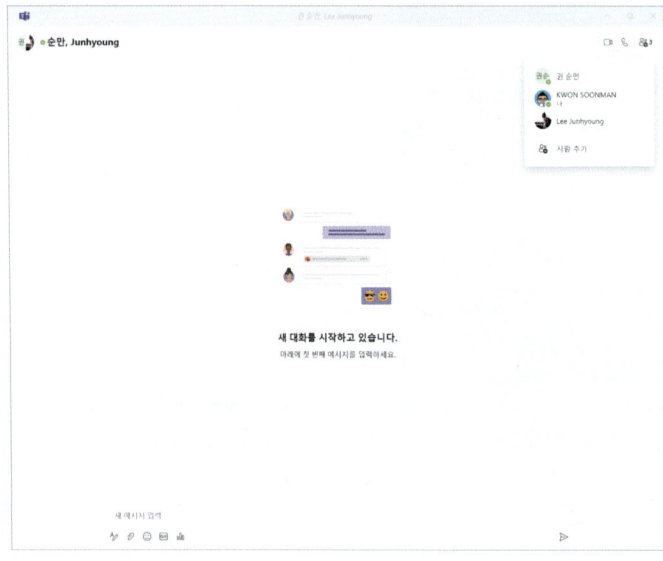

> **Tip** 채팅 그룹의 이름 변경하기

1:1 또는, 1:N으로 여러 채팅방이 개설되어 있는 상태에서 채팅을 진행하다 보면 주제를 잊어버릴 수도 있는데, 채팅 그룹의 이름으로 어떤 특정 주제로 토론하는지를 정할 수 있습니다. 채팅 그룹 왼쪽 상단에서 [편집] 아이콘을 클릭하면 나타나는 [그룹 이름] 창에서 이름을 입력한 후 [저장]을 클릭합니다.

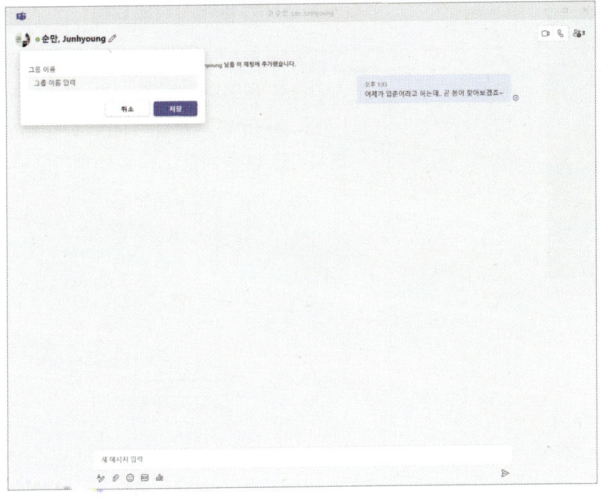

06 채팅 메시지에 마우스를 이동하면, 채팅 메시지에 대하여 이모티콘으로 반응할 수 있고, 선택한 채팅 메시지에 대해서 [회신]을 클릭하고 메시지를 입력하면, 댓글을 다는 형태의 메시지를 입력할 수도 있습니다.

> **Tip** @(멘션) 사용하기

채팅 방에서 여러 사람과 채팅하는 경우에 특정 사용자의 메시지에 대한 멘션을 보내는 방법은 '@사용자 이름' 또는 '@사용자 메일'을 입력한 후 메시지를 입력하면 메시지 알림을 보낼 수 있게 됩니다.

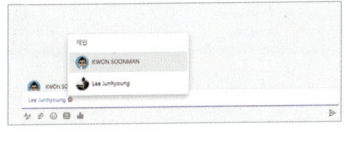

07 채팅 중에서 채팅 창 상단의 ▣ 아이콘을 클릭하거나, ▣ 아이콘을 클릭하면 채팅에서 화상 또는, 음성 통화로 변경됩니다.

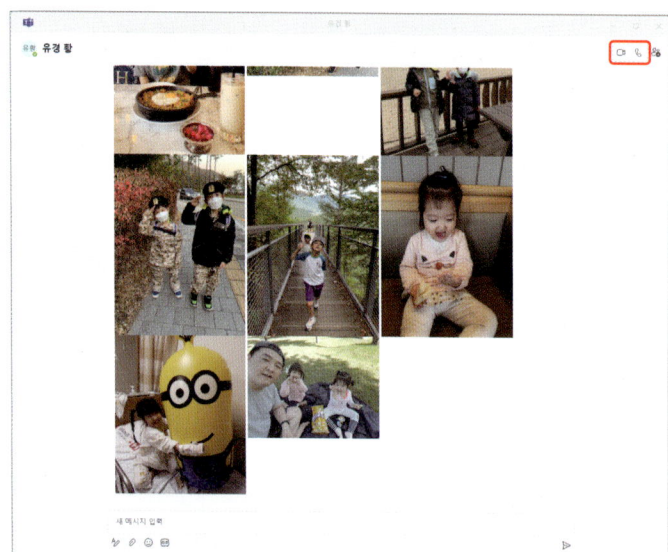

> **Tip 상대방 메시지 확인 상태**
>
> 상대방의 메시지 입력 중인 상태를 실시간으로 확인도 가능합니다. 메시지의 [⋯]을 클릭하면 나타나는 메뉴에서 채팅 메시지를 읽은 사람의 목록을 확인할 수도 있습니다.

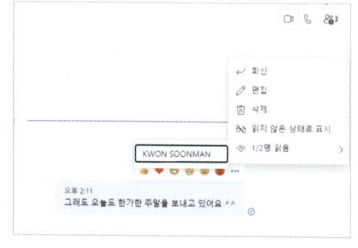

> **Tip 채팅 메시지 메뉴 및 기능**

채팅 메시지를 강조하거나 이모지, 애니메이션 GIF를 입력하여 재미를 더하고 커뮤니케이션에서 자신을 표현할 수 있습니다. 또한, 채팅 그룹 간에 파일을 전송할 수도 있습니다.

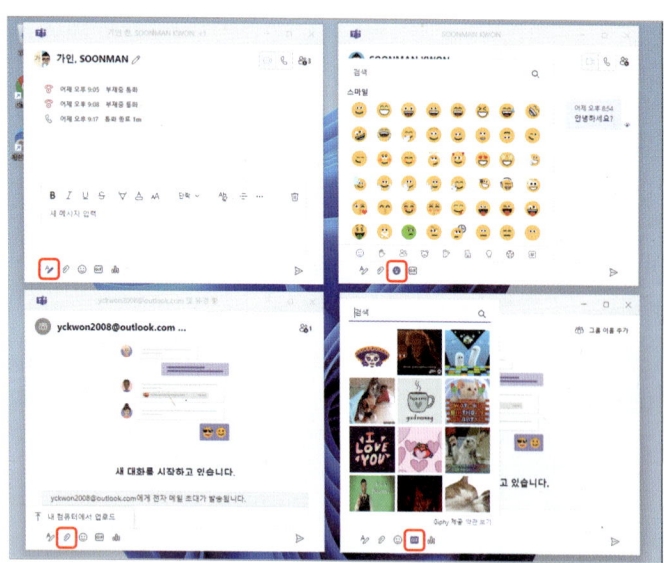

❶ 🅰 : 메시지에 대한 여러 서식 옵션이 있고, 강조 표시, 글꼴 크기, 목록을 채팅 메시지에 적용할 수 있습니다.
❷ 📎 : 내 컴퓨터에서 파일을 선택하여 메시지 창에서 공유할 수 있습니다.
❸ 😊 : 채팅 또는, 채널 메시지에 이모티콘을 삽입할 수 있습니다.
❹ GIF : 채팅 또는, 채널 메시지에서 애니메이션 GIF를 보내고 GIF 창 상단에 있는 검색 창을 사용하여 특정 항목(예: "피아노를 치는 고양이")을 찾거나 인기 있는 GIF 모음을 찾아볼 수 있습니다.

> **Tip** 채팅 앱에서 Teams 앱으로 전환하기

작업 표시줄에서 채팅 앱을 실행하면 나타나는 화면에서 [Microsoft Teams 열기]를 클릭하면 다음과 같이 개별 메시지 채팅 창이 아닌 한 곳에서 채팅 관련된 활동, 채팅 및 일정 등을 확인할 수 있습니다.

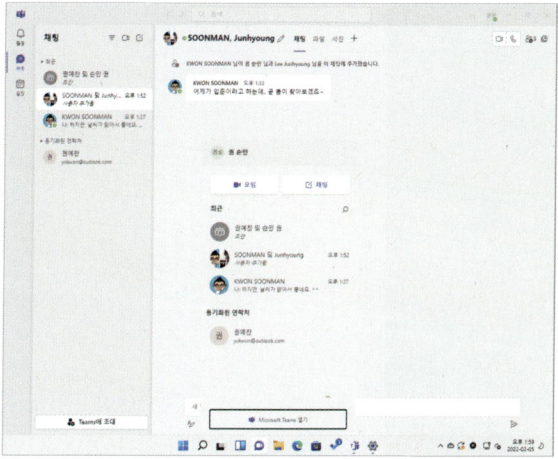

session 2 Teams 화상 통화하기

윈도우 11에서 기본적으로 제공하는 메신저 앱인 채팅 앱을 사용하여 1:1 또는, 1:N으로 음성이나 화상으로 대화하는 방법에 대하여 알아봅니다.

01 [채팅] 앱을 실행하면 나타나는 화면에서 [모임]을 클릭합니다. 만약, 로컬 사용자의 경우는 Microsoft 계정을 사용하여 로그인을 진행해야 합니다.

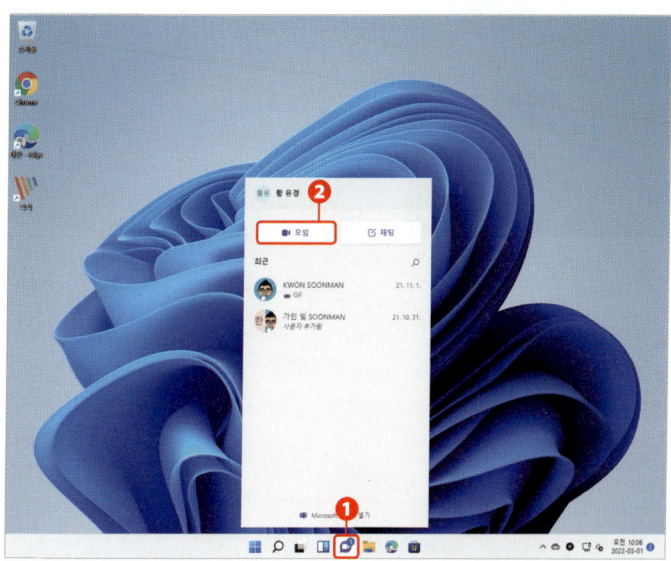

LESSON 07 채팅 및 화상 미팅하기 **351**

02 모임 방이 생성되면 모임에 입장하기 전에 마이크, 비디오 상태를 확인할 수 있습니다.

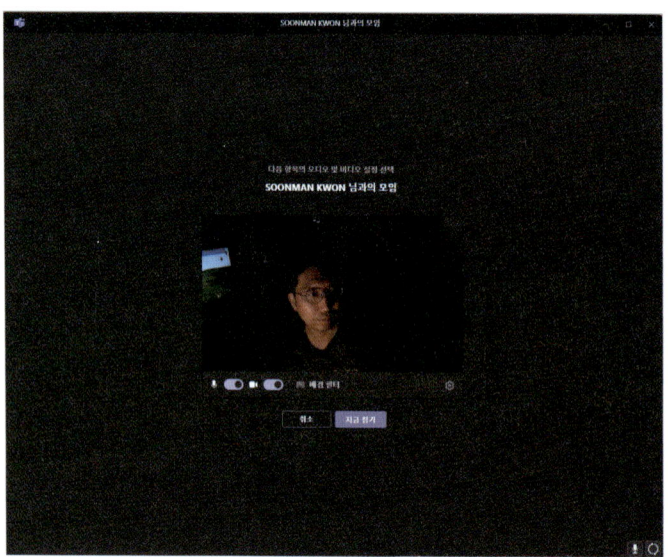

03 [배경 필터]를 클릭하면 배경 화면 설정이 가능합니다.

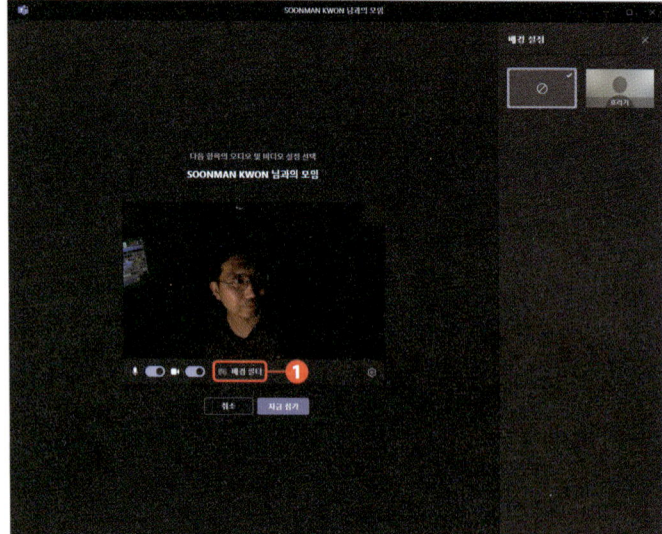

04 [배경 필터] 〉 [흐리기]를 클릭하면 주변 배경 화면이 흐리게 처리됩니다. 배경을 설정한 후 [지금 참가]를 클릭합니다.

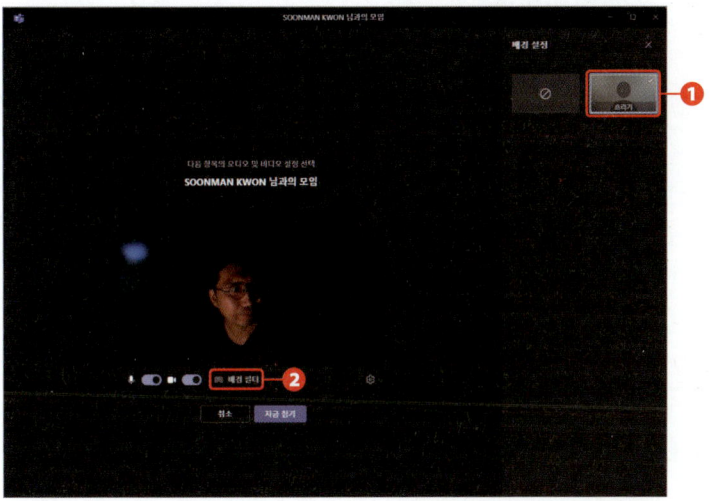

05 '사람들이 참가하도록 초대' 창이 나타나고 이 모임의 초대할 수 있는 방법이 나열됩니다.

- Ⓐ 모임 링크 복사 : 현재 생성된 모임 링크를 메시지 등으로 전송하여 초대한 사용자가 바로 모임으로 입장이 가능합니다.
- Ⓑ Outlook 일정으로 공유하기 : Outlook 일정에 추가되고, 초대된 사용자는 초청된 일정에 포함되어 있는 초대 링크를 클릭하여 모임에 입장이 가능합니다.
- Ⓒ Google 갤린더 : Google 캘린더 일정에 추가되고, 초대된 사용자는 초청된 일정에 포함되어 있는 초대 링크를 클릭하여 모임에 입장이 가능합니다.
- Ⓓ 기본 전자 메일로 공유 : 현재 설정되어 있는 메일 계정을 통해 초청한 사용자에게 초대 링크가 포함된 메일을 전송할 수 있도록 메일 앱이 실행됩니다.

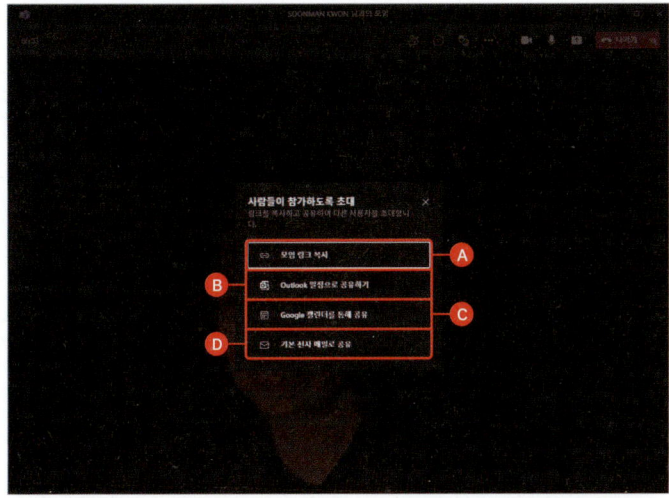

06 화상 모임에 초대되면 다음과 같이 참석자에 대하여 입장 허용 여부를 실행합니다.

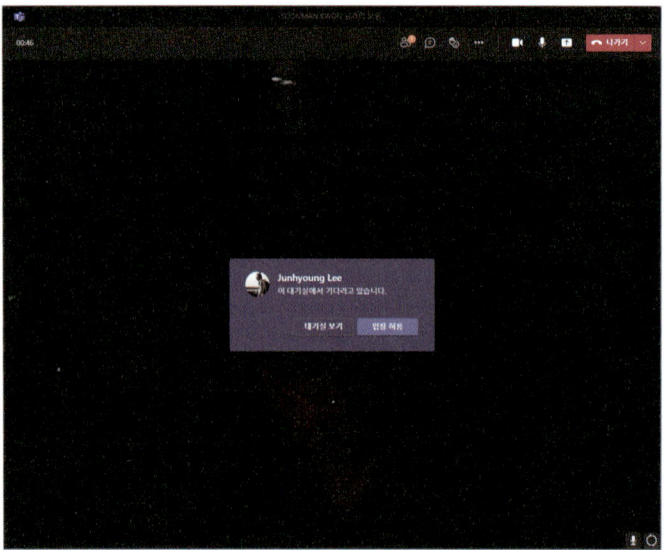

07 입장이 허용되면 다음과 같이 참석자의 화상 화면이 나타나게 됩니다.

08 모임을 생성하고 기다고 있으면 다음과 같이 화상 모임이 진행됩니다. 상단 모임 컨트롤 메뉴에서 을 사용하여 반응할 수 있습니다.

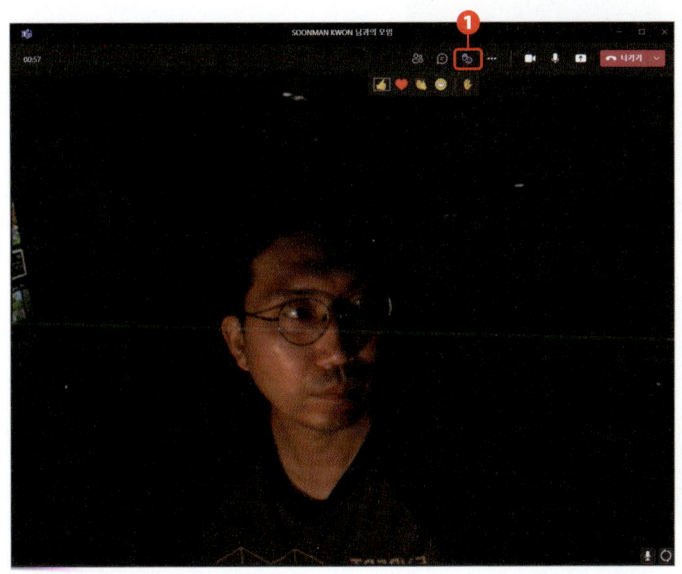

09 상단 모임 컨트롤 메뉴에서 을 사용하여 현재 모임에 참석자를 초청할 수 있습니다.

LESSON 07 채팅 및 화상 미팅하기 **355**

10 상단 모임 컨트롤 메뉴에서 ▣을 사용하여 모임 중에 채팅 메시지와 파일 등을 공유할 수 있습니다.

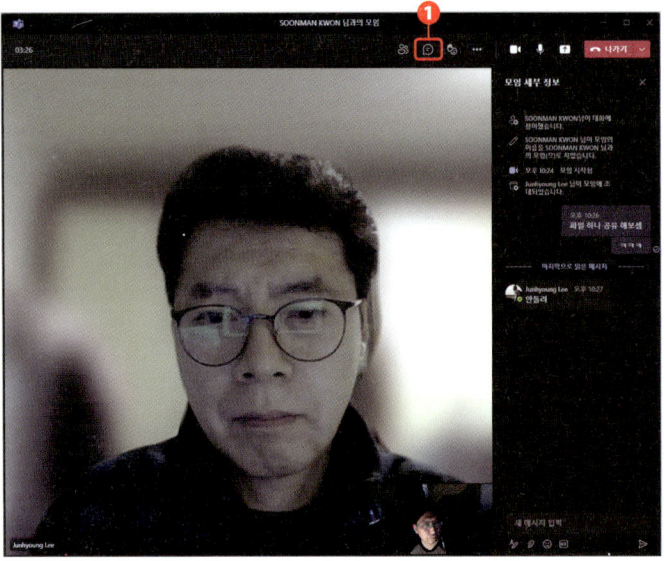

11 상단 모임 컨트롤 메뉴에서 [⋯]을 사용하여 스피커, 마이크, 카메라 등의 설정을 조정할 수 있습니다.

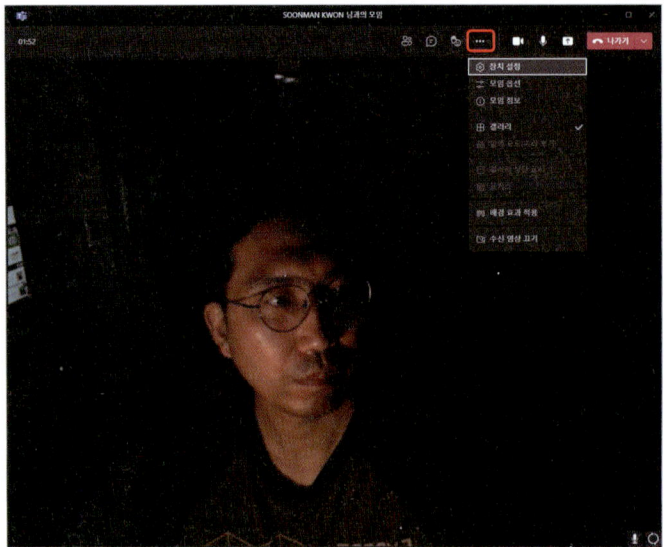

12 현재 설정된 오디오 장치, 소음 감소 및 카메라 설정을 확인합니다.

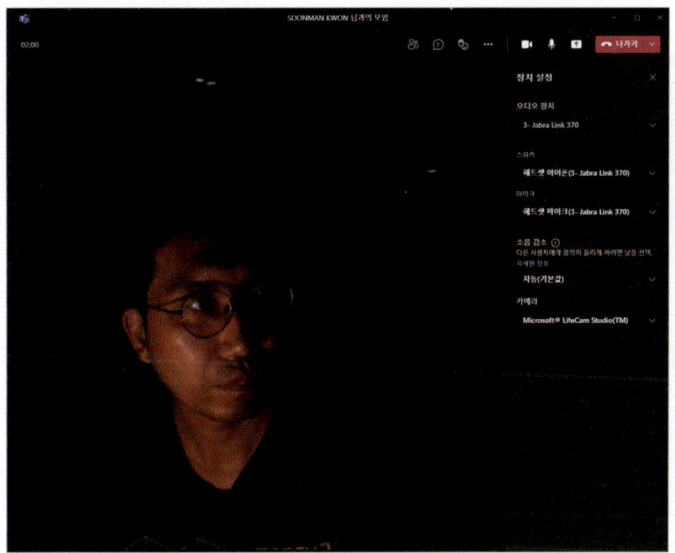

> **Tip** 소음 감소

모임 또는, 통화에서 마이크가 켜져 있는 경우 주변의 배경 소음이 다른 사용자에 방해가 될 수 있습니다. **Teams 데스크톱 앱**은 세 가지 수준의 소음 감소 옵션을 제공합니다.

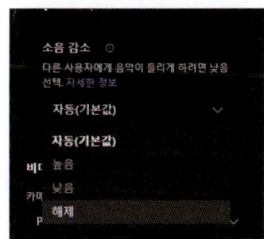

- 자동(기본값) : 로컬 소음을 기반으로 최상의 소음 억제 수준을 결정합니다.
- 높음 : 음성이 아닌 모든 배경음을 억제합니다.
  - 이 옵션을 사용하려면 컴퓨터 프로세서가 AVX2(Advanced Vector Extensions 2)를 지원해야 합니다. 이 옵션은 현재 **M1 ARM** 프로세서를 사용하는 **Mac** 장치에서 사용할 수 없습니다.
  - 이 옵션은 현재 회의 또는, 통화가 녹음 중이거나 라이브 캡션이 켜져 있는 경우 사용할 수 없습니다.
  - 이 옵션을 활성화하면 더 많은 컴퓨터 리소스를 사용합니다.
- 낮음 : 컴퓨터 팬소리나 에어컨과 같은 지속적인 배경 소음을 낮은 수준으로 억제합니다.
- 해제 : 노이즈 억제가 비활성화 됩니다.

13 상단 모임 컨트롤 메뉴에서 을 사용하여 모임 중의 내 화면 또는, 파워포인트 같은 프레젠테이션을 공유할 수 있습니다.

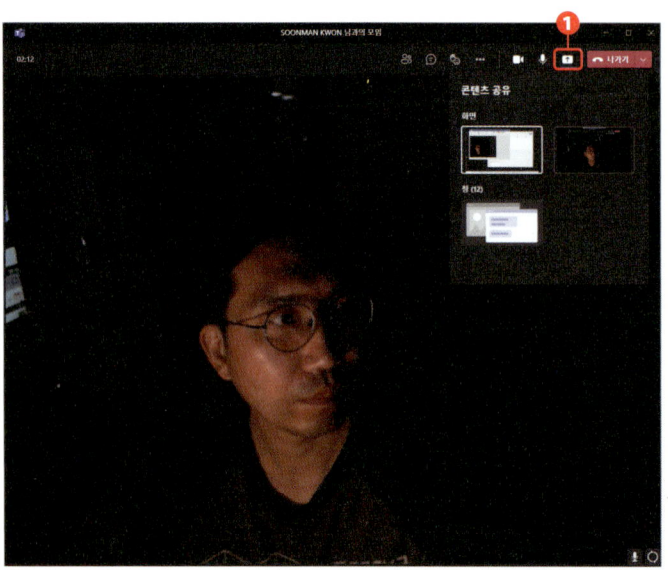

14 화상 화면과 공유된 화면을 함께 보면서 미팅을 할 수 있습니다.

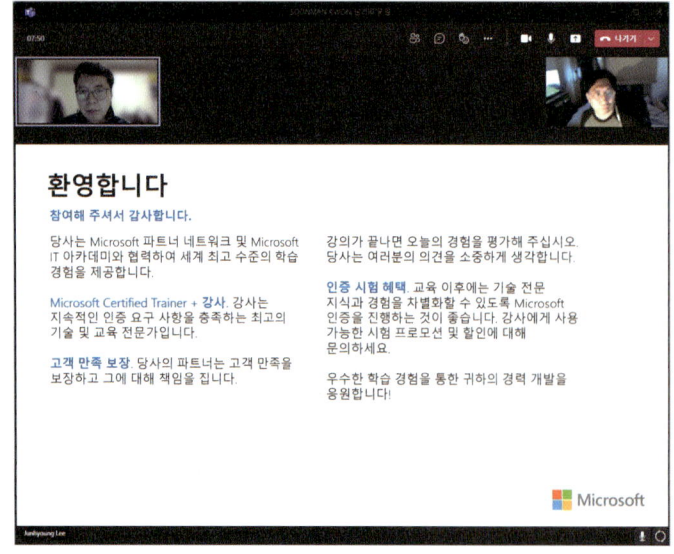

> **Tip** 동영상 소리 공유하기
>
> 모임에서 콘텐츠 공유 시 공유하는 사용자의 컴퓨터에서 재생되는 음악 소리를 모임에 있는 사용자들과 공유할 때는 다음과 같이 [컴퓨터 소리 포함]을 활성화해야 합니다. 이렇게 컴퓨터 소리 포함으로 설정하면, 유튜브 같은 동영상을 재생할 때 나오는 소리가 바로 모임자들에게 전달됩니다.
>
>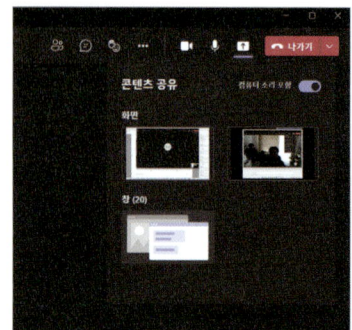

15 화상 모임의 참석자가 3명 이상인 경우에 [⋯] 〉 [함께 모드]를 실행하면 다음과 같은 형태의 모임도 가능하게 됩니다.

> **Tip** 비디오 화면 세부 설정

비디오 모임 시 설정하려는 사용자 화면에서 마우스 오른쪽 단추를 클릭하면 나타나는 메뉴를 통해 제어가 가능합니다.

- 참가자 음소거 : 선택한 사용자 음소거 켜기/끄기를 설정합니다.
- 나를 위해 고정 : 자신의 비디오 화면을 고정하려는 경우 사용하고, 다른 사용자에게는 고정된 부분의 영향은 없습니다.
- 모든 사용자에게 추천 : 비디오 화면을 전체 모임 사용자에게 나타나도록 고정합니다. 예를 들어, 발표하는 사용자의 비디오 화면은 고정되고, 발언권을 얻어 발표하는 사용자는 음성 메시지를 전송할 수 있습니다.
- 프레임에 맞춤 : 여러 사용자가 비디오를 활성화하게 되면 일부 화면이 잘리거나, 일부분만 나타나게 되는데 비디오 화면 크기에 따라 재조정할 수 있습니다.

session 3 | Teams 모임 생성하기

Teams를 사용하여 모임을 생성하는 방법은 즉시 모임을 생성하여 초대하는 방법이 있고, 특정 일정에 추가하여 약속을 잡고 모임을 생성하는 방법이 있습니다.

01 [채팅] 앱에서 [모임]을 클릭하여 새 모임을 생성하거나, 앞선 351 페이지의 [채팅] 앱에서 [Teams] 앱으로 전환을 참고하여 [Teams] 앱을 실행합니다. 실행 화면에서 [일정] 탭 메뉴를 선택하면 나타나는 화면에서 [새 모임]을 클릭합니다([지금 모임 시작]을 클릭하면 별도 일정 예약 없이 바로 모임이 생성됩니다).

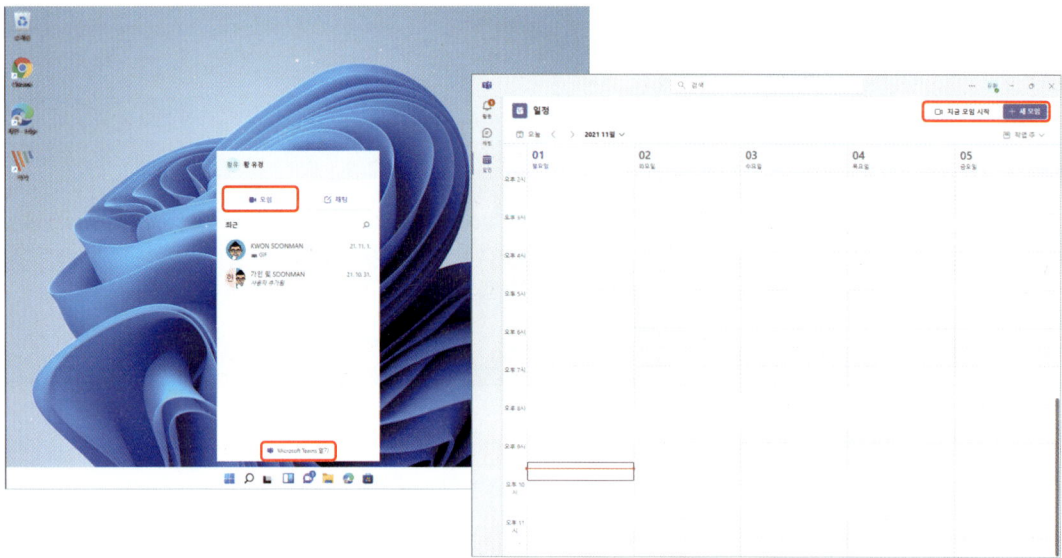

02 새 모임 양식에서 [제목], [날짜 및 시간], [위치], [모임 내용] 등의 모임 세부 정보를 설정한 후 [저장]을 클릭합니다.

03 '모임이 만들어짐' 창이 나타나게 되고, 링크 복사 또는, Google 캘린더에 추가할 수 있습니다.

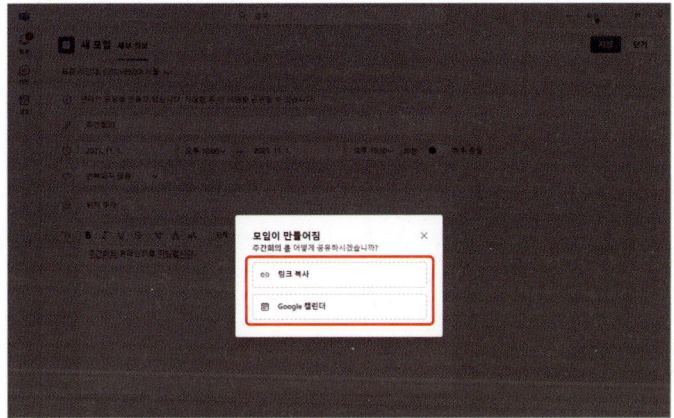

04 일정 화면에서 모임이 생성된 것을 확인할 수 있습니다. 생성된 모임 일정에 마우스 포인터를 이동하거나 클릭하면 [참가]를 클릭하여 모임에 참가할 수 있게 됩니다.

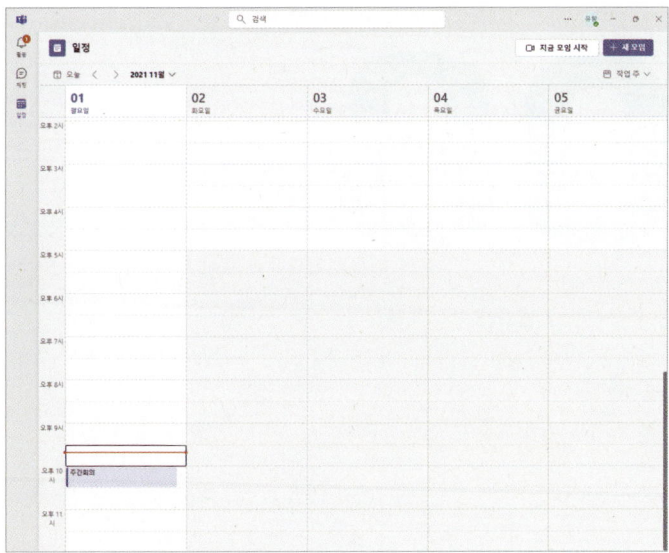

> **Tip** 모임 시간 제한
>
> Microsoft 계정을 통해 무상으로 제공되는 서비스를 사용하는 경우에는 다음과 같이 온라인 모임을 생성할 때 최대 100명 참석자와 60분까지만 한 모임에 가능하기 때문에 모임 중에 60분이 초과되면 모임이 종료되는 것을 주의하기 바랍니다. 참고로 유상의 프리미어 기능을 사용하게 되면 모임당 최대 300명, 최대 30시간까지 가능하게 됩니다.
>
>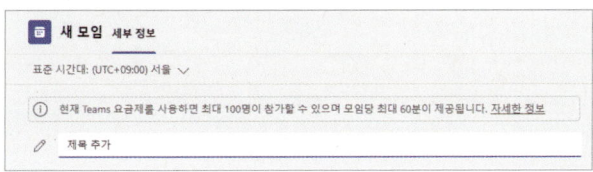

PART

08

윈도우 11 보안 기능

바이러스 또는, 멜웨어가 윈도우를 손상시켜 PC 사용이 중단되거나 데이터 손실 등이 발생될 수 있는 소지에 대해서 윈도우 11에서 제공하는 보안 기능을 이용하면 안전한 PC 환경을 유지할 수 있습니다. 또한, PC에서 발생하는 문제 사항을 고려하여 윈도우 11에서 제공하는 유지 관리 도구를 사용하면 이전의 상태로 복원하거나 문제가 발생되는 원인을 파악하여 수정할 수도 있습니다.

시스템 복원 및 복구하기

윈도우 11에 문제가 발생하여 이전의 상태로 전환하기 위해서는 시스템 복원 시점 등을 자동 또는, 임의적으로 생성해 놓아야만 복원이 가능합니다.

session 1 | PC 복원 시점 만들기

PC 복원 시점은 프로그램 설치, 업데이트, 장치 드라이브 설치 및 변경 시에 자동적으로 PC를 복원할 수 있는 시점이 생성되거나 관리자가 사전에 PC 복원 시점을 생성하여 문제가 발생하기 전으로 윈도우를 복원할 수 있습니다.

01 검색 창에 '복원 지점 만들기'의 검색 결과를 확인하고 [복원 지점 만들기]를 실행합니다.

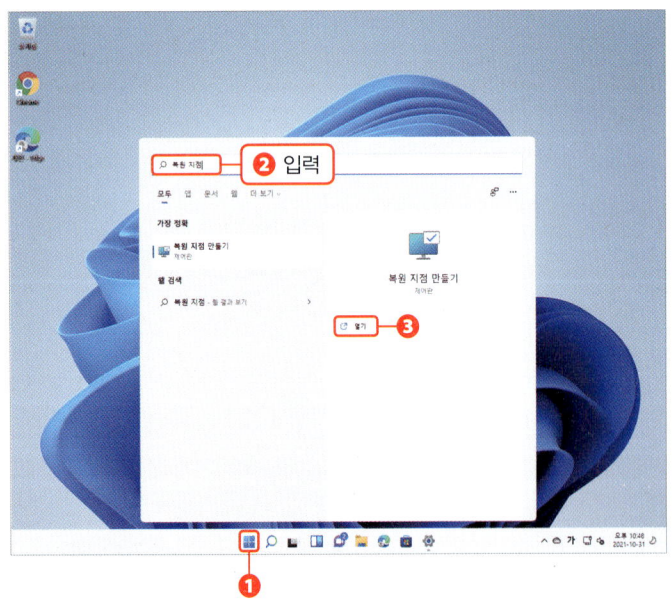

> Tip **시스템 복원 자동/수동**
>
> 윈도우 복원 시점을 설정하게 되면 다음과 같이 윈도우 업데이트, 장치 드라이버 및 프로그램 설치에 따른 복원 시점이 자동적으로 생성되고, 임의로 관리자가 복원 시점을 생성하여 관리할 수 있습니다.
>
>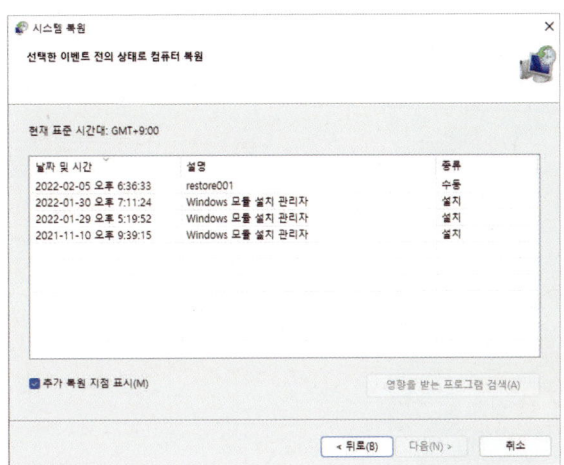

02 [시스템 속성] 창에서 [시스템 보호] 탭 〉 [구성]을 클릭합니다.

LESSON 01 시스템 복원 및 복구하기 **365**

03 [복원 설정] 〉 [시스템 보호 사용]을 활성화하고 보호 공간의 용량을 설정한 후 [적용]을 클릭합니다. 시스템 복원 시점을 생성할 때는 지정한 파티션 공간에 지정되기 때문에 디스크 공간을 설정할 때는 사용 중인 여유 공간을 고려하여 지정하는 것을 권장합니다. 물론 디스크 저장 공간이 충분한 경우는 이전의 복원 시점을 더 많이 유지할 수 있습니다.

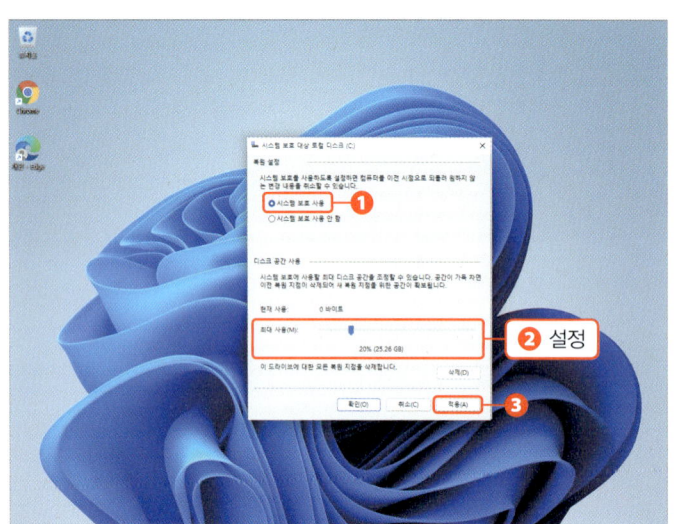

> **Tip 복원 시점 자동 삭제**
>
> 복원 시점은 설정한 디스크 공간만큼 유지됩니다. 만약, 복원 시점이 생성되어야 할 때 설정된 공간보다 부족하다면 가장 오래 전의 복원 시점이 자동으로 제거되고 새로운 복원 지점이 생성되는 점을 유의해야 합니다.

04 [만들기]를 클릭하여 복원 지점 만들기의 이름을 입력한 후 [만들기]를 클릭합니다.

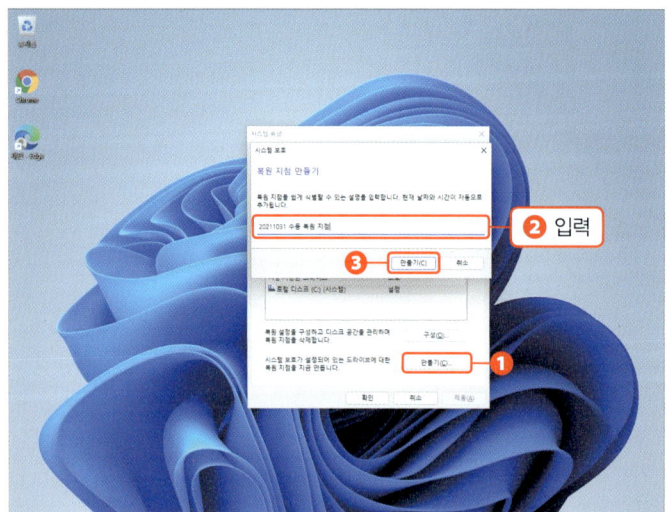

05 복원 지점 생성이 진행되고, 완료되면 복원 지점 만들기 완료 메시지를 확인한 후 [닫기]를 클릭하여 완료합니다.

session 2 | PC 복원하기

시스템에 문제가 발생한 경우 자동 또는, 수동으로 설정된 컴퓨터 복구 지점을 사용하여 복원하는 방법에 대하여 알아봅니다.

01 [시스템 속성] 창에서 [시스템 보호] 탭 〉 [시스템 복원]을 클릭합니다.

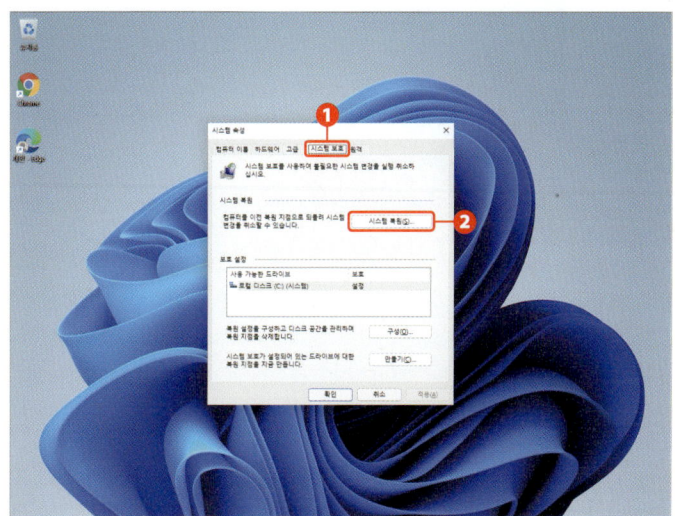

02 시스템 복원 마법사가 실행되고, [시스템 파일 및 설정 복원] 창에서 [다음]을 클릭합니다.

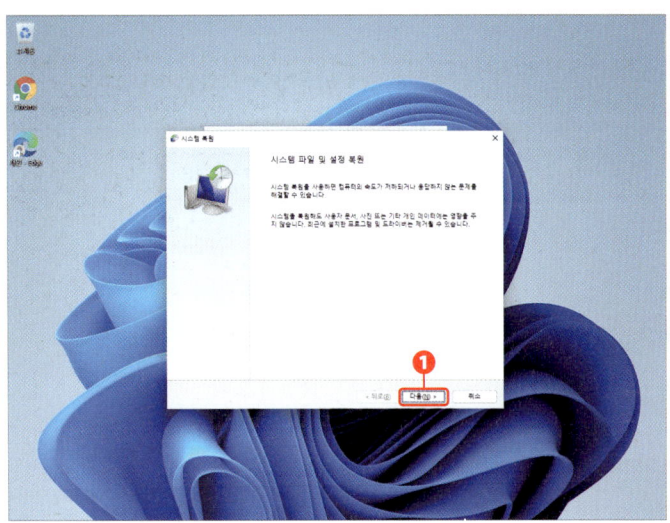

03 자동 또는, 수동으로 만들어진 복원 시점이 나열되고, 복원하려는 지점을 선택한 후 [영향을 받는 프로그램 검색]을 클릭합니다.

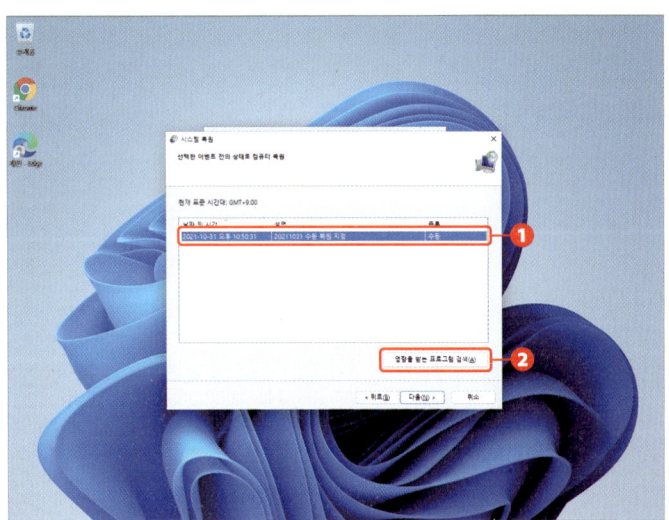

> **Tip**
>
> 복원 시점을 사용하여 복원하는 경우에 영향을 받는 프로그램을 검색하는 작업은 매우 중요합니다. 만약, 이 검증 절차를 진행하지 않고 이전 시점으로 복원 시 프로그램, 장치 드라이버 등의 충돌로 정상적인 부팅이 불가할 수 있기 때문에 사전에 꼭 확인한 후 복원을 진행해야 합니다.

04 영향받을 프로그램 및 드라이버 검사 결과가 진행됩니다.

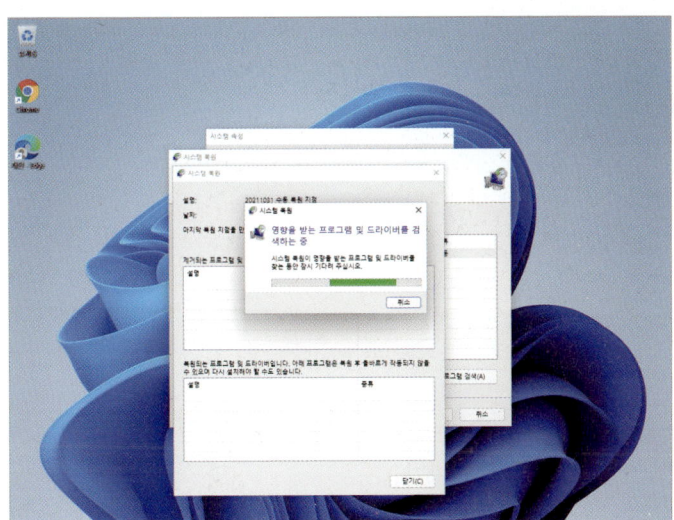

05 이상이 없는지 검사 결과를 확인한 후 [닫기]를 클릭합니다. 만약, 사전에 영향을 받는 프로그램, 업데이트 및 장치 드라이버가 발생된다면, 해당하는 프로그램을 찾아 수동으로 제거하는 작업 후에 재검사를 합니다.

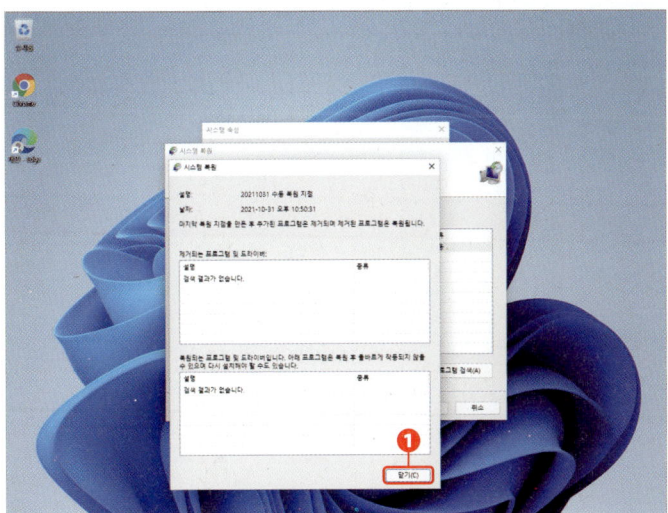

06 복원 시점을 선택한 후 [다음]을 클릭합니다.

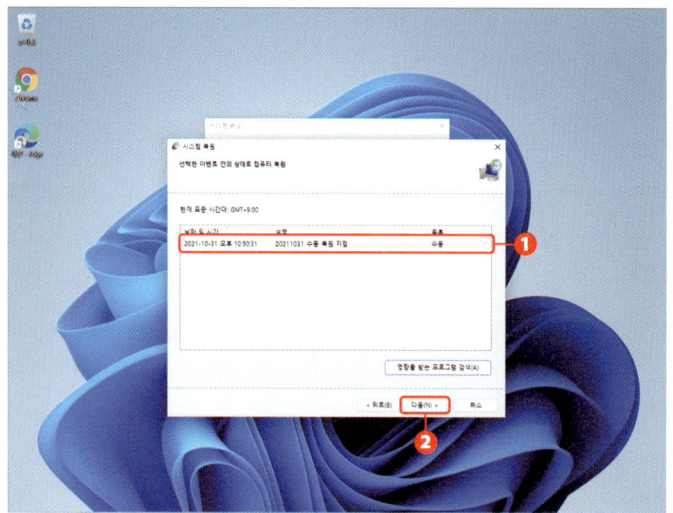

07 [복원 지점 확인] 창에서 복원할 내용을 확인한 후 [마침]을 클릭합니다.

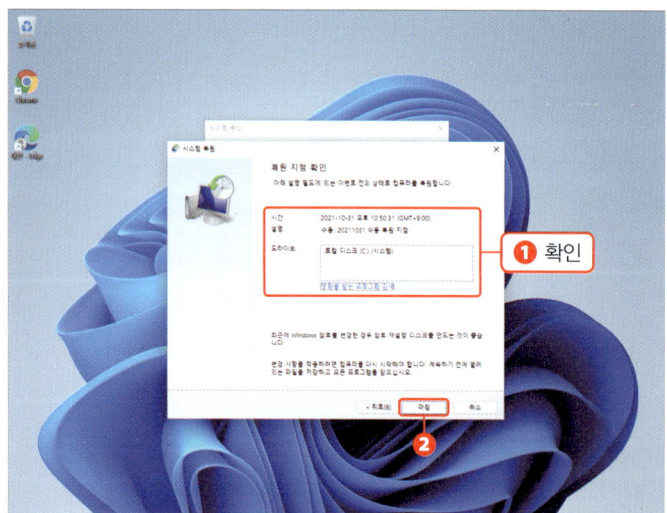

08 '시스템 복원을 시작하면 중단할 수 없습니다. 계속하시겠습니까?' 메시지 창을 확인한 후 [예]를 클릭합니다.

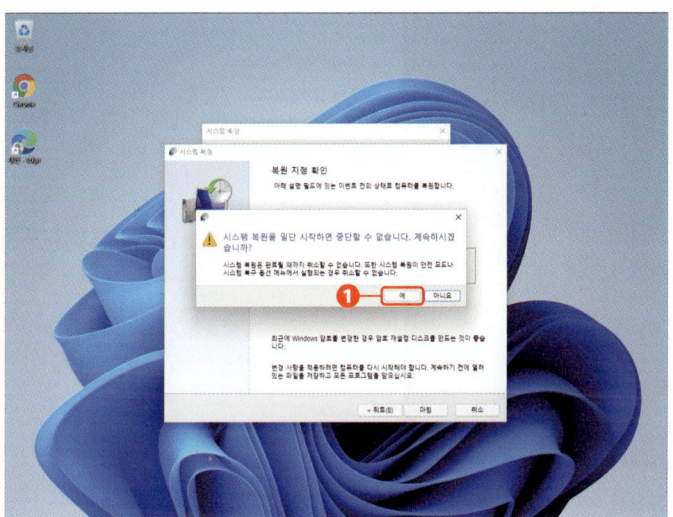

09 시스템 복원을 위한 준비 작업이 진행됩니다.

10 윈도우 파일 및 설정이 복원되는 메시지를 확인하고 대기합니다.

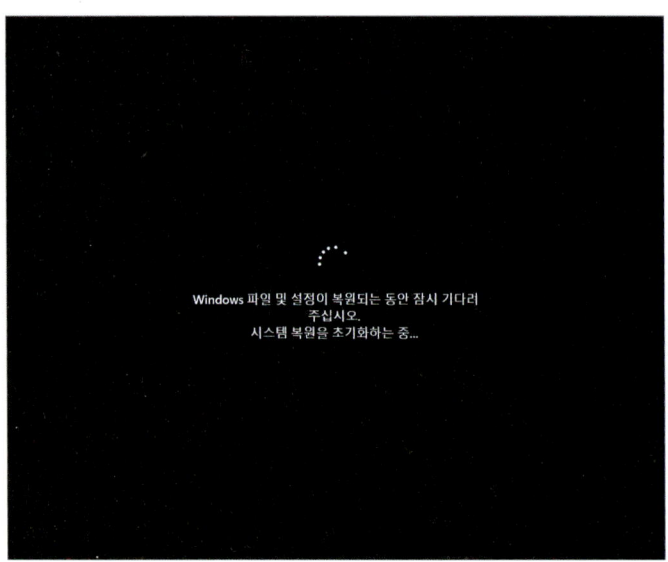

11 복원이 완료되고, 로그인하면 지정한 시점으로 복원 완료 메시지를 확인합니다.

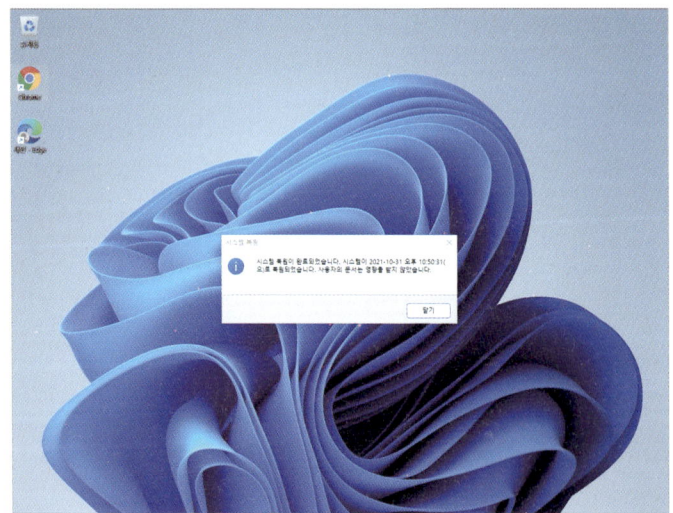

session 3 PC 초기화하기

시스템에 문제가 발생한 경우 개인의 파일은 유지한 상태 또는, 완전하게 앱과 설정을 초기화하는 방법에 대하여 알아봅니다.

01 ⊞+Ⅰ를 누른 후 [설정] 화면에서 [시스템] 〉 [복구]를 클릭합니다.

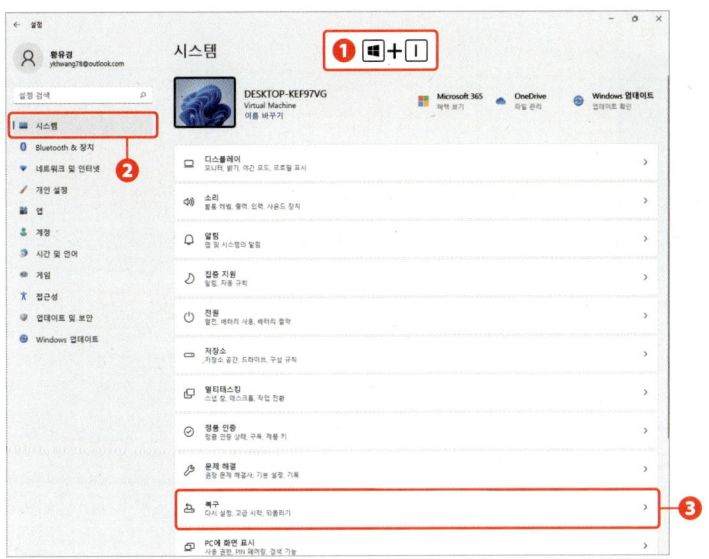

02 [복구] 화면에서 [복구 옵션] 〉 [이 PC 초기화]의 [PC 초기화]를 클릭합니다.

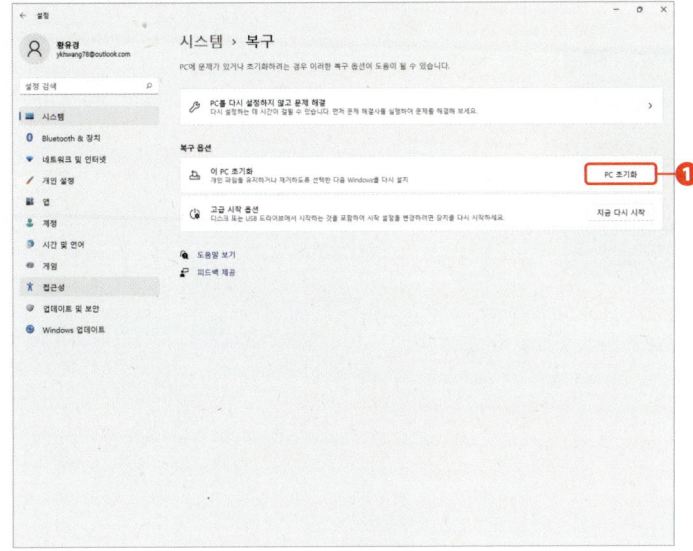

03 [옵션 선택] 화면에서 옵션을 선택합니다.

> ⓐ 내 파일 유지 : 앱 및 설정을 제거하지만 개인적인 파일은 유지하는 옵션입니다.
> ⓑ 모든 항목 제거 : 앱 및 설정뿐 아니라 개인 파일까지 모두 제거하는 초기화 옵션입니다.

04 [Windows를 다시 설치하는 방법을 선택하세요] 창에서 [클라우드 다운로드/로컬 다시 설치] 중에 선택합니다.

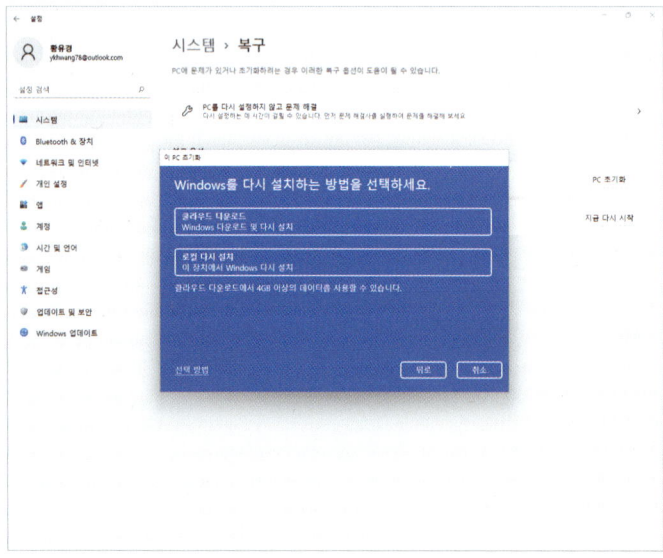

05 [추가 설정] 창에서 현재 설정한 초기화를 확인한 후 [다음]을 클릭합니다.

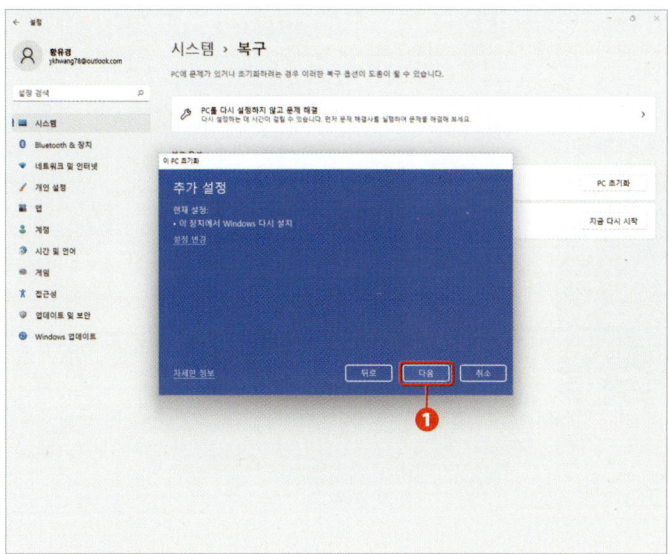

06 [이 PC를 초기화할 준비 완료] 창의 내용을 확인한 후 [다시 설정]을 클릭합니다.

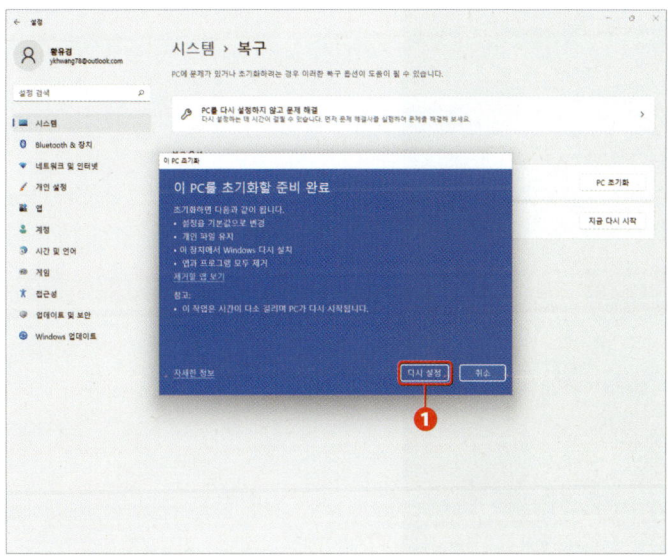

07 다시 PC를 초기화하기 위한 설정 준비 중입니다.

08 '이 PC를 초기화하는 중' 메시지와 함께 초기화가 진행됩니다.

09 초기화가 완료된 후 로그인하면 바탕 화면에 제거된 앱 파일을 클릭하여 확인합니다.

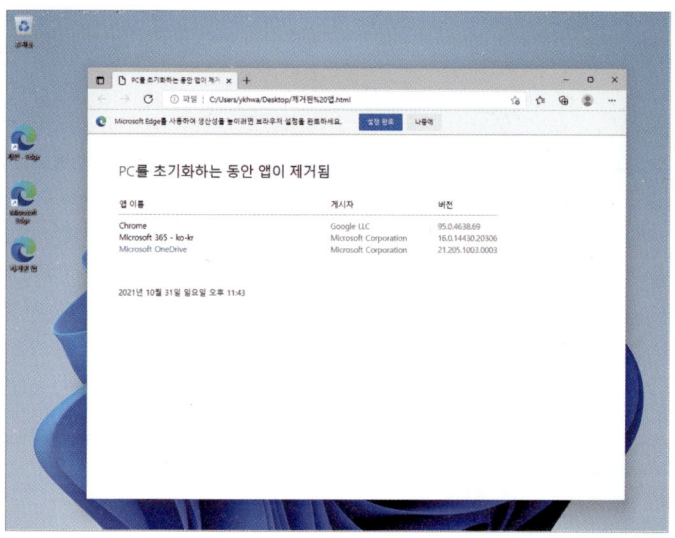

session 4 | 시스템 복구 드라이브 만들기

윈도우 11의 심각한 손상으로 인하여 부팅조차 불가능한 시스템 문제가 발생한 경우 복구하기 위하여 필요한 시스템 복구 드라이브를 만드는 방법에 대하여 알아봅니다.

01 이 작업을 진행하기 위해서는 사전에 8GB 이상의 USB 저장 장치가 필요합니다. 검색 창에 '복구 드라이브'를 검색한 후 [복구 드라이브]를 실행합니다.

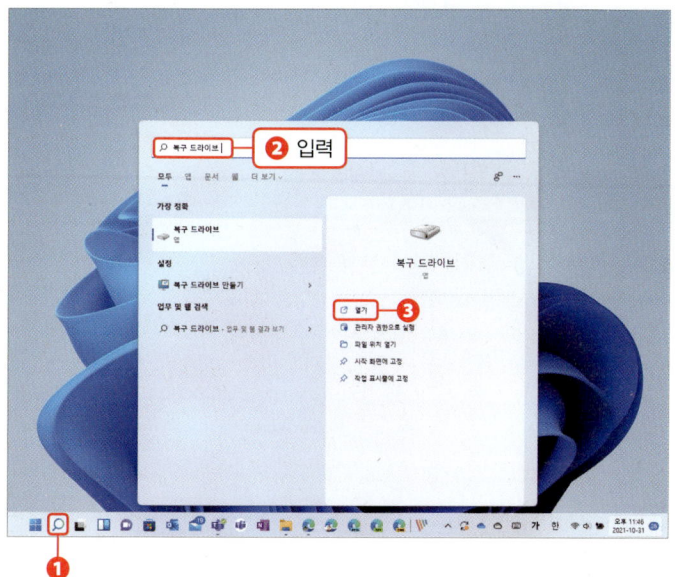

02 [복구 드라이브 만들기] 창에서 [시스템 파일을 복구 드라이브에 백업합니다.]를 선택한 후 [다음]을 클릭합니다.

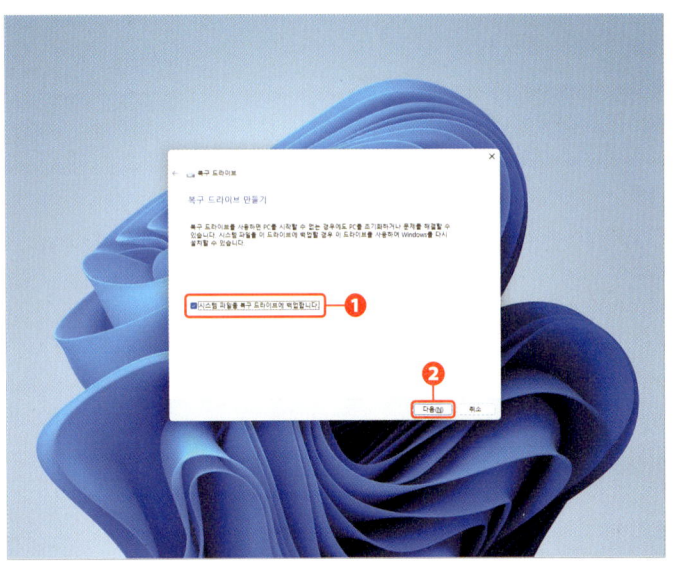

03 [USB 플래시 드라이브 선택] 창에서 연결한 USB 장치를 선택한 후 [다음]을 클릭합니다.

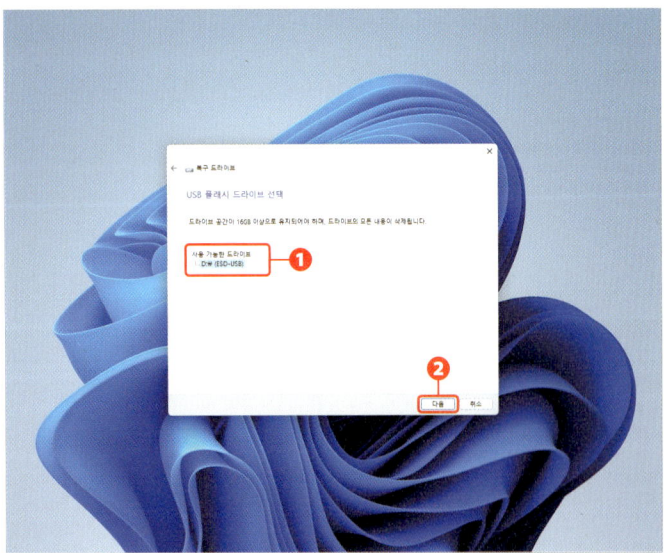

04 USB 장치의 데이터가 모두 삭제되는 경고 메시지를 확인한 후 [만들기]를 클릭합니다.

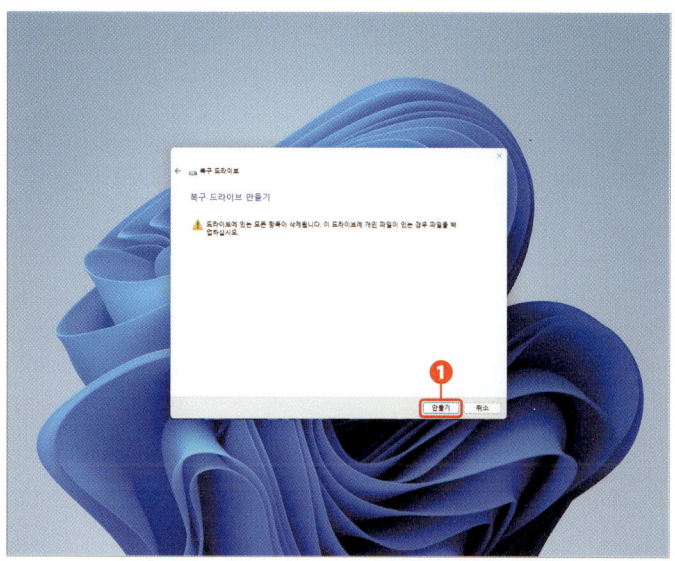

05 복구 드라이브 작업이 진행됩니다.

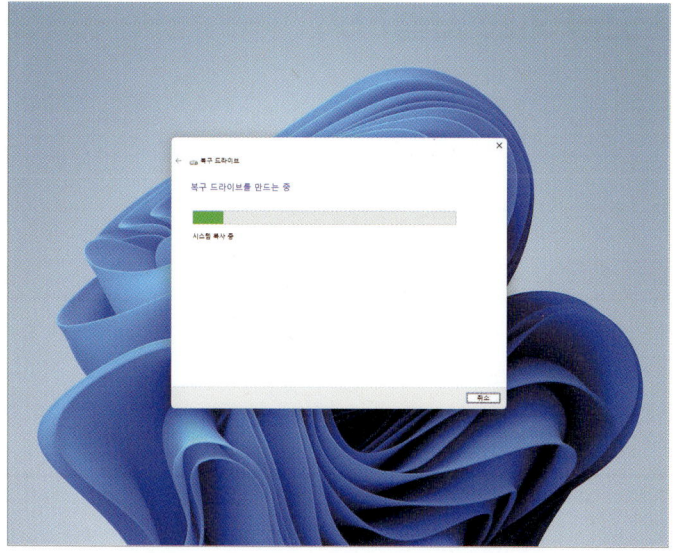

06 복구 드라이브 만들기가 완성되면 '복구 드라이브가 준비되었습니다.' 메시지가 나타나고 [마침]을 클릭하여 복구 드라이브 만들기를 완료합니다.

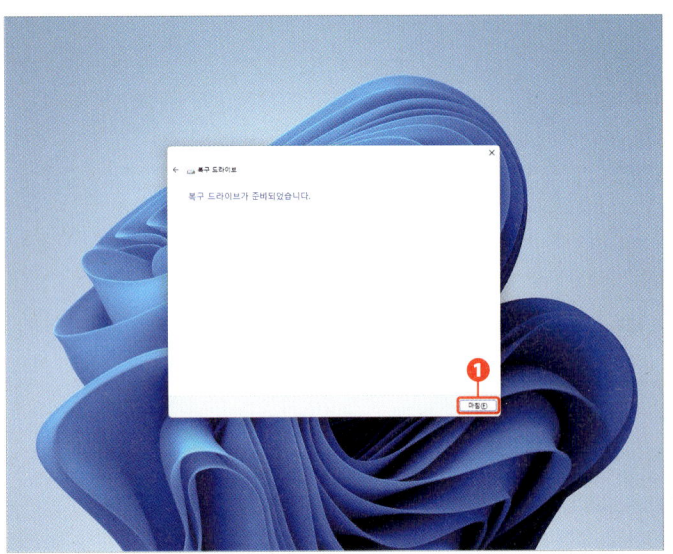

session 5 | 문제 해결 도구 고급 기능 사용하기

문제 해결 도구 중 문제 해결사를 사용하여 PC 문제를 해결할 수도 있습니다.

01 ⊞+Ⅰ를 누른 후 [설정] 화면에서 [시스템] 〉 [문제 해결]을 클릭합니다.

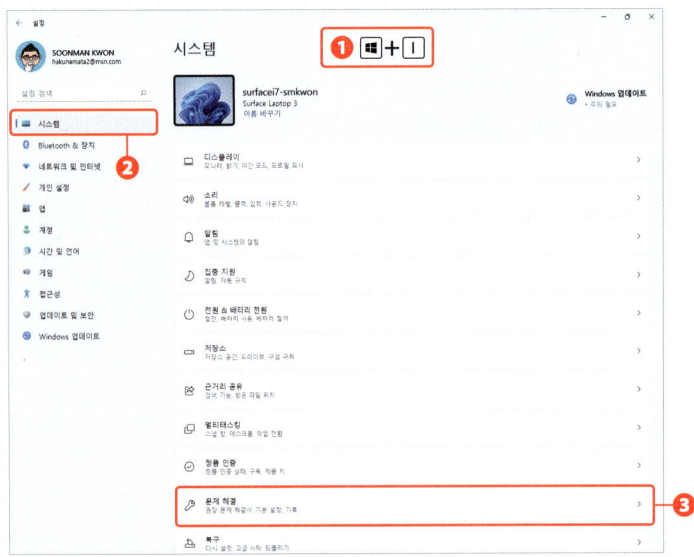

02 [문제 해결] 화면에서 [다른 문제 해결사]를 클릭합니다.

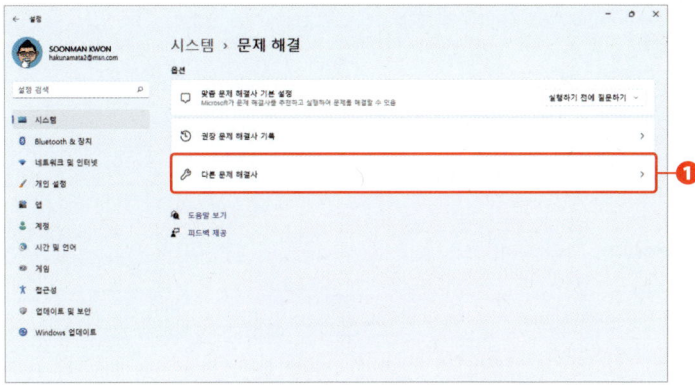

03 문제가 발생되는 항목을 선택하고 [실행]을 클릭합니다.

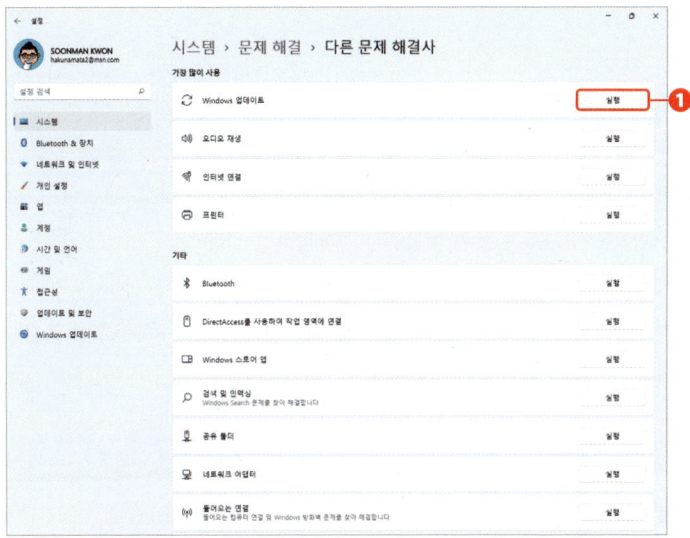

> **Tip** Windows 업그레이드 및 설치 오류에 대한 일반 해결

윈도우를 업그레이드하거나 설치할 때 오류 메시지가 표시되면 다음의 일반적인 해결 사항을 확인하여 해결할 수 있습니다.

- 외부 하드웨어 제거 : 컴퓨터에 연결되어 있는 프린터, 스캐너, USB 플래시 드라이버 및 외장하드 같은 불필요한 하드웨어 장치를 제거합니다.
- Windows 업데이트 : 모든 중요 업데이트가 설치되어 있지 않다면 최신 업데이트 설치 후 진행합니다.
- Microsoft Defender가 아닌 타사 안티 바이러스 백신 : 시스템 파일의 변경 등으로 인한 행위를 타사 안티 바이러스 백신은 오판하여 오류를 발생할 수 있어 임시 제거합니다.
- 불필요한 소프트웨어 제거 : 버전이 최신화 업데이트가 안 된 소프트웨어를 제거하거나 최신 업데이트합니다.
- 디스크 공간 확보 : 윈도우가 설치되어 있는 저장소에 10GB 미만 여부를 확인하고, 부족하다면 [디스크 정리]를 실행합니다.

04 선택한 문제에 대한 진단이 진행됩니다.

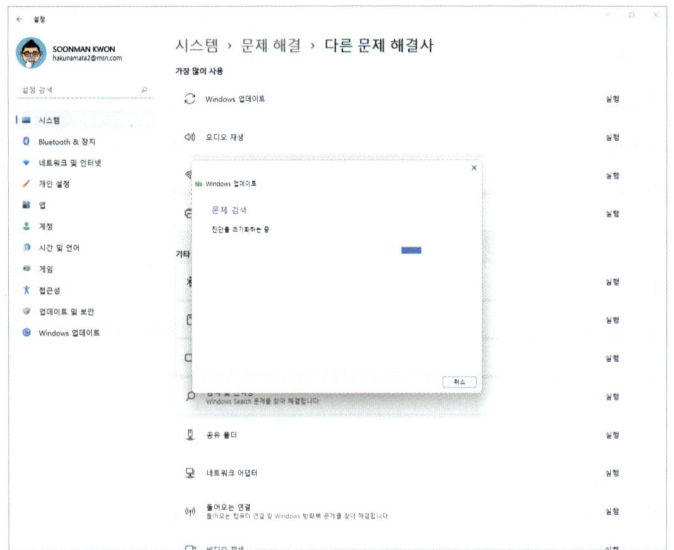

05 발견한 문제에 대하여 자동으로 시스템이 변경 후 문제 해결 완료 메시지를 보여줍니다.

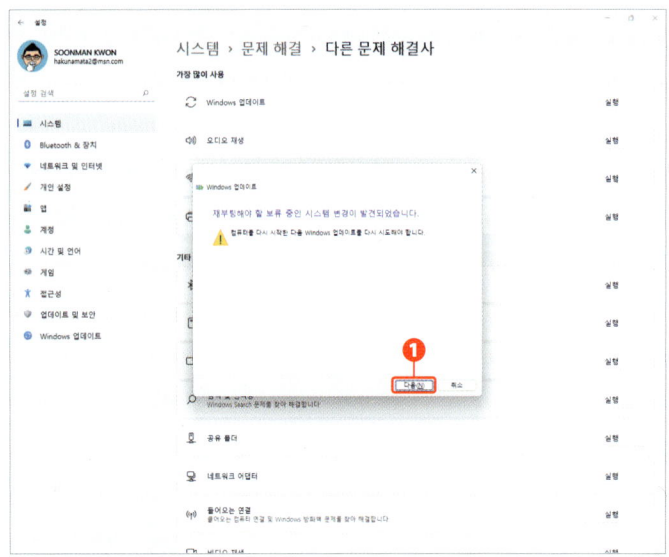

02 데이터 암호화하기
LESSON

중요도
상 / 중 / 하

점점 이동성이 강조되면서 늘어나는 노트북 사용자의 경우 노트북을 분실하거나 도난당했을 경우 로그인 암호가 걸려 있다고 하더라도 하드디스크 데이터를 읽어 유출할 수 있는 일까지 생길 수 있습니다. 이와 같이 이동성이 높은 장치인 노트북, USB 플래시 메모리 등을 사용하는 사용자에게 보안을 강화할 수 있는 윈도우 11 데이터 보안 기능을 소개합니다.

중요 : Bitlocker 기능은 윈도우 11 프로 이상의 버전에서만 사용이 가능합니다.

session 1 　하드디스크 암호화하기

윈도우 11의 BitLocker 기능을 사용하여 하드디스크를 암호화하면 분실 또는, 도난 시 데이터 정보 유출을 차단할 수 있습니다. 중요한 사항으로 BitLocker 기능을 사용하여 암호화하는 경우는 반드시 복원할 수 있는 복구 키를 별도의 공간 또는, 클라우드에 백업할 것을 권장합니다.

01　파일 탐색기를 실행하고 암호화할 드라이브를 선택한 후 마우스 오른쪽 단추를 클릭하면 나타나는 메뉴에서 [Bitlocker 켜기]를 클릭합니다.

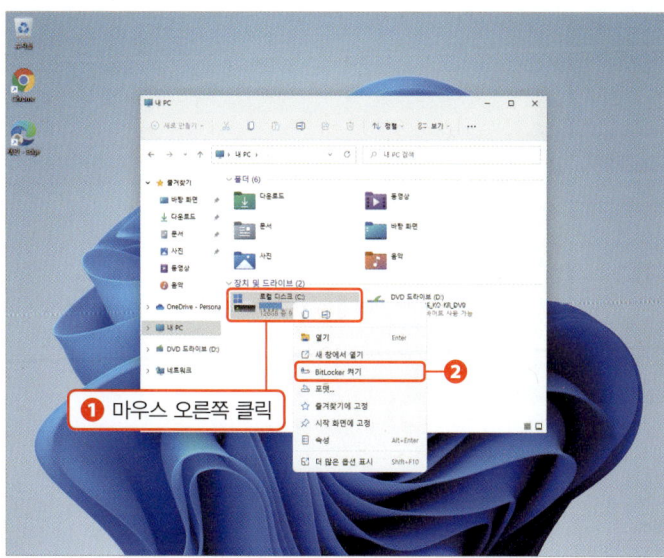

02 [Bitlocker 드라이브 암호화] 창이 나타나고 복구 키 백업 위치를 선택한 후 [다음]을 클릭합니다. 여기서는 [Microsoft 계정에 저장]을 선택했습니다.

03 [암호화할 드라이브 공간 선택] 창에서 [사용 중인 디스크 공간만 암호화]를 선택한 후 [다음]을 클릭합니다.

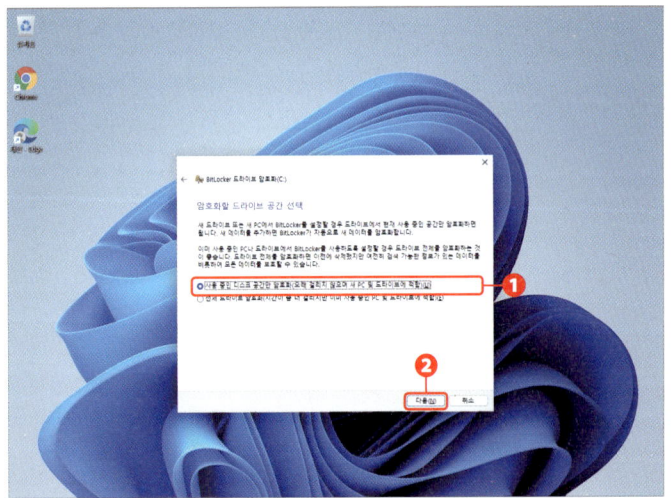

> **Tip Bitlocker 드라이브 암호화 요구 사항**
>
> BitLocker는 윈도우 파티션과 별도의 시스템 파티션을 사용해야 하며, 시스템 파티션은 다음과 같은 요구 조건이 필요합니다.
>
> - 활성 파티션으로 구성되어야 합니다.
> - 암호화하거나 사용자 파일을 저장하는 데 사용하면 안 됩니다.
> - 250MB 이상의 공간이 있어야 합니다.
> - 복구 파티션과 공유될 수 있습니다.

04 [사용할 암호화 모드 선택] 창에서 [새 암호화 모드]를 선택한 후 [다음]을 클릭합니다.

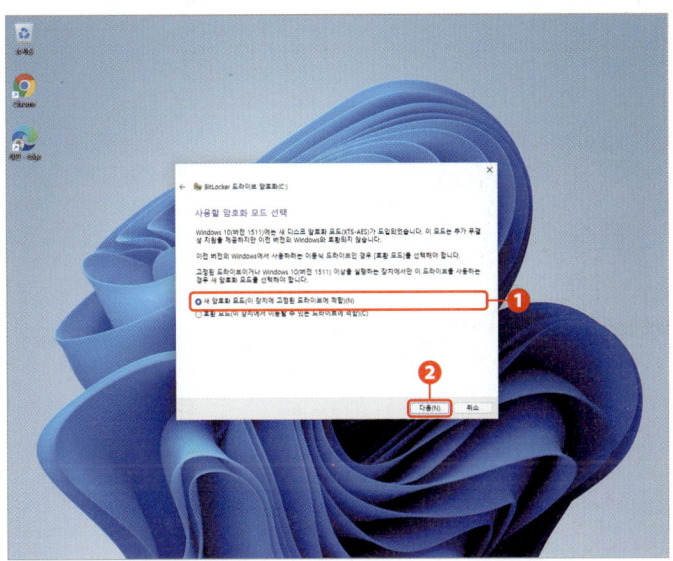

05 [이 드라이브를 암호화할 준비가 되었습니까?] 창에서 [암호화 시작]을 클릭합니다.

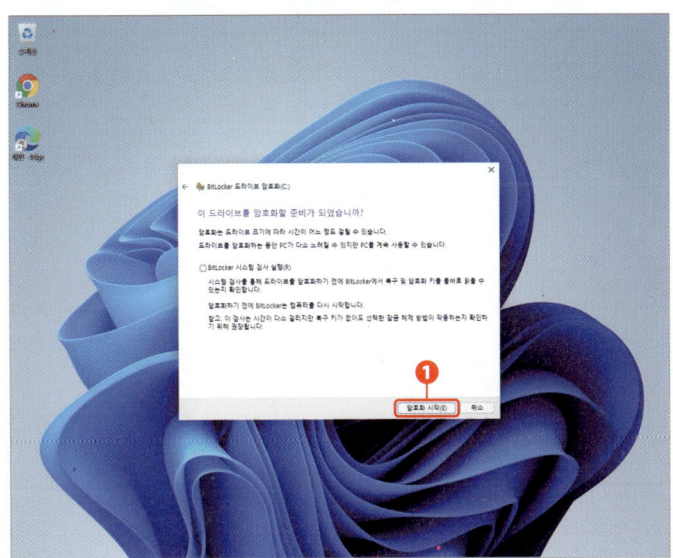

참고

BitLocker는 구성 가능한 키 길이가 128비트 또는, 256비트인 AES(Advanced Encryption Standard)를 암호화 알고리즘으로 사용합니다. 기본 암호화 설정은 AES-128이지만 관리자가 그룹 정책을 사용하여 옵션을 구성할 수 있습니다. 참고로 AES(Advanced Encryption Standard)는 미국 표준 기술 연구소에 의해서 연방 정보 처리 표준으로 지정된 암호화 방식이며, NSA에 의해 1급 비밀에 사용할 수 있도록 승인된 암호화 알고리즘 중 유일하게 공개된 알고리즘입니다. 대칭키를 쓰는 블록 암호이며 높은 안전성과 속도를 제공합니다.

06 Bitlocker 암호화가 진행됩니다. Bitlocker 암화가 완료된 메시지를 확인한 후 [닫기]를 클릭합니다.

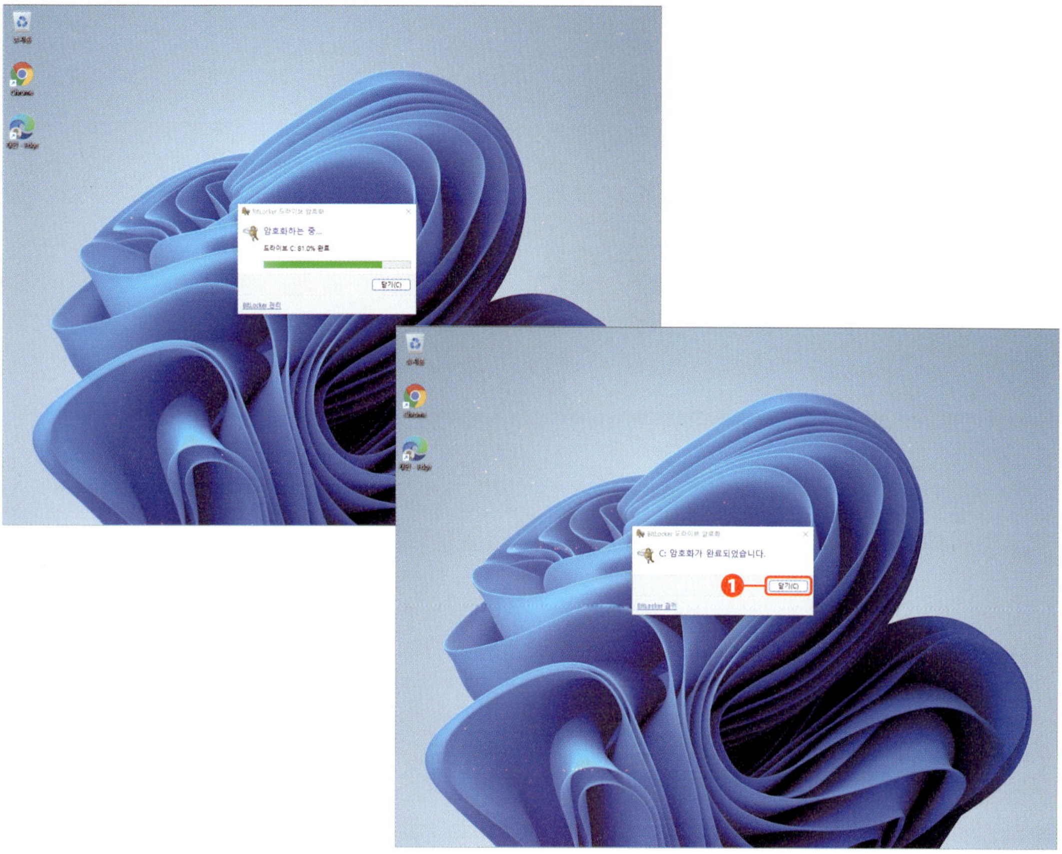

07 파일 탐색기에서 설정한 드라이브에 자물쇠 모양이 표시되는 것을 확인할 수 있습니다.

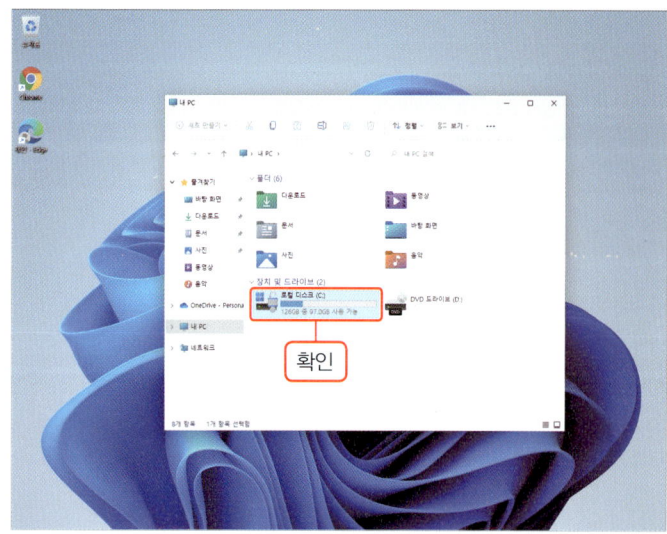

| session 2 | **하드디스크 암호화 해제하기** |

Bitlocker가 설정된 하드디스크 암호화를 해제하는 방법에 대하여 알아봅니다.

01 파일 탐색기를 실행하고 암호화를 해제할 드라이브를 선택한 후 마우스 오른쪽 단추를 클릭하면 나타나는 메뉴에서 [Bitlocker 관리]를 선택합니다.

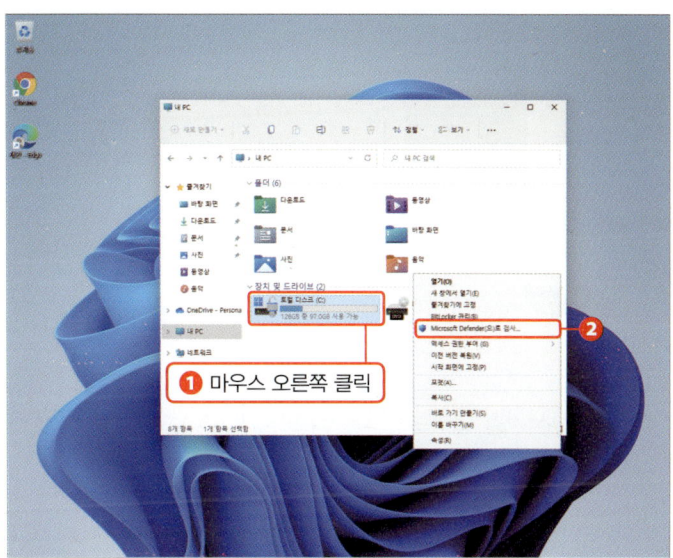

02 [Bitlocker 드라이브 암호화] 창에서 [Bitlocker 끄기]를 클릭하고, [Bitlocker 끄기] 창에서 [Bitlocker 끄기]를 클릭합니다.

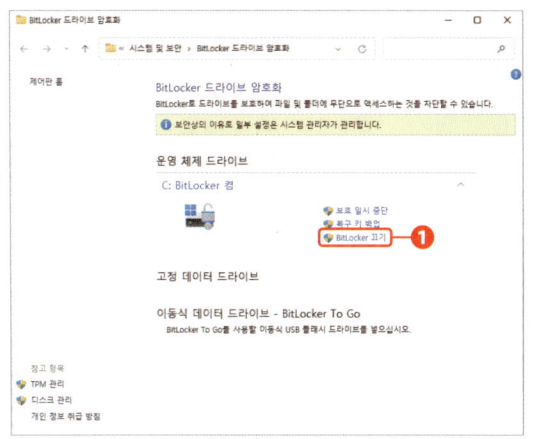 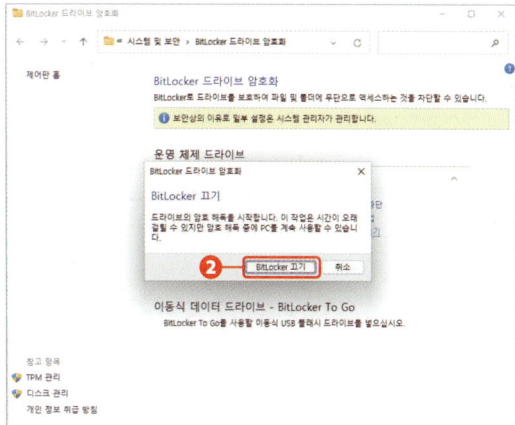

03 Bitlocker 암호화 해제 진행 중이라는 팝업 창이 나타납니다.

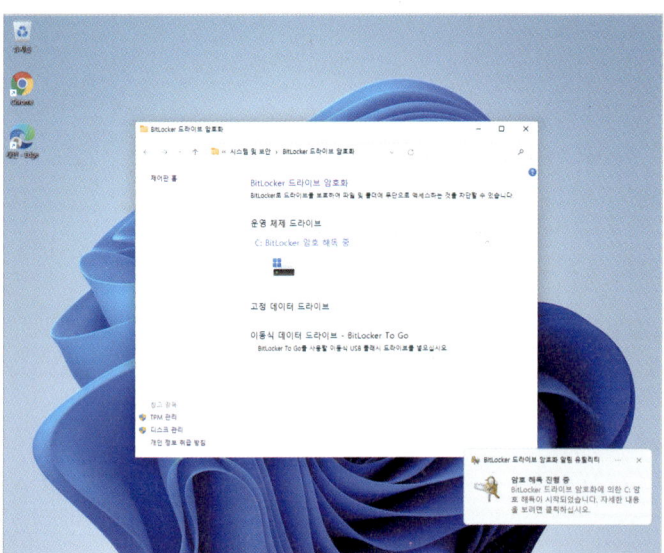

04 Bitlocker 암호화 해제가 완료된 후 파일 탐색기를 열어보면 자물쇠 모양의 아이콘이 사라진 것을 확인할 수 있습니다.

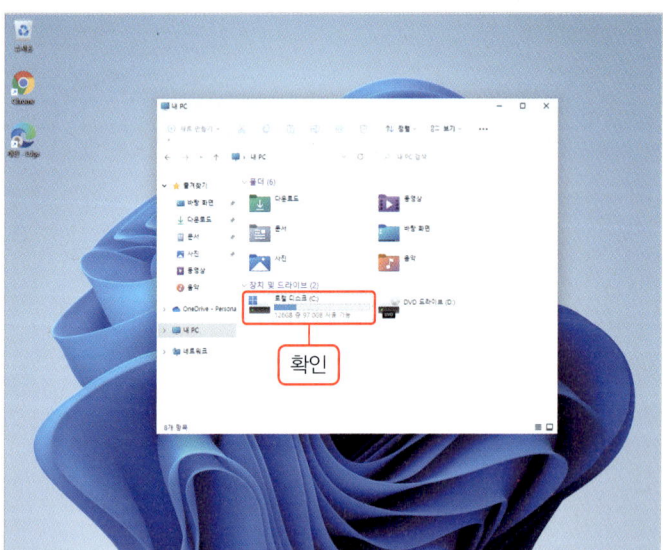

session 3 이동식 저장 장치 암호/해제하기

BitLocker to Go는 시스템이 설치되어 있는 하드디스크를 제외한 모든 외장형 저장 장치를 암호화할 수 있습니다. 이동식 저장 장치의 대표적인 USB 메모리를 사용하는 경우 인증서 등의 개인 중요 정보를 별도로 보관하는 경우에 유용한 보안 기능이라고 할 수 있습니다.

01 파일 탐색기에서 이동식 저장 장치를 선택하고 마우스 오른쪽 단추를 클릭하면 나타나는 메뉴에서 [Bitlokcer 켜기]를 선택합니다.

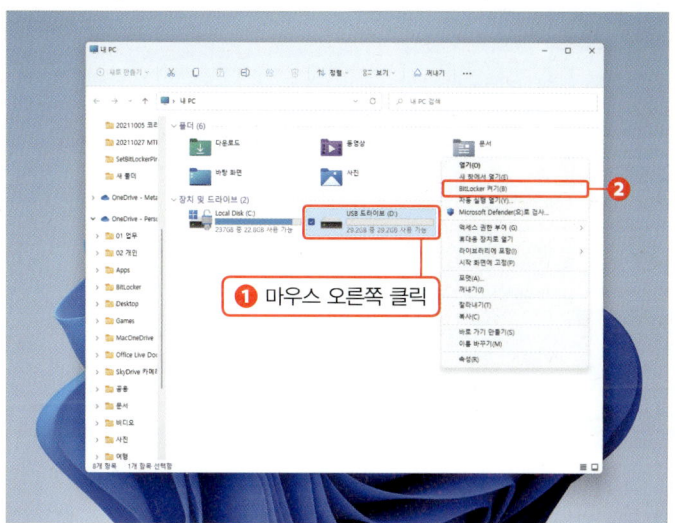

02 [이 드라이브의 잠금을 해제할 방법 선택] 창에서 [암호를 사용하여 드라이브 잠금 해제]를 선택하고, [암호]를 입력한 후 [다음]을 클릭합니다.

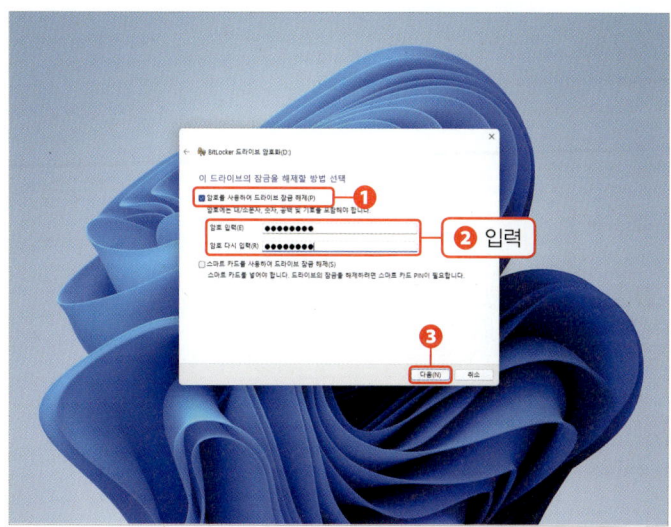

03 [복구 키를 백업할 방법 선택] 창에서 [파일에 저장 또는, 복구 키 인쇄]를 선택하여 복구 키를 백업한 후 [다음]을 클릭합니다.

- Ⓐ 파일에 저장 : Bitlocker 암호화가 적용되는 파티션과 다른 파티션의 루트에는 저장이 불가합니다.
- Ⓑ 복구 키 인쇄 : Bitlocker 암호화가 적용되는 파티션 외에 다른 파티션이 없는 경우에 사용합니다. 복구 키가 인쇄되기 때문에 출력된 복구 키는 잘 관리해야 합니다.

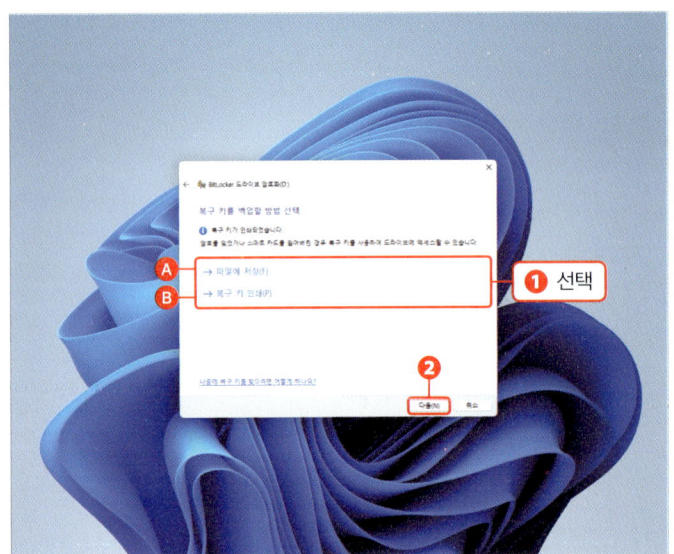

04 [암호화할 드라이브 공간 선택] 창에서 [사용 중인 디스크 공간만 암호화]를 선택한 후 [다음]을 클릭합니다.

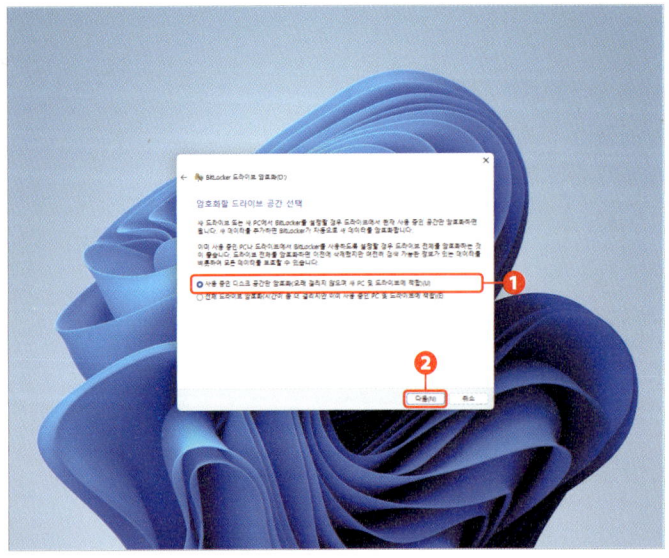

05 사용할 암호화 모드 선택 화면에서 [호환 모드]를 선택한 후 [다음]을 클릭합니다. 사용할 암호화 모드는 차이점을 참고합니다. 이동식 저장 장치의 경우 호환 모드를 사용하는 이유는 윈도우 10(버전 15111) 또는, 그 이하 버전에서 연결하여 사용하는 경우에 호환성을 갖추기 위해서 입니다.

> ⓐ 새 암호화 모드 : 컴퓨터에 고정되어 있는 저장소의 경우에 적합합니다.
> ⓑ 호환 모드: 외장 하드디스크 또는, USB 플래시 메모리 같은 저장소의 경우에 적합합니다.

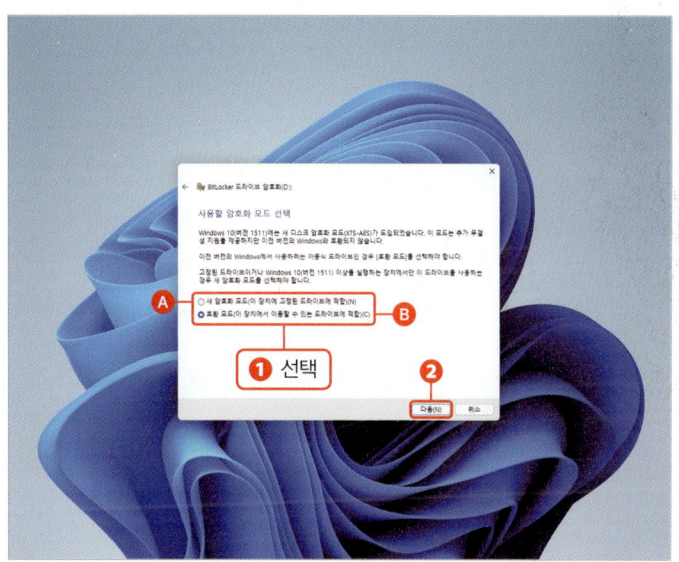

06 [이 드라이브를 암호화할 준비가 되었습니까?] 창에서 [암호화 시작]을 클릭합니다.

07 Bitlocker 암호화가 진행되고, 완료된 메시지를 확인한 후 [닫기]를 클릭합니다.

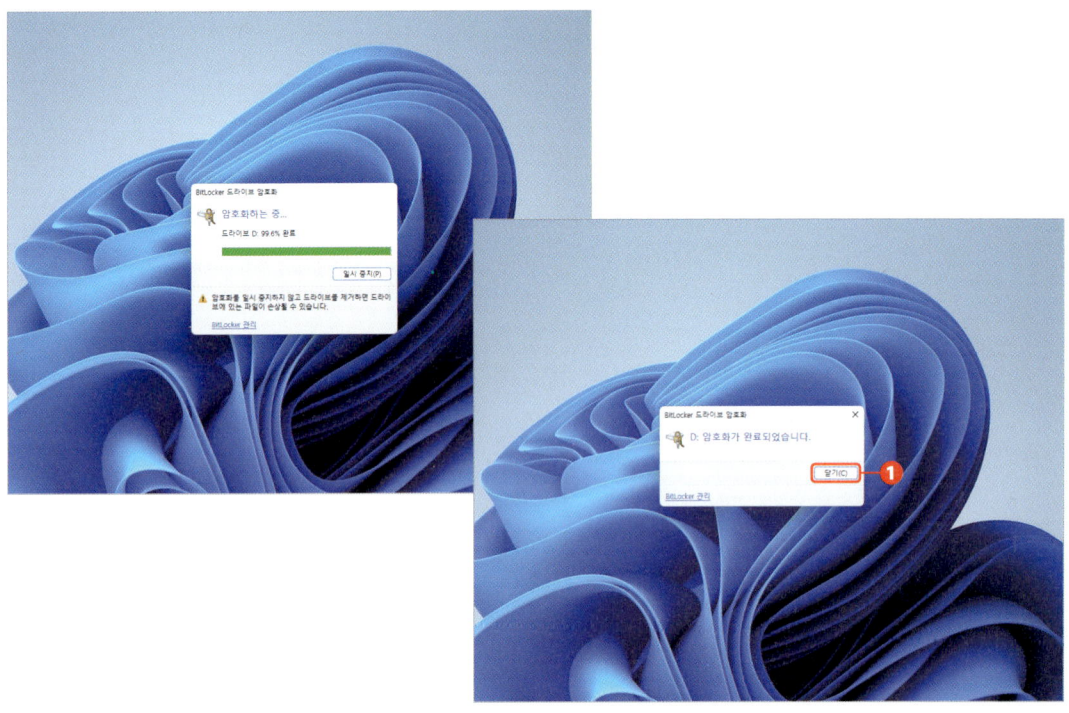

08 Bitlocker 암호화된 장치를 재연결하면 다음과 같이 알림 창과 파일 탐색기에서는 자물쇠 모양의 아이콘이 잠겨 있는 상태로 나타납니다.

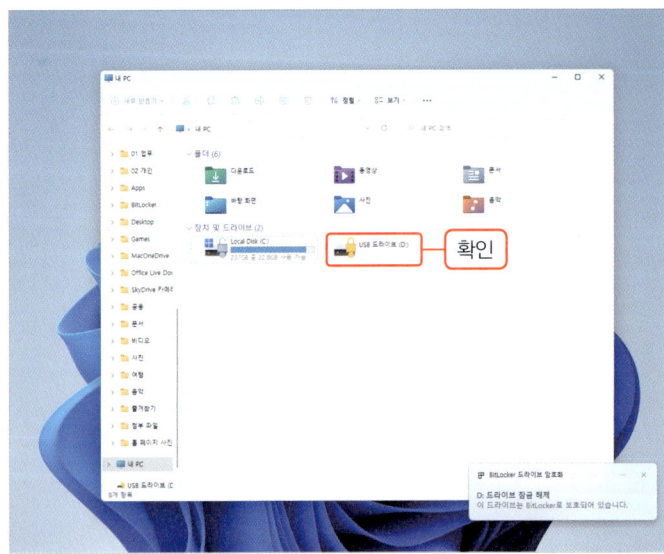

09 USB 드라이브를 더블클릭하면 나타나는 암호 입력창에 암호를 입력하고 [잠금 해제]를 클릭합니다.

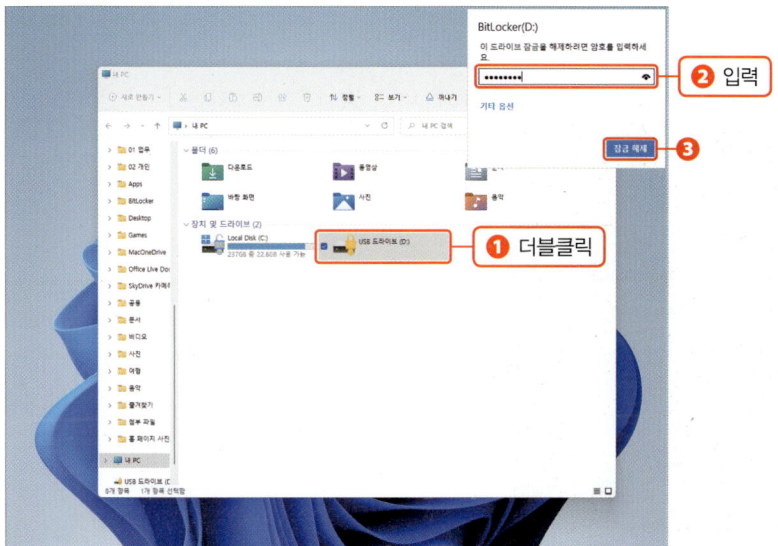

10 Bitlocker 암호화가 해제된 상태로 자물쇠 아이콘이 변경된 것을 확인할 수 있고, 이 장치에 파일을 복사, 수정, 삭제 등이 가능하게 됩니다.

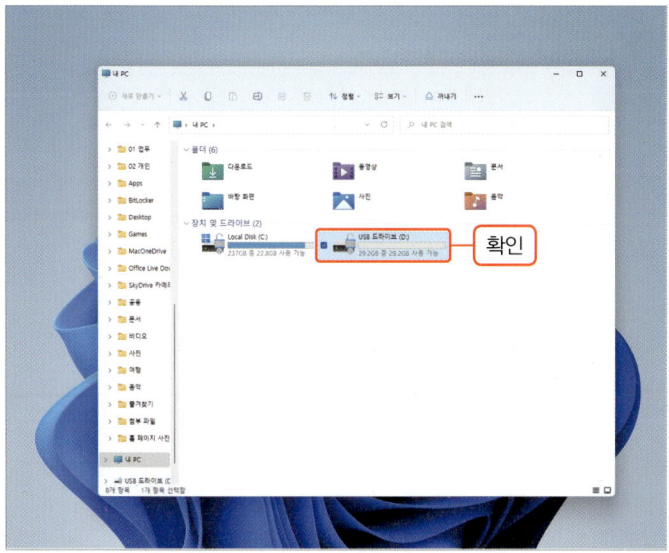

Tip Bitlocker 중요 정보 손상 이슈 방법 복구 키 확인하는 방법

명령 프롬프트를 관리자 권한으로 실행합니다. 명령 프롬프트 화면에서 다음 명령어를 입력하여 실행합니다.
manage-bde -protectors -get 〈Bitlcocker 암호화 된 드라이브 문자〉

(예시) manage-bde -protectors -get c:

다음과 같은 숫자 암호에서 복구 키를 확인할 수 있습니다.

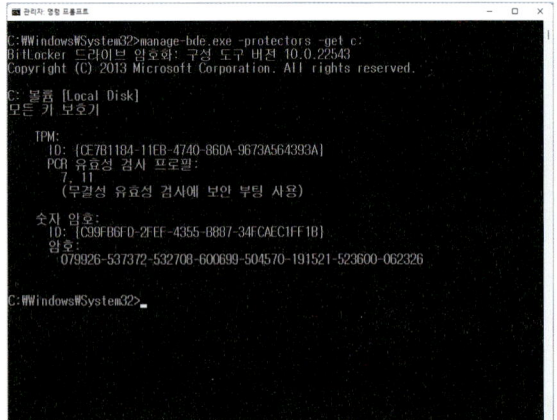

03 LESSON 최신의 보안 상태 유지하기

중요도
상 ●●●
중 ●
하 ●

윈도우 11에서 기본적으로 제공하는 멜웨어 방지 기능인 Microsoft Defender를 최신 상태로 유지함으로써 악성 소프트웨어부터 PC를 보호할 수 있습니다. Microsoft Defender는 안티바이러스 관련 평판 사이트에서 상위를 차지하고 있어 신뢰성이 높은 안티바이러스 소프트웨어입니다. 윈도우 보안 상태를 최신의 상태로 유지하고, 관리하는 방법에 대하여 알아봅니다.

session 1 보안 상태 설정하기

윈도우 11의 보안 상태를 한 눈에 확인하고 필요한 작업을 바로 설정하여 보안 위협으로부터 안전한 환경을 유지할 수 있습니다.

01 ■+Ⅰ를 누른 후 [설정] 화면에서 [개인 정보 및 보안] 〉 [Windows 보안]을 클릭합니다.

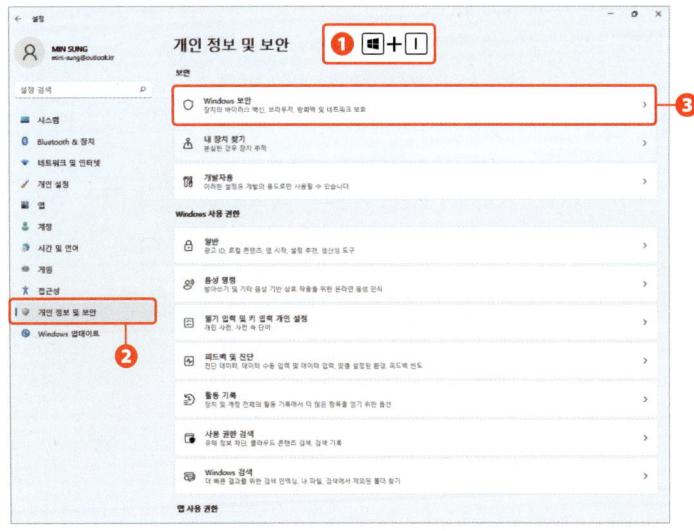

02 [Windows 보안] 화면에서 [Windows 보안 열기]를 클릭합니다.

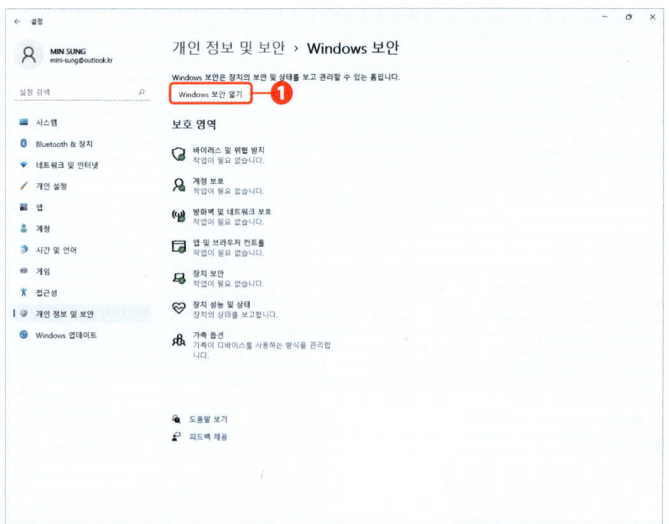

03 현재 보안 상태를 확인할 수 있습니다. 경고가 있는 앱 브라우저 컨트롤의 [켜기]를 클릭합니다.

- Ⓐ 바이러스 및 위협 방지 : 장치를 위협하는 요소를 모니터링하고, 검사를 실행하며 최신 위협 요소를 감지하는 데 도움이 되는 업데이트를 받습니다.
- Ⓑ 계정 보호 : Windows Hello 및 동적 잠금을 비롯한 로그인 옵션 및 계정 설정에 액세스합니다.
- Ⓒ 방화벽 및 네트워크 보호 : 방화벽 설정을 관리하고, 네트워크 및 인터넷 연결에서 발생하는 상황을 모니터링합니다.
- Ⓓ 앱 및 브라우저 컨트롤 : Microsoft Defender SmartScreen 설정을 업데이트하여 잠재적 위험 가능성이 있는 앱과 파일, 사이트, 다운로드로부터 장치를 보호합니다.
- Ⓔ 장치 보안 : 기본 제공 보안 옵션을 검토하여 악성 소프트웨어의 공격으로부터 장치를 보호합니다.
- Ⓕ 장치 성능 및 상태 : 최신 버전의 윈도우를 사용하여 장치의 상태 정보를 보고, 정리하여 최신 상태로 유지합니다.
- Ⓖ 가족 옵션 : 자녀의 온라인 활동과 가정의 장치를 추적합니다.
- Ⓗ 보호 기록 : 최신 보호 작업 및 권장 사항을 확인할 수 있습니다.

> **Tip**
>
> 상태 아이콘은 보호 수준을 나타냅니다.
>
> - 녹색 아이콘 : 권장 조치가 없음을 의미합니다.
> - 노란색 아이콘 : 안전 권장 사항이 있음을 의미합니다.
> - 빨간색 아이콘 : 즉각적인 주의가 필요한 상황임을 경고합니다.

04 [앱 및 브라우저 컨트롤]이 켜지면서 보안 상태가 정상으로 표시됩니다.

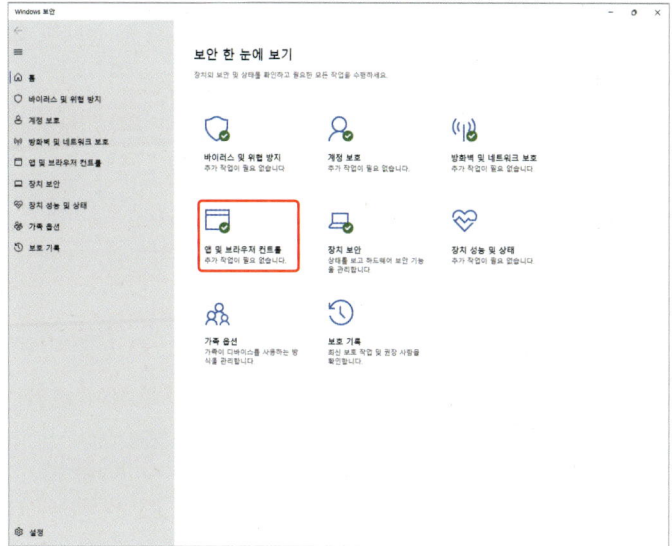

LESSON 03 최신의 보안 상태 유지하기 **397**

session 2 　안티 바이러스 및 멜웨어로부터 보호하기

윈도우 11에서 기본 제공하는 Microsoft Defender는 악성 소프트웨어로부터 컴퓨터를 보호하며, 마이크로소프트에서 제공하는 보안 업데이트를 통하여 최신의 상태로 유지할 수 있습니다.

01 ⊞+I를 누른 후 [설정] 화면에서 [개인 정보 및 보안] 〉 [Windows 보안]을 클릭합니다. [Windows 보안] 화면에서 [Windows 보안 열기]를 클릭합니다.

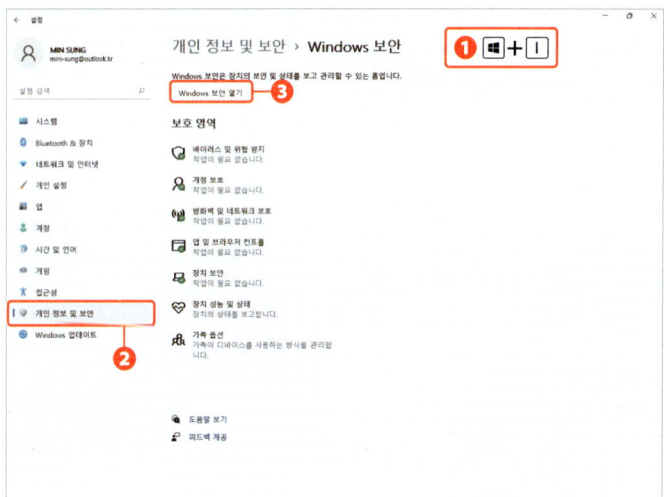

02 [Windows 보안] 화면에서 [바이러스 및 위협 방지]를 클릭하면 나타나는 [검사 옵션]에서 현재 시스템에 대하여 [빠른 검사, 전체 검사, 사용자 지정 검사, Microsoft Defender 오프라인 검사] 중 선택한 후 [지금 검사]를 클릭하면 검사가 진행됩니다.

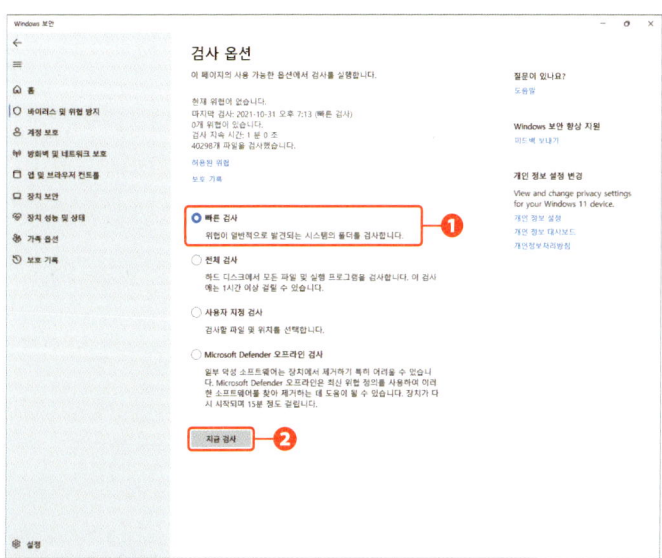

03 검사 진행이 완료되면 위협에 대한 결과 내용을 확인받습니다.

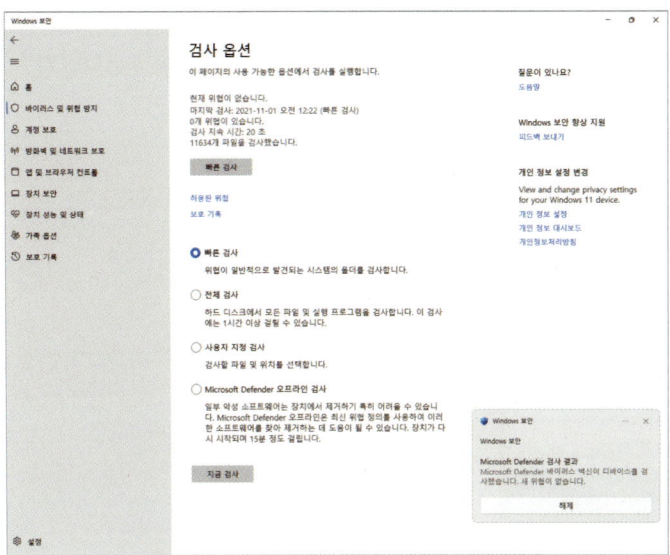

session 3 랜섬웨어 방지 설정하기

랜섬웨어의 위험으로부터 파일을 보호하고 공격이 발생하는 경우 파일을 복원하는 방법을 확인합니다.

01 ⊞+I를 누른 후 [설정] 화면에서 [개인 정보 및 보안] 〉 [Windows 보안]을 클릭한 후 [Windows 보안] 화면에서 [Windows 보안 열기]를 클릭합니다.

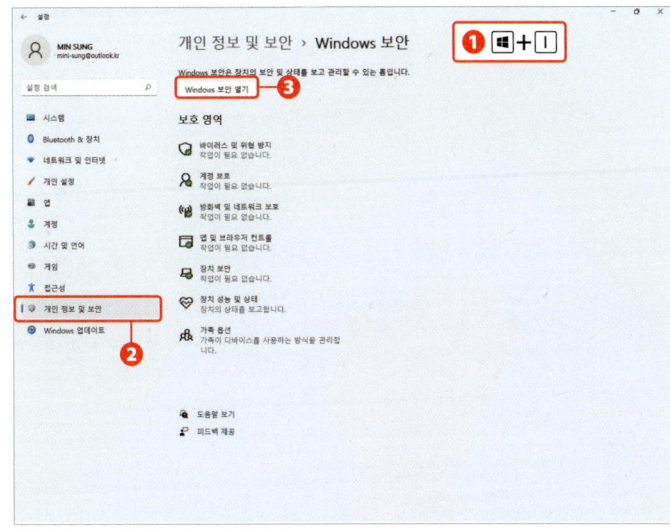

Tip 랜섬웨어(Ransomware)란?

랜섬웨어는 몸값을 뜻하는 'Ransom'과 'Software'가 더해진 합성어입니다. 컴퓨터 시스템을 감염시켜 접근을 제한하고 일종의 몸값을 요구하는 악성 소프트웨어의 한 종류입니다. 렌섬웨어에 걸리게 되면, 다음과 같은 형태의 팝업 창이 나타나면서 컴퓨터의 접근이 제한되고, 제한을 없애려면 해당 악성 프로그램을 개발한 해커에게 암호 화폐를 제공하여 파일 복구를 유도하게 됩니다.

02 [바이러스 및 위협 방지] 화면에서 [랜섬웨어 방지 관리]를 클릭합니다.

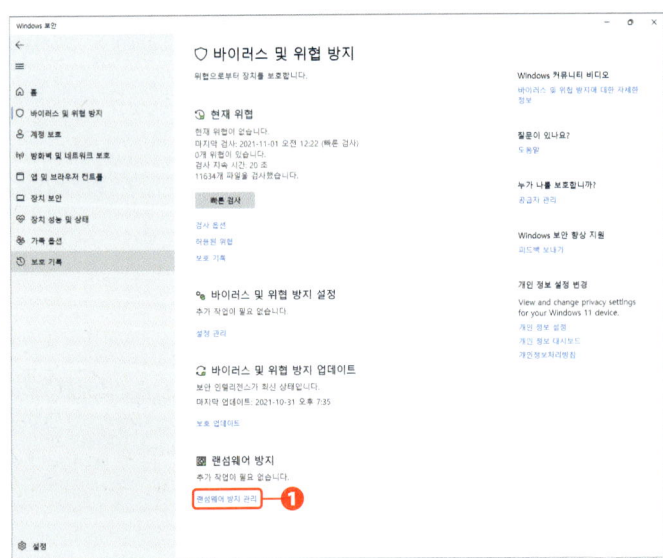

03 [랜섬웨어 방지] 화면에서 [제어된 폴더 액세스]를 '켬'으로 설정하고, [보호된 폴더]를 클릭합니다.

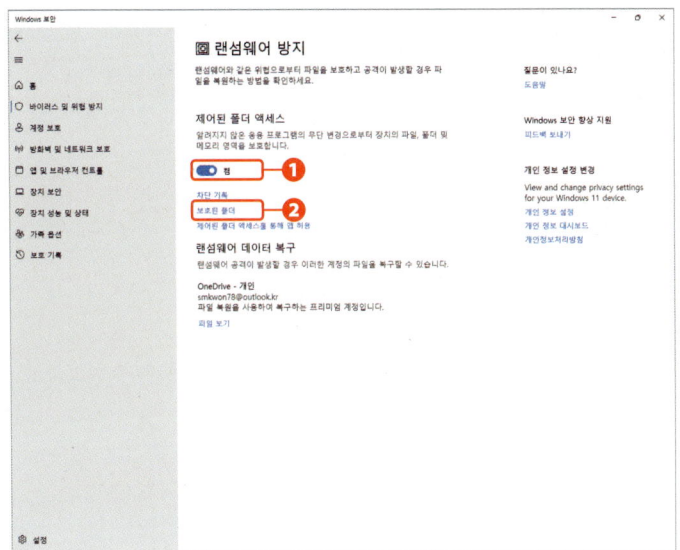

04 보호된 폴더 목록을 확인할 수 있고, 추가적으로 보호하기 위하여 [보호된 폴더 추가]를 클릭합니다.

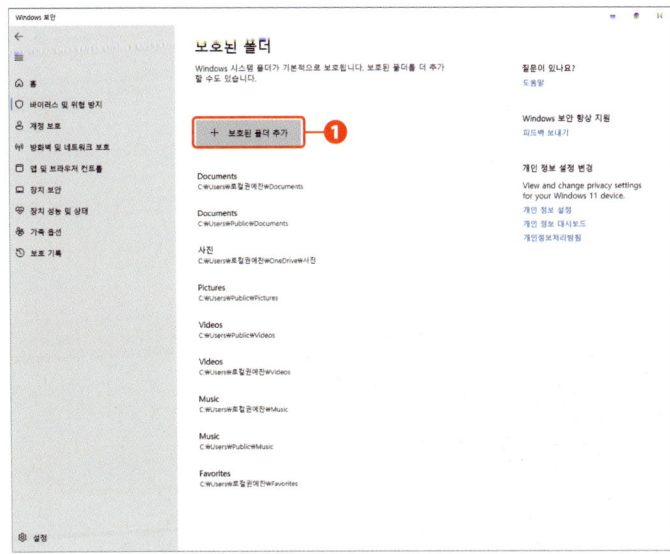

05 보호할 폴더를 선택합니다.

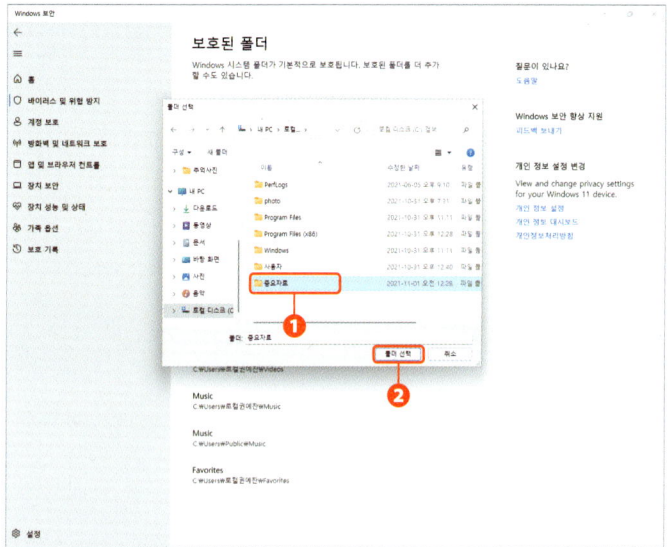

06 보호된 폴더 목록에 추가됩니다. 만약, 보호할 필요가 없다면 [제거]를 클릭하여 삭제하면 됩니다.

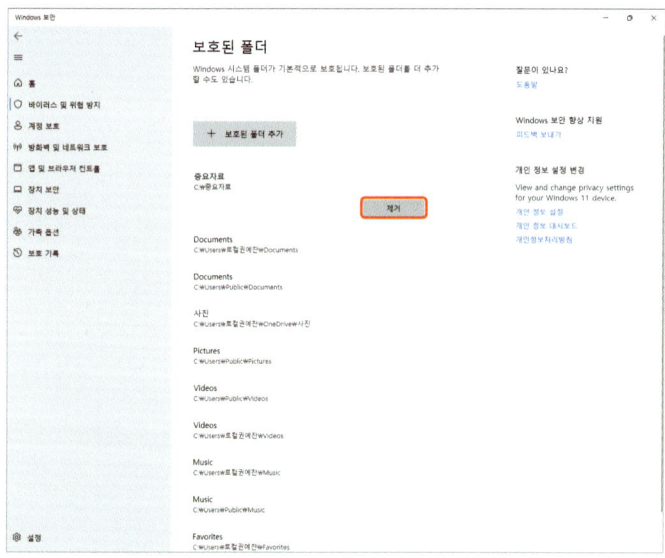

session 4 | 윈도우 방화벽 설정하기

윈도우 방화벽을 사용하면 네트워크를 통해 무분별하게 들어오는 공격에 대하여, 사용자를 제한하거나 접속을 못하게 할 수 있습니다. 윈도우 11에서 기본적으로 제공하는 클라이언트 방화벽의 설정 및 보안 기능에 대하여 알아봅니다.

01 ⊞+I를 누른 후 [설정] 화면에서 [개인 정보 및 보안] 〉 [Windows 보안]을 클릭합니다. [Windows 보안] 화면에서 [Windows 보안 열기]를 클릭합니다.

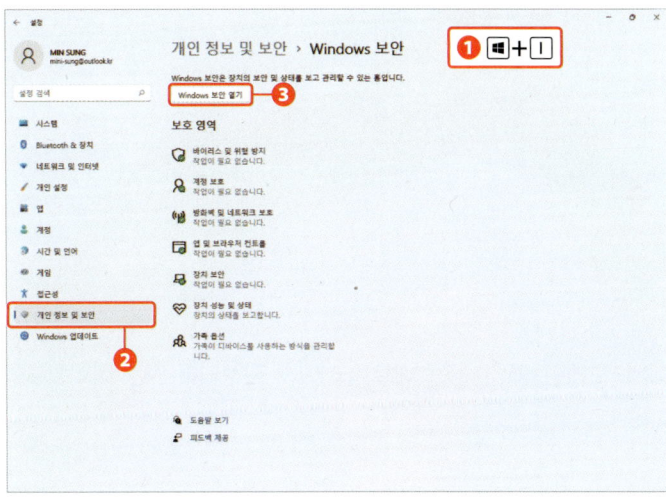

02 [Windows 보안] 화면에서 [방화벽 및 네트워크 보호] 메뉴를 클릭한 후 [방화벽에서 앱 허용]을 클릭합니다.

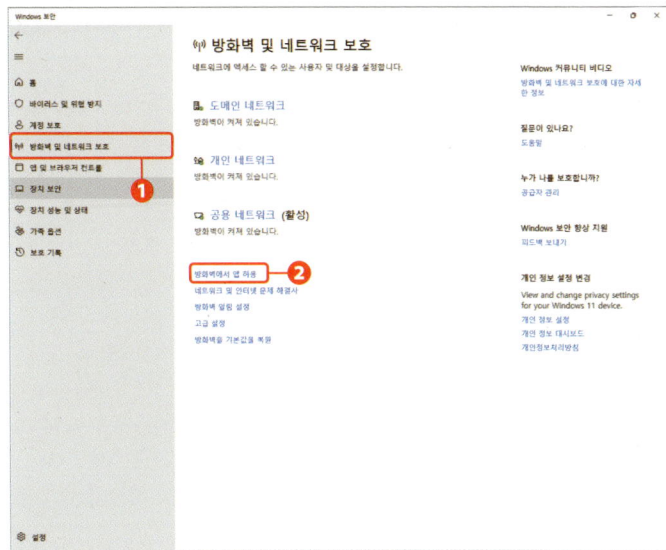

LESSON 03 최신의 보안 상태 유지하기 **403**

03 [앱이 Windows Defender 방화벽을 통해 통신하도록 허용] 목록이 나열되고, 허용/예외할 항목을 설정한 후 [확인]을 클릭합니다.

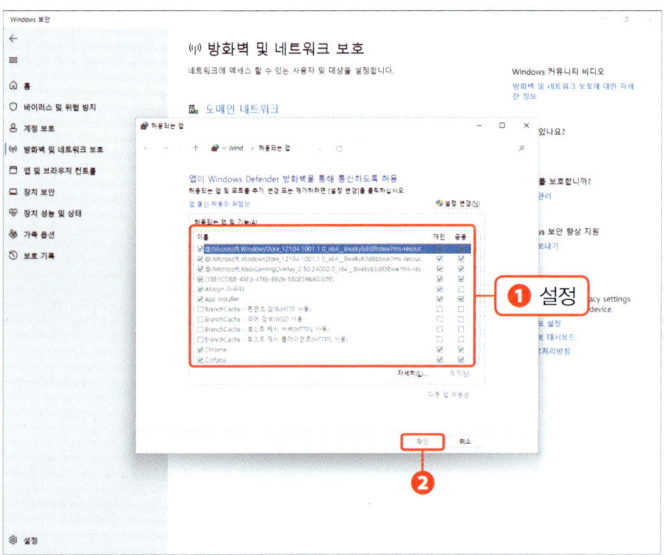

04 [방화벽 및 네트워크 보호] 화면에서 [도메인, 개인, 공용 네트워크]에서 활성되어 있는 네트워크를 클릭합니다.

05 선택한 네트워크 화면에서 [Microsoft Defender 방화벽]과 [들어오는 연결]을 모두 선택하여 설정하여 외부에서 들어오는 네트워크 연결을 제한합니다.

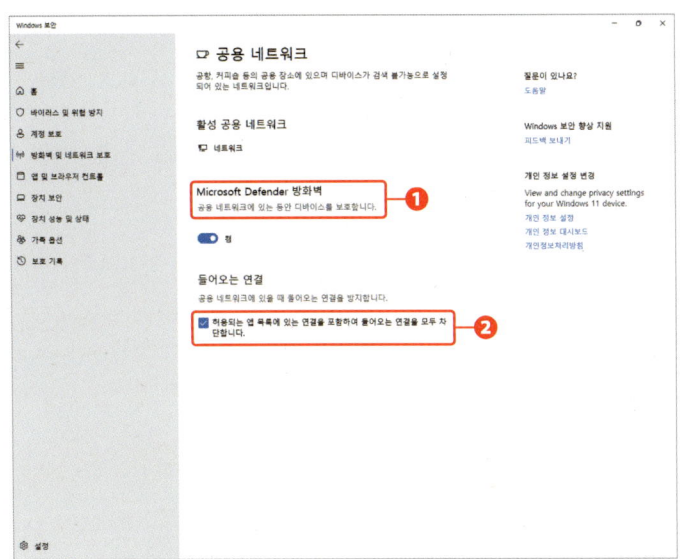

Tip 인바운드와 아웃바운드 차이점

인바운드(Inbound)	아웃바운드(Outbound)
내 컴퓨터로 들어오기 시작하는 네트워크 데이터(인터넷 -〉 내 컴퓨터)	내 컴퓨터에서 나가기 시작하는 네트워크 데이터(내 컴퓨터 -〉 인터넷)
클라이언트 -〉 서버	서버 -〉 클라이언트
클라이언트가 업로드 할 때	클라이언트가 다운로드 할 때

PART

09

유용한 앱 알아보기

윈도우 11에서 기본적으로 제공하는 도구 외에 별도로 설치하여 윈도우 11을 편리하게 사용할 수 있는 몇 가지 앱에 대하여 알아봅니다.

01 PowerToys
LESSON

중요도

Microsoft의 PowerToys는 고급 사용자가 생산성을 높이기 위해 윈도우 환경을 조정하고 간소화하는 데 사용할 수 있는 유틸리티 세트입니다.

다운로드 링크 : https://docs.microsoft.com/ko-kr/windows/powertoys/install

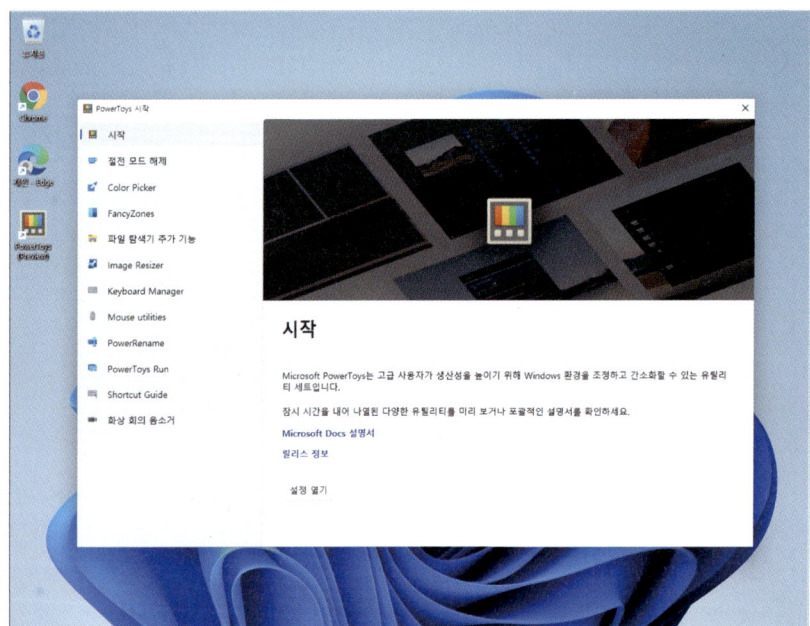

session 1 | 절전 모드 해제

PC 절전 모드로 전환되거나 화면이 꺼지는 것을 방지하는 데 유용합니다.

- Ⓐ 선택한 전원 계획을 계속 사용 : 컴퓨터 절전 상태가 영향을 받지 않습니다. 애플리케이션이 사용자 입력을 기다리고 있습니다.
- Ⓑ 무기한으로 절전 모드 해제 유지 : 사용자가 명시적으로 컴퓨터를 절전 모드로 설정하거나 애플리케이션을 종료/비활성화할 때까지 컴퓨터가 무기한으로 해제됩니다.
- Ⓒ 일시적으로 잠기기 유지 : 미리 정의된 제한된 시간 동안 컴퓨터가 잠기도록 유지합니다. 시간이 경과하면 컴퓨터는 이전의 중지 상태를 다시 시작합니다.

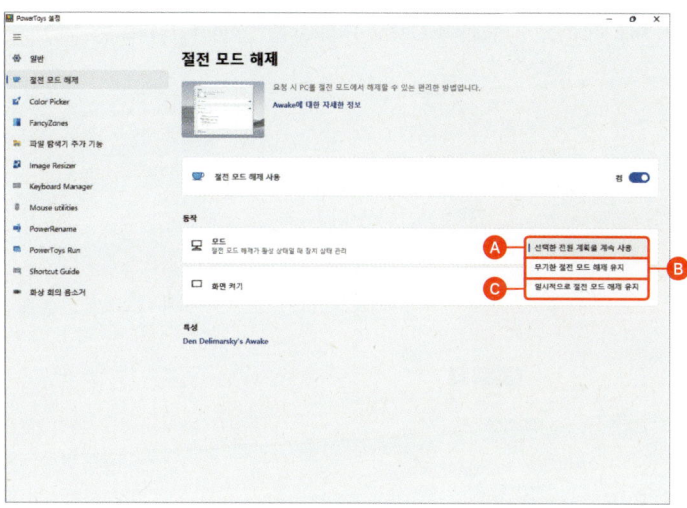

| session 2 | **Color Picker** |

현재 실행 중인 애플리케이션에서 색을 선택하고 구성 가능한 형식으로 클립보드에 자동으로 복사하는 윈도우 11 시스템 차원 색 선택 유틸리티입니다.

- ⓐ 편집기 열기 : 편집기를 직접 엽니다. 여기에서 기록에서 색을 선택하거나, 선택한 색을 미세 조정하거나, 색 선택을 열어 새 색을 캡처할 수 있습니다.
- ⓑ 색을 선택하고 편집기 열기 : Color Picker를 실행하고, 색을 선택하면 편집기가 열리고 선택한 색이 클립보드에 복사됩니다(기본 형식으로 설정 대화상자에서 구성 가능).
- ⓒ 색만 선택 : Color Picker만 열리고 선택한 색이 클립보드에 복사됩니다.

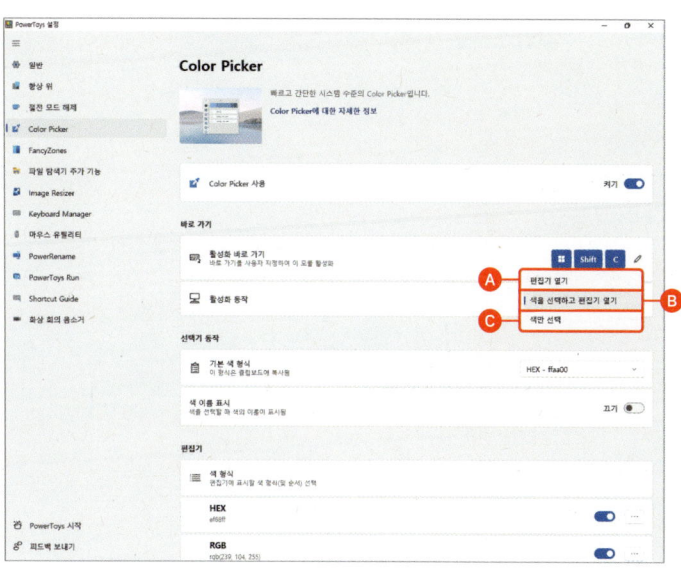

01 활성화되면 활성화 바로가기 ⊞+Shift+C를 사용하여 Color Picker를 실행하고 원하는 색 위치로 이동합니다.

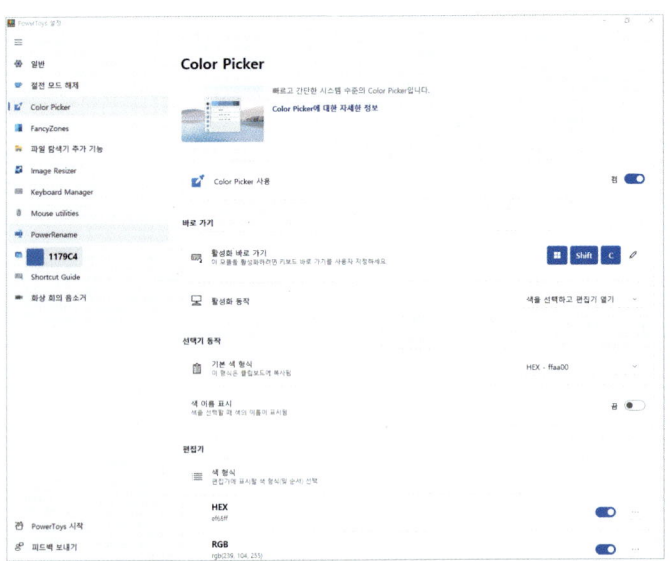

02 마우스 포인터가 위치한 곳을 클릭하면 색의 HEX, RGB, HSL 값을 확인할 수 있습니다.

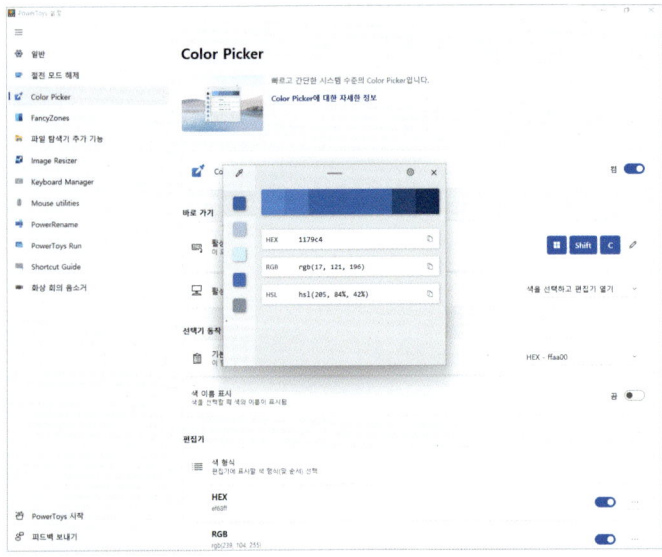

session 3 | FancyZones

FancyZones는 워크플로의 속도를 개선하고 레이아웃을 신속하게 복원하기 위해 창을 효율적인 레이아웃으로 정렬하고 맞추기 위한 창 관리자 앱입니다. FancyZones를 사용하면 사용자가 창의 끌기 대상인 바탕 화면의 창 위치 집합을 정의할 수 있습니다. 사용자가 창을 영역으로 끌면 창의 크기가 조정되고 해당 영역을 채우도록 위치가 변경됩니다.

01 [PowerToy 설정] 화면에서 [FancyZones]를 클릭하면 나타나는 설정에서 [Lauch Layout editor]를 클릭합니다.

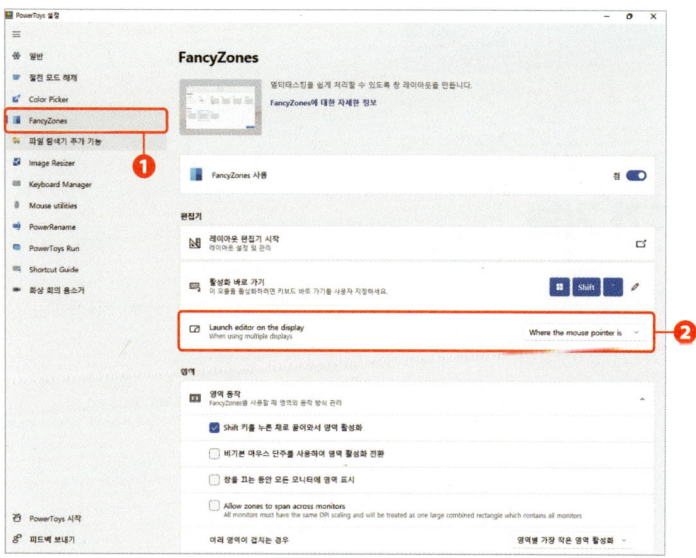

02 [템플릿]을 사용하거나 [사용자 지정]으로 화면 레이아웃을 생성합니다.

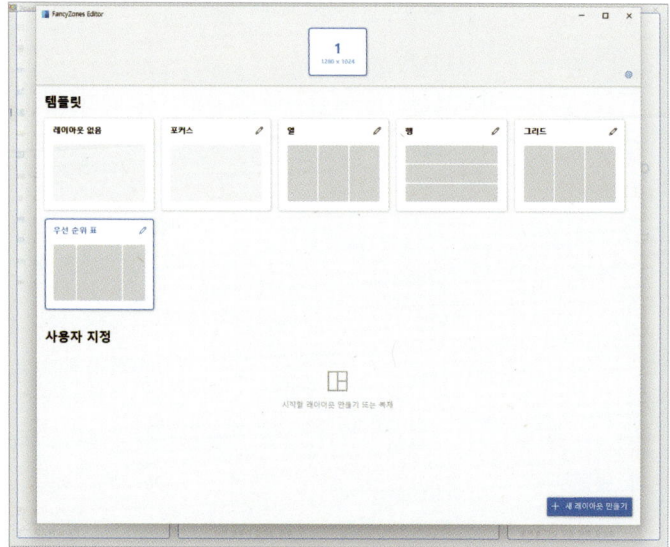

03 화면 레이아웃이 완성되고, 활성화된 창을 이동하면 레이아웃으로 배치할 수 있습니다.

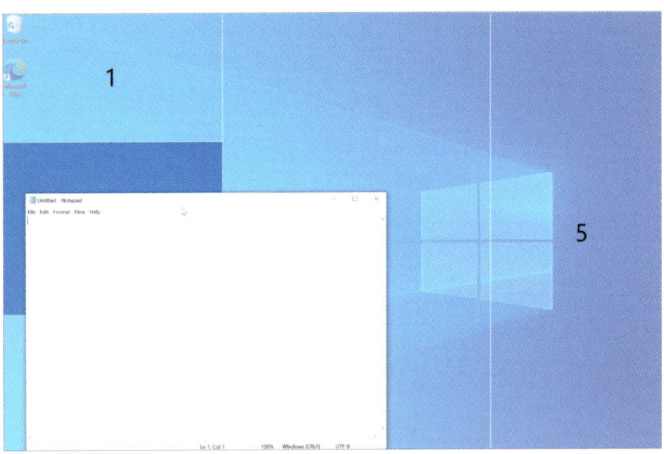

session 4 | 파일 탐색기 추가 기능

파일 탐색기에서 SVG 파일의 미리 보기 창 렌더링(.svg), Markdown 파일의 미리 보기 창 렌더링(.md), SVG 아이콘에 대한 미리 보기가 가능합니다.

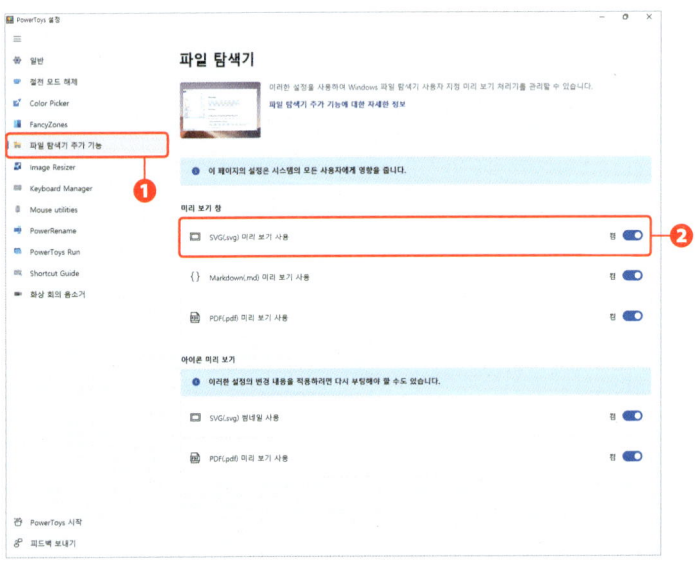

파일 탐색기에서 미리 보기 화면 설정을 하면 선택한 SVG 파일의 미리 보기가 가능합니다.

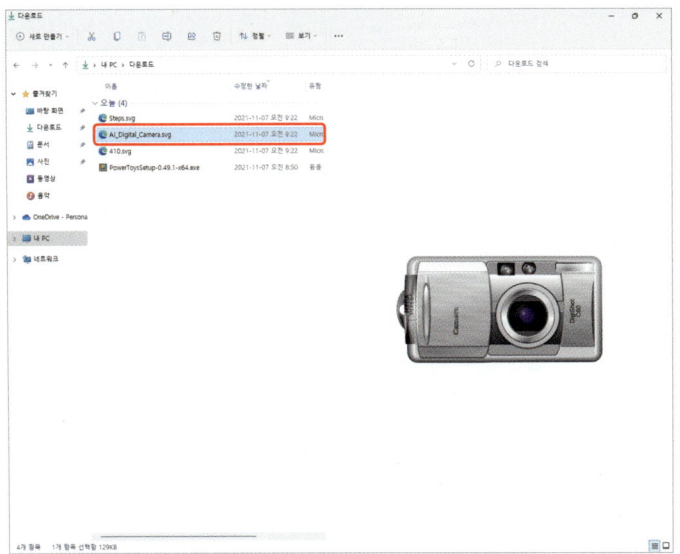

session 5 이미지 사이즈 변경

대량의 이미지 크기 조정을 할 수 있습니다. 하나 이상의 선택한 이미지 파일을 마우스 오른쪽 단추로 클릭하면 나타나는 메뉴에서 [그림 크기 조정]을 클릭하여 나타나는 이미지 크기 조정 화면에서 이미지 크기를 변경합니다.

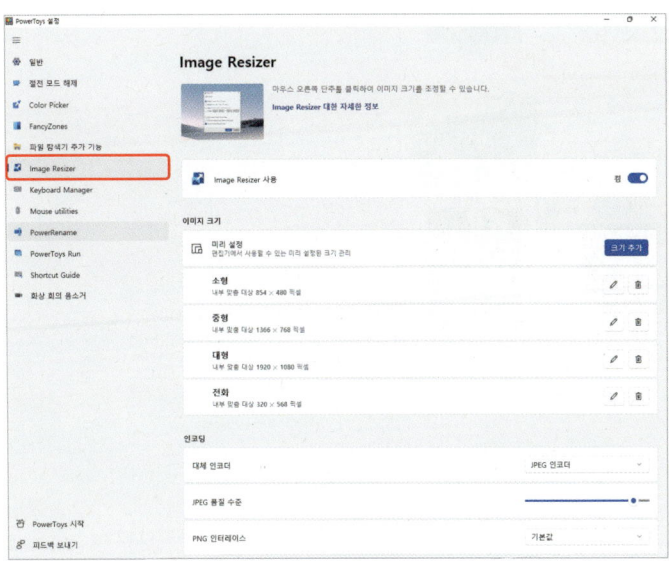

01 파일 탐색기에서 이미지 파일을 선택한 후 마우스 오른쪽 단추를 클릭하면 나타나는 메뉴에서 [그림 크기 조정]을 선택합니다.

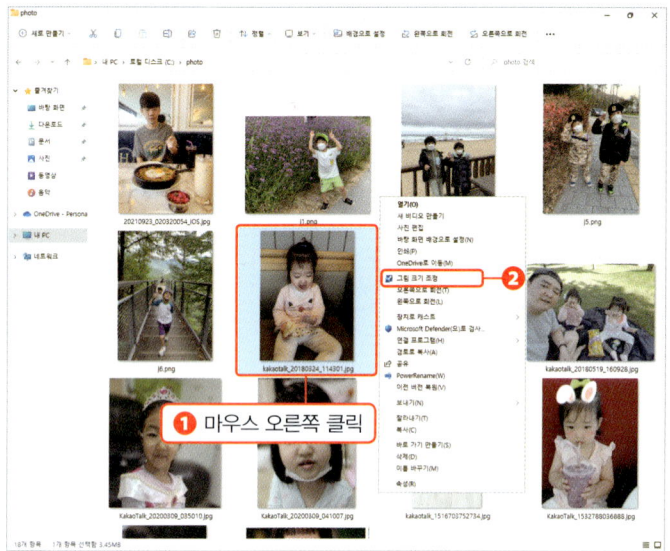

02 [Image Resizer] 창에서 지정한 크기로 선택하여 이미지를 크기 조정이 가능합니다.

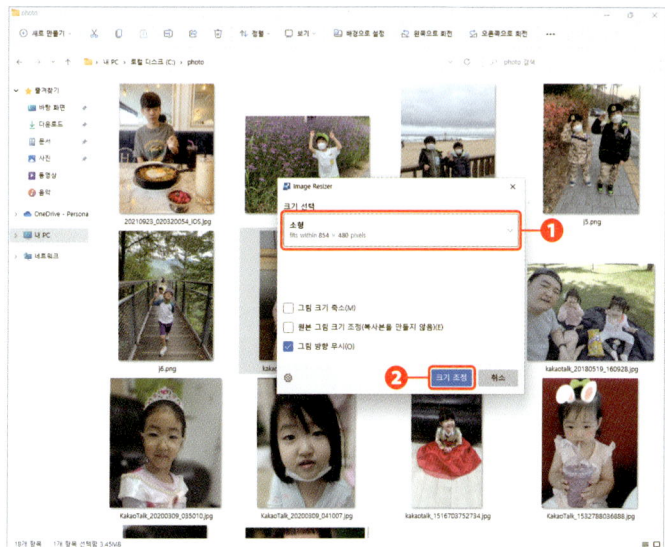

session 6 키보드 매니저

키보드 매니저를 사용하면 키보드의 키를 다시 정의할 수 있습니다.

01 [PowerToy 설정] 화면에서 [Keyboard Manager]를 클릭하면 나타나는 설정에서 [키 다시 매핑] 또는, [바로 가기 다시 매핑]을 클릭합니다.

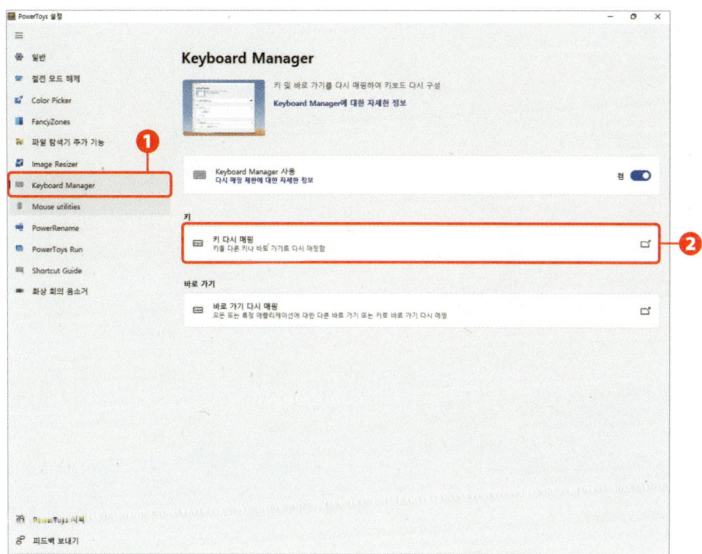

02 [키 다시 매핑] 창에서 키를 선택하고 매핑할 키를 선택하여 재설정합니다.

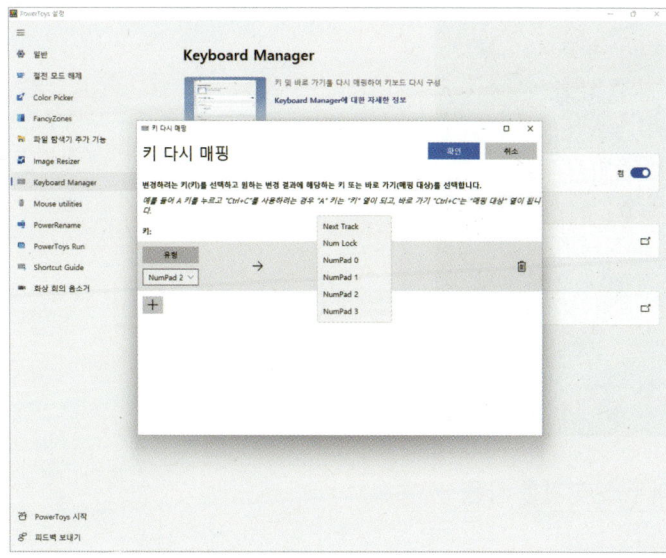

session 7 | 마우스 포커스 기능

Mouse utilities는 마우스 포인터 기능을 향상시키는 기능으로써 현재 마우스 키보드 위치를 집중할 수 있도록 스포트라이트 형태로 보여줍니다.

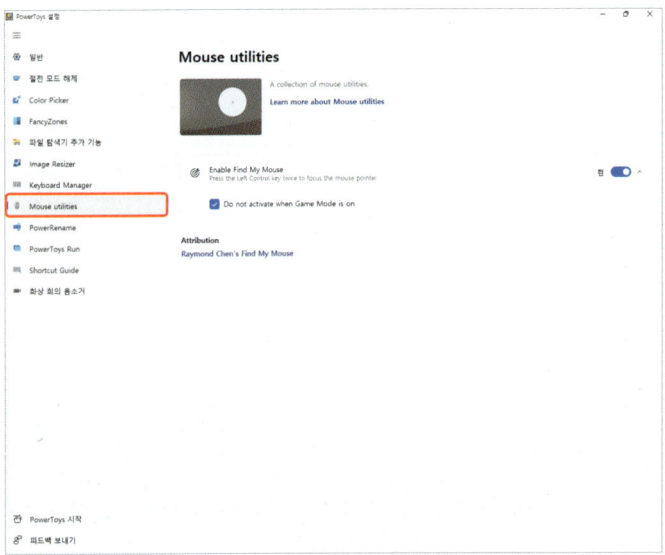

키보드 왼쪽 `Ctrl`을 두 번 연속 누르고 마우스 포인터를 움직이면, 마우스 포인터 부분이 포커스됩니다. 마우스를 클릭하거나 `Esc`를 사용하면 해제됩니다.

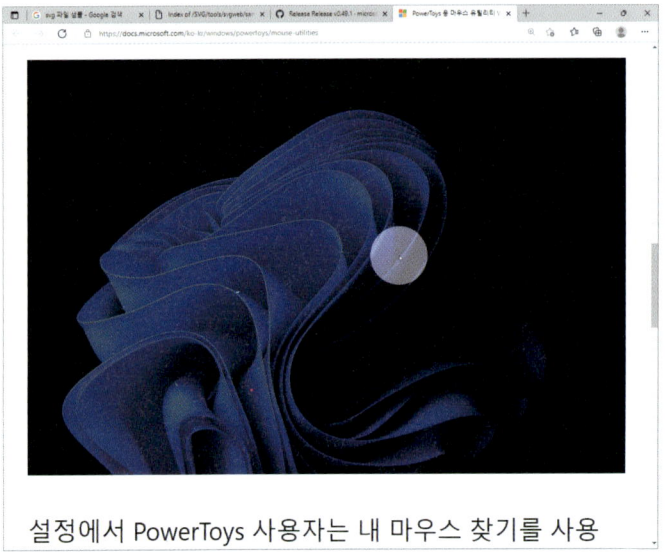

설정에서 PowerToys 사용자는 내 마우스 찾기를 사용

session 8 PowerRename 기능

PowerRename은 다음의 내용을 수행할 수 있는 대량 이름 바꾸기 도구입니다.

- 많은 파일의 이름을 수정합니다(모든 파일에 동일한 이름을 지정하지 않고).
- 파일 이름의 대상 섹션에서 검색 및 바꾸기를 수행합니다.
- 여러 파일에 대해 정규식 이름 바꾸기를 수행합니다.
- 대량 이름 바꾸기를 종료하기 전에 미리 보기 창에서 예상 이름 바꾸기 결과를 확인합니다.
- 완료된 후 이름 바꾸기 작업을 실행 취소할 수 있습니다.

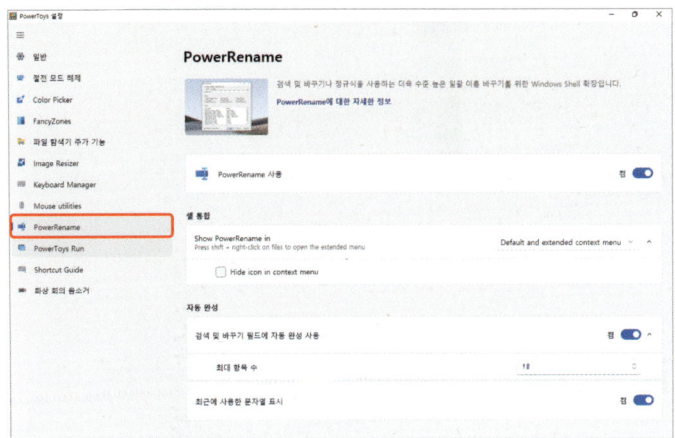

01 파일 탐색기에서 이름을 변경할 파일을 선택한 후 마우스 오른쪽 단추를 클릭하면 나타나는 메뉴에서 [PowerRename]을 선택합니다.

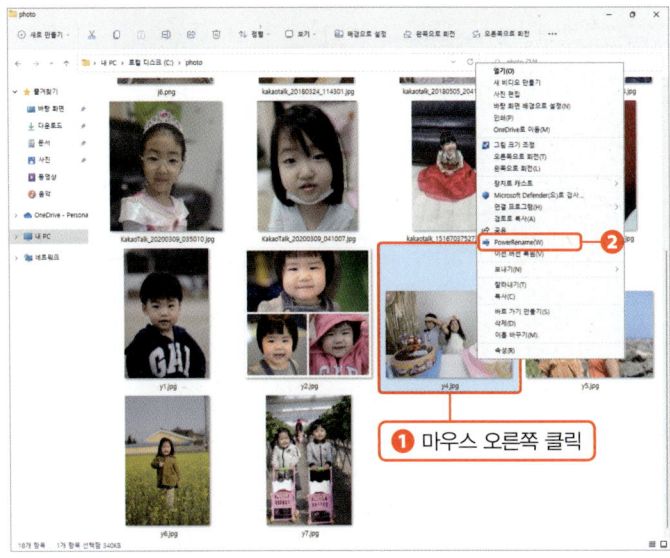

LESSON 01 PowerToys **417**

02 현재 파일 이름의 [검색 대상]에 변경하려는 키워드를 입력하여 제거하고, [바꿀 내용]에 입력하여 새로운 파일명을 정의합니다.

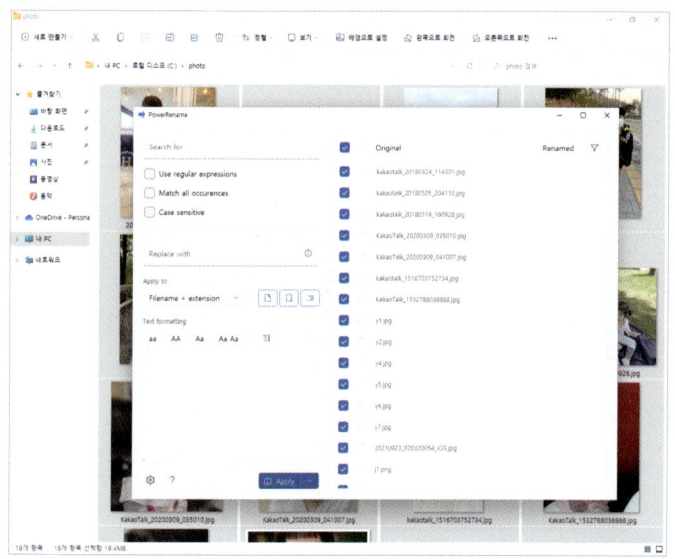

session 9 | PowerToys Run 기능

PowerToys Run 기능은 다음과 같습니다.

- 애플리케이션, 폴더 또는 파일 검색
- 실행 중인 프로세스 검색
- 바로 가기 키가 있는 클릭 가능한 단추(예: 관리자 권한으로 열기 또는, 포함하는 폴더 열기)를 사용하여 셸 플러그 인 〉 호출(예: 〉 Shell:startup Windows 시작 폴더 열기)
- PowerToys Run을 바로 실행하는 활성화 단축키 Alt + Space Bar
- 스크롤하기 전에 표시된 결과 수를 나타냅니다.
- 이전에 검색한 결과를 나타내거나 지울 수 있습니다.
- 기본 모니터 위치를 지정하여 PowerToys Run을 실행할 경우에 창을 나타내는 위치를 설정할 수 있습니다.
- PowerToys Run 검색 창의 색 테마를 윈도우 기본값, 밝게, 어둡게로 설정할 수 있습니다.

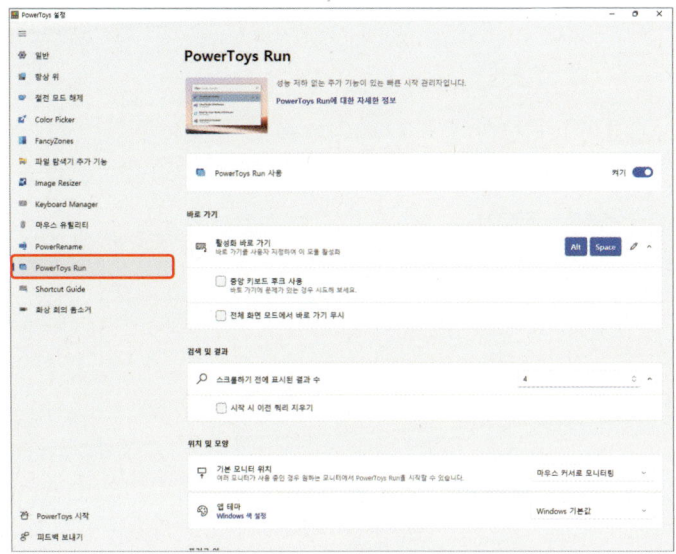

PowerToys Run을 실행하는 방법은 Alt + Space Bar 를 누르면 화면 중앙에 검색 바가 나타나고, 검색 바에 실행하려는 앱을 검색한 결과를 선택하여 바로 실행할 수 있습니다.

PowerToy Run 실행 시에 정상적인 동작하지 않는 경우는 [중앙 키보드 후크 사용]을 설정하여 시도합니다.

session 10 단축키 가이드

윈도우 11에서 사용할 수 있는 단축키 모음표가 나타납니다.

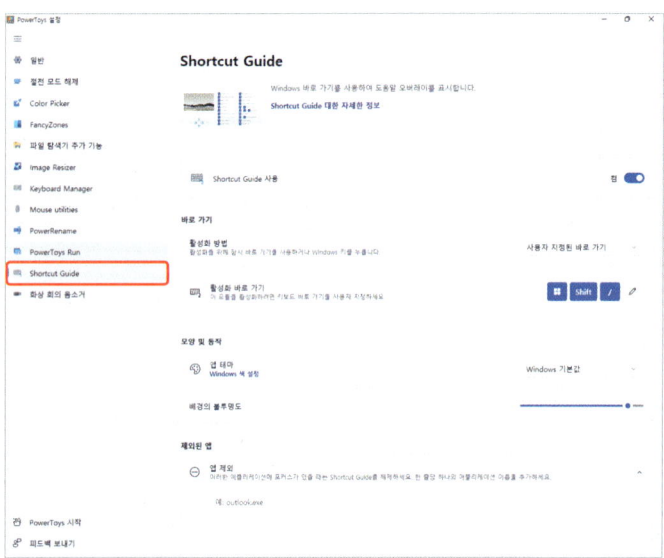

⊞+Shift+/를 누르면 단축키 모음이 나타납니다.

02 화면 줌인 기능 – Zoomit

LESSON

중요도
상
중
하

화면을 공유하면서 발표하는 경우에 데모 화면을 확대하고, 확대된 화면에서 선, 화살표 및 텍스트 등을 입력하여 상대방에게 쉽게 설명할 수 있습니다. 또한 Zoomit의 타이머 기능을 사용하여 설정한 시간을 전체 화면에 띄어 넣어 타이머 시간 상태도 확인할 수 있습니다.

다운로드 링크 : https://docs.microsoft.com/en-us/sysinternals/downloads/zoomit

다운로드 후 압축을 해제하고 'zoomit.exe'를 실행하면 설치가 완료됩니다.

Zoomit 기능은 다음과 같습니다.

- 화면을 확대해 주는 기능 : 1.25배부터 최대 4배까지 확대 설정 가능합니다.
- 화면에 그리기 기능 : 디스플레이에 보여주고 있는 화면에 바로 텍스트 입력 및 그리기 기능을 사용하여 필기할 수 있습니다.
- 브레이크 타임 설정 : 설정된 타이머를 화면에 표시합니다.

session 1 | Zoom 기능

Ctrl+1을 누르면 포인트 위치로 200% 확대됩니다. 확대된 상태에서 Ctrl 또는, Shift를 누른 상태에서 마우스를 드래그하여 필기할 수 있습니다.

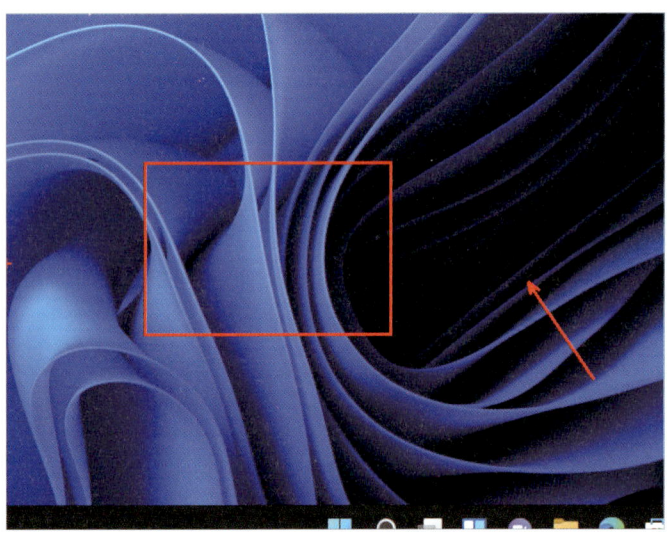

session 2 | 화면에 그리기

Ctrl+2를 누르면 현재 화면에서 그리기가 가능합니다. 추가적으로 Ctrl 또는, Shift를 누른 상태에서 마우스를 드래그하여 필기할 수 있습니다.

session 3 | 브레이크 타임 설정하기

01 작업 표시줄의 Zoomit 트레이 아이콘을 클릭하면 나타나는 메뉴에서 [Break Timer]를 클릭하고, [Zoomit] 창에서 [Timer]를 설정한 후 [OK]를 클릭합니다.

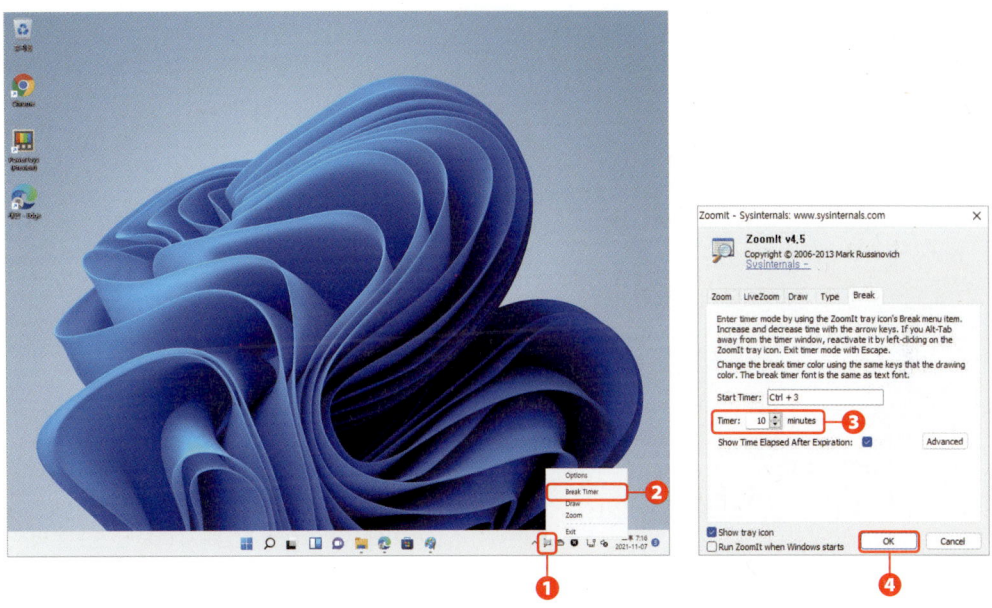

03 Ctrl + 3 을 누르면 화면이 설정한 Break Time이 나타나게 됩니다. 아무 키를 누르면 실행이 종료됩니다.

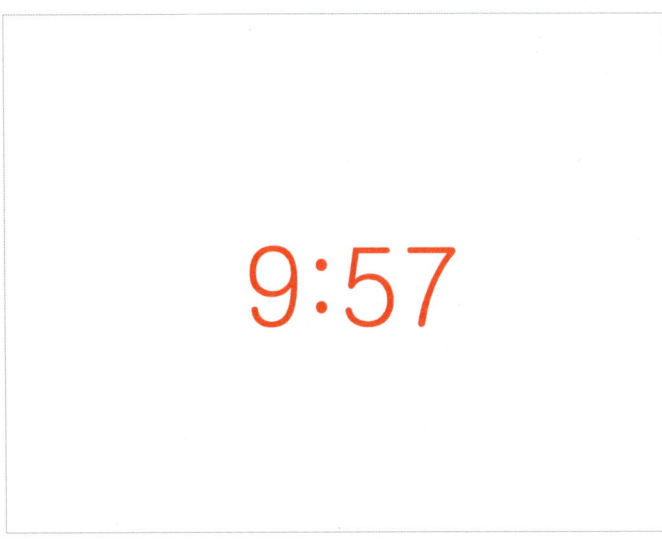

Tip | Zoomit 단축키

구분	기능	단축키
줌(Zoom) 기능	줌(Zoom) 모드	`Ctrl` + `1`
	확대	줌 모드에서 마우스 스크롤 위 또는, 위쪽 화살표
	축소	줌 모드에서 마우스 스크롤 아래 또는, 아래쪽 화살표
	그리기 시작	마우스 왼쪽 단추 클릭
	그리기 중지	마우스 오른쪽 단추 클릭
그리기 기능	그리기 시작	`Ctrl` + `2`
	선 및 커서 크기 증가	그리기 모드에서 마우스 스크롤 위 또는, 위쪽 화살표
	선 및 커서 크기 감소	그리기 모드에서 마우스 스크롤 아래 또는, 아래쪽 화살표
	커서 중앙	스페이스 바
	화이트 보드	`W`
	블랙 보드	`K`
	텍스트 입력	`T`
	글씨 크기 크게	그리기의 텍스트 입력 모드에서 마우스 스크롤 위 또는, 위쪽 화살표
	글씨 크기 작게	그리기의 텍스트 입력 모드에서 마우스 스크롤 아래 또는, 아래쪽 화살표
	일직선 그리기	`Shift` 누른 상태에서 그리기
	사각형 그리기	`Ctrl` 누른 상태에서 그리기
	타원 그리기	`Tab` 누른 상태에서 그리기
	화살표 그리기	`Ctrl` + `Shift` 누른 상태에서 그리기
	마지막 그리기 지우기	`Ctrl` + `Z`
	모두 지우기	`E`
	스크린샷 파일 생성	`Ctrl` + `S`
카운트다운 기능	카운트다운 기능	`Ctrl` + `3`
	시간 증가	카운트다운 기능에서 마우스 스크롤 위 또는, 위쪽 화살표
	시간 감소	카운트다운 기능에서 마우스 스크롤 아래 또는, 아래쪽 화살표
Zoomit 기능 종료		`Esc`

03 화면 캡처 기능 - 픽픽

LESSON

중요도
상
중
하

기업 및 단체 또는, 개인을 포함한 모든 사용자에게 무료로 지원하는 그래픽 디자인 도구 앱입니다. 강력한 화면 캡처, 이미지 고급 편집, 화면 색상 추출 및 나만의 색상 관리, 이미지 크기 및 각도 계산, 화면 그리기 도구 등의 기능을 제공합니다.

다운로드 링크 : https://picpick.kr.uptodown.com/windows

session 1 화면 캡처 기능 사용하기

01 다운로드한 설치 파일을 실행하여 픽픽의 설치를 완료합니다.

> **Tip**
>
> 윈도우에서 기본적으로 제공하는 화면 캡처 방법은 전체 화면을 캡처하는 경우는 [Print Screen]을 사용할 수 있고, 활성화된 창만 캡처하기 위해서는 [Print Screen]+[Alt]를 사용합니다.
> 픽픽 유틸리티를 처음 실행하면 다음과 같이 단축키 충돌 메시지 창이 나타나게 되는데, 기존 대로 유지하거나 변경할 수 있도록 선택할 수 있습니다.
>
>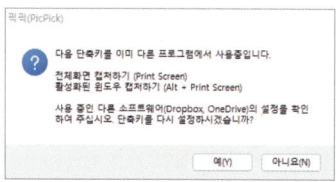

02 설치가 완료되고, 처음 실행하면 화면 캡처 방법에 대한 단축키 설정이 가능합니다.

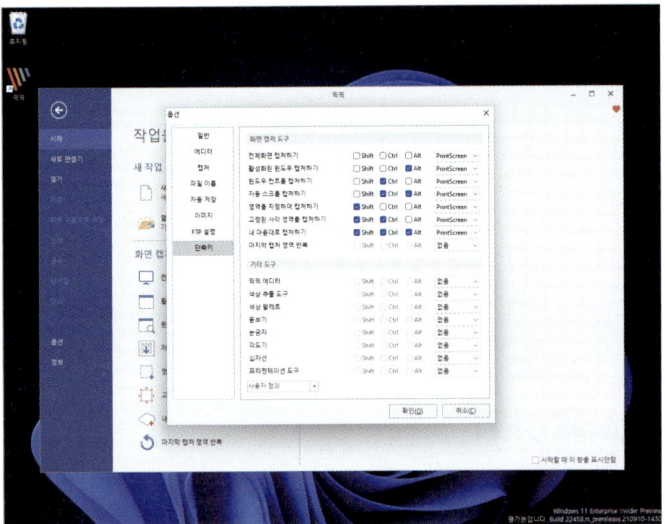

> **Tip** **화면 캡처 방법**
>
> - 전체 화면 캡처 : 디스플레이 전체 화면을 캡처합니다.
> - 활성화된 윈도우 캡처 : 마우스로 선택하여 활성화 되어있는 윈도우 창을 캡처합니다.
> - 윈도우 컨트롤 캡처 : 마우스를 포인터를 이동한 지정된 영역의 윈도우 창을 캡처합니다.
> - 자동 스크롤 캡처 : 스크롤이 필요한 화면을 자동적으로 스크롤하면서 캡처합니다.
> - 영역을 지정한 캡처 : 캡처할 영역을 지정하고 캡처합니다.
> - 고정된 사각 영역 캡처 : 고정된 크기의 사각형 영역을 캡처합니다.
> - 내 마음대로 캡처 : 마우스 포인트를 자유롭게 이동하여 그린 영역을 캡처합니다.
> - 마지막 캡처 영역 반복 캡처 : 마지막으로 캡처한 방법을 반복하여 캡처합니다.

03 여러 캡처를 진행하면 탭 형태로 캡처 화면이 추가됩니다.

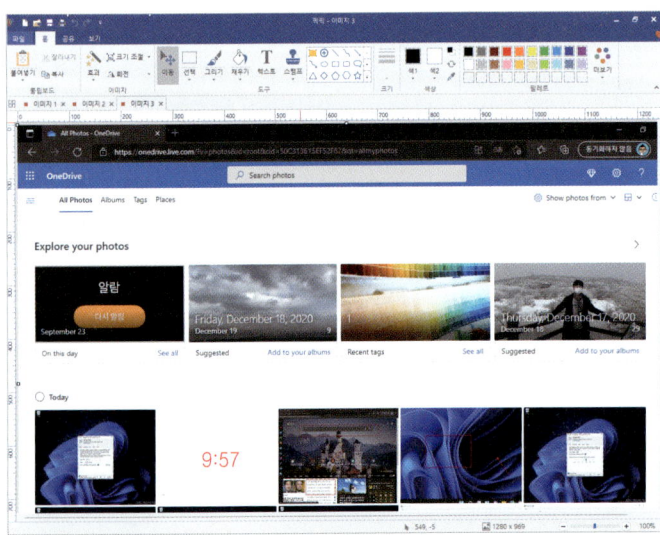

04 다른 이름으로 저장에서 [모든 파일 저장]을 클릭합니다.

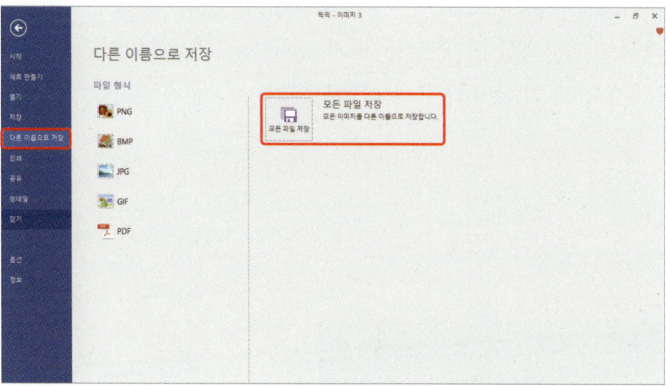

05 캡처한 이미지를 저장할 위치와 파일 형식을 선택한 후 저장하면 한 번에 캡처한 파일을 생성할 수 있습니다.

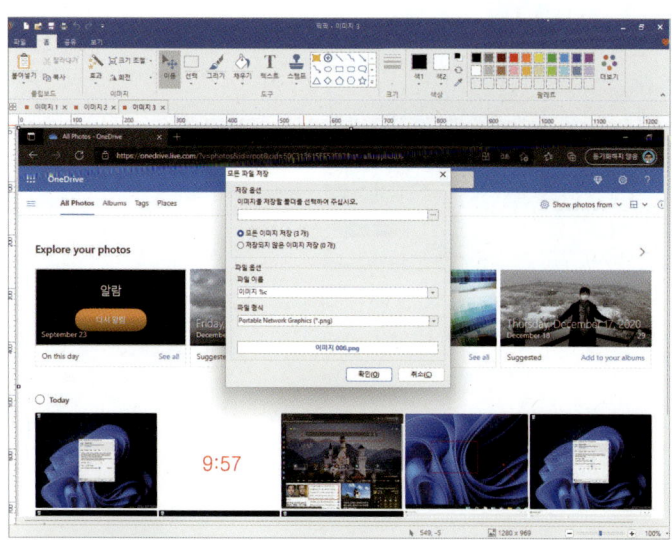

> **Tip 파일 저장 순서 변경**
>
> 탭 형태로 캡처된 화면에서 탭을 선택하고 드래그하여 순서를 변경하면, 모든 파일 저장 시에 변경된 순서대로 이름이 지정되어 저장할 수 있습니다.
>
>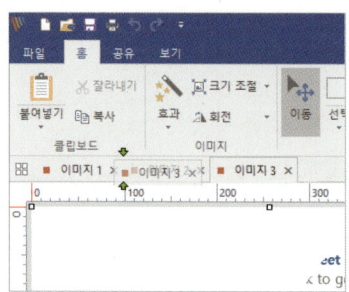

session 2 | 그래픽 도구

픽픽에서 제공하는 그래픽 도구에는 색상 추출, 색상 팔레트, 돋보기, 눈금자, 십자선, 각도기 및 프레젠테이션이 있습니다. 이 각 제공되는 도구에 기능에 대하여 살펴봅니다.

◆ 색상 추출 도구

마우스 포인터가 가리키는 색상코드를 추출합니다.

◆ 색상 팔레트

색상코드를 편집하거나 형식을 변경할 수 있습니다.

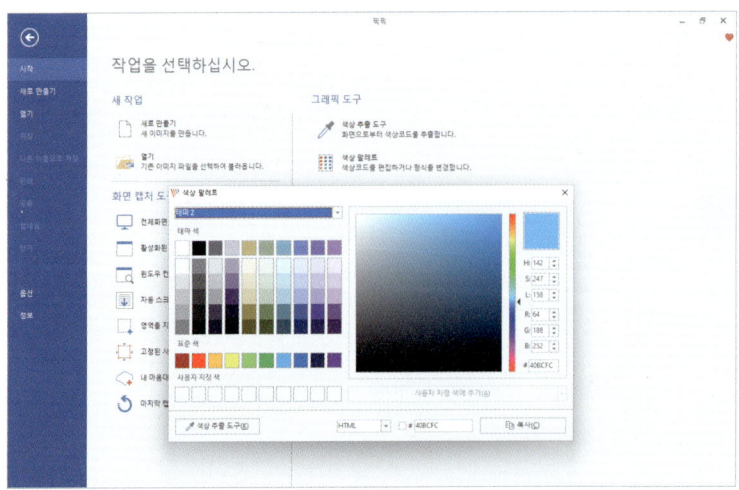

◆ 돋보기

화면을 최대 10배까지 확대할 수 있습니다.

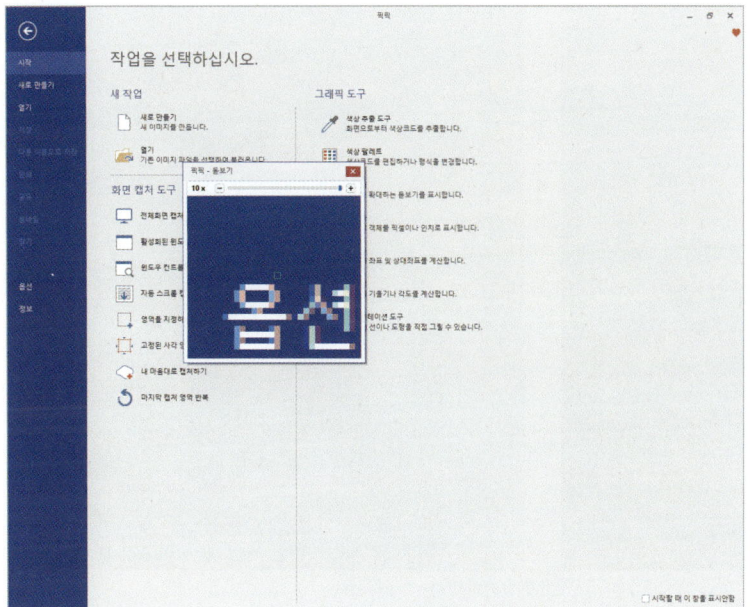

◆ 눈금자

화면의 객체를 픽셀이나 인치로 표시할 수 있습니다.

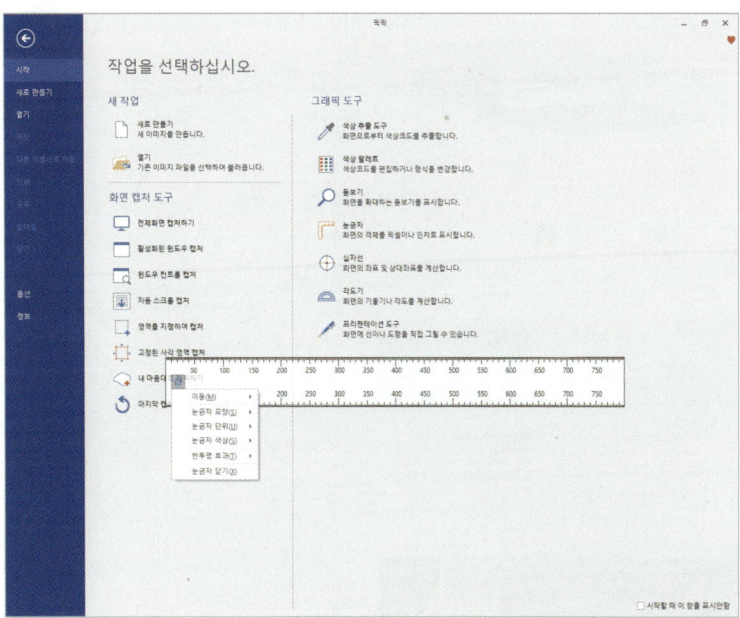

◆ 십자선

화면의 좌표 및 상대좌표를 확인할 수 있습니다.

◆ 각도기

화면의 기울기나 각도를 계산할 수 있습니다.

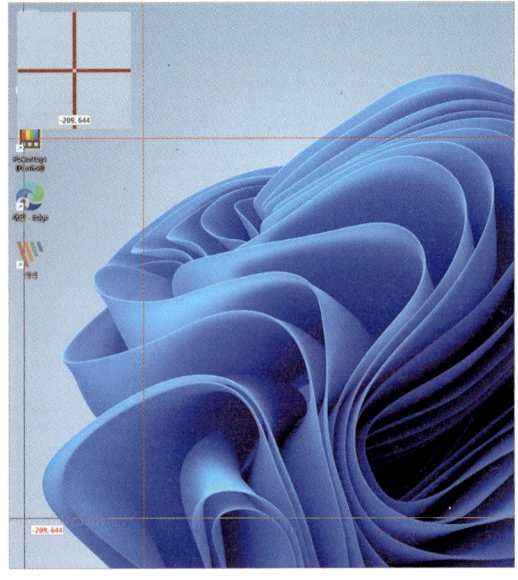
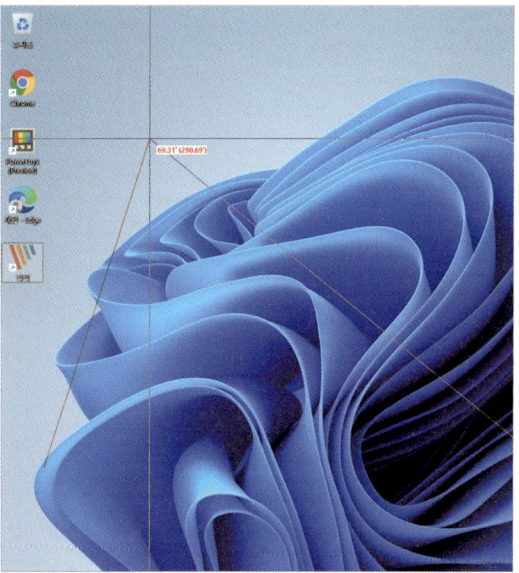

◆ 프레젠테이션 도구

발표하는 화면에 선이나 도형을 그릴 수 있고, 화면에 표시한 내용을 그대로 파일 형태로 저장도 가능합니다.

윈도우 11
가이드북

1판 1쇄 발행 2022년 3월 29일
1판 2쇄 발행 2022년 12월 09일

저 자 | 권순만
발 행 인 | 김길수
발 행 처 | (주)영진닷컴
주   소 | (우)08507 서울 금천구 가산디지털1로 128
STX-V타워 4층 401호
등   록 | 2007. 4. 27. 제16-4189호

©2022. (주)영진닷컴

ISBN | 978-89-314-6603-4

이 책에 실린 내용의 무단 전재 및 무단 복제를 금합니다.
파본이나 잘못된 도서는 구입하신 곳에서 교환해 드립니다.

초보자들도 쉽게 따라 하는
'쓱 하고 싹 배우는' 시리즈

큰 그림과 큰 글씨로 누구나 쉽고 재미있게 배울 수 있는 '쓱싹' 시리즈!
책에 담긴 생활 속 예제를 따라 하다 보면
프로그램의 기본 기능을 손쉽게 익힐 수 있습니다.

**쓱 하고 싹 배우는
한글 2014**

안은진 저 | 152쪽 | 10,000원

**쓱 하고 싹 배우는
스마트폰**

김재연 저 | 152쪽 | 10,000원

**쓱 하고 싹 배우는
윈도우 10&인터넷**

송정아 저 | 152쪽 | 10,000원

**쓱 하고 싹 배우는
파워디렉터 17**

김영미 저 | 152쪽 | 10,000원

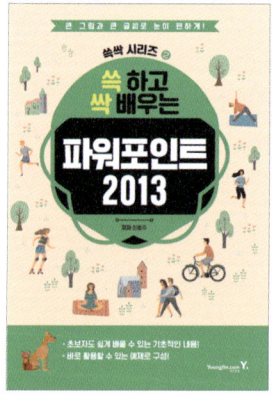

**쓱 하고 싹 배우는
파워포인트 2013**

최홍주 저 | 152쪽 | 10,000원

**쓱 하고 싹 배우는
엑셀 2013**

최옥주 저 | 152쪽 | 10,000원